Alfred Koller

Das Nachbesserungsrecht im Werkvertrag

Alfred Koller
Dr. iur., Professor an der Universität St. Gallen

Das
Nachbesserungsrecht
im
Werkvertrag

2., überarbeitete und erweiterte Auflage

Schulthess Polygraphischer Verlag Zürich 1995

Wo vom Besteller, vom Unternehmer usw. die Rede ist, ist die Bestellerin, die Unternehmerin usw. immer mitgemeint. Auf die Verwendung der männlichen *und* weiblichen Form wird, wo keine geschlechtsspezifische Aussage gemacht wird, im Interesse des Sprachflusses verzichtet. Ich übernehme damit die Sprachregelung des Bundesgesetzes über Pauschalreisen vom 18. Juni 1993; hier findet sich folgender Hinweis: «Da die durchgehende Verwendung von Paarformen die Lesbarkeit des vorliegenden Erlasses erschwert, wird im folgenden die männliche Personenbezeichnung als Ausdruck gewählt, der sich auf Personen beider Geschlechter bezieht.»

© Schulthess Polygraphischer Verlag AG, Zürich 1995
ISBN 3 7255 3328 8

Vorwort

Die erste Auflage dieses Buches ist im Tagungsband der St. Galler Baurechtstagung 1994 unter dem Titel «Das Nachbesserungsrecht im Bauwerkvertrag – Vom Recht des Bauherrn auf Verbesserung des mangelhaften Bauwerks» erschienen. Die vorliegende zweite Auflage betrifft wie die erste vorrangig den Bauwerkvertrag (daher gelangt auch die SIA-Norm 118 zur Darstellung), die Ausführungen wurden jedoch verallgemeinert. Dem wurde bei der neuen Titelgebung Rechnung getragen. Inhaltlich wurde der Text der ersten Auflage in verschiedenen Punkten ergänzt und überarbeitet. Die bedeutendsten Änderungen betreffen die SIA-Norm 118 sowie die Verjährung des Nachbesserungsanspruchs. Sodann sind in einem Anhang wichtige Bundesgerichtsentscheide zum Nachbesserungsrecht wiedergegeben und kommentiert; durch Querverweise wird der Bezug zu den allgemeinen Ausführungen im ersten Teil des Buches hergestellt.

Bei der Materialsammlung, der formalen Bereinigung des Textes sowie der Drucklegung waren mir verschiedene Assistenten behilflich, insbesondere Frau lic. iur. Monica *Popp*, Herr lic. iur. Corrado *Rampini* und Herr lic. iur. Klaus *Tschütscher*. Die Sekretariatsarbeiten besorgte Frau Irmgard *Sutter*. Ihnen allen spreche ich meinen herzlichen Dank aus.

St. Gallen, 29. Januar 1995   Alfred Koller

INHALTSÜBERSICHT

Seite

Ausführliches Inhaltsverzeichnis IX
Vorwort V
Abkürzungsverzeichnis XV
Literaturverzeichnis XIX

§ 1 Einleitung 1

1. Abschnitt: Das Nachbesserungsrecht als Gestaltungsrecht

§ 2 Das Nachbesserungsrecht im System des Gewährleistungsrechts 3
§ 3 Voraussetzungen des Nachbesserungsrechts 9
§ 4 Der Umfang des Nachbesserungsrechts beim Werklieferungsvertrag (Art. 365 Abs. 1 OR) 32
§ 5 Die Ausübung des Nachbesserungsrechts 34

2. Abschnitt: Die Nachbesserungsforderung

§ 6 Der Inhalt der Nachbesserungsforderung 39
§ 7 Nachbesserungshindernisse in der Person des Bestellers 42
§ 8 Nicht- und Schlechterfüllung der Nachbesserungsschuld 49

3. Abschnitt: Das Nachbesserungsrecht gemäss der SIA-Norm 118

§ 9 Allgemeines zur Abänderung der gesetzlichen Gewährleistungsordnung 68
§ 10 Das Nachbesserungsrecht gemäss der SIA-Norm 118; Vergleich mit dem gesetzlichen Nachbesserungsrecht 83

4. Abschnitt: Einzelfragen

§ 11 Rückbehaltung des Werklohnes zur Sicherung des Nachbesserungsrechts 101
§ 12 Die Tragung der Nachbesserungskosten 113
§ 13 Die Verjährung des Nachbesserungsanspruchs 126
§ 14 Die Durchsetzung des Nachbesserungsanspruchs 162

Inhaltsübersicht

§ 15 Nachbesserungsrecht und Nachbesserungsforderung bei Mängeln, die von Dritten (Architekt, Subunternehmer, Vorunternehmer) (mit-)verursacht sind 169

§ 16 Das Schicksal des Nachbesserungsrechts im Konkurs des Unternehmers 192

Anhang: Kommentierte Bundesgerichtsentscheide 193

Gesetzesregister 273

Sachregister 281

INHALTSVERZEICHNIS

Seite

Gesetzesregister 273
Sachregister 281
Kurze Inhaltsübersicht VII
Abkürzungsverzeichnis XV
Literaturverzeichnis XIX

§ 1   **Einleitung** 1

1. ABSCHNITT
DAS NACHBESSERUNGSRECHT ALS GESTALTUNGSRECHT

§ 2   **Das Nachbesserungsrecht im System des Gewährleistungsrechts** .. 3
§ 3   **Voraussetzungen des Nachbesserungsrechts** 9
I.   Die allen Mängelrechten gemeinsamen Voraussetzungen 9
    1. Mangel 9
      A. Begriff und Arten 9
      B. Sachverhalte, die keinen Werkmangel darstellen 12
    2. Kein Selbstverschulden des Bestellers (Art. 369 OR) 14
      A. Begriff, Merkmale und Arten des Selbstverschuldens 14
      B. Das in Art. 369 OR beispielhaft erwähnte Selbstverschulden:
         Festhalten an einer Weisung trotz Abmahnung 18
      C. Mitverschulden des Bestellers 20
    3. Ablieferung des Werks 22
    4. Rechtzeitige Mängelrüge 26
    5. Nicht vorausgesetzt: Verschulden 29
II.   Die besonderen Voraussetzungen des Nachbesserungsrechts 29
§ 4   **Der Umfang des Nachbesserungsrechts beim Werklieferungsvertrag (Art. 365 Abs. 1 OR)** 32
§ 5   **Die Ausübung des Nachbesserungsrechts** 34

2. Abschnitt
Die Nachbesserungsforderung

§ 6	Der Inhalt der Nachbesserungsforderung	39
§ 7	Nachbesserungshindernisse in der Person des Bestellers	42
I.	Tatbestände	42
II.	Vom Besteller verschuldete Nachbesserungsunmöglichkeit	43
III.	Gläubigerverzug hinsichtlich der Nachbesserungsschuld	47
§ 8	Nicht- und Schlechterfüllung der Nachbesserungsschuld	49
I.	Überblick	49
II.	Verzug mit der Ablieferung des nachgebesserten Werks (Nachbesserungsverzug)	55
	1. Tatbestand	55
	2. Verzugsfolgen: Die Rechtsstellung des Bestellers	58
	A. Art. 107-109 OR	58
	a. Überblick	58
	b. Das Erfordernis der Nachfristansetzung	59
	c. Der Verzicht auf die Nachbesserung	61
	d. Der Anspruch auf Ersatz des Erfüllungsinteresses	62
	B. Analoge Anwendung von Art. 366 Abs. 2 OR?	64

3. Abschnitt
Das Nachbesserungsrecht gemäss der SIA-Norm 118

§ 9	Allgemeines zur Abänderung der gesetzlichen Gewährleistungsordnung	68
I.	Abänderung durch Vertrag	68
II.	Beispiele möglicher Abänderungen	69
III.	Grenzen der Abänderbarkeit	71
	1. Ungültigkeit einer Enthaftungsklausel für arglistig (absichtlich) verschwiegene Mängel (Art. 199 OR analog)	72
	2. Ungültigkeit einer Enthaftungsklausel für absichtlich oder grobfahrlässig verursachte Mängel (Art. 100 Abs. 1 OR)	74
	3. Spezielle Inhaltsschranken für Enthaftungsklauseln in AGB (Art. 8 UWG)	76

IV.	**Speziell die Abänderung in AGB**	76
	1. Geltung der AGB (Überblick)	76
	2. Insbesondere die Nichtgeltung ungewöhnlicher AGB-Klauseln (Ungewöhnlichkeitsregel)	80
	3. Auslegung der AGB; Restriktionsprinzip	81

§ 10 Das Nachbesserungsrecht gemäss der SIA-Norm 118; Vergleich mit dem gesetzlichen Nachbesserungsrecht ... 83

I.	**Die Gewährleistungsordnung der SIA-Norm 118 im allgemeinen**	84
	1. Die Mängelrechte und deren Inhalt	85
	2. Die Voraussetzungen der Mängelrechte	88
	A. Allgemeines	88
	B. Abnahme des Bauwerks	88
	C. Mängelrüge	91
	3. «Mängelrechte» vor der Abnahme	93
II.	**Vom Bauherrn verschuldete Nachbesserungsunmöglichkeit**	95
III.	**Nachbesserungsverzug des Unternehmers**	96
	1. Verzugstatbestand	96
	2. Rechtsstellung des Bauherrn im Falle des Verzugs	97
IV.	**Verzugsrechte vor Verzugseintritt**	100

4. ABSCHNITT
EINZELFRAGEN

§ 11	**Rückbehaltung des Werklohnes zur Sicherung des Nachbesserungsrechts**	101
I.	**Allgemeines zum Verhältnis von Werklohn und Werkmängeln**	101
II.	**Vom Recht, den fälligen Werklohn zurückzubehalten**	105
	1. Das Grundsätzliche	105
	2. Präzisierungen	110
III.	**Abweichende Vereinbarungen**	111
§ 12	**Die Tragung der Nachbesserungskosten**	113
I.	**Begriff der Nachbesserungskosten**	114
II.	**Kostenbeteiligung des Bestellers**	116
	1. Tatbestände	117

	A. Sowieso-Kosten	117
	B. Vorteilsanrechnung	120
	2. Art und Durchsetzung der Kostenbeteiligung des Bestellers	123

§ 13 Die Verjährung des Nachbesserungsanspruchs 126

I. Allgemeines 126
    1. Die Verjährungsordnung im Überblick 126
    2. Gegenstand der Verjährung 129
    3. Wirkung der Verjährung 133

II. Insbesondere die Verjährung des Nachbesserungsanspruchs bei unbeweglichen Bauwerken (Art. 371 Abs. 2 OR) 135
    1. Das Grundsätzliche 135
    2. Begriff und Arten des unbeweglichen Bauwerks 139
    3. Kritik der «Bestandteilstheorie» 144
    4. Zusammenfassung 145

III. Die Unterbrechung der Verjährung 146
    1. Überblick 146
    2. Verjährungsunterbrechung durch Klageerhebung 148
    3. Verjährungsunterbrechung durch Verbesserungszusage 151

IV. Vertragliche Abänderung der Verjährungsordnung 154
    1. Abänderung der Verjährungsordnung bei Vertragsabschluss 154
        A. Im allgemeinen 154
        B. Insbesondere die Verjährungsregelung der SIA-Norm 118 157
    2. Verlängerung der Verjährungsfrist während laufender Verjährung ... 158
    3. Der nachträgliche Verzicht auf die Erhebung der Verjährungseinrede 160

§ 14 Die Durchsetzung des Nachbesserungsanspruchs 162

I. Allgemeines 162

II. Insbesondere die Ersatzvornahme 164

§ 15 Nachbesserungsrecht und Nachbesserungsforderung bei Mängeln, die von Dritten (Architekt, Subunternehmer, Vorunternehmer) (mit-)verursacht sind 169

I. Ausgangslage und Problemstellung 169

II. (Mit-)Verursachung eines Mangels durch den Architekten 170
    1. Einschränkung der Gewährleistungspflicht des Unternehmers? 171
    2. Die Haftung des Architekten gegenüber dem Bauherrn 173

		A. Haftungsgrundlage, Haftungsvoraussetzungen und Haftungsumfang	174

      A. Haftungsgrundlage, Haftungsvoraussetzungen und Haftungsumfang ... 174
      B. Solidarische Haftung des Architekten mit dem Unternehmer 175
        a. Grundsätzliches ... 175
        b. Konkurrenz von Nachbesserungsrecht und Schadenersatzanspruch ... 178
    3. Die Frage des Rückgriffs ... 180
      A. Allgemeines ... 180
        a. Die einschlägigen Bestimmungen ... 180
        b. Zwei wichtige Regressregeln ... 181
      B. Regress des Unternehmers auf den Architekten ... 183
      C. Regress des Architekten auf den Unternehmer ... 185

III. (Mit-)Verursachung eines Mangels durch einen Vorunternehmer .. 186

    1. Wegfall oder Einschränkung der Gewährleistungspflicht des Nachunternehmers? ... 187
    2. Die Haftung des Vorunternehmers gegenüber dem Bauherrn ... 189
    3. Die Frage des Rückgiffs ... 191

IV. (Mit-)Verursachung eines Mangels durch einen Subunternehmer .. 191

    1. Einschränkung der Gewährleistungspflicht des Hauptunternehmers? ... 191
    2. Haftung des Subunternehmers gegenüber dem Bauherrn ... 192
    3. Die Frage des Rückgriffs ... 192

§ 16 Das Schicksal des Nachbesserungsrechts im Konkurs des Unternehmers ... 192

ANHANG

KOMMENTIERTE BUNDESGERICHTSENTSCHEIDE ... 193

Abkürzungsverzeichnis

A.	Auflage
a.A.	am Anfang *oder* anderer Ansicht
a.a.O.	am angeführten Ort
ABGB	Allgemeines Bürgerliches Gesetzbuch für Österreich vom 1. Juni 1811
Abs.	Absatz/Absätze
Abschn.	Abschnitt
Abt.	Abteilung
a.E.	am Ende
AGB	Allgemeine Geschäftsbedingungen
AGBG	(Deutsches) Gesetz zur Regelung des Rechts der Allgemeinen Geschäftsbedingungen vom 9. Dezember 1976
AGVE	Aargauische Gerichts- und Verwaltungsentscheide
AJP	Aktuelle Juristische Praxis
a.M.	anderer Meinung
Anm.	Anmerkung(en), Fussnote(n)
aOR	alt OR: BG über das Obligationenrecht vom 14. Juni 1881
Art.	Artikel
ASR	Abhandlungen zum schweizerischen Recht
AT	Allgemeiner Teil
BauR	Zeitschrift für das gesamte öffentliche und zivile Baurecht (Düsseldorf)
BB	Betriebs-Berater, Zeitschrift für Recht und Wirtschaft (Heidelberg)
BBl	Bundesblatt
Bd./Bde.	Band/Bände
Bem.	Bemerkung(en)
betr.	betreffend
BG	Bundesgesetz
BGB	Bürgerliches Gesetzbuch für das deutsche Reich vom 18. August 1896
BGE	Entscheidungen des Schweizerischen Bundesgerichts
BGer	Bundesgericht
BGH	(Deutscher) Bundesgerichtshof
BGHZ	Entscheidungen des (deutschen) Bundesgerichtshofes in Zivilsachen
BJM	Basler Juristische Mitteilungen
Botsch.	Botschaft
BR	Baurecht
BT	Besonderer Teil
BV	Bundesverfassung der Schweizerischen Eidgenossenschaft vom 29. Mai 1874, SR 101

BZP	Bundesgesetz über den Bundeszivilprozess vom 4. Dezember 1947, SR 273
bzw.	beziehungsweise
CCit.	Codice civile italiano vom 16. März 1942
CCfr.	Code civil français vom 21. März 1804
d.h.	das heisst
ders.	derselbe
Diss.	Dissertation
E.	Erwägung(en)
EHG	BG betreffend die Haftpflicht der Eisenbahn- und Dampfschiffahrtsunternehmungen und der Post vom 28. März 1905, SR 221.112.742
EMRK	Konvention zum Schutze der Menschenrechte und Grundfreiheiten (Europäische Menschenrechtskonvention) vom 4. November 1950, SR 0.101
Extraits	Extraits des principaux arrêts rendus par les diverses sections du tribunal de l'état de Fribourg
f.	folgende (Seite, Note, usw.)
ff.	folgende (Seiten, Noten, usw.)
FG	Festgabe
FJJ	Fichier de jurisprudence du Tribunal cantonal jurassien
FS	Festschrift
gl.M.	gleicher Meinung
GRUR	Zeitschrift für gewerblichen Rechtsschutz und Urheberrecht
GVP	St. Gallische Gerichts- und Verwaltungspraxis
Hrsg.	Herausgeber
hrsg.	herausgegeben
i.d.R.	in der Regel
i.d.S.	in diesem Sinne
i.gl.S.	in gleichem Sinne
inkl.	inklusive
insb.	insbesondere
IPR	Internationales Privatrecht
i.S.	im Sinne *oder* in Sachen
i.S.v.	im Sinne von
i.V.m.	in Verbindung mit
JBl	Juristische Blätter (Wien/New York)
JdT	Journal des tribunaux
JuS	Juristische Schulung (München)
JZ	(Deutsche) Juristenzeitung (Tübingen)
KGer	Kantonsgericht
LGVE	Luzerner Gerichts- und Verwaltungsentscheide
lit.	litera, Buchstabe

LM	Das Nachschlagewerk des (deutschen) Bundesgerichtshofs in Zivilsachen, hrsg. von Lindenmaier und Möhring
Max	Maximen, Grundsätzliche Entscheidungen des luzernischen Obergerichts und seiner Abteilungen
m.E.	meines Erachtens
MünchKomm	Münchener Kommentar zum Bürgerlichen Gesetzbuch
m.w.H.	mit weiteren Hinweisen
m.w.Nw.	mit weiteren Nachweisen
N	Note(n)
NJW	Neue Juristische Wochenschrift (München und Berlin)
Nr.	Nummer(n)
NZZ	Neue Zürcher Zeitung
o.	oben
OG	BG über die Organisation der Bundesrechtspflege vom 16. Dezember 1943, SR 173.110
OG	kantonales Obergericht
OGH	(Österreichischer) Oberster Gerichtshof
ÖJZ	Österreichische Juristen-Zeitung (Wien)
OLG	Oberlandesgericht
OR	BG über das Obligationenrecht vom 30. März 1911, SR 220
p.a.	pro anno
PKG	Die Praxis des Kantonsgerichtes von Graubünden
Pra	Die Praxis des Bundesgerichts
PrHG	BG über die Produktehaftpflicht vom 18. Juni 1993, SR 221.112.944
recht	recht, Zeitschrift für juristische Ausbildung und Praxis
Rep	Repertorio di giurisprudenza patria
RIW	Recht der internationalen Wirtschaft (Heidelberg)
RGZ	Entscheidungen des Reichsgerichts in Zivilsachen
S.	Seite(n)
s.	siehe
SchKG	Bundesgesetz über Schuldbetreibung und Konkurs vom 11. April 1889, SR 281.1
SemJud	Semaine Judiciaire
SIA	Schweizerischer Ingenieur- und Architektenverein
SIA-Norm 118	Allgemeine Bedingungen für Bauarbeiten, hrsg. vom SIA, Ausgabe 1977/1991
SIA-Ordnung 102	Ordnung für Leistungen und Honorare der Architekten, hrsg. vom SIA, Ausgabe 1984
SIA-Ordnung 152	Ordnung für Architekturwettbewerbe, hrsg. vom SIA, Ausgabe 1972
SJK	Schweizerische Juristische Kartothek
SJZ	Schweizerische Juristen-Zeitung
SPR	Schweizerisches Privatrecht

SR	Systematische Sammlung des Bundesrechts
StGB	Schweizerisches Strafgesetzbuch vom 21. Dezember 1937, SR 311.0
SVA	Entscheidungen schweizerischer Gerichte in privaten Versicherungsstreitigkeiten, hrsg. vom Bundesamt für Privatversicherungswesen
SVG	BG über den Strassenverkehr vom 19. Dezember 1958 (Strassenverkehrsgesetz), SR 741.01
SZ	Entscheidungen des österreichischen Obersten Gerichtshofes in Zivilsachen
u.	unten
u.a.	unter anderem
u.ä.	und ähnliches
UeB	Übergangsbestimmungen
u.U.	unter Umständen
UWG	BG gegen den unlauteren Wettbewerb vom 19. Dezember 1986, SR 241
v.	versus
v.a.	vor allem
vgl.	vergleiche
VOB	(Deutsche) Verdingungsordnung für Bauleistungen
Vorbem.	Vorbemerkungen
VVG	BG über den Versicherungsvertrag vom 2. April 1908, SR 221.229.1
WBl	Wirtschaftsrechtliche Blätter (Wien)
WKR	Wiener Kaufrecht: Übereinkommen der Vereinten Nationen über Verträge über den internationalen Warenkauf vom 11. April 1980, SR 0.221.211.1
z.B.	zum Beispiel
ZBGR	Schweizerische Zeitschrift für Beurkundungs- und Grundbuchrecht
ZBJV	Zeitschrift des Bernischen Juristenvereins
ZfBR	Zeitschrift für deutsches und internationales Baurecht (Wiesbaden)
ZGB	Schweizerisches Zivilgesetzbuch vom 10. Dezember 1907, SR 210
Ziff.	Ziffer
zit.	zitiert
ZPG SG	Zivilprozessgesetz St. Gallen vom 20. Dezember 1990, SGS 961.2
ZPO	kantonale Zivilprozessordnung
ZPR	Zivilprozessrecht
ZR	Blätter für Zürcherische Rechtsprechung
ZSR	Zeitschrift für Schweizerisches Recht
z.T.	zum Teil
ZWR	Zeitschrift für Walliser Rechtsprechung
z.Zt.	zur Zeit

LITERATURVERZEICHNIS

Die nachstehend aufgeführten Werke werden, wo nichts anderes vermerkt ist, nur mit dem Verfassernamen zitiert. Weitere Literaturhinweise finden sich in den Anmerkungen.

BECKER HERMANN, Berner Kommentar zum schweizerischen Zivilgesetzbuch, Bd. VI, Obligationenrecht, 1. Abt., Allgemeine Bestimmungen, Art. 1-183 OR, 2. A. Bern 1941.
— Berner Kommentar zum schweizerischen Zivilgesetzbuch, Bd. VI, Obligationenrecht, 2. Abt., Die einzelnen Vertragsverhältnisse, Art. 184-551 OR, 2. A. Bern 1934.
BROX HANS, Allgemeiner Teil des Bürgerlichen Gesetzbuchs, 14. A. Köln/Berlin/Bonn/München 1990.
BRUNNER HANS-ULRICH, Die Anwendung deliktsrechtlicher Regeln auf die Vertragshaftung, Diss. Freiburg 1991.
BUCHER EUGEN, Obligationenrecht Besonderer Teil, 3. A. Zürich 1988 (zit. BUCHER, OR BT).
— Schweizerisches Obligationenrecht Allgemeiner Teil ohne Deliktsrecht, 2. A. Zürich 1988 (zit. BUCHER, OR AT).
BÜHLER ALFRED, Von der Beweislast im Bauprozess, in KOLLER ALFRED (Hrsg.), Aktuelle Probleme des privaten und öffentlichen Baurechts, St. Gallen 1994, S. 289 ff.
VON BÜREN BRUNO, Schweizerisches Obligationenrecht, Besonderer Teil (Art. 184-551), Zürich 1972 (zit. VON BÜREN, OR BT).
— Schweizerisches Obligationenrecht, Allgemeiner Teil, Zürich 1964 (zit. VON BÜREN, OR AT).
CORBOZ BERNARD, Die Werkmängel, SJK 460, S. 1 ff.
DÜRR CARL, Werkvertrag und Auftrag, Kommentar zu Art. 363-379 und 394-406 OR, 3. A. Vira 1983.
EGLI ANTON, Die Haftung des Unternehmers für Mängel seines Werkes, in LENDI MARTIN/NEF URS CH./TRÜMPY DANIEL (Hrsg.), Das private Baurecht der Schweiz, Zürich 1994, S. 85 ff.
FICK F./VON MORLOT A., Das Schweizerische Obligationenrecht, Kommentar zu Art. 1-529 OR, Zürich 1915.
FURRER ROLF, Beitrag zur Lehre der Gewährleistung im Vertragsrecht, Zürich 1973.
GAUCH PETER, Ein Bauwerk – Mehrere Unternehmer, ZBJV 1982, S. 65 ff.
— Der Werkvertrag, 3. A. Zürich 1985 (zit. GAUCH, Werkvertrag).
— Vom Architekturvertrag, seiner Qualifikation und der SIA-Ordnung 102, in GAUCH PETER/TERCIER PIERRE (Hrsg.), Das Architektenrecht, Freiburg 1986 (zit. GAUCH, Architekturvertrag).

— Kommentar zur SIA-Norm 118 Art. 157-190, Zürich 1991 (zit. GAUCH, N ... zu Art. ... SIA-Norm 118).

GAUCH PETER/SCHLUEP WALTER R., Schweizerisches Obligationenrecht, Allgemeiner Teil, Bd. I und II, 5. A. Zürich 1991.

GAUTSCHI GEORG, Berner Kommentar zum schweizerischen Zivilgesetzbuch, Bd. IV, Das Obligationenrecht, 2. Abt., Die einzelnen Vertragsverhältnisse, 3. Teilbd., Der Werkvertrag, Art. 363-379 OR, Bern 1967.

GEHRER LEO R., Bauherr und Unternehmer – Herren des Bauvertrages?, in KOLLER ALFRED (Hrsg.), Aktuelle Probleme des privaten und öffentlichen Baurechts, St. Gallen 1994, S. 179 ff.

— Vom Recht des Bauherrn, den Werklohn bei Mängeln des (Bau-) Werkes zurückzubehalten, SJZ 1981, S. 304 ff. (zit. GEHRER, SJZ 1981).

GIGER HANS, Berner Kommentar zum schweizerischen Zivilgesetzbuch, Bd. VI, Obligationenrecht, 2. Abt., Die einzelnen Vertragsverhältnisse, 1. Teilbd., Kauf und Tausch – Die Schenkung, 1. Abschn., Allgemeine Bestimmungen – Der Fahrniskauf, Art. 184-215 OR, 2. A. Bern 1980.

GUHL THEO, Das Schweizerische Obligationenrecht, 8. A. Zürich 1991, bearbeitet von Alfred Koller und Jean Nicolas Druey aufgrund der Ausgabe von Hans Merz und Max Kummer, §§ 1-48 bearbeitet von Alfred Koller (zit. GUHL/MERZ/KOLLER).

GULDENER MAX, Schweizerisches Zivilprozessrecht, 3. A. Zürich 1979.

HEIERMANN WOLFGANG/RIEDL RICHARD/RUSAM MARTIN, Handkommentar zur VOB, Teile A und B, 6. A. Wiesbaden und Berlin 1992.

HESS-ODONI URS, Bauhaftpflicht, Dietikon 1993.

HONSELL HEINRICH, Kommentar zu Art. 192-210 OR, Basler Kurzkommentar zum schweizerischen Privatrecht, Obligationenrecht I, Art. 1-529, Basel 1992.

— Schweizerisches Obligationenrecht Besonderer Teil, 2. A. Bern 1992 (zit. HONSELL, OR BT).

IRO GERT, Die Warnpflicht des Werkunternehmers, ÖJZ 1983, S. 505 ff. und 539 ff.

JEANPRÊTRE RAYMOND, Remarques sur l'exeption d'inexécution, in Mélanges en l'honneur de Henri Deschenaux, Freiburg 1977.

KELLER ALFRED, Haftpflicht im Privatrecht, Bd. I, Bern 1993 (zit. KELLER, Haftpflichtrecht I).

— Haftpflicht im Privatrecht, Bd. II, Bern 1987 (zit. KELLER, Haftpflichtrecht II).

KLAUSER PETER, Die werkvertragliche Mängelhaftung und ihr Verhältnis zu den allgemeinen Nichterfüllungsfolgen, Diss. Zürich 1973.

KÖHLER HELMUT, BGB Allgemeiner Teil, 21. A. München 1991.

KOLLER ALFRED, Der gute und der böse Glaube im allgemeinen Schuldrecht, Freiburg 1985 (zit. KOLLER, Gutglaubensschutz).

— Die Haftung für den Erfüllungsgehilfen nach Art. 101 OR, Diss. Fribourg, Zürich 1980 (zit. KOLLER, Erfüllungsgehilfe).

- Kommentar zu Art. 184-191, Art. 211-215 OR, Basler Kurzkommentar zum schweizerischen Privatrecht, Obligationenrecht I, Art. 1-529 OR, Basel 1992 (zit. KOLLER, N ... zu Art. ... OR).
- Werkvertragliche Mängelrechte und Abtretung der Werklohnforderung, BR 1984, S. 63 ff. (zit. KOLLER, BR 1984).
- Der Architekturwettbewerb, in GAUCH PETER/TERCIER PIERRE (Hrsg.), Das Architektenrecht, Freiburg 1986 (zit. KOLLER, Architekturwettbewerb).
- Die Verjährung von Versicherungsansprüchen, in KOLLER ALFRED (Hrsg.), Haftpflicht- und Versicherungsrechtstagung 1993, St. Gallen 1993, S. 1 ff. (zit. KOLLER, Verjährung).
- Ausschluss der Nachbesserung im Falle «übermässiger Kosten» (Art. 368 Abs. 2 OR), BR 1986, S. 10 ff. (zit. KOLLER, BR 1986).

KOLLER JO, Der «Untergang des Werkes» nach Art. 376 OR, Diss. Winterthur 1983 (zit. KOLLER JO).

KOZIOL HELMUT, Die Grenzen des Zurückbehaltungsrechts bei nicht gehöriger Erfüllung, ÖJZ 1985, S. 737 ff.

KOZIOL HELMUT/WELSER RUDOLF, Grundriss des bürgerlichen Rechts, Bd. 1, 8. A. Wien 1988.

KRAMER ERNST A., Berner Kommentar zum schweizerischen Zivilgesetzbuch, Bd. VI, Obligationenrecht, 1. Abt., Allgemeine Bestimmungen, 1. Teilbd., Lieferung 1, Allgemeine Einleitung in das schweizerische Obligationenrecht und Kommentar zu Art. 1 und 2 OR, Bern 1980.
- Berner Kommentar zum schweizerischen Zivilgesetzbuch, Bd. VI, Obligationenrecht, 1. Abt., Allgemeine Bestimmungen, 1. Teilbd., Art. 1-18 OR, Lieferung 4, Kommentar zu Art. 18, Bern 1985.
- Berner Kommentar zum schweizerischen Zivilgesetzbuch, Band VI, Obligationenrecht, 1. Abt., Allgemeine Bestimmungen, 2. Teilbd., 1. Unterteilbd., Art. 19-31 OR, Lieferung 1, Kommentar zu Art. 19-20 OR, Bern 1990.

KURSCHEL IRENE, Die Gewährleistung beim Werkvertrag, Diss. Wien 1989.

LARENZ KARL, Allgemeiner Teil des deutschen Bürgerlichen Rechts, 7. A. München 1989.
- Lehrbuch des Schuldrechts, Bd. I: Allgemeiner Teil, 14. A. München 1987 (zit. LARENZ, SchR AT).
- Lehrbuch des Schuldrechts, Bd.II: Besonderer Teil, 1. Halbbd., 13. A. München 1986 (zit. LARENZ, SchR BT).

LENZLINGER GADIENT ANNETTE, Mängel- und Sicherungsrechte des Bauherrn im Werkvertrag, Ein Vergleich zwischen dem Schweizerischen Obligationenrecht und der Norm 118 (1977/1991) des Schweizerischen Ingenieur- und Architektenvereins, Diss. Zürich 1994.

LÖRTSCHER THOMAS, Vertragliche Haftungsbeschränkungen im schweizerischen Kaufrecht, Diss. Zürich 1977.

MAYRHOFER HEINRICH, Das Recht der Schuldverhältnisse, 1. Abt., Allgemeine Lehren, Wien 1986.

MEDICUS DIETER, Allgemeiner Teil des BGB, 5. A. Heidelberg 1992.

MERZ HANS, Vertrag und Vertragsschluss, 2. A. Freiburg 1992.

MOOS PETER, Sachmängelhaftung bei Zusammenwirken mehrerer Unternehmer, NJW 1961, S. 157 f.

NEF URS CH., Obligationenrecht für Ingenieure und Architekten, Zürich 1993.

OFTINGER KARL, Schweizerisches Haftpflichtrecht, Erster Band: Allgemeiner Teil, 4. A. Zürich 1975.

OSER HUGO/SCHÖNENBERGER WILHELM, Zürcher Kommentar zum Schweizerischen Zivilgesetzbuch, Bd. V, Obligationenrecht, Teil 1, Art. 1-183 OR, Zürich 1929.

— Zürcher Kommentar zum Schweizerischen Zivilgesetzbuch, Bd. V, Obligationenrecht, Teil 2, Art. 184-418 OR, Zürich 1936.

PALANDT OTTO, Bürgerliches Gesetzbuch, 53. A. München 1994 (zit. PALANDT/Bearbeiter).

PEDRAZZINI FRANCO, La dissimulation des défauts dans les contrats de vente et d'entreprise, Diss. Fribourg 1992 (zit. PEDRAZZINI FRANCO).

PEDRAZZINI MARIO M., Werkvertrag, Verlagsvertrag, Lizenzvertrag, in Schweizerisches Privatrecht, 7. Bd., Obligationenrecht – Besondere Vertragsverhältnisse, 1. Halbbd., Basel und Stuttgart 1977.

PETERS FRANK, Grundfälle zum Werkvertragsrecht, JuS 1993, S. 118-121, 211-213, 289-290.

REBER HANS J., Rechtshandbuch für Bauunternehmer, Bauherr, Architekt und Bauingenieur, 4. A. Zürich 1983.

SCHENKER FRANZ, Die Voraussetzungen und die Folgen des Schuldnerverzuges im schweizerischen Obligationenrecht, Diss. Freiburg 1988.

SCHERRER ERWIN, Nebenunternehmer beim Bauen, Diss. Freiburg 1994.

SCHLATTER HERMANN, Die Haftung des Unternehmers im Werkvertrag, insbesondere für Werkmängel, nach Schweizerischem Recht, Diss. Bern 1934.

SCHNEIDER A./FICK H., Das Schweizerische Obligationenrecht, Zürich 1883.

SCHÖNLE HERBERT, Zürcher Kommentar zum Schweizerischen Zivilgesetzbuch, Bd. V, Obligationenrecht, Teilbd. V 2a, Kauf und Schenkung, Lieferung 1, Art. 184-191 OR, 3. A. Zürich 1993.

SCHUMACHER RAINER, Kommentar zu Art. 92-113 und 141-156 SIA-Norm 118, in GAUCH PETER (Hrsg.), Kommentar zur SIA-Norm 118 Artikel 38-156, Zürich 1992.

— Die Haftung des Architekten aus Vertrag, in GAUCH PETER/TERCIER PIERRE (Hrsg.), Das Architektenrecht, Freiburg 1986 (zit. SCHUMACHER, Architektenhaftung).

SCHWAGER RUDOLF, Der Architekt als Vertreter des Bauherrn, BR 1980, S. 19 ff.

SEIDEL HANS-JÜRGEN, Das «Nachbesserungsrecht» des Unternehmers beim Werkvertrag, JZ 1991, S. 391 ff.

SPIRO KARL, Die Begrenzung privater Rechte durch Verjährungs-, Verwirkungs- und Fatalfristen, Bd. I: Die Verjährung der Forderungen, Bern 1975.

VON STAUDINGER J., Kommentar zum BGB, 12. A. im Erscheinen seit 1978, sonst noch 11. A. (zit. STAUDINGER/Bearbeiter).

STOTZ FELIX, Die Leistungspflicht und die Mängelhaftung des Unternehmers im Werkvertrag, Diss. Basel 1989.

STRÄULI HANS/MESSMER GEORG, Kommentar zur Zürcherischen Zivilprozessordnung, 2. A. Zürich 1982.

TANNÒ PATRICK, Die Berechnung der Rügefrist im schweizerischen, deutschen und UN-Kaufrecht, Diss. St. Gallen 1992.

TERCIER PIERRE, Les contrats spéciaux. 2. A. Zürich 1995.

— Introduction au droit privé de la construction, Freiburg 1994.

TRÜMPY DANIEL, Abnahme und Genehmigung von Bauwerken, in LENDI MARTIN/NEF URS CH./TRÜMPY DANIEL (Hrsg.), Das private Baurecht der Schweiz, Zürich 1994, S. 103 ff.

TSCHÜTSCHER KLAUS, Die Verjährung der Mängelrechte im Bauwerkvertrag, in KOLLER ALFRED (Hrsg.), Aktuelle Probleme des privaten und öffentlichen Baurechts, St. Gallen 1994, S. 225 ff.

VON TUHR ANDREAS/ESCHER ARNOLD, Allgemeiner Teil des Schweizerischen Obligationenrechts, 2. Bd., 3. A. Zürich 1974.

VON TUHR ANDREAS/PETER HANS, Allgemeiner Teil des Schweizerischen Obligationenrechts, 1. Bd., 2 Lieferungen, 3. A. Zürich 1974 und 1979.

VOGEL OSCAR, Grundriss des Zivilprozessrechts, 3. A. Bern 1992.

WILHELM GEORG, Der Verzug mit der Verbesserung als Problem der Gesetzeskonkurrenz zwischen Gewährleistung und Nichterfüllung, JBl 1975, S. 113 ff. und 177 ff.

ZINDEL GAUDENZ G./PULVER URS, Kommentar zu Art. 363-379 OR, Basler Kurzkommentar zum schweizerischen Privatrecht, Obligationenrecht I, Art. 1-529, Basel 1992.

§ 1 Einleitung

1 **1. Ausgangslage und Problemstellung.** Wer sich durch Werkvertrag verpflichtet, ein Werk herzustellen (Unternehmer), hat es in der vertraglich geschuldeten Beschaffenheit herzustellen. Ist es nicht von dieser Beschaffenheit (Mangel), so hat der Vertragspartner (Besteller) – unter bestimmten Voraussetzungen – das Recht, die unentgeltliche Verbesserung des Werks zu verlangen (Art. 368 Abs. 2 OR). Dieses Nachbesserungsrecht ist ein Gestaltungsrecht[1]: Es verschafft dem Besteller die Möglichkeit, die Rechtslage einseitig umzugestalten, indem er zu Lasten des Unternehmers die Pflicht begründet, die bestehenden Mängel zu beseitigen. Dieser Nachbesserungsschuld entspricht aus der Sicht des Bestellers die Nachbesserungsforderung. Nachbesserungsrecht und Nachbesserungsschuld (-forderung) bilden Gegenstand der folgenden Ausführungen. Anders als in der Vorauflage dieses Buchs wird dabei nicht ausschliesslich auf den *Bau*werkvertrag Bezug genommen. Doch steht dieser wegen seiner praktischen Bedeutung im Vordergrund. Dazu kommt, dass sich einzelne gesetzliche Regeln ausschliesslich auf Bauwerkverträge beziehen und daher ohnehin einer gesonderten Behandlung bedürfen. Entsprechendes gilt für Bestimmungen, welche zwar generell gelten, deren Anwendung jedoch bei Bauwerken Eigenheiten aufweist.

Wo speziell auf Bauwerkverträge Bezug genommen wird, wird der Besteller auch als Bauherr, der Unternehmer als Bauunternehmer bezeichnet. Der Begriff des Bauwerks, das Gegenstand des Bauwerkvertrages bildet, ist nicht durchwegs derselbe (vgl. etwa Nr. 413). Im allgemeinen sind damit nicht nur ganze Bauten gemeint, sondern auch Teile von solchen, und überhaupt jedes Werk, das sich auf eine Baute bezieht, also z.B. eine Heizungsanlage, ein Maueranstrich, ein Dach, aber auch die an einer Baute oder einem Bauteil vorgenommene Reparatur[2].

2 **2. Rechtsgrundlagen.** Der Werkvertrag hat in den Art. 363-379 OR eine relativ rudimentäre Regelung erfahren. Das gilt auch für die Gewährleistung, welcher nur gerade fünf Artikel gewidmet sind (Art. 367-371 OR). Daneben findet freilich der Allgemeine Teil des OR Anwendung. Dieser ist aber naturgemäss nicht auf den Werkvertrag zugeschnitten und bedarf daher der Anpassung an die werkvertraglichen Besonderheiten (vgl. etwa Nr. 166). Insgesamt hat sich die gesetzliche Regelung in der Praxis als teilweise unbefriedigend erwiesen. Oft werden daher die gesetzlichen Bestimmungen, die weitestgehend dispositiver Natur sind, von den Parteien des Werkvertrags einverständlich abgeändert. Dies geschieht insbesondere durch vertragliche Übernahme allgemeiner Geschäftsbedingungen (AGB). Von grosser Bedeutung sind

---

[1] BGE 107 III 108; KOLLER, BR 1984, S. 66; GAUCH, Werkvertrag, Nr. 1206 f. Ein Teil der Lehre fasst freilich das Nachbesserungsrecht als Forderung auf (Hinweise bei GAUCH, Werkvertrag, a.a.O.; vgl. aber auch hinten Anm. 140).

[2] Vgl. GAUCH, Werkvertrag, Nr. 172.

etwa die vom Verein Schweizerischer Maschinen-Industrieller herausgegebenen «Allgemeinen Lieferbedingungen für Maschinen und Anlagen», welche im Maschinen- und Anlagenbau verwendet werden, daneben aber auch – hier nicht von Interesse – bei entsprechenden Kaufgeschäften. Hervorzuheben ist sodann die vom Schweizerischen Ingenieur- und Architektenverein herausgegebene SIA-Norm 118, Ausgabe 1977/1991. Dieses vorformulierte Vertragswerk mit seinen insgesamt 190 Artikeln bringt für den gesamten Bauwerkvertrag gegenüber der gesetzlichen Regelung zahlreiche Abweichungen. Das gilt nicht zuletzt für das Gewährleistungsrecht. Auf die das Nachbesserungsrecht bezüglichen Änderungen wird zurückzukommen sein. Vorderhand sei lediglich hervorgehoben, dass die SIA-Norm 118 – wie alle AGB – aus sich heraus keine Geltung hat. Vielmehr gilt sie im Einzelfall nur dann, wenn sie vertraglich übernommen wird. Daran ändert nichts, dass im Anhang der Norm vorgesehen ist, diese trete «am 1. Januar 1977 in Kraft» (Nr. 217).

3 **3. Das weitere Vorgehen.** Im folgenden werden Nachbesserungsrecht (verstanden als Gestaltungsrecht) und Nachbesserungsschuld je in einem eigenen Abschnitt abgehandelt. In einem dritten Abschnitt wird auf wichtige Abweichungen in der SIA-Norm 118 hingewiesen. Ein vierter Abschnitt ist einzelnen Sonderfragen gewidmet, so etwa der Verjährung des Nachbesserungsrechts. Zum Schluss werden einzelne wichtige Bundesgerichtsentscheide zum Nachbesserungsrecht wiedergegeben und kommentiert. Querverweise schaffen den Bezug zu den ersten vier Abschnitten.

1. Abschnitt: Das Nachbesserungsrecht als Gestaltungsrecht

§ 2 Das Nachbesserungsrecht im System des Gewährleistungsrechts

4   1. Das Nachbesserungsrecht ist eines von verschiedenen Mängelrechten. Statt dass der Besteller die Verbesserung des mangelhaften Werks verlangt, kann er – unter bestimmten Voraussetzungen – auch die geschuldete Vergütung (Werklohn) reduzieren (**Minderungsrecht**). Oder er kann den Werkvertrag auflösen und die Rückabwicklung verlangen (**Wandelungsrecht**)[3]. Dieses letztere Recht besteht allerdings bei Bauwerkverträgen relativ selten. Denn durch die Rückabwicklung des Vertrags würden im allgemeinen erhebliche wirtschaftliche Werte zerstört[4]; man denke etwa an den Fall, da ein Haus abgerissen und wegtransportiert werden müsste. Dies will Art. 368 Abs. 3 OR verhindern, er schliesst daher die Wandelung für den Normalfall aus[5]. Im Vordergrund stehen somit das Minderungsrecht und das Nachbesserungsrecht, und von diesen beiden Rechten spielt das Nachbesserungsrecht in der Praxis die weitaus grössere Rolle[6]. Denn in aller Regel wird der Bauherr versuchen, vom Unternehmer, den er kennt und der seinerseits das Bauwerk kennt, eine Verbesserung des Werks zu erlangen.

5   2. Die erwähnten drei Mängelrechte, also das Nachbesserungsrecht, das Minderungsrecht und das Wandelungsrecht, stehen dem Besteller – bei gegebenen Voraussetzungen – **alternativ** zu: Er kann zwischen den verschiedenen Rechten wählen[7]. Das bedeutet aus der Sicht des Unternehmers, dass er keinen An-

---

[3]   Zweck dieser drei Mängelrechte ist es, «die durch die Schlechterfüllung des Unternehmers eingetretene Störung des synallagmatischen Gleichgewichtes auszugleichen» (ZINDEL/PULVER, N 1 zu Art. 368 OR). Daraus erklärt sich, dass sie verschuldensunabhängig sind.
[4]   Vgl. ZR 1980, S. 281 Nr. 129 = BR 1981, S. 54 Nr. 50.
[5]   Ausnahmen bestätigen die Regel: vgl. z.B. BGE 98 II 123 (s. zu diesem Entscheid hinten S. 228).
[6]   Vgl. PETERS, JuS 1993, S. 29, allerdings zum deutschen Recht, das einen Vorrang des Nachbesserungsrechts kennt (§§ 633 ff. BGB, unten Anm. 9).
[7]   GUHL/MERZ/KOLLER, S. 485; GAUCH, Werkvertrag, Nr. 1014 f. m.w.Nw. – Der Wortlaut von Art. 368 Abs. 1 und 2 OR könnte den Eindruck erwecken, dass das Minderungs- und das Nachbesserungsrecht nur bei weniger erheblichen Mängeln bestehen, also dann, wenn kein Wandelungsrecht gemäss Abs. 1 besteht. Das ist jedoch nicht der Sinn der Bestimmung: Es ist anerkannt, dass das Minderungs- und das Nachbesserungsrecht «dem Besteller immer zur Verfügung» stehen, «seien die Mängel minder erheblich oder erheblich, denn das Mehr schliesst das Weniger ein» (OSER/SCHÖNENBERGER, N 3 zu Art. 368 OR).

spruch auf Nachbesserung hat. Auch wenn er lieber nachbessern möchte, muss er sich allenfalls Wandelung oder Minderung gefallen lassen[8]. Diese gesetzliche Regelung ist allerdings dispositiv, und in der Praxis wird von ihr sehr oft abgewichen (vgl. Art. 169 SIA-Norm 118[9]).

6 Einschränkend ist dem Gesagten beizufügen: Das Recht, zwischen Wandelung, Minderung und Nachbesserung zu wählen, besteht nicht zeitlich unbeschränkt. Vielmehr geht es unter, sobald sich der Besteller für eines der Mängelrechte entschieden und dieses Recht ausgeübt hat[10]. Wenn also beispielsweise der Besteller die Minderung erklärt, kann er jetzt nicht mehr Nachbesserung verlangen, und umgekehrt. Das hat seinen Grund darin, dass das Wandelungsrecht, das Minderungsrecht und das Nachbesserungsrecht Gestaltungsrechte sind. Für diese gilt der allgemeine Grundsatz, wonach der Inhaber des Rechts auf die einmal erfolgte Gestaltungserklärung nicht zurückkommen kann: Gestaltungserklärungen sind grundsätzlich unwiderruflich (BGE 109 II 326; hinten Nr. 108). Es gibt allerdings Ausnahmen (vgl. BGE 102 II 376, 101 II 235), auch in dem hier interessierenden Zusammenhang (s. z.B. Nr. 109).

7 **3.** Wandelungsrecht, Minderungsrecht und Nachbesserungsrecht sind – mit dem eben gemachten Vorbehalt – alternative Mängelrechte. Dazu kommt – unter gewissen Voraussetzungen – **kumulativ** das **Recht auf Ersatz des sog. Mangelfolgeschadens** (Art. 368 Abs. 1 und 2 OR). Mangelfolgeschäden sind Schäden, welche durch einen Mangel verursacht werden und trotz Wandelung, Minderung oder Nachbesserung bestehen bleiben[11]. Beispiel: Die falsche Anlage eines Rauchabzugrohres verursacht einen Brand; die Kosten für die Behebung der Brandschäden stellen Mangelfolgeschaden dar (BGE 77 II 245)[12]. Nicht

---

[8] Das kann für den Unternehmer mit Nachteilen verbunden sein, so etwa deswegen, weil er von seinen Subunternehmern nur Nachbesserung verlangen kann und er die entsprechenden Regressrechte verliert, wenn der Besteller die Mängel selbst beseitigt und Minderung erklärt (vgl. ZBJV 1950, S. 128/129). Ganz allgemein ist zu beachten, dass der für die Minderung massgebliche Minderwert normalerweise mit den Kosten einer Ersatzvornahme (Kosten bei Mängelbeseitigung durch einen Dritten) identisch ist (GUHL/MERZ/KOLLER, S. 486, unten S. 237, Bem. 2 zu BGE 105 II 99), diese Kosten aber regelmässig höher sind als die Kosten, die dem Unternehmer aus der Nachbesserung entstehen würden.

[9] Diese Bestimmung sieht vor, dass der Besteller zunächst einzig das Recht hat, vom Unternehmer Beseitigung des Mangels innerhalb angemessener Frist zu verlangen. Erst wenn der Mangel nicht fristgemäss behoben wird, besteht ein Wandelungs- oder Minderungsrecht (vorbehalten ist der Sonderfall von Abs. 2). Diese Regelung entspricht im wesentlichen der gesetzlichen Ordnung in Deutschland (§§ 633 f. BGB). Zu Art. 169 SIA-Norm 118 s. im einzelnen hinten Nr. 236 ff.

[10] GAUCH, Werkvertrag, Nr. 1100, 1193, 1291.

[11] GAUCH, Werkvertrag, Nr. 1306 ff.; GUHL/MERZ/KOLLER, S. 485.

[12] Weitere Beispiele bei HONSELL, OR BT, S. 221.

um Mangelfolgeschaden geht es hingegen z.B. dann, wenn ein Dachdecker bei seiner Arbeit einen Hammer fallen lässt und dieser auf dem Grundstück Schaden anrichtet. Für derartige Schäden, die mit einem Mangel nichts zu tun haben (sog. Begleitschäden), wird nicht aus Gewährleistungsrecht (Art. 368 OR) gehaftet, sondern nach den normalen Regeln über die Nichterfüllung, also Art. 97 ff. OR (vgl. BGE 113 II 421 E. 2, 111 II 170, 89 II 237 [dazu hinten S. 199 Ziff. 3])[13].

8   4. Der Anspruch auf Ersatz des Mangelfolgeschadens besteht *neben* dem Wandelungs-, Minderungs- und Nachbesserungsrecht; er tritt nicht an die Stelle dieser Rechte. Ein Recht, *statt* Nachbesserung, Minderung bzw. Wandelung Schadenersatz (**Ersatz des sog. Mangelschadens**) zu verlangen, lässt sich – entgegen HONSELL[14] – nicht auf Art. 368 OR abstützen[15]. Aber auch Art. 97 OR gibt keine Anspruchsgrundlage ab[16]. Zwar ist mit der Ablieferung eines mangelhaften Werks auch der allgemeine Schlechterfüllungstatbestand gegeben, doch verdrängt die in Art. 368 OR getroffene Ordnung der Mängelrechte die Bestimmung von Art. 97 OR (lex specialis derogat legi generali; BGE 100 II 32[17]). Die Verdrängung ist eine totale; unerheblich ist, ob die Gewährleistungsvoraussetzungen erfüllt sind oder nicht (anders BGE 108 II 104 für das Kaufrecht[18]). Aus dem Gesagten folgt, dass der Besteller nicht die Mängel durch einen Dritten beseitigen lassen und die entstehenden Kosten vom Unternehmer unter dem Titel Schadenersatz ersetzt verlangen kann; denn die betreffenden Kosten stellen typischen Mangelschaden dar (s. auch Nr. 11 sowie

---

[13] GUHL/MERZ/KOLLER, S. 486 unten/487, mit Hinweis auf SemJud 1987, S. 73 E. 6.
[14] OR BT, S. 221. Wie HONSELL auch SCHLATTER, S. 65.
[15] ZINDEL/PULVER, N 68 zu Art. 368 OR; GAUCH, Werkvertrag, Nr. 1304 f.; auch KLAUSER, S. 51 f.; DÜRR, S. 64 f.
[16] GVP SG 1989, S. 71 ff. Nr. 34; ZR 1977, S. 277 f.; EGLI, S. 89; ZINDEL/PULVER, N 78 zu Art. 368 OR; SCHLATTER, S. 28 und 63; a.A. KLAUSER, S. 132 f.; PEDRAZZINI, S. 519 f.
[17] Bestätigt in BGE 117 II 553; GAUCH, Werkvertrag, Nr. 1690 m.w.H.
[18] Nach diesem Entscheid kann Art. 97 OR angerufen werden, wenn die Gewährleistungsvoraussetzungen erfüllt sind, insbesondere der Käufer rechtzeitig gerügt hat. Ebenso BGE 107 II 421 m.w.Nw. Anders hingegen BGE 82 II 416, wonach «für die Klage auf Erfüllung oder auf Schadenersatz wegen Nichterfüllung kein Raum» bleibt, «gleichgültig, ob die Mängel klein oder gross sind». In BGE 114 II 133 f. wird unter Hinweis auf den eben zit. BGE wiederum festgehalten, dass «für eine Klage gemäss Art. 97 ff. OR auf Erfüllung oder auf Schadenersatz wegen Nichterfüllung» kein Raum bleibt; doch soll der Käufer «gemäss Art. 197 ff. OR auf Gewährleistung oder auf Schadenersatz wegen schlechter Erfüllung klagen» können. Was mit diesem «Schadenersatz» gemeint ist, bleibt unklar. Unklar bleibt auch, wie sich die beiden zuletzt zitierten Entscheide zu BGE 107 II 421 und 108 II 104 verhalten. Das Bundesgericht äussert sich hierzu nicht. Zutreffend ist die in BGE 82 II 416 vertretene Ansicht: Mängel geben keine Ansprüche aus Art. 97 OR, auch dann nicht, wenn der Käufer die Besonderheiten des Sachmängelrechts beachtet, namentlich also rechtzeitig rügt.

§ 2 Das Nachbesserungsrecht im System des Gewährleistungsrechts

Bem. 3 zu Pra 57 Nr. 50 = BGE 93 II 311 und Bem. 3 zu BGE 100 II 30, hinten S. 213 f. bzw. 231 f.)[19].

9 Zu beachten ist allerdings, dass sich der Nachbesserungsanspruch *nachträglich* in einen Anspruch auf Ersatz des Mangelschadens umwandeln kann. So verhält es sich beispielsweise dann, wenn der Besteller nach Massgabe von Art. 107 Abs. 2 OR auf Nachbesserung verzichtet und stattdessen Ersatz des positiven Vertragsinteresses verlangt (Nr. 166 ff., 177). Der Anspuch auf Ersatz des Mangelschadens ist diesfalls aber sekundäres, nicht primäres Mängelrecht; er ist blosser Ersatz des Nachbesserungsrechts und besteht nicht alternativ neben Minderungs-, Nachbesserungs- und Wandelungsrecht. Gleich verhält es sich dort, wo der Unternehmer zur Nachbesserung unfähig ist (subjektive Unmöglichkeit). Das Recht auf Ersatz des Mangelschadens gründet diesfalls zwar in Art. 97 OR[20], es handelt sich jedoch wiederum um ein sekundäres, das Nachbesserungsrecht ersetzendes Mängelrecht[21,22].

10 Es steht den Parteien eines Werkvertrages frei, ein Recht auf Ersatz des Mangelschadens als primäres Mängelrecht einvernehmlich vorzusehen. In der Baupraxis geschieht dies jedoch selten, die SIA-Norm 118 bestimmt sogar ausdrücklich das Gegenteil (Art. 171 Abs. 1).

11 Erklärt der Besteller die Minderung, bleibt jedoch der Minderwert (ausnahmsweise) hinter den Kosten zurück, welche die Mängelbeseitigung durch einen Dritten verursacht, so kann der überschiessende Betrag vom Unternehmer nicht ersetzt verlangt werden (BGE 116 II 314 unten). Es handelt sich nämlich um Mangelschaden, der nicht unter Art. 368 OR fällt und nach Art. 97 OR deshalb nicht liquidiert werden kann, weil diese Bestimmung durch die Gewährleistungsordnung verdrängt wird.

---

[19] Im Kaufrecht muss Analoges gelten. Folgt man freilich BGE 108 II 104, so kann der Käufer – sofern die Gewährleistungsvoraussetzungen erfüllt sind – den Mangelschaden gestützt auf Art. 97 OR ersetzt verlangen. Richtigerweise ist ein solcher Anspruch abzulehnen. Der Käufer kann nur entweder mindern oder wandeln und daneben den Schadenersatzanspruch aus Art. 208 OR geltend machen. Dieser Anspruch aber umfasst den Mangelschaden nicht (a.A. HONSELL, N 6 f. zu Art. 208 OR). Art. 208 Abs. 2 OR findet im übrigen nur im Falle der Wandelung Anwendung, Art. 208 Abs. 3 OR hingegen (analog) auch im Falle der Minderung.

[20] Ob die Unmöglichkeit eine anfängliche oder nachträgliche ist, spielt keine Rolle, wenn man die subjektive Unmöglichkeit generell Art. 97 OR unterstellt (so z.B. GUHL/MERZ/KOLLER, S. 39 und 223). Diese Auffassung ist freilich nicht unbestritten (abweichend VON TUHR/PETER, S. 263, für die anfängliche, GAUCH/SCHLUEP, Nr. 3140 ff., für die nachträgliche Unmöglichkeit).

[21] Ist der Unternehmer zur Nachbesserung unfähig, so kann der Besteller die Mängelbeseitigung auf seine Kosten durch einen Dritten beseitigen lassen, ohne dass er auch nur das Nachbesserungsrecht ausüben müsste (vgl. BGE 96 II 353 f.); s. hinten Nr. 148 f. und S. 225.

[22] Vgl. in diesem Zusammenhang auch § 635 BGB.

12 **5.** Nach dem Gesagten sind primäre und **sekundäre Mängelrechte** zu unterscheiden. Als sekundäre Mängelrechte können alle Rechte bezeichnet werden, welche an die Stelle alternativer (primärer) Mängelrechte treten. Sekundäres Mängelrecht in diesem Sinne ist vorab die Nachbesserungsforderung, welche durch Ausübung des Nachbesserungsrechts entsteht. Sekundäre Mängelrechte sind ferner die Rückabwicklungsansprüche, die im Falle der Wandelung begründet werden. Erklärt der Besteller die Minderung, nachdem er bereits «zuviel» bezahlt hat, so entsteht ein Rückforderungsanspruch – auch dies ein sekundäres Mängelrecht.

13 Wenn ein sekundäres Mängelrecht dahinfällt und durch ein anderes Recht ersetzt wird, so mag man immer noch von sekundären Mängelrechten sprechen (so oben Nr. 9), auch wenn es sich der Sache nach um «tertiäre» Mängelrechte handelt.

14 Auf die sekundären Mängelrechte finden teilweise die Vorschriften über die primären Mängelrechte Anwendung, so etwa Art. 371 OR betr. die Verjährung (vgl. z.B. Nr. 181, 186).

15 **6.** Den Mängelrechten **verwandte Rechte**:
– Der Besteller *braucht ein mangelbehaftetes Werk nicht anzunehmen* (vgl. § 640 BGB), vielmehr kann er es zur Verbesserung zurückweisen[23]. Dieses Verbesserungsrecht ist nicht das Nachbesserungsrecht im Sinne von Art. 368 OR. Es bildet vielmehr Inhalt des ursprünglichen Erfüllungsanspruchs, der sich erst mit der Annahme des Werks (Ablieferung i.S. von Art. 367 OR, Nr. 59 ff.) in die Mängelrechte umwandelt.

16 – *Solange das Werk* wegen seiner Mängel *nicht angenommen ist*, ist der Werklohn nicht fällig: Der Unternehmer ist vorleistungspflichtig und kann die Vergütung erst verlangen, wenn er sein Werk abliefert (Art. 372 OR); der Ablieferung eines mangelhaften Werks aber kann sich der Besteller – wie gesagt – widersetzen, so dass er vorerst keine Vergütung zu leisten braucht.

17 Das auf Art. 372 OR abgestützte Recht des Bestellers, den Werklohn zurückzubehalten, ist wiederum kein Mängelrecht, hängt damit aber eng zusammen, so dass darauf zurückzukommen ist (Nr. 306 f.)[24].

---

[23] Vgl. in verwandtem Zusammenhang KOLLER, N 8 zu Art. 211 OR und N 93 zu Art. 184 OR, betr. Gattungskauf. Weiteres hinten in Nr. 306.

[24] Vgl. vorderhand LARENZ, SchR BT, S. 347.

§ 2 Das Nachbesserungsrecht im System des Gewährleistungsrechts

18 – *Ist das Werk angenommen*, so wird die Vergütungspflicht fällig. Weist es jedoch Mängel auf, so kann der Besteller immer noch einen Teil des Werklohns zurückbehalten (hinten Nr. 315 ff.)[25].

19 **7.** Umstritten ist, inwieweit die **alternativen Mängelrechte abtretbar** sind. Nach BGE 114 II 247 trifft dies für das Wandelungs- und das Minderungsrecht «als Gestaltungsrechte» nicht zu, wohl hingegen für das Nachbesserungsrecht[26], und dies «unbesehen darum», ob es «realiter oder in Form der Kosten einer Ersatzvornahme geltend gemacht wird». Diese Rechtsprechung vermag nur teilweise zu überzeugen: M.E. sind *alle* alternativen Mängelrechte abtretbar, allerdings nur «im Bündel»[27]. Eine gesonderte Abtretung nur *eines* Mängelrechts ist hingegen ausgeschlossen. Das gilt auch für das Nachbesserungsrecht, und zwar unabhängig davon, ob man dieses Recht als Gestaltungsrecht oder als Forderung auffasst (im erwähnten Entscheid scheint das Bundesgericht von letzterem auszugehen, s. demgegenüber Nr. 1 und Anm. 1).

20 Der (gesonderten) Abtretung steht so oder anders die «Natur des Rechtsverhältnisses» entgegen (Art. 164 Abs. 1 OR). Denn solange sich der Besteller noch nicht für Wandelung, Minderung oder Nachbesserung entschieden hat, würde die Abtretung eines einzelnen alternativen Mängelrechts zu einer Aufsplittung seiner Rechtsposition führen. Das kann rechtens nicht sein. Mit andern Worten kann das in BGE 116 II 314 als Wahlgestaltungsrecht bezeichnete Recht, zwischen Minderung, Wandelung und Nachbesserung auszuwählen, nicht auf zwei Personen verteilt werden. Als ganzes ist hingegen dieses Recht durchaus abtretbar.

21 Im Unterschied zu den alternativen Mängelrechten ist das **kumulative Recht auf Ersatz des Mangelfolgeschadens** unbestrittenermassen zessionsfähig[28]. Dasselbe gilt auch für Forderungen (sekundäre Mängelrechte), die dem Besteller bei Ausübung der alternativen Mängelrechte erwachsen, so etwa für Rückerstattungsansprüche im Falle von Wandelung oder Minderung (BGE 114 II 247).

---

[25] S. vorderhand LARENZ, SchR BT, S. 347 Anm. 16.
[26] So schon BGE 109 II 423. Zustimmend SCHUMACHER, BR 1994, S. 4 Anm. 24 m.w.Nw.
[27] Ebenso HONSELL, OR BT, S. 222, unter Hinweis auf die deutsche Rechtsprechung (BGH NJW 1977, S. 847; BGHZ 95, 250). Lässt man die Abtretung der Mängelrechte «im Bündel» zu, so ist die Konstruktion der Abtretung einer künftigen Forderung verbunden mit einer Ermächtigung zur Ausübung des Gestaltungsrechts (so GAUCH, BR 1984, S. 25) unnötig (HONSELL, a.a.O., S. 222).
[28] Z.B. EGLI, BR 1983, S. 7; GAUCH, Werkvertrag, Nr. 1785.

§ 3 Voraussetzungen des Nachbesserungsrechts

Damit das Nachbesserungsrecht besteht, müssen einmal jene Voraussetzungen erfüllt sein, die für alle Mängelrechte gelten. Dazu kommt als individuelle Voraussetzung des Nachbesserungsrechts, dass die Nachbesserung nicht übermässige Kosten verursachen darf.

I. Die allen Mängelrechten gemeinsamen Voraussetzungen

1. Mangel

A. Begriff und Arten

22   1. **Der massgebliche Mangelbegriff.** Das Gesetz kennt keinen einheitlichen Mangelbegriff, vielmehr unterscheidet es Mängel im weiten und im engen Sinne, und das in ein und derselben Bestimmung (!): Der Mangel im Sinne der Marginalie zu Art. 368 OR umfasst sowohl Mängel als auch sonstige Vertragsabweichungen im Sinne des Gesetzestextes. Die Mängelrechte knüpfen an den weiten Mangelbegriff an. Dieser Begriff bedarf daher im folgenden der Erläuterung. Demgegenüber ist die im Gesetzestext vorgenommene Unterscheidung Mangel/sonstige Vertragsabweichung nur von klassifikatorischer Bedeutung, weil ihr das Gesetz nirgends, weder in Art. 368 OR noch sonstwo, rechtserhebliche Bedeutung beimisst. Eine genauere Abgrenzung erübrigt sich daher[29].

23   2. Aus dem Gesagten folgt, dass das Werk dann mangelhaft ist, **wenn es vom Vertrage abweicht**[30]. Zur Feststellung eines Mangels ist somit das Werk, wie es tatsächlich vorliegt, mit dem Werk, wie es gemäss Vertrag sein sollte, zu vergleichen. Zeigt dieser Vergleich, dass das Werk Eigenschaften nicht aufweist, die es haben sollte, so ist es mangelhaft. Das Fehlen einer solchen Eigenschaft bedeutet immer auch, dass es Eigenschaften aufweist, die es nicht haben sollte[31]. Ist das Haus entgegen dem Vertrag weiss statt gelb bemalt, so fehlt die Eigenschaft gelb, und es weist vertragswidrig die Eigenschaft weiss auf.

---

[29]   BGE 100 II 30 E. 2 und Bem. 2 zu diesem Entscheid (hinten S. 231).
[30]   GAUCH, Werkvertrag, Nr. 915 ff.
[31]   GAUCH, Werkvertrag, Nr. 916.

24 Welche Eigenschaften ein Werk haben muss bzw. nicht haben darf, ist dem konkreten Werkvertrag zu entnehmen. Es gelten die allgemeinen Regeln über die Feststellung des Vertragsinhalts. Entscheidend ist somit in erster Linie der übereinstimmende wirkliche Wille der Vertragsparteien (Art. 18 OR). Lässt sich ein solcher – wie meist – nicht feststellen, ist auf das Vertrauensprinzip abzustellen. Es ist also zu fragen, welche Eigenschaften der Besteller nach Treu und Glauben erwarten darf. Zum Vertragsinhalt im weiteren Sinne zählen auch Eigenschaften, die durch Vertrags*ergänzung* gewonnen werden. Auch in dieser Richtung gelten die allgemeinen schuldrechtlichen Regeln. Es ist somit auf das dispositive Gesetzesrecht (z.B. Art. 71 Abs. 2 OR, unten Nr. 30) abzustellen, soweit sich nicht ein davon abweichender hypothetischer Vertragswille feststellen lässt. Für die Feststellung des hypothetischen Parteiwillens ist wiederum der Massstab von Treu und Glauben heranzuziehen[32].

25 **3. Arten von Mängeln.** Gemeinhin wird zwischen dem *Fehlen von zugesicherten und vorausgesetzten Eigenschaften* unterschieden, dies in Anlehnung an das Kaufrecht, das diese Unterscheidung ausdrücklich trifft (Art. 197 OR), ohne dass es ihr freilich eine rechtserhebliche Bedeutung beimisst. Die Unterscheidung ist vor dem eben in Nr. 24 Gesagten zu sehen. Zugesicherte Eigenschaften sind solche, die sich im Wege der Vertrags*auslegung* ermitteln lassen, wogegen vorausgesetzte Eigenschaften auf Vertrags*ergänzung* beruhen. Dieser Zusammenhang wird in der Lehre allerdings nicht ausdrücklich erwähnt, wohl aber der Sache nach unterstellt[33]. Zusicherungen können ausdrücklich[34] oder stillschweigend erfolgen. Stillschweigend zugesicherte Eigenschaften berühren sich mit den vorausgesetzten Eigenschaften. Beides kann oft nicht klar auseinandergehalten werden, wie ja auch die Grenze zwischen Vertragsauslegung und -ergänzung fliessend ist.

26 **4. Jedes Werk muss gebrauchstauglich sein.** Zu welchem Gebrauch das Werk tauglich sein soll, entscheidet in erster Linie der Vertrag. Eine ausdrückliche

---

[32] KRAMER, N 224 zu Art. 18 OR.
[33] Vgl. etwa GAUCH, Werkvertrag, Nr. 915 f.: Er definiert den Mangel als Vertragsabweichung. Eine Vertragsabweichung liegt dann vor, wenn entweder eine vereinbarte Eigenschaft fehlt oder aber eine vorausgesetzte. Eine vorausgesetzte Eigenschaft ist nach dieser Ansicht nicht vereinbart, trotzdem aber – durch Vertragsergänzung gewonnener – Vertragsinhalt.
[34] S. z.B. BGE 93 II 326: «Bei der Ausführung von Maurer- und Eisenbetonarbeiten gewährt die Bauleitung dem Unternehmer eine Toleranz von höchstens 1 cm. Abweichen von den Planangaben über dieses Mass hinaus muss auf Verlangen der Bauführung unverzüglich vom Unternehmer auf eigene Kosten abgeändert werden.»

Vereinbarung ist nicht erforderlich. Es genügt, dass der Besteller dem Unternehmer auf irgendeine Weise den beabsichtigten Gebrauchszweck erkennbar gemacht hat.

27 Soll beispielsweise eine Windgeneratorenanlage gemäss Vertrag an einem bestimmten Ort betrieben werden, so hat sie bei den dort herrschenden Windverhältnissen zu funktionieren, d.h. zur Erzeugung elektrischer Energie geeignet zu sein[35]. Weiteres Beispiel: Hat ein Unternehmer ein Werk (z.B. eine Mauer) herzustellen, das Grundlage für die Erstellung eines weiteren Werks (Maueranstrich) sein soll, dann muss es so beschaffen sein, dass die weitere Werkleistung darauf aufbauen kann.

28 Ist ein bestimmter Gebrauchszweck vereinbart, so sind damit – zumindest stillschweigend – auch bestimmte Eigenschaften zugesichert. So darf im zweiten Beispiel als vereinbart gelten, dass die Mauer für den Malanstrich eine geeignete Grundlage abgibt.

29 Wurde dem Unternehmer kein bestimmter Gebrauchszweck bekanntgegeben, so kommt es entscheidend auf den Gebrauch an, «der üblicherweise von einem Werk der betreffenden Art gemacht wird»[36]. Unter diesem Gesichtspunkt darf beispielsweise erwartet werden, dass ein Dach undurchlässig ist[37] und die Dachziegel frostbeständig sind[38].

30 5. Werke haben **nicht nur gebrauchstauglich** zu sein, sondern z.B. auch ästhetischen Anforderungen zu genügen. So muss ein Parkettboden nicht nur gefahrloses Begehen erlauben, sondern er darf auch keine Schönheitsfehler (z.B. auffallende Helldunkel-Tönungen) aufweisen[39]. Welchen Anforderungen ein Werk – abgesehen von der Gebrauchstauglichkeit – zu genügen hat, entscheidet sich wiederum nach dem Vertragsinhalt, wie er sich durch Vertragsauslegung und -ergänzung ergibt. Hingewiesen sei in diesem Zusammenhang auf den bereits erwähnten Art. 71 Abs. 2 OR. Danach hat der Unternehmer Materialien von (mindestens) durchschnittlicher Güte zu verwenden, soweit nichts anderes vereinbart ist (ungenau BGE 26 II 655: «Verwendung nur durchaus guter Materialien»).

31 6. Liefert der Unternehmer ein mangelhaftes Werk ab, so begeht er notwendig eine **Pflichtverletzung**. Es verhält sich insoweit anders als beim Spezieskauf. Denn bei diesem beschränkt sich die Leistungspflicht des Verkäufers – man-

---

[35] SJZ 1949, S. 363 Nr. 174.
[36] GAUCH, Werkvertrag, Nr. 960.
[37] Vgl. SJZ 1942/43, S. 229 Nr. 142; GAUCH, Werkvertrag, Nr. 962 m.w.Nw.
[38] BGH NJW 1973, S. 754.
[39] GAUCH, Werkvertrag, Nr. 954. Weiteres Beispiel: Eine Zahnprothese muss nicht nur einwandfreies Kauen erlauben, sondern darf sich auch nicht verfärben (Extraits 1958, S. 38).

gels anderer Vereinbarung – darauf, die Kaufsache zu liefern, mag sie mangelhaft sein oder nicht. Demgegenüber ist der Unternehmer gehalten, ein mängelfreies Werk abzuliefern.

32   7. Zur **Beweislast** mit Bezug auf das Vorliegen eines Mangels s. BÜHLER, S. 324 ff.

B. Sachverhalte, die keinen Werkmangel darstellen[40]

33   1. Nicht mangelhaft ist das **unvollendete Werk**. Dieses kennzeichnet sich dadurch, dass gewisse gemäss Werkvertrag geschuldete Leistungen (noch) nicht erbracht sind (es fehlt z.b. eine Türe). Ist das Werk unvollendet, so steht dem Besteller nach wie vor der Erfüllungsanspruch zu. Zu beachten ist zweierlei:

34   – Liefert der Unternehmer ein unvollendetes Werk ab (Art. 367 OR), so braucht es der Besteller nicht anzunehmen. Vielmehr kann er vorerst vollständige Erfüllung verlangen. Er *muss* aber nicht: Nimmt er das unvollendete Werk an, so bleibt zwar der Erfüllungsanspruch insofern, als das Werk noch unvollständig ist, bestehen. Im übrigen aber tritt die Erfüllungswirkung ein, was zur Folge hat, dass nun die Gewährleistungsordnung Platz greift. Der Besteller muss daher das Werk prüfen und bei der Prüfung erkennbare Mängel sofort rügen (Nr. 81 f.). Das ist freilich nicht unbestritten. Nach einem Teil der Lehre kann (grundsätzlich) nur ein vollendetes Werk abgenommen werden (s. unten Nr. 61).

35   – Zum Teil werden unvollendete Werke als mangelhafte Werke behandelt. Hinzuweisen ist vorab auf BGE 94 II 165. Nach diesem Entscheid kann der Besteller die Minderung erklären (statt die Vollendung zu verlangen), wenn der Unternehmer ein unvollständiges Werk abliefert[41]. M.E. ist der Entscheid nur beschränkt richtig: Ein Wechsel vom Erfüllungsanspruch auf das Minderungsrecht ist nach der hier vertretenen Ansicht lediglich unter den Voraussetzungen und nach Massgabe von Art. 107 Abs. 2 OR zulässig. Der Besteller muss somit dem Unternehmer vorerst eine Nachfrist ansetzen. Erst wenn diese ungenutzt verstrichen ist, darf er auf die Erfüllung (Vollendung) verzichten und stattdessen zur Minderung schreiten. Art. 107 Abs. 2 OR sieht freilich nur einen Schadenersatzanspruch vor. Es scheint jedoch zu-

---

[40]   S. dazu auch unten S. 199, Bem. 3 zu BGE 89 II 232 ff., sowie BÜHLER, S. 324. BÜHLER weist u.a. darauf hin, dass die Belastung mit Bauhandwerkerpfandrechten keinen Mangel darstellt, ebensowenig die Nichteinhaltung eines selbständigen Garantieversprechens.

[41]   Das Bundesgericht hat allerdings das Minderungsrecht nicht auf Art. 368 OR abgestützt, sondern auf Treu und Glauben (S. 165 E. 2e). Auch unterstellt es das Recht nicht den spezifischen Gewährleistungsvoraussetzungen (S. 164 E. 2d). *Inhaltlich* aber nimmt es ein Minderungsrecht an, was m.E. nicht zutreffend ist (s. nun gleich im Text).

treffend, dem Besteller – bei gegebenen Voraussetzungen – anstelle dieses Anspruchs die Mängelrechte zu gewähren. Denn mit dem Verzicht auf die Resterfüllung ist das Werk als vollendet anzusehen. Das hat zur Folge, dass nun die Mängelrechte Platz greifen, wobei die nicht erfolgte Werkleistung als Mangel anzusehen ist. Zu beachten ist, dass der Besteller nicht nur mindern, sondern auch wandeln kann, sofern die diesbezüglichen Voraussetzungen (Art. 368 Abs. 1 und – betr. Bauwerkvertrag – Abs. 3 OR) erfüllt sind[42]. S. in verwandtem Zusammenhang auch BGE 116 II 450 ff. (dazu Nr. 78).

36 Auch von GAUCH werden gewisse unvollendete Werke als mangelhaft behandelt: Wenn ein für die vertragsgemässe Arbeitsausführung erforderlicher Arbeitsgang ausgelassen («übersprungen») werde, so sei das Werk mangelhaft, falls der Arbeitsvorgang nicht ohne weiteres nachgeholt werden könne[43]. Mangelhaft sei «z.B. ein Farbanstrich ohne die geschuldete Grundierung oder ein Flachdach ohne die geschuldete Kunststoffeinlage». In Wirklichkeit handelt es sich immer um unvollendete Werke. Dem Besteller steht somit ein Anspruch auf Nachholung des übersprungenen Arbeitsvorgangs zu. Da es sich nicht um Mängel handelt, besteht auch keine Rügeobliegenheit[44].

37 **2.** Solange das Werk **nicht abgeliefert** ist, kann von einem Mangel, welcher die Mängelrechte auslöst, nicht gesprochen werden (BGE 117 II 263 E. 2a, 116 II 453 E. 2b/aa; s. schon oben Nr. 15). Lässt sich jedoch voraussehen,

---

[42] Kritisch bezüglich BGE 94 II 165 auch GAUCH, Werkvertrag, Nr. 980.
[43] GAUCH, Werkvertrag, Nr. 981.
[44] Wenn GAUCH sich gegen die Annahme der Unvollendetheit wehrt, so wohl deshalb, weil er davon ausgeht, dass unvollendete Werke nicht abgenommen werden können (Werkvertrag, Nr. 980) und vor der Abnahme keine Mängelrechte bestehen. Träfe dies zu, so würde die Ablieferung hinausgeschoben, bis der übersprungene Arbeitsgang nachgeholt wäre. Das könnte bedeuten, dass unter Umständen ein Werk noch Jahre nach Ingebrauchnahme durch den Besteller als nicht abgeliefert gilt, keine Prüfungs- und Rügeobliegenheit besteht usw. Dass dem nicht so sein kann, leuchtet ein. M.E. besteht der Ausweg aus der Sackgasse jedoch nicht darin, dass man unvollendete Werke zu mangelhaften erklärt, sondern darin, dass man die Ablieferung auch bei Unvollendetheit zulässt (unten Nr. 59 ff.) und im weiteren dem Besteller den Anspruch auf die Vollendung belässt. Nicht einsichtig ist im übrigen, weshalb das Überspringen eines Arbeitsvorganges dann einen Mangel darstellen soll, wenn der Arbeitsvorgang nicht ohne weiteres nachgeholt werden kann, wogegen das Werk als unvollendet anzusehen sei, wenn der Arbeitsvorgang ohne weiteres nachgeholt werden könne. Diese Unterscheidung GAUCHS ist m.E. sachlich nicht überzeugend, sie lässt sich wertungsmässig nicht begründen.

dass der Unternehmer ein mangelhaftes Werk abliefern wird, so steht dem Besteller ein Vorgehen nach Art. 366 Abs. 2 OR offen[45].

38 **3.** Ein Mangel ist auch nicht darin zu sehen, dass der Unternehmer **übermässigen Aufwand** betrieben, z.b. mehr Beton verwendet hat, als vertraglich vorgesehen (BGE 96 II 60). «Dieser Sachverhalt entzieht sich wiederum den Regeln über die Mängelhaftung; er ist zu lösen nach den Regeln über die Höhe der geschuldeten Vergütung.»[46]

39 **4.** Kein Werkmangel im Sinne des vorliegenden Buchs sind schliesslich **Rechtsmängel**. Ein Rechtsmangel liegt dann vor, wenn der Unternehmer Werkstoff liefert, welcher einem Dritten gehört. Die Haftung für Rechtsmängel richtet sich nach Kaufrecht (s. unten Nr. 103).

2. Kein Selbstverschulden des Bestellers (Art. 369 OR)

40 Nach Art. 369 OR fallen «die dem Besteller bei Mangelhaftigkeit des Werkes gegebenen Rechte» dahin, «wenn er ... die Mängel selber verschuldet hat». Das versteht sich eigentlich von selbst: Der Besteller, der selbst einen Mangel verschuldet hat, soll dafür nicht den Unternehmer belangen können. Bei genauerem Hinsehen bietet jedoch die Auslegung von Art. 369 OR zahlreiche Probleme. Auf diese soll im folgenden – wenn auch nicht umfassend – eingegangen werden.

A. Begriff, Merkmale und Arten des Selbstverschuldens

41 **1.** Das Selbstverschulden ist nach herrschender Ansicht **nicht im engen ju-**

---

[45] In BGE 93 II 317 ff. hatte Theler für Kalbermatten ein Schwimmbecken samt Kanalisation zu erstellen. Im Zusammenhang mit Betonarbeiten verstopfte Theler ein von ihm erstelltes Abflussrohr mit Zementmörtel. Kalbermatten verlangte in der Folge Ersatz der Kosten, welche durch die Beseitigung des im Rohr befindlichen Mörtels entstanden. Das Bundesgericht gab dem Begehren statt, und zwar unter dem Gesichtspunkt des Schadenersatzes. Unklar bleibt die Anspruchsgrundlage: Lieferte Theler das Schwimmbecken mit dem verstopften Abflussrohr ab, so konnte Kalbermatten zwar die Mängelrechte geltend machen, aber keinen Schadenersatz verlangen (oben Nr. 8), bzw. stand ihm ein Schadenersatzanspruch höchstens als sekundäres Mängelrecht zu (Nr. 9). Dass die entsprechenden Voraussetzungen erfüllt gewesen wären, lässt sich aber dem Entscheid nicht entnehmen. Wurde die Verstopfung des Abflussrohrs *vor* der Ablieferung des Schwimmbeckens festgestellt, so stand dem Kalbermatten ebenfalls kein Schadenersatz zu. Kalbermatten hätte dann zwar nach Art. 366 Abs. 2 OR vorgehen können. Dass die Voraussetzungen dieser Bestimmung erfüllt waren, lässt sich dem Entscheid jedoch nicht entnehmen. Zudem ist der Ersatzanspruch nach Art. 366 Abs. 2 OR nach herrschender Ansicht ein Anspruch auf Aufwendungs-, nicht Schadenersatz (s. hinten Nr. 143). Weitere Bemerkungen zu BGE 93 II 317 ff. unten auf S. 222 f.

[46] GAUCH, Werkvertrag, Nr. 982.

ristisch-technischen Sinne zu verstehen: «Nach richtiger Auslegung verlangt die Vorschrift lediglich, dass der Besteller den Mangel selbst verursacht hat.»[47] Und zwar muss er ihn *allein* verursacht haben (BGE 116 II 458)[48]. Hat ihn der Unternehmer mitverursacht, so kommt Art. 369 OR nicht zum Tragen. Nun ist freilich zu beachten, dass im naturwissenschaftlichen Sinne *jeder* Mangel sowohl durch den Besteller als auch den Unternehmer verursacht ist. Denn es käme nicht zum Mangel, wenn der Besteller das Werk nicht bestellt und der Unternehmer dieses nicht ausgeführt hätte. Diese Ursachen sind selbstverständlich nicht Mängelursachen im hier verstandenen Sinne. Vielmehr geht es immer nur um Ursachen, die eine gewisse Nähe zum Mangel haben. Es muss sich – in Anlehnung an das Haftpflichtrecht – um adäquate Ursachen handeln[49]. Adäquanz ist jedenfalls dann zu bejahen, wenn eine Partei schuldhaft oder auch nur pflichtwidrig zu einem Mangel beiträgt[50]. Eine adäquate Schadensursache setzt aber beispielsweise auch jene Vertragspartei, welche fehlerhaften, d.h. für die Werkausführung untauglichen Werkstoff zur Verfügung stellt, ohne dass sie die Fehlerhaftigkeit erkennen könnte (vgl. Art. 365 Abs. 3 und 376 Abs. 3 OR)[51]. Letztlich ist zu fragen, in wessen «Sphäre» der Mangel seine Ursache hat. Hat er seine Ursache ausschliesslich in der Sphäre des Bestellers, so entfallen die Mängelrechte, wogegen diese uneingeschränkten Bestand haben, wenn die Mängelursache ausschliesslich in der Sphäre des Unternehmers zu suchen ist. Eine «Teilung der Gewährleistung» (KURSCHEL[52]) findet statt, wenn die Mängelursachen aus beiden Sphären stammen (s. dazu Nr. 56 ff.).

42 **2.** Dass Art. 369 OR kein Selbstverschulden im juristisch-technischen Sinne voraussetzt, wird durch die Marginalie, die von Verantwortlichkeit, nicht von Verschulden spricht, indiziert und **ergibt sich** zwingend **aus dem systematischen Zusammenhang von Art. 369 OR mit Art. 376 Abs. 3 OR und Art. 365 Abs. 3 OR**[53]:

---

[47] KOLLER JO, S. 40; ebenso FICK/VON MORLOT, N 5 zu Art. 369 OR; GAUTSCHI, N 2 ff. zu Art. 369 OR; EGLI, S. 94; BÜHLER, S. 332 ff.

[48] Neustens ZINDEL/PULVER, N 3 zu Art. 369 OR. Missverständlich GAUTSCHI, der an verschiedenen Stellen davon spricht, die vom Besteller gesetzte Ursache müsse die «Hauptursache» des Mangels sein (z.B. N 4c zu Art. 369 OR betr. vom Bauherrn gelieferten Werkstoff, N 5b zu Art. 369 OR betr. vom Bauherrn angewiesenen Baugrund).

[49] Ausdrucksweise von GAUCH, Werkvertrag, Nr. 1356; EGLI, S. 94.

[50] Z.T. wird der Eindruck erweckt, jedenfalls der Unternehmer setze nur dann eine adäquate Mangelursache, wenn er eine *schuldhafte* Pflichtverletzung begehe (KURSCHEL, S. 18). Das ist in dieser Allgemeinheit nicht richtig.

[51] Vgl. GAUCH, Werkvertrag, Nr. 1470.

[52] S. 19 f.

[53] Vgl. KOLLER JO, S. 58.

§ 3 Voraussetzungen des Nachbesserungsrechts

43 – *Art. 376 Abs. 3 OR* betrifft den Sachverhalt, da das Werk *vor* der Ablieferung zugrundegeht. In einem solchen Fall hat der Unternehmer grundsätzlich keinen Anspruch auf Vergütung. Art. 376 Abs. 3 OR macht hiervon eine Ausnahme. Er gewährt dem Unternehmer Anspruch auf die «Vergütung der bereits geleisteten Arbeit und der im Lohne nicht eingeschlossenen Auslagen» unter einer zweifachen Voraussetzung: Einmal muss das Werk «wegen eines Mangels des vom Besteller gelieferten Stoffes oder des angewiesenen Baugrundes oder infolge der von ihm vorgeschriebenen Art der Ausführung zugrunde gegangen» sein, zum andern muss der Unternehmer den Besteller «auf diese Gefahren rechtzeitig aufmerksam gemacht» haben. Nicht vorausgesetzt ist ein Verschulden des Bestellers, wie sich e contrario aus dem letzten Satzteil ergibt. Der Vergütungsanspruch besteht daher auch dann, wenn der Besteller die Fehlerhaftigkeit des Baugrundes usw. nicht erkennen konnte.

44   Geht das Werk wegen eines in Art. 376 Abs. 3 OR erwähnten Umstandes *nach* der Ablieferung zugrunde, so findet Art. 376 Abs. 3 OR keine Anwendung. Auch diesfalls muss jedoch gelten, dass der Unternehmer, falls er seiner Anzeigepflicht nachgekommen ist, Anspruch auf die Vergütung für die geleistete Arbeit hat. Um zu diesem Ergebnis zu gelangen, ist Art. 369 OR in dem hier befürworteten Sinne auszulegen. Zwar sieht diese Bestimmung keinen Vergütungsanspruch vor. Indem sie jedoch anordnet, dass die Mängelrechte dahinfallen, bringt sie zum Ausdruck, dass der durch die Ablieferung begründete Vergütungsanspruch (Art. 372 OR) nicht durch Wandelung oder Minderung beseitigt werden kann und auch nicht davon abhängig ist, dass der Unternehmer das untergegangene Werk unter dem Titel Nachbesserung wiederaufbaut. Die Anordnung, dass die Mängelrechte wegfallen, bedeutet also faktisch die Zuerkennung des Vergütungsanspruchs. Und dieser Anspruch setzt kein Selbstverschulden des Bestellers voraus, sondern blosse Selbstverursachung.

45   Entsprechendes muss schliesslich auch dann gelten, wenn das Werk wegen eines vom Besteller zu verantwortenden Umstandes i.S. von Art. 376 Abs. 3 OR nicht zugrundegeht, sondern bestehen bleibt, wenn auch mit einem Mangel behaftet[54].

46 – Die hier befürwortete Auslegung von Art. 369 OR wird gestützt durch *Art. 365 Abs. 3 OR*. Diese Bestimmung sieht vor: «Zeigen sich bei der Ausführung des Werkes Mängel an dem vom Besteller gelieferten Stoffe oder an dem angewiesenen Baugrunde oder ergeben sich sonst Verhältnisse, die eine gehörige ... Ausführung des Werkes gefährden, so hat der Unternehmer dem Besteller ohne Verzug davon Anzeige zu machen, widrigenfalls die nachteiligen Folgen ihm selbst zur Last fallen.» Mit den «sonstigen Verhältnissen» sind nicht zuletzt fehlerhafte Weisungen des Bestellers gemeint.

---

[54]   Beispiel: Der vom Bauherrn angewiesene Baugrund hat – für den Unternehmer unerkennbar – einen Mangel, der zur Folge hat, dass das vollendete Bauwerk Mauerrisse erleidet und unmittelbar vor der geplanten Ablieferung (Vollendungsanzeige, Nr. 68 f.) einstürzt. Der Unternehmer hat hier Anspruch auf den vollen Werkpreis (Art. 376 Abs. 3 OR). Stürzt das Bauwerk infolge der Risse (erst) kurz nach der Ablieferung zusammen, kann es sich nicht anders verhalten (Art. 369 OR): Der Bauherr muss den ganzen Werkpreis bezahlen, kann also nicht wandeln oder mindern, und er kann die Vergütung auch nicht von der Mängelbeseitigung abhängig machen. Schliesslich hat der Unternehmer den Werkpreis auch dann zugute, wenn die Mauerrisse nicht den Einsturz der Baute zur Folge haben, sondern als Mängel bestehen bleiben (Art. 369 OR). Die Vergütungspflicht ist in allen Fällen nicht von einem Verschulden des Bauherrn abhängig.

47 Die «nachteiligen Folgen» fallen also grundsätzlich dem Besteller zur Last und nur ausnahmsweise – bei Verletzung der Anzeigepflicht – dem Unternehmer. Hat sich dieser nicht pflichtwidrig verhalten, treffen ihn «die nachteiligen Folgen» nicht, und zwar selbst dann nicht, wenn den Besteller kein Verschulden trifft, er beispielsweise die Fehlerhaftigkeit des Werkstoffs weder erkannt hat noch erkennen musste. Es liegt nahe, unter die «nachteiligen Folgen» auch die Mängelhaftung zu subsumieren. Ist dies zutreffend, so ist der Unternehmer für Mängel seines Werks nicht haftbar, sofern er seiner Anzeigepflicht nachgekommen ist und sofern weiters der Besteller den Mangel selbst verursacht hat, indem er mangelhaften Werkstoff lieferte, mangelhaften Baugrund anwies oder fehlerhafte Weisungen erteilte. Ein Verschulden des Bestellers ist nicht vorausgesetzt.

48 **3. Ein Selbstverschulden i.S. von Art. 369 OR trifft den Besteller vorab dann, wenn er eine fehlerhafte, d.h. für die Werkausführung untaugliche[55], Weisung erteilt und daran trotz Abmahnung des Unternehmers festhält.** Dieser Fall ist in Art. 369 OR eigens aufgeführt, jedoch nur beispielhaft. Die Bestimmung lässt ausdrücklich auch jede «andere Weise» der Mängelverursachung genügen. Insbesondere hat der Besteller auch für die in Art. 365 Abs. 3 OR und 376 Abs. 3 OR erwähnten Umstände einzustehen, also dafür, dass von ihm gelieferter Werkstoff oder der von ihm angewiesene Baugrund mangelhaft ist. Immer jedoch muss sorgsam geprüft werden, ob eine Mängelursache wirklich aus der Sphäre des Bestellers stammt und ob es sich um die ausschliessliche Mängelursache handelt. Das trifft beispielsweise nicht zu, wenn der Besteller den von ihm bereitgestellten Werkstoff aus einer Kollektion des Unternehmers ausgewählt hat. Wenn also etwa der Unternehmer zwei Stoffe (z.B. Keramikplättchen) zur Auswahl stellt, der Besteller sich für das eine entscheidet und das Werk dann gerade wegen dieser Stoffwahl mangelhaft ist, so muss es m.E. bei der Gewährleistungspflicht des Unternehmers bleiben[56]. Bestenfalls ist an eine «Teilung der Gewährleistung» zu denken (dazu unten Nr. 56 ff.).

49 **4. Der Besteller kann einen Mangel sowohl durch ein positives Tun als auch durch ein Unterlassen verursachen.** Eine Unterlassung kann aber – analog haftpflichtrechtlichen Grundsätzen[57] – nur dann als Ursache eines Mangels angesehen werden, wenn eine Pflicht zu handeln bestand[58]. Davon kann dort nicht gesprochen werden, wo der Besteller die Arbeit des Unternehmers nicht überwacht hat und ihm daher ein Mangel entgangen ist, den er im Falle der Überwachung hätte verhindern können. Denn eine

---

[55] Vgl. GAUCH, Werkvertrag, Nr. 1369.
[56] So KURSCHEL, S. 21.
[57] GUHL/MERZ/KOLLER, S. 176.
[58] Beispiel: Der Bauherr ist verpflichtet, während der Bauarbeiten jeweils über das Wochenende die Fenster offen zu halten, um eine gute Austrocknung des Bodens zu gewährleisten. Der Bauherr kommt dieser Pflicht nicht nach und bewirkt dadurch, dass der Boden brüchig wird.

Überwachungspflicht des Bestellers besteht nicht. Zwar kann anderes vereinbart sein, doch ist eine solche Vereinbarung nicht schon im Umstand zu sehen, dass sich der Besteller eine Überwachung vertraglich vorbehalten hat. Denn der Besteller behält sich die Überwachung regelmässig im eigenen Interesse vor, nicht im Interesse des Unternehmers. Im Normalfall kann somit der Unternehmer aus fehlender oder mangelhafter Überwachung durch den Besteller keinen Wegfall seiner Mängelhaftung ableiten[59].

50 5. Hat der Besteller eine adäquate Mängelursache gesetzt, so entfallen die Mängelrechte, es sei denn, der Unternehmer habe seinerseits eine adäquate Mängelursache gesetzt. Diesfalls findet eine **Aufteilung der Gewährleistung** statt (dazu unten Nr. 56 ff.).

51 6. Der Satz, dass die alternativen Mängelrechte kein Verschulden des Unternehmers voraussetzen, bedarf nach dem Gesagten der Einschränkung. Denn: Hat der Besteller eine adäquate Mängelursache gesetzt, so entfällt die Mängelhaftung, sofern nicht der Unternehmer seinerseits eine adäquate Ursache gesetzt hat. Als solche kommt vor allem eine Verletzung der Abmahnungspflicht in Betracht. Der Vorwurf, der Unternehmer habe pflichtwidrig nicht abgemahnt, beinhaltet aber regelmässig auch den Verschuldensvorwurf. Letztlich führt also in vielen Fällen, in denen der Besteller eine adäquate Mängelursache gesetzt hat, erst ein Verschulden des Unternehmers zur Mängelhaftung[60].

52 7. **Terminologischer Hinweis**: Der Einfachheit halber wird am Terminus Selbstverschulden festgehalten. Gemeint ist aber immer eine Selbstverursachung im umschriebenen Sinne. Das beschränkte Selbstverschulden, das lediglich zu einer Beschränkung der Mängelhaftung führt (Nr. 56 ff.), wird auch als Mitverschulden bezeichnet. Wenn im übrigen Art. 369 OR von einem Selbstverschulden spricht, so wohl deshalb, weil dann, wenn der Besteller an einer Weisung gegen den Willen des Unternehmers festhält, in aller Regel ein eigentliches Selbstverschulden vorliegt.

B. Das in Art. 369 OR beispielhaft erwähnte Selbstverschulden: Festhalten an einer Weisung trotz Abmahnung

53 1. Bei den **Weisungen** i.S. von Art. 369 OR handelt es sich um «Anordnungen des Bestellers, die der Unternehmer nach dem Inhalt des Werkvertrages befolgen muss»[61]. Durch sie bestimmt der Besteller verbindlich, wie der Unternehmer bei der Ausführung des Werkes vorzugehen hat, welchen

---

[59] GAUCH, Werkvertrag, Nr. 1475 ff.; EGLI, S. 95, mit dem Hinweis, dass Art. 34 Abs. 2 SIA-Norm 118 keine Überwachungspflicht beinhaltet.
[60] Vgl. KURSCHEL, S. 18.
[61] GAUCH, Werkvertrag, Nr. 1366.

§ 3 Voraussetzungen des Nachbesserungsrechts

Werkstoff er beispielsweise zu verwenden oder welchen Subunternehmer er beizuziehen hat (BGE 116 II 308). Keine Weisungen «sind blosse (unverbindliche) Ratschläge oder Vorschläge»[62]. Ausführungsweisungen werden häufig erst nach Vertragsabschluss erteilt. «Sie können aber auch Bestandteil des (ursprünglichen) Werkvertrages bilden und bereits vor Vertragsabschluss – z.b. in den Ausschreibungsunterlagen – bekanntgegeben werden»[63] (vgl. BGE 95 II 43[64]). Dabei ist jedoch zu beachten, dass nicht jede vertragliche Ausführungsvereinbarung auch eine Weisung beinhaltet. Zwar sind Ausführungsvereinbarungen für den Unternehmer verbindlich, sie beinhalten aber nicht ohne weiteres eine Anordnung des Bestellers. Dafür ist zumindest vorausgesetzt, dass die Anregung dazu vom Besteller ausging. Letztlich ist es eine Wertungsfrage, ob eine Weisung vorliegt[65], wie es generell eine Wertungsfrage ist, ob der Besteller eine adäquate, die Mängelhaftung aufhebende Mängelursache gesetzt hat[66]. Im übrigen können Weisungen in beliebiger Form erfolgen, auch z.B. durch Abgabe von Plänen[67].

54 **2.** Art. 369 OR verpflichtet den Unternehmer zur **Abmahnung**[68], wenn der Besteller eine fehlerhafte Weisung erteilt hat. Und zwar ist der Unternehmer bei wörtlicher Interpretation *generell* zur Abmahnung verpflichtet. Eine wörtliche Interpretation ist jedoch nicht angebracht. Vielmehr besteht eine Abmahnungspflicht nur dann, wenn der Unternehmer erkennt oder erkennen müsste, dass eine Weisung des Bestellers für die Werkausführung ungeeignet ist. Ob der Unternehmer die Fehlerhaftigkeit einer Weisung erkennen müsste, hängt entscheidend davon ab, inwieweit er zur Überprüfung einer Weisung gehalten ist. Das trifft dann zu, wenn der Besteller selbst die Weisung erteilt hat und nicht sachverständig ist. Ist er hingegen sachverständig oder sachverständig (durch

---

[62] ZINDEL/PULVER, N 6 zu Art. 369 OR. Prägnant das Kantonsgericht Freiburg in SJZ 1989, S. 118: «vorgeschlagen, nicht aber vorgeschrieben».
[63] GAUCH, Werkvertrag, Nr. 1367.
[64] S. ferner ZWR 1970, S. 61 f.: «Leistungsbeschreibung» mit Angaben über die Durchführung der Arbeiten.
[65] Vgl. zur Problematik KURSCHEL, S. 21, unter Hinweis auf IRO, ÖJZ 1983, S. 506, KREJCI, in RUMMEL, ABGB, N 21 zu § 1168a ABGB.
[66] Vgl. GAUCH, Werkvertrag, Nr. 1357.
[67] Max 1972, S. 89 Nr. 74.
[68] Eine Abmahnung i.S. von Art. 369 OR ist nach der bundesgerichtlichen Rechtsprechung «nur anzunehmen, wenn eine eindeutige Willenskundgabe des Unternehmers vorliegt, aus welcher der Besteller schliessen muss, dass der Unternehmer die Verantwortung für die vorgeschriebene Ausführung ablehne. ... Keine Abmahnung ist ein allgemeiner Vorbehalt des Unternehmers, er würde technisch anders vorgehen oder er hätte einen anderen Subunternehmer vorgezogen» (BGE 116 II 308).

einen Architekten, Ingenieur usw.) beraten, so darf der Unternehmer im allgemeinen davon ausgehen, dass die Weisung zutreffend ist. Eine Abmahnungspflicht besteht dann nur ausnahmsweise[69]. Wenn Art. 369 OR diese Differenzierung im Wortlaut nicht zum Ausdruck bringt, so offenbar deshalb, weil die Bestimmung vom typischen Fall ausgeht, da dem nicht sachverständigen Besteller der sachverständige Unternehmer gegenübersteht (vgl. BGE 116 II 309[70]).

55 3. Hat der Unternehmer abgemahnt, so muss er *abwarten,* ob der Besteller an der Weisung festhält[71]. Hält der Besteller an der Weisung fest, so darf der Unternehmer – weisungsgemäss – weiterarbeiten und riskiert nun nicht mehr, für einen allfälligen Mangel, der sich aus der Weisung ergibt, haften zu müssen.

C. Mitverschulden des Bestellers

56 1. Die Mängelrechte entfallen nach Art. 369 OR nur dann, wenn den Besteller die alleinige Verantwortlichkeit für einen Mangel trifft. Wie es sich verhält, wenn ihn eine blosse Mitverantwortlichkeit trifft, weil der Unternehmer seinerseits eine adäquate Mängelursache gesetzt hat[72], lässt sich der Bestimmung nicht entnehmen, bzw. es lässt sich ihr nur entnehmen, dass die Mängelrechte nicht dahinfallen. Ob diese Rechte aber vollen Bestand haben oder vielmehr Einschränkungen erleiden, ist in der Bestimmung nicht gesagt. Aus der Gesetzessystematik könnte geschlossen werden, es bleibe diesfalls bei der normalen

---

[69] S. im einzelnen GAUCH, Werkvertrag, Nr. 1364 ff. Für den Umfang der Prüfungspflicht ist in erster Linie auf den Vertrag abzustellen (GAUCH, Werkvertrag, Nr. 1434), sodann auf die allgemeine Sorgfaltspflicht des Unternehmers (GAUCH, Werkvertrag, Nr. 1430). Im übrigen sind generelle Aussagen nur schwer zu machen. Entscheidendes kommt auf die Umstände im Einzelfall an (vgl. etwa betr. die Prüfungspflicht mit Bezug auf den vom Bauherrn angewiesenen Baugrund GAUCH, Werkvertrag, Nr. 1430-1439).

[70] Hier heisst es: «Die gesetzliche Regelung beruht auf der Vorstellung, dass im Werkvertragsrecht der Sachverstand beim Unternehmer liegt.» Ähnlich BGE 116 II 456; ZINDEL/PULVER, N 10 zu Art. 367 OR, mit Hinweis auf OSER/SCHÖNENBERGER, N 1 zu Art. 367 OR; PEDRAZZINI, S. 525 f.; KLAUSER, S. 29; ZR 1953, S. 169.

[71] Vgl. GAUCH, Werkvertrag, Nr. 1420.

[72] Beispiele (nach GAUCH, Werkvertrag, Nr. 1470): 1. Ein Werkmangel beruht einerseits auf einer fehlerhaften Weisung des «abgemahnten Bestellers», andererseits auf der Fehlerhaftigkeit des vom Unternehmer gelieferten Stoffes (vgl. Extraits 1959, S. 58 ff.). – 2. Ein Mangel entstand in Befolgung einer sachverständig erteilten Weisung, deren Fehlerhaftigkeit der Unternehmer pflichtwidrig nicht erkannte und daher auch nicht abmahnte. – 3. Der Werkmangel ist teilweise die Folge unsorgfältiger Arbeit, teilweise aber davon, dass der Werkstoff oder Baugrund des Bestellers nur beschränkt bautauglich war. – Kein Mitverschulden liegt vor, wenn der Architekt des Bauherrn fehlerhafte Pläne zur Verfügung stellt, der Unternehmer die Fehlerhaftigkeit erkennt und nun zwar abmahnt, aber nur dem Architekten, nicht dem Bauherrn gegenüber (NJW 1973, S. 518 f.).

uneingeschränkten Mängelhaftung gemäss Art. 368 OR. Dieser Schluss vermag jedoch unter sachlichen Gesichtspunkten nicht zu befriedigen. Das gilt vorab für den Anspruch auf Ersatz des Mangelfolgeschadens: Wenn den Besteller eine Mitverantwortlichkeit trifft, so muss der Unternehmer gestützt auf Art. 44 Abs. 1 OR i.V.m. Art. 99 Abs. 3 OR eine Haftungsreduktion geltend machen können[73]. Mit Bezug auf das Minderungsrecht sollte analog entschieden werden (so zutreffend BGE 116 II 458[74])[75], ebenso «– mit anderer Ausrichtung – für das Wandelungsrecht»[76]. Hinsichtlich des Nachbesserungsrechts ist – mit GAUCH[77] – anzunehmen, dass eine Mitverantwortlichkeit des Bestellers das Nachbesserungsrecht als solches unberührt lässt, der Besteller jedoch die Mängelbeseitigung nicht unentgeltlich – wie in Art. 368 OR vorgesehen – verlangen kann, sondern nur gegen Kostenbeteiligung (vgl. analog BGE 119 II 127 ff.[78]). Zur Durchsetzung des Anspruchs auf Kostenbeteiligung s. hinten Nr. 370 ff.

57 Die SIA-Norm 118 sieht eine Kostenbeteiligung des Bestellers im Falle eines Mitverschuldens ausdrücklich vor (Art. 170 Abs. 3): «Hat der Bauherr (oder eine Hilfsperson des Bauherrn) einen Mangel mitverschuldet, so sind die Verbesserungskosten zwischen Unternehmer und Bauherrn angemessen zu verteilen.»

58 **2.** Inwieweit eine Mitverursachung des Bestellers die Mängelrechte beschränkt, ist nach Ermessen des Richters zu entscheiden (vgl. Art. 44 Abs. 1 OR). Massgebliche Bedeutung kommt dabei der Frage zu, ob dem Besteller ein subjektiver Vorwurf zu machen ist, ob ihn also ein Mitverschulden im engen juristischen Sinne trifft. Ein solches wiegt schwerer als eine blosse Selbstverursachung. Es verhält sich analog wie im Rahmen einer Kausalhaftung, wo ein Verschulden des Haftpflichtigen zwar für die Haftung als solche nicht vorausgesetzt ist, aber im Rahmen der Schadenersatzbemessung eine Rolle spielen kann[79].

---

[73] Es ist kein sachlicher Grund ersichtlich, weshalb Art. 44 Abs. 1 OR, der «Ausdruck der schweizerischen Rechtsüberzeugung» ist (OFTINGER, S. 171; KOLLER, Gutglaubensschutz, Nr. 408), im vorliegenden Kontext keine Geltung haben sollte.

[74] S. zu diesem Entscheid SCHERRER, S. 50 f.

[75] Ebenso die neuere Lehre, z.B. ZINDEL/PULVER, N 27 zu Art. 369 OR; TERCIER, BR 1994, S. 52 (Anm. zu RJJ 1993, S. 174 ff.). Anders BGE 85 II 193 f. mit Bezug auf den Kaufvertrag: Ein Mitverschulden des Käufers lasse dessen Minderungsrecht unberührt, der Verkäufer müsse sich somit die Herabsetzung des Kaufpreises um den ganzen Minderwert gefallen lassen. Zustimmend – für das Werkvertragsrecht – GAUTSCHI, N 16f zu Art. 368 OR.

[76] ZINDEL/PULVER, N 27 zu Art. 369 OR.

[77] Werkvertrag, Nr. 1482; wie GAUCH neustens auch EGLI, S. 96.

[78] Ein Bauwerk war vor der Ablieferung durch Verschulden des Unternehmers untergegangen. Den Wiederaufbau konnte der Unternehmer von einer Kostenbeteiligung des Bauherrn, der seinerseits eine adäquate Mängelursache zu vertreten hatte (fehlerhaftes Verhalten eines Ingenieurs), abhängig machen (s. zu diesem Entscheid ALFRED KOLLER, AJP 1994, S. 791 ff.).

[79] Vgl. KOLLER, Erfüllungsgehilfe, Nr. 474 ff.

3. Ablieferung des Werks

59 **1.** Das Gesetz macht die Mängelhaftung von der «Ablieferung des Werkes» (Art. 367 Abs. 1 OR) abhängig. Bis zur Ablieferung besteht der ordentliche Erfüllungsanspruch, mit der Ablieferung wandelt sich dieser Anspruch – bei gegebenen Voraussetzungen – in die Mängelrechte um. Ausnahmsweise bestehen Erfüllungsanspruch und Mängelrechte nebeneinander; so, wenn ein unvollendetes Werk abgeliefert wird: Der Besteller kann diesfalls die Vollendung verlangen, daneben bestehen die Mängelrechte (oben Nr. 34 und unten Nr. 65, 70; s. ferner Nr. 78).

60 **2. Begriff.** «Ablieferung ist die mit der Absicht der Vertragserfüllung erfolgende Übermittlung in die Verfügungsgewalt des Bestellers»[80]. Dabei ist aber nicht allein die Erfüllungsabsicht des Unternehmers massgeblich, vielmehr ist im weiteren erforderlich, dass «der Besteller nach den Umständen auf diese Absicht schliessen musste»[81].

61 Der Ausdruck Ablieferung ist auf Fälle zugeschnitten, in denen der Unternehmer ein körperliches Werk herzustellen und dem Besteller zu übergeben hat. Diesfalls besteht die Ablieferung darin, dass der Unternehmer daran den *Besitz überträgt*, und zwar – für den Besteller erkennbar – mit Erfüllungsabsicht. Die Besitzübertragung bedeutet jedenfalls dann Ablieferung, wenn das Werk vollendet ist, also alle gemäss Werkvertrag geschuldeten Arbeiten ausgeführt sind. Ist es nicht vollendet, so soll nach einem Teil von Lehre und Rechtsprechung eine Ablieferung nicht möglich sein, bzw. nur ganz ausnahmsweise (BGE 115 II 458, 113 II 267, 111 II 171 f.)[82]. So führt GAUCH[83] aus, ein unvollendetes Werk könne nur dann abgeliefert werden, wenn es sich bei den ausstehenden Arbeiten um solche «handelt, die im Verhältnis zum ganzen Werk derart geringfügig sind, dass es geradezu rechtsmissbräuchlich wäre (Art. 2 Abs. 2 ZGB), wollte der Besteller die Ablieferung damit bestreiten, dass diese Arbeiten noch ausstehen»[84].

---

[80] BECKER, N 2 zu Art. 367 OR, unter Hinweis auf ZBJV 1905, S. 248 f. = SJZ 1905, S. 10 Nr. 37. S. auch OSER/SCHÖNENBERGER, N 2 zu Art. 367 OR; KLAUSER, S. 16.

[81] BECKER, N 2 zu Art. 367 OR.

[82] ZINDEL/PULVER, N 3 zu Art. 367 OR; TRÜMPY, S. 104, je unter Berufung auf GAUCH (zu dessen Ansicht s. gleich nachstehend im Text).

[83] Werkvertrag, Nr. 95.

[84] Der Sache nach hält GAUCH die Ablieferung eines unvollendeten Werkes auch dann für möglich, wenn ein Arbeitsgang, der nicht ohne weiteres nachgeholt werden kann, übersprungen wurde. Denn das Auslassen eines solchen Arbeitsganges betrachtet GAUCH als Mangel (Werkvertrag, Nr. 981). Der Begriff des Mangels aber setzt unbestrittenermassen Ablieferung des Werks voraus. Zur Auffassung GAUCHS s. auch schon oben Nr. 36, Text und Anm. 44.

§ 3 Voraussetzungen des Nachbesserungsrechts

62 M.E. findet mit der Besitzübertragung ohne weiteres auch die Ablieferung statt, immer vorausgesetzt, dass der Unternehmer die Besitzübertragung mit Erfüllungsabsicht vornimmt und diese Absicht für den Besteller erkennbar ist. Doch ist zu beachten:

63 – Der Besteller kann trotz der Ablieferung die Vollendung verlangen. Die fehlende Werkleistung ist also nicht als Mangel anzusehen, weshalb auch keine Mängelrüge (unten Nr. 79 ff.) erforderlich ist. Beim Vollendungsanspruch handelt es sich um den ursprünglichen Erfüllungsanspruch (oben Nr. 33 f.)[85].

64 – Der Besteller kann sich der Ablieferung eines unvollendeten Werks widersetzen, ohne deshalb in Annahmeverzug zu geraten. Entsprechendes gilt bei Mängeln des Werks. Wiederum braucht der Besteller das Werk nicht anzunehmen und kann so die Ablieferung verhindern (Nr. 15)[86].

65 – Wenn der Unternehmer ein *offensichtlich* unvollständiges Werk zu Besitz überträgt, so geschieht dies regelmässig nicht in Erfüllungsabsicht. Jedenfalls ist diese Absicht für den Besteller im allgemeinen nicht erkennbar, so dass die Erfüllungswirkung vorderhand noch nicht eintritt, die Ablieferung also noch nicht als erfolgt gilt.

66 Werden beispielsweise Säulen für einen Neubau verpackt geliefert und müssen diese an Ort und Stelle vom Unternehmer noch poliert werden, so muss der Besteller im Zweifel nicht annehmen, dass der Unternehmer schon erfüllt haben wolle, und es liegt demgemäss keine Ablieferung vor, bevor die Säulen poliert sind[87].

67 Die Ablieferung wird in solchen Fällen durch eine Vollendungsanzeige eingeleitet, welche auch stillschweigend erfolgen kann, z.B. dadurch, dass der Unternehmer, um beim Beispiel von Nr. 66 zu bleiben, nach Polierung der Säulen «zusammenpackt» und den Bau verlässt. Dem Besteller steht nun eine kurze Frist zu, innert welcher er das Werk auf seine Vollendung und Mängelfreiheit überprüfen kann. Weist er das

---

[85] Das gilt auch dann, wenn ein Arbeitsgang, der nicht ohne weiteres nachgeholt werden kann, übersprungen wurde: Der Besteller hat Anspruch auf Nachholung des Arbeitsganges, und dieser Anspruch ist Teil des ursprünglichen Erfüllungsanspruchs, nicht des Nachbesserungsanspruchs (anders GAUCH, Werkvertrag, Nr. 981; vgl. oben Anm. 84).

[86] Aus dem Gesagten folgt: Wo das zu Besitz übertragene Werk unvollendet oder mangelhaft ist, ist es letztlich nicht die Besitzübertragung allein, welche die Ablieferung bewirkt, sondern die Besitzübertragung in Verbindung mit deren Nichtrückweisung (vgl. auch Anm. 90).

[87] Die Formulierung des Beispiels lehnt sich an BECKER, N 2 zu Art. 367 OR, an. Vgl. ferner BR 1993, S. 45 (mit Anm. von TERCIER): Wird ein Informatiksystem geliefert («Hardware» und «Software»), so bedeutet die Lieferung der Maschinen noch nicht deren Ablieferung.

§ 3 Voraussetzungen des Nachbesserungsrechts

Im Falle begründeter Zurückweisung ist die Ablieferung hinausgeschoben, und der Unternehmer hat nach Vornahme der Vollendungs- bzw. Verbesserungsarbeiten erneut im umschriebenen Sinne vorzugehen. Beizufügen ist, dass es sich bei der besagten Mängelüberprüfung nicht um diejenige von Art. 367 OR handelt, sondern um eine provisorische Prüfung, welche dem Besteller ermöglichen soll, die Ablieferung des Werks und damit die Fälligkeit des Werklohns (Art. 372 OR) wegen allfälliger Mängel hinauszuschieben (Nr. 306, vgl. auch schon Nr. 15 ff.).

68   3. Das Gesagte gilt im Grundsätzlichen auch bei **Bauwerkverträgen**. Doch hängt hier die Erfüllung regelmässig nicht von einer Besitzübertragung ab. So jedenfalls dort, wo ein Bauwerk auf Grund und Boden des Bauherrn errichtet wird, denn hier ist der Bauherr zum vornherein Besitzer, eine Besitz*übertragung* ist weder erforderlich noch möglich. Die Ablieferung i.S. von Art. 367 OR geschieht diesfalls analog dem oben in Nr. 67 Gesagten:

69   Sie wird eingeleitet durch eine Vollendungsanzeige des Unternehmers, durch welche dieser seine Ansicht zum Ausdruck bringt, er sei seinen Verpflichtungen nachgekommen (vgl. BGE 113 II 267)[88]. Die Vollendungsanzeige ist gleichbedeutend mit der Ablieferung, falls das Werk tatsächlich vollendet und mängelfrei ist. Trifft dies nicht zu, so kann der Bauherr die Vollendungsanzeige zurückweisen und vorerst Vollendung bzw. Mängelbeseitigung verlangen. Erfolgt jedoch keine Rückweisung, so ist die Ablieferung nach der hier vertretenen Ansicht erfolgt[89,90].

70   Präzisierend ist beizufügen: 1. Ist ein Werk *offensichtlich* unvollendet, so ist zu vermuten, der Bauherr weise die Vollendungsanzeige zurück. Stillschweigen bedeutet diesfalls Rückweisung. Das gilt selbst dann, wenn der Bauherr das Werk zu nutzen beginnt. Denn auch in diesem Fall darf der Unternehmer nicht davon ausgehen, der Bauherr habe das unvollständige Werk als Erfüllung angenommen[91]. – 2. Kommt es zur Ablieferung eines unvollständigen Werks, so bleibt dem Bauherrn für die ausstehenden Arbeiten der Erfüllungsanspruch erhalten (s. analog Nr. 65). Zur Erhaltung des Anspruchs ist keinen Prüfungs- und Rügeobliegenheiten nachzukommen.

---

[88]   ZINDEL/PULVER, N 4 zu Art. 367 OR.

[89]   Anders wiederum GAUCH, Werkvertrag, Nr. 95, der davon ausgeht, dass ein unvollendetes Werk grundsätzlich nicht abgenommen werden kann.

[90]   Aus dem Gesagten folgt: Wo das als vollendet angezeigte (Bau-) Werk in Wirklichkeit unvollendet oder aber mangelhaft ist, ist es letztlich – entgegen der herrschenden Auffassung – nicht die Vollendungsanzeige allein, welche die Ablieferung bewirkt, sondern die Vollendungsanzeige in Verbindung mit deren Nichtrückweisung.

[91]   BGer in Revue der Gerichtspraxis 18, S. 64 Nr. 38; BECKER, N 2 zu Art. 367 OR.

71 **4. Der Besteller kommt in Annahmeverzug**, wenn er sich der Ablieferung des vollendeten Werks widersetzt, so jedenfalls dann, wenn das Werk keine offensichtlichen Mängel aufweist[92]. Weist es solche Mängel auf, so darf es der Besteller – wie bereits gesagt – zur Reparatur zurückweisen, und zwar gestützt auf den ursprünglichen Erfüllungsanspruch, nicht das Nachbesserungsrecht (vorne Nr. 15).

72 Ein Annahmeverzug ist freilich nur dort möglich, wo die Ablieferung des Werks eine Mitwirkung des Bestellers (Abnahme) voraussetzt, also dort, wo die Ablieferung in der Besitzübertragung am Werk besteht. Gewährleistungsrechtlich hat der Annahmeverzug folgende Bedeutung. Widersetzt sich der Besteller zu Unrecht der Ablieferung, so kann der Unternehmer das Werk nach Art. 93 OR hinterlegen. Mit der Hinterlegung wird er von seiner ursprünglichen Leistungspflicht befreit. Das bedeutet aus der Sicht des Bestellers, dass sich nun der Erfüllungsanspruch in die Mängelrechte umwandelt. Damit greift auch Art. 367 OR Platz: Der Besteller muss das Werk prüfen und allfällige Mängel rügen, will er die Mängelrechte nicht verlieren.

73 **5. Exkurs: andere Wirkungen der Ablieferung.** Das Gesetz knüpft an die Ablieferung nicht nur die Wirkung, dass der Erfüllungsanspruch in die Mängelrechte umgewandelt wird. Vielmehr sieht es weitere Wirkungen vor: die Prüfungsobliegenheit (Art. 367 OR), den Beginn der Verjährung der Mängelrechte (Art. 371 Abs. 2 OR, Art. 210 Abs. 1 OR, auf den Art. 371 Abs. 1 OR verweist), die Fälligkeit des Werklohns (Art. 372 Abs. 1 OR), den Gefahrübergang (Art. 376 OR).

74 Das Gesetz spricht freilich nicht immer von Ablieferung, sondern stattdessen auch von Abnahme (Art. 371 Abs. 2) oder Übergabe (Art. 376 OR). Immer ist jedoch dasselbe gemeint, nämlich der Zeitpunkt, in dem der Unternehmer seine Obligation erfüllt. Unterschiedlich ist lediglich der Standpunkt, von dem aus die Erfüllungswirkung betrachtet wird: Die Ablieferung erfolgt aus der Sicht des Unternehmers, die Abnahme aus der Sicht des Bestellers, die Übergabe aus der Sicht eines Dritten.

75 Kommt der Besteller in Annahmeverzug, so ist es rechtlich unter Umständen zu halten, wie wenn die Ablieferung erfolgt wäre. So tritt Fälligkeit des Werklohns auch im Falle des Annahmeverzugs ein[93], wogegen – wie gesagt – der Annahmeverzug nicht ohne weiteres zur Folge hat, dass sich der Erfüllungsanspruch in die Mängelrechte umwandelt. Vielmehr ist hierfür die Hinterlegung nach Art. 93 OR vorausgesetzt.

---

[92] Als offensichtlich bezeichne ich Mängel, die der Besteller feststellen kann, wenn er das Werk vor der Ablieferung provisorisch prüft (oben Nr. 67 a.E. und unten Nr. 306).

[93] Solange jedoch der Unternehmer nicht erfüllt hat (allenfalls nach Art. 93 OR), steht dem Besteller – mangels anderer Abrede – die Einrede aus Art. 82 OR offen.

76 Zu beachten ist, dass das Wort «Annahme» in Art. 368 Abs. 1 OR nicht Ablieferung bzw. Abnahme im oben umschriebenen Sinne bedeutet, sondern eine weitergehende Bedeutung hat: Der Besteller ist nicht nur berechtigt, sich der Ablieferung des mit erheblichen Mängeln behafteten Werks zu widersetzen, vielmehr hat er nach der Ablieferung auch das Recht, den Vertrag aufzulösen und die Rückabwicklung zu verlangen (Wandelungsrecht).

77 **6. Mängel vor der Ablieferung.** Die Mängelrechte entstehen zwar erst mit der Ablieferung. Doch muss der Besteller nicht tatenlos zusehen, wenn sich während der Ausführung des Werkes Mängel abzeichnen. Vielmehr kann er dem Unternehmer eine Frist zur Abhilfe ansetzen, «mit der Androhung, dass im Unterlassungsfalle die Verbesserung oder die Fortführung des Werkes auf Gefahr und Kosten des Unternehmers einem Dritten übertragen werde» (Art. 366 Abs. 2 OR[94])[95].

78 7. Einen Sonderfall betrifft BGE 116 II 450 ff.: Tritt der Besteller vom Werkvertrag vorzeitig nach Art. 366 Abs. 1 OR zurück und beansprucht er gegen Vergütung das begonnene Werk, so stehen ihm die Mängelrechte zu, wenn dem Werk «eine Eigenschaft fehlt, die es ungeachtet der Nichtvollendung in diesem Stadium der Ausführung bereits aufweisen sollte» (S. 453). Auf eine «Ablieferung» i.S. von Art. 367 OR kommt hier nichts an. Analoges gilt, wenn der Besteller den Vertrag nach Art. 377 OR auflöst[96].

4. Rechtzeitige Mängelrüge

79 1. Steht im Einzelfall fest, dass das abgelieferte Werk einen Mangel aufweist, den der Besteller nicht selbst verschuldet hat, so hat der Unternehmer für den Mangel einzustehen. Der Besteller kann jedoch die Mängelrechte nur geltend machen, wenn sie nicht nachträglich durch Verwirkung

---

[94] Art. 366 Abs. 2 OR unterscheidet wie Art. 368 Abs. 1 OR zwischen Mängeln und sonstigen Vertragsabweichungen («mangelhafte oder sonst vertragswidrige Erstellung»). Auch hier hat die Unterscheidung keine praktische Bedeutung; immer geht es um Mängel im oben Nr. 22 ff. umschriebenen Sinne.

[95] Beispiel: A, der den Generalunternehmer B mit der Erstellung eines Hauses «beauftragt» hat, muss während der Werkausführung feststellen, dass das Dach unsachgemäss erstellt wurde und daher rinnt. Das rinnende Dach schädigt eine darunterliegende Holztreppe. Eine Reparatur des mangelhaften Dachs ist daher dringlich. Weigert sich B, selbst Abhilfe zu schaffen, so kann A – bei gegebenen Voraussetzungen – entweder den Mangel auf Kosten des B durch einen Dritten beseitigen lassen, im übrigen aber die Fortführung des Werks dem B belassen, oder er kann die Fortführung des Werks dem B entziehen und einem Dritten übertragen, wiederum auf Kosten des B. Diese letztere Möglichkeit wird man freilich nur für schwerwiegende Fälle zugestehen, auch wenn dies in Art. 366 Abs. 2 OR nicht ausdrücklich gesagt ist.

[96] Vgl. Rep 1992, S. 270 ff. = BR 1994, S. 108 Nr. 219, 221 f.

untergegangen sind. Die Verwirkung ist – nach dem Gesetzeswortlaut – ausschliesslich in Art. 370 OR geregelt. Zusätzlich ist jedoch Art. 210 Abs. 2 OR i.V.m. Art. 371 OR zu beachten. Diese Bestimmungen beschlagen zwar dem Wortlaut nach nur die Verjährung, der Sache nach aber beinhalten sie auch eine Verwirkungsregel.

80 2. Die Mängelrechte mit Bezug auf einen bestimmten Mangel verwirken, wenn der Mangel nicht rechtzeitig gerügt wird. Dabei ist eine relative und eine absolute Rügefrist (Verwirkungsfrist) zu unterscheiden:

81 – **Relative Rügefrist**: «Nach Ablieferung des Werkes hat der Besteller, sobald es nach dem üblichen Geschäftsgange tunlich ist, dessen Beschaffenheit zu prüfen und den Unternehmer von allfälligen Mängeln in Kenntnis zu setzen», und zwar sofort (Art. 367 Abs. 1 OR, der allerdings das Requisit der Sofortigkeit nicht erwähnt)[97,98]. Bei der Prüfung nicht feststellbare Mängel müssen sofort nach der Entdeckung[99] angezeigt werden (Art. 370 Abs. 3 OR; Einschränkung in Nr. 208 [Arglist]).

82 Die Rechtsprechung nimmt es mit dem Erfordernis der sofortigen Mängelrüge streng[100]. Es stehen dafür nur ein paar Tage zur Verfügung[101]. Für das Kaufrecht, das eine analoge Ordnung enthält, hat das Bundesgericht entschieden, eine vier Tage nach Entdeckung des Mangels erfolgte Rüge sei noch rechtzeitig, wenn dazwischen ein Sonntag liege (BGE 76 II 225)[102]. In BGE 107 II 177 hat das Bundesgericht in einem werkvertraglichen Entscheid eine Rüge erst zweieinhalb Wochen nach Entdeckung des Mangels als verspätet qualifiziert, und dies in einem Fall, in welchem

---

[97] S. schon BGE 47 II 215.

[98] Die Rechtzeitigkeit der Rüge ist nicht von Amtes wegen zu beachten, d.h. der Unternehmer hat zu behaupten, dass ein Mangel zu spät gerügt wurde (konstante Rechtsprechung, z.B. BGE 107 II 54, 118 II 147). Die Beweislast liegt hingegen gemäss bundesgerichtlicher Rechtsprechung (neustens BGE 118 II 147) beim Besteller. Diese Auffassung ist in der Lehre auf berechtigte Kritik gestossen (s. neustens BÜHLER, S. 330 ff., TERCIER, BR 1993, S. 101, Anm. zu zwei nicht amtlich publizierten Bundesgerichtsentscheiden [Rep 1991, S. 372 ff., und SemJud 1993, S. 262 ff.], sowie hinten S. 247, Bem. 2 zu BGE 107 II 50).

[99] Entdeckt ist ein Mangel «erst mit dessen zweifelsfreier Feststellung» (BGE 118 II 148; vgl. auch BGE 117 II 427, 76 II 224 f. E. 3 sowie EGLI, S. 98 f.; illustrativ LGVE 1992 I, S. 27 ff.). Erst jetzt muss gerügt werden. Zulässig ist die Rüge jedoch schon vorher, nämlich ab dem Zeitpunkt, da eine genügende Substantiierung des Mangels i.S.v. Nr. 88 möglich ist (vgl. BGer in SemJud 1992, S. 103 ff.).

[100] Vgl. die Nachweise bei ZINDEL/PULVER, N 20 zu Art. 367 OR.

[101] Nach CORBOZ, SJK 460, S. 8, ist eine rechtzeitige Rüge nach mehr als einer Woche «kaum denkbar».

[102] Im Viehhandel gilt eine neuntägige Frist, gerechnet ab Übergabe des Tiers, nicht Entdeckung des Mangels (Art. 202 OR).

§ 3 Voraussetzungen des Nachbesserungsrechts

nicht zum vornherein klar war, welcher von verschiedenen Nebenunternehmern den Mangel zu verantworten hatte[103].

83 Die gesetzliche Regelung überfordert die Praxis. Es wird daher oft von ihr abgewichen, sowohl was die Prüfungs- als auch was die Rügeobliegenheit anbelangt.

84 Es wird beispielsweise vereinbart, dass eine gemeinsame Prüfung stattfinden soll; auf den «üblichen Geschäftsgang» kommt dann hinsichtlich der Prüfungsobliegenheit nichts an[104]. Wird eine Garantiefrist vereinbart, so wird damit im allgemeinen zwar die gesetzliche Prüfungsobliegenheit beseitigt, nicht aber die Pflicht zu sofortiger Rüge. Im übrigen ist die Garantiefrist regelmässig als eine Maximalfrist für die Erhebung der Mängelrüge aufzufassen (absolute Rügefrist)[105]; im Einzelfall kann freilich der Parteiwille in eine andere Richtung gehen. Zur Rechtslage bei Vereinbarung der SIA-Norm 118 s. Nr. 265 ff. und 248 ff.

85 – **Absolute Rügefrist**: Mängel müssen innerhalb der Verjährungsfrist gerügt werden, ansonst die diesbezüglichen Mängelrechte verwirken. Die Verjährungsfrist ist damit gleichzeitig absolute Rügefrist[106]. Das Gesetz bringt dies freilich nur undeutlich zum Ausdruck. Man muss gleichsam verschiedene Umwege machen, um zum Ziel zu gelangen:

86 Gemäss Art. 210 Abs. 2 OR, der auch für das Werkvertragsrecht gilt (Art. 371 Abs. 1 OR), muss die Mängelrüge «innerhalb eines Jahres nach Ablieferung» der Kaufsache, also innert der Verjährungsfrist von Art. 210 Abs. 1 OR, erfolgen, ansonst «die Einreden des Käufers wegen vorhandener Mängel» nicht mehr geltend gemacht werden können. Sind die Einreden ausgeschlossen, so sind es die Mängelrechte überhaupt: «Alle Sachgewährleistungsansprüche ... gehen bezüglich derjenigen Mängel unter, die man nicht innerhalb eines Jahres (aber sofort nach Entdeckung!) rügt»[107]. Wenn Art. 210 Abs. 2 OR sagt, dass die Rüge «innerhalb eines Jahres nach Ablieferung» erfolgen muss, so ist darin nichts weiter als ein Verweis auf die Verjährungsfrist von Art. 210 Abs. 1 OR zu sehen. Wird die Verjährung unterbrochen (Art. 135 OR) oder gehemmt (Art. 134 OR), so verlängert sich mit der Verjährungsfrist auch die Verwirkungsfrist (anders BGE 104 II 357 f.)[108]. Art. 210 Abs. 2 OR gilt auch im Anwendungsbereich von Art.

---

[103] S. zu diesem Entscheid BÜHLER, S. 327, Anm. 173.
[104] Vgl. BGer in Revue der Gerichtspraxis 15, S. 60 Nr. 41; BECKER, N 2 zu Art. 367 OR.
[105] BECKER, N 4 zu Art. 367 OR, mit Hinweisen.
[106] GAUCH, Werkvertrag, Nr. 1661, unter Hinweis auf SPIRO, § 346, S. 859 Anm. 18, und § 379, S. 974 Anm. 6.; neustens TRÜMPY, S. 109.
[107] GIGER, N 67 zu Art. 210 OR.
[108] Wie das Bundesgericht TANNÒ, S. 136 f.; wie im Text HONSELL, N 6 zu Art. 210 OR; GAUCH, Werkvertrag, Nr. 1661, der dem fraglichen BGE zu Recht vorwirft, «den inneren Zusammenhang zwischen Art. 210 Abs. 2 und Abs. 1» zu übersehen. Das Bundesgericht argumentiert, weil es sich bei der Frist von Art. 210 Abs. 2 OR um eine Verwirkungsfrist handle, gebe es

371 Abs. 2 OR, obwohl diese Bestimmung keinen ausdrücklichen Hinweis auf jenen Artikel enthält. Somit gilt auch bei Werkverträgen über unbewegliche Bauwerke die Verjährungsfrist als absolute Rügefrist. Die (ordentliche) Verjährungsfrist ist hier die fünfjährige.

87 Bei absichtlicher Täuschung beträgt die Dauer der Verjährungsfrist zehn Jahre (vgl. Art. 210 Abs. 3 OR i.V.m. Art. 371 Abs. 1 OR, hinten Nr. 377 f.). Dasselbe gilt für die absolute Rügefrist (vgl. Art. 203 OR, der im Werkvertragsrecht ebenfalls Geltung beanspruchen kann [vgl. Nr. 203, 205]).

88 **3.** *Inhaltlich* hat die Rüge derart bestimmt zu sein, dass der Unternehmer erkennen kann, was am Werk als mangelhaft beanstandet wird; der Ausdruck allgemeiner Unzufriedenheit über das Werk genügt nicht, vielmehr bedarf es genauer Bezeichnung der einzelnen Mängel (BGE 107 II 175 E. 1a)[109].

5. Nicht vorausgesetzt: Verschulden

89 Nicht vorausgesetzt ist im allgemeinen ein Verschulden. Der Unternehmer wird selbst für solche Mängel gewährleistungspflichtig, die trotz Einhaltung der Regeln der Technik entstehen[110]. Verschuldensabhängig ist aber die Haftung für Mangelfolgeschaden. Sodann ist an das oben in Nr. 51 Gesagte zu erinnern: In Fällen, in denen der Mangel seinen Grund in der «Sphäre» des Bestellers hat (dieser hat z.B. fehlerhaften Baugrund zur Verfügung gestellt), ist die Mängelhaftung insofern vom Verschulden des Unternehmers abhängig, als dieser nur haftet, wenn er seine Abmahnungspflicht im Sinne von Art. 369 OR verletzt hat[111].

II. Die besonderen Voraussetzungen des Nachbesserungsrechts

90 Sind die eben umschriebenen allgemeinen Voraussetzungen der Mängelrechte erfüllt, kann der Besteller die unentgeltliche Nachbesserung verlangen, sofern die Beseitigung des Mangels überhaupt (noch) möglich ist und sofern sie dem Unternehmer «nicht übermässige Kosten verursacht» (Art. 368 Abs. 2 OR):

---

keine Unterbrechung. Das ist zwar ein in der Lehre oft gehörter Satz, jedoch kein Dogma, an das sich der Gesetzgeber halten müsste. Es steht in seinem Belieben, die Länge der Verwirkungsfrist festzusetzen; es steht ihm auch frei, eine Normaldauer und Verlängerungen aus bestimmten Gründen vorzusehen. Auch wenn man annimmt, dass die Rügefrist der Unterbrechung und Hemmung zugänglich ist, ändert dies nichts an ihrem Charakter als Verwirkungsfrist. Denn mit Ablauf der Frist verwirken die Mängelrechte (sie gehen unter), sie verjähren nicht.

[109] GUHL/MERZ/KOLLER, S. 484, und neustens BGer in SemJud 1992, S. 103 ff.
[110] KURSCHEL, S. 23 ff.
[111] Vgl. KURSCHEL, S. 18.

91 **1. Übermässig** bedeutet nichts anderes als **unverhältnismässig** (so die Formulierung im österreichischen und deutschen Recht), unverhältnismässig aber besagt: den Verhältnissen und Umständen des Einzelfalls nicht angemessen. Auf welche Verhältnisse und Umstände kommt es entscheidend an?

92 – Die in Art. 368 OR gebrauchte Wendung «übermässige Kosten» erweckt den Eindruck, es komme bei der Feststellung, ob Nachbesserungskosten übermässig sind, in erster Linie auf die Höhe der Kosten an. In Wirklichkeit steht jedoch der Nutzen, den die Nachbesserung dem Besteller verschafft, im Vordergrund. Ist dieser Nutzen beträchtlich, so wird man kaum je von übermässigen Kosten sprechen können[112], selbst dann nicht, wenn die Kosten den Werkpreis übersteigen. In diesem Sinne haben sowohl Gerichte Deutschlands als auch Österreichs, wo vergleichbare Rechtsgrundlagen bestehen (§ 633 Abs. 2 BGB, § 1167 ABGB), entschieden[113]. In der Schweiz wäre in den fraglichen Fällen gleich zu entscheiden gewesen.

93 – Der Nutzen ist nach dem Gesagten das primär massgebliche Kriterium bei der Feststellung, ob Kosten übermässig sind. Es ist aber nicht das einzige Kriterium. An zweiter Stelle kommt es auf die Höhe der Nachbesserungskosten an. Nach Ansicht des Bundesgerichts (BGE 111 II 174[114]) und einem Teil der Lehre[115] sind überhaupt nur Nutzen und Kosten zu berücksichtigen. Nach der hier vertretenen Ansicht sind hingegen alle Umstände des Einzelfalls in die Entscheidung einzubeziehen[116], so z.B. der Umstand, dass der gewährleistungspflichtige Unternehmer weit weg wohnt und daher für die Mängelbeseitigung erheblich mehr Kosten aufwenden müsste als ein ortsansässiger Unternehmer[117]. Zumindest dann, wenn es sich um geringfügige Mängel handelt und der gewährleistungspflichtige Unternehmer bereit ist, die Kosten der Mängelbeseitigung durch einen Dritten zu übernehmen, wird man ein Nachbesserungsrecht verneinen müssen.

94 Letztlich konkretisiert Art. 368 Abs. 2 OR lediglich das Rechtsmissbrauchsverbot von Art. 2 ZGB: Der Besteller soll dann kein Nachbesserungsrecht haben, wenn sich das Nachbesserungsbegehren im Einzelfall als Schikane erweisen

---

[112] Daher kann bei schwerwiegenden, zur Wandelung berechtigenden Mängeln (Art. 368 Abs. 1 OR) von Übermässigkeit kaum je gesprochen werden (SCHNEIDER/FICK, N 1 zu Art. 358 aOR).
[113] Vgl. die Nachweise bei KURSCHEL, S. 39.
[114] S. zu diesem Entscheid KOLLER, BR 1986, S. 10 ff.
[115] Z.B. GAUCH, Werkvertrag, Nr. 1238.
[116] Ich halte insoweit an meinen Ausführungen in BR 1986, S. 10 ff., fest.
[117] So auch KURSCHEL, S. 40, für das österreichische Recht.

würde[118,119]. Beizufügen ist: Der Besteller hat die Möglichkeit, die Übermässigkeit durch einen eigenen Beitrag an die Nachbesserungskosten zu beseitigen. Diesfalls besteht ein Nachbesserungsanspruch gegen entsprechende Kostenbeteiligung[120]. Der Fall ist praktisch unbedeutend und soll daher nicht weiter vertieft werden.

95 2. Die Nachbesserung kann nur verlangt werden, wenn sie überhaupt **möglich** ist. Trifft dies im Einzelfall nicht zu, so entfällt zwar das Nachbesserungsrecht. Es stellt sich dann jedoch die Frage, ob der Besteller anstelle der Nachbesserung des mangelhaften Werks die Herstellung eines neuen Werks verlangen kann. Zu dieser im Gesetz nicht geregelten Frage siehe Nr. 120 f.

96 Dass die Nachbesserung *überhaupt* nicht möglich ist, wird allerdings selten vorkommen. Viel häufiger dürfte sein, dass sie zwar möglich ist, jedoch nicht einwandfrei. In solchen – gesetzlich nicht geregelten – Fällen hat der Besteller Anspruch auf die (mögliche) Behelfslösung und kann zusätzlich für den verbleibenden Minderwert Ersatz verlangen (vgl. BGE 105 II 99 E. 4b und den Kommentar dazu hinten S. 236 ff.). Nachbesserungs- und Minderungsrecht bestehen also gleichsam kumulativ[121]. Wo dem Besteller die Behelfslösung nicht zugemutet werden darf, ist es rechtlich gleich zu halten, wie wenn die Nachbesserung *völlig* unmöglich wäre. Wiederum stellt sich also die Frage des Neuherstellungsanspruchs[122].

---

[118] Vgl. BGE 111 II 174 (Treu und Glauben) und unten S. 223, Bem. 2b zu BGE 93 II 317 ff.

[119] Diese Ansicht drängt sich jedenfalls dann auf, wenn man im Nachbesserungsanspruch lediglich eine Umwandlung des Erfüllungsanspruchs sieht (vgl. hinten Nr. 120). Ist die Verbesserung «die Erfüllung der durch den werkvertraglichen Konsens entstandenen ursprünglichen Arbeits- und Ablieferungsobligation des Unternehmers ..., so ist es unlogisch, dass die Verbesserung abgelehnt werden kann, wenn sie dem Unternehmer übermässige Kosten verursacht» (GAUTSCHI, N 19 zu Art. 368 OR). Es ist dann nicht einzusehen, weshalb hier nicht pacta sunt servanda gelten soll. Von diesem Grundsatz darf nur in Extremfällen abgewichen werden, so eben in Rechtsmissbrauchsfällen.

[120] GAUCH, Werkvertrag, Nr. 1240.

[121] Das bedeutet aus der Sicht des Unternehmers, dass er den Besteller nicht auf Wandelung oder Minderung verweisen kann, wo eine vollkommene Mängelbeseitigung nicht möglich ist.

[122] U.U. zieht es der Unternehmer vor, statt der verlangten Behelfslösung ein neues Werk zu erstellen. Ob er sich auf diese Weise von der Gewährleistungspflicht befreien kann, entscheidet sich nach Massgabe des in Nr. 119 Gesagten.

§ 4 Der Umfang des Nachbesserungsrechts beim Werklieferungsvertrag (Art. 365 Abs. 1 OR)

97 Ein Werklieferungsvertrag ist ein Werkvertrag, bei welchem der Unternehmer ganz oder teilweise den Werkstoff zu liefern hat. Bauwerkverträge – die hier im Vordergrund stehen – sind regelmässig Werklieferungsverträge. Der Fassadenmaler beispielsweise, welcher die Wände eines Hauses zu bemalen hat, wird normalerweise auch die Farbe zur Verfügung zu stellen haben, und der Maurer, welchem die Erstellung der Wände übertragen ist, hat in der Regel auch die Backsteine zu liefern. Für solche Werklieferungsverträge besteht nach einem Teil von Lehre und Rechtsprechung (s. Anm. 123) nur ein beschränktes Nachbesserungsrecht: Dieses beziehe sich nicht auf Stoffmängel. Zur Begründung wird Art. 365 Abs. 1 OR herangezogen. Hier ist vorgesehen:

98 «Soweit der Unternehmer die Lieferung des Stoffes übernommen hat, haftet er dem Besteller für die Güte desselben und hat Gewähr zu leisten wie ein Verkäufer.»

99 Diese Formulierung ist nicht eindeutig. Unklar ist, was unter «Gewähr» zu verstehen ist.

100 – Die einen meinen mit «Gewähr» *Sachgewähr*[123]. Art. 365 Abs. 1 OR ist dann folgendermassen zu lesen: «Soweit der Unternehmer die Lieferung des Stoffes übernommen hat, haftet er dem Besteller für die Güte desselben nach den kaufrechtlichen Vorschriften über Sachmängel (Art. 197 ff. OR).» So interpretiert, schliesst Art. 365 Abs. 1 OR einen Nachbesserungsanspruch mit Bezug auf Mängel des gelieferten Werkstoffs aus. Denn der Käufer hat bei Sachmängeln bekanntlich lediglich das Recht zu mindern oder zu wandeln, jedoch kein Nachbesserungsrecht. Zu beachten ist, dass nach dieser Ansicht ein Nachbesserungsrecht nur für Mängel des Werkstoffes ausgeschlossen ist; für andere Werkmängel besteht ein Nachbesserungsrecht, namentlich für Mängel, die infolge unsorgfältiger Arbeit entstanden sind.

101 – Andere hingegen sind der Meinung, das Wort «Gewähr» bedeute *Rechtsgewähr*[124]. Nach dieser Ansicht ist Art. 365 Abs. 1 OR wie folgt zu lesen: «Soweit der Unternehmer die Lieferung des Stoffes übernommen hat, haftet er dem Besteller für die Güte desselben nach Werkvertragsrecht und hat Rechtsgewähr zu leisten wie ein Verkäufer.» Wenn man Art. 365 Abs. 1 OR so interpretiert, kommt das Kaufrecht mit Bezug auf Werkmängel über-

---

[123] S. die Nachweise bei GAUCH, Werkvertrag, Nr. 1003.
[124] Nachweise bei GAUCH, Werkvertrag, Nr. 1002.

haupt nicht zum Tragen. Demzufolge besteht auch beim Werklieferungsvertrag für beliebige Mängel ein Nachbesserungsrecht des Bestellers.

102 Diese zweite Interpretation hat vorab das historische Auslegungselement für sich. Denn: Die dem Art. 365 Abs. 1 OR entsprechende Bestimmung des OR von 1881, Art. 352 Abs. 1 aOR, unterschied noch deutlich zwischen Sach- und Rechtsgewährleistung. Nur für die letztere verwies es auf das Kaufrecht. Die Sachgewährleistung – also die Haftung für Werkmängel – richtete sich hingegen ausschliesslich nach Werkvertragsrecht, und dieses sah schon seinerzeit einen Nachbesserungsanspruch vor. Auch beim Werklieferungsvertrag bestand somit bezüglich beliebiger Mängel ein Nachbesserungsrecht. Bei der Revision des OR wollte man zwar Art. 352 Abs. 1 des alten Textes entschlacken; inhaltliche Änderungen aber waren nicht beabsichtigt. Bei historischer Interpretation von Art. 365 Abs. 1 OR gelangt man somit zum Ergebnis, dass auch mit Bezug auf die Mängel des vom Unternehmer gelieferten Stoffes ein Nachbesserungsrecht besteht. Für eine solche historische Interpretation sprechen aber auch gewichtige sachliche Überlegungen[125]. Namentlich ist zu beachten, dass Mängel des Werkstoffes und andere Werkmängel oft gar nicht auseinandergehalten werden können[126]. Dementsprechend ist es nicht möglich, das Nachbesserungsrecht «aufzusplitten». Man kann es nur entweder geben oder nicht geben. Richtigerweise ist es generell zu geben. Gegen dieses Ergebnis vermag auch der französische Gesetzeswortlaut nicht aufzukommen, obwohl dieser eindeutig für die Interpretation von «Gewähr» als Sachgewähr spricht. Es handelt sich um ein redaktionelles Versehen, d.h. eine unzutreffende Übersetzung des missverständlichen deutschen Textes[127].

103 Als **Fazit** ist somit festzuhalten: Auch beim Werklieferungsvertrag richtet sich die Haftung für Werkmängel ausschliesslich nach Werkvertragsrecht (BGE 117 II 428 f.). Dementsprechend besteht für beliebige Mängel, auch Mängel des Werkstoffs, ein Nachbesserungsrecht. Lediglich die Haftung für Rechtsmängel des Stoffes richtet sich nach Kaufrecht, also nach Art. 192 ff. OR. Diese Bestimmungen spielen indessen bei Bauwerkverträgen praktisch keine Rolle. Denn infolge des Akzessionsprinzips verlieren Dritte ihr allfälliges Eigentum am Werkstoff in dem Moment, in dem der Stoff mit dem Boden des Bauherrn

---

[125] GAUCH, Werkvertrag, Nr. 1011.

[126] Beispiel: Der Bauunternehmer verwendet eine falsche Betonmischung und lässt den Beton zusätzlich zu lange ruhen, bevor er ihn einbaut. Beides zusammen hat zur Folge, dass der Beton bald abbröckelt. In einem solchen Fall kann man nur entweder das Nachbesserungsrecht geben oder aber es nicht geben. Eine Aufsplittung in dem Sinne, dass es für die Güte des Betons besteht, im übrigen aber nicht, ist praktisch nicht möglich.

[127] Dass sich die verschiedenen Gesetzestexte widersprechen, kommt immer wieder vor. S. neustens den in der NZZ vom 11. Juli 1994, S. 15, referierten Bundesgerichtsentscheid betr. Art. 274b OR.

fest verbunden und dadurch zu dessen Bestandteil wird (Art. 643 ZGB). Sollte das Akzessionsprinzip einmal nicht durchgreifen, findet regelmässig ein Eigentumsverlust nach Art. 714 Abs. 2 ZGB statt.

§ 5 Die Ausübung des Nachbesserungsrechts

104 **1.** Das Nachbesserungsrecht wird – wie jedes Gestaltungsrecht – durch Willenserklärung ausgeübt. Das heisst: Der Besteller muss dem Unternehmer seinen Willen mitteilen, er verlange Verbesserung des mangelhaften Werks. Das Nachbesserungsrecht ist jeweilen für einen bestimmten oder einzelne bestimmte Mängel auszuüben. Der zu behebende Mangel muss so konkret umschrieben werden, dass der Unternehmer mit Sicherheit weiss, welchen Mangel er zu beseitigen hat. Für künftige, noch gar nicht ersichtliche Mängel, kann es nicht ausgeübt werden, was schon daraus folgt, dass eine bedingte (für den Fall der Mängelentstehung ausgesprochene) Ausübung nicht in Betracht kommt (s. gleich nachstehend Nr. 105 f.).

105 **2.** Für die Ausübung des Nachbesserungsrechts gelten die allgemeinen **Grundsätze betr. Gestaltungserklärungen.** Das bedeutet, dass die Ausübungserklärung – von Ausnahmen abgesehen – bedingungslos zu erfolgen hat und unwiderruflich ist[128]:

106 – *Bedingungsfeindlichkeit* der Ausübungserklärung. Wer ein Gestaltungsrecht bedingt ausübt, d.h. die angestrebte Rechtswirkung von einem zukünftigen ungewissen Ereignis abhängig macht (vgl. Art. 151 Abs. 1 OR), der schafft für den Gegner regelmässig eine für diesen unzumutbare ungewisse Rechtslage. Aus diesem Grunde darf die Gestaltungserklärung grundsätzlich nicht bedingt abgegeben werden (BGE 108 II 104)[129]. Entsteht ausnahmsweise trotz der Bedingung keine ungewisse Rechtslage (v.a. weil der Eintritt der Bedingung vom Willen des Betroffenen abhängt), steht der bedingten Ausübung des Gestaltungsrechts nach herrschender Ansicht nichts entgegen.

107 Beispiel: Der Bauherr teilt dem Unternehmer mit, er verlange Nachbesserung, sofern er nicht bis zum Ablauf des Monats Fr. 10'000.— als Entschädigung für den Mangel bekomme. Hier besteht für den Unternehmer hinsichtlich seiner Nachbesserungspflicht keinerlei Ungewissheit. Die bedingte Ausübung des Nachbesserungsrechts ist daher zulässig.

---

[128] S. schon vorne Nr. 6.
[129] SJZ 1986, S. 29 E. 1; GUHL/MERZ/KOLLER, S. 15 und 53.

108 — *Unwiderruflichkeit* der Ausübungserklärung. Auch die Regel, dass Gestaltungserklärungen unwiderrufbar sind (z.B. BGE 109 II 41 f. und 326, 107 III 108)[130], ist mit Überlegungen der Rechtssicherheit zu rechtfertigen[131]: Hat der Inhaber des Gestaltungsrechts dieses ausgeübt, so muss sich der Gestaltungsgegner auf die neue Rechtslage verlassen dürfen, um entsprechend disponieren zu können. Diese Überlegung gilt auch für das Nachbesserungsrecht: Hat der Besteller dem Unternehmer mitgeteilt, dass er Nachbesserung verlange, so muss der Unternehmer disponieren können, ohne Gefahr zu laufen, dass diese Dispositionen später durch Widerruf der Ausübungserklärung nutzlos werden. Daher wäre es ihm z.B. nicht zumutbar, wenn später gemindert würde.

109 Auch hier bestätigen jedoch Ausnahmen die Regel: Die Unwiderruflichkeit entfällt, wenn ausnahmsweise der Widerruf keine schützenswerten Interessen des Gegners verletzt. So ist anerkannt, dass der Besteller auf seinen Entscheid, Nachbesserung zu verlangen, zurückkommen kann, wenn der Unternehmer zwar nachbessert, aber ungenügend, so dass ein Mangel verbleibt (hinten Nr. 154). Alsdann lebt das ursprüngliche, auf Wandelung, Minderung oder Nachbesserung gerichtete Wahlrecht – bei gegebenen Voraussetzungen – wieder auf (BGE 109 II 42 [dazu hinten S. 257], 89 II 236)[132,133]. Analog verhält es sich, wenn der Unternehmer mit der Nachbesserung in Verzug kommt. Diesfalls kann der Besteller unter den Voraussetzungen von Art. 107 Abs. 2 OR auf die Nachbesserung verzichten und statt dessen wandeln, mindern oder Schadenersatz verlangen (Genaueres hinten Nr. 166 ff.[134]). Ferner: Übt der Besteller das Nachbesserungsrecht aus, wird dessen Bestand jedoch vom Unternehmer bestritten, so steht einem nachträglichen Wechsel auf das Wandelungs- oder Minderungsrecht nichts entgegen. Unerheblich ist, ob das Nachbesserungsrecht in Wirklichkeit Bestand hatte oder nicht. So oder anders ist beim Unternehmer kein

---

[130] GUHL/MERZ/KOLLER, S. 15.
[131] Kritisch HONSELL, OR BT, S. 217 f.
[132] GAUCH/SCHLUEP, Nr. 157; GAUCH, Werkvertrag, Nr. 1301; GUHL/MERZ/KOLLER, S. 486; vgl. auch BGE 105 II 104 und SJZ 1961, S. 357 Nr. 144.
[133] An sich handelt es sich nicht um einen eigentlichen Widerruf, da das Wahlrecht von Gesetzes wegen wieder auflebt und die Nachbesserungsschuld von Gesetzes wegen erlischt. Richtig ist aber, dass der Besteller am Nachbesserungsbegehren nicht festhalten, also sich nicht erneut für Nachbesserung entscheiden muss. S. hinten S. 257, Bem. 1 und 2a zu BGE 109 II 40 ff.
[134] S. vorderhand GUHL/MERZ/KOLLER, S. 485.

Vertrauen auf die Unwiderruflichkeit der Ausübungserklärung zu schützen[135].

110   3. Für die Erklärung, mit der das Nachbesserungsrecht ausgeübt wird, gelten im übrigen die allgemeinen **Grundsätze betreffend Willenserklärungen**. So kommt etwa für schriftliche Erklärungen die Empfangstheorie zum Tragen: Die Erklärung wird in dem Moment wirksam, in dem sie in den Machtbereich des Empfängers (Unternehmers) gelangt[136].

111   4. Mit der wirksamen Ausübung des Nachbesserungsrechts wandelt sich dieses in die *Nachbesserungsforderung* um (Nr. 1). Der Unternehmer ist nun verpflichtet, sich an die Beseitigung des Mangels zu machen. Dass die Nachbesserungsforderung (erst) mit der Ausübung des Nachbesserungsrechts *entsteht*, entspricht dem französischen Gesetzestext («le maître peut ... obliger l'entrepreneur à réparer l'ouvrage à ses frais») und der heute wohl herrschenden Lehre und Rechtsprechung[137]. Man kann sich aber fragen, ob es nicht richtiger wäre anzunehmen, die Nachbesserungsforderung bestehe bereits vor der Ausübung des Nachbesserungsrechts, wenn auch nur bedingt[138], so wie etwa der Inhaber eines Kaufrechts (Art. 683 ZGB) eine bedingte Forderung auf Übereignung des Grundstücks hat[139]. Folgt man der ersten Ansicht, so geht der Erfüllungsanspruch mit der Ablieferung unter und entsteht erst wieder – in Form der Nachbesserungsforderung – mit der Ausübung des Nachbesserungsrechts. Demgegenüber bleibt er nach der zweiten Auffassung trotz Ablieferung bestehen, wenn auch bedingt durch die Ausübung des Nachbesserungsrechts[140].

---

[135]   Vgl. GAUCH, Werkvertrag, Nr. 1300; SCHUMACHER, BR 1994, S. 6, dieser freilich nur mit Bezug auf den Fall, da das Nachbesserungsrecht keinen Bestand hatte, die Bestreitung des Unternehmers also zu Recht erfolgte. – Vgl. in verwandtem Zusammenhang hinten Anm. 218.

[136]   Genaueres bei GUHL/MERZ/KOLLER, S. 109.

[137]   S. insbesondere GAUCH, Werkvertrag, Nr. 1206.

[138]   Genauer würde es sich um eine suspensiv bedingte Forderung handeln, bei welcher der Unternehmer bis zum Eintritt der «ungewissen Tatsache» (Art. 151 Abs. 1 OR; Ausübungserklärung) nicht gehalten wäre, den Mangel zu beseitigen.

[139]   Vgl. MEIER-HAYOZ, Berner Kommentar, N 31 zu Art. 683 ZGB i.V.m. N 46 und vor allem N 47 zu Art. 681 ZGB.

[140]   In diesem Sinne GAUTSCHI, N 4d und 19 zu Art. 368 OR. GAUCH, Werkvertrag, Nr. 1207, unterstellt GAUTSCHI, er fasse das Nachbesserungsrecht nicht als Gestaltungsrecht, sondern als Forderung auf. In der Tat hält GAUTSCHI an den zitierten Stellen fest, dass der Besteller bereits vor Ausübung des Wahlrechts eine Nachbesserungsforderung habe. Es handelt sich jedoch um eine bedingte, von der Wahl der Nachbesserung abhängige Forderung (GAUTSCHI, N 6a zu Art. 368 OR). Es liegt nahe, die Wahl der Nachbesserung als Ausübung eines Gestaltungsrechts aufzufassen. GAUTSCHI sagt dies freilich nicht, er sagt aber auch nicht das Gegenteil. Jedenfalls lässt sich die Ansicht durchaus vertreten, dass der Besteller mit Ablieferung des mangelhaften Werks eine (durch die Ausübung des Nachbesserungsrechts)

Die beiden Ansichten dürften aber praktisch kaum unterschiedliche Ergebnisse zeitigen, weshalb auf eine genauere Untersuchung verzichtet wird. Terminologisch wird im folgenden an der herrschenden Ansicht festgehalten und davon gesprochen, dass durch die Ausübung des Nachbesserungsrechts die Nachbesserungsforderung zur Entstehung gelangt.

112 Indem der Besteller das Nachbesserungsrecht ausübt, erwirbt er nicht nur die Nachbesserungsforderung, sondern er ist nun auch gehalten, die Nachbesserung zu dulden. Dies freilich nicht im Sinne einer Pflicht, sondern einer blossen Obliegenheit (zu den Folgen einer Verletzung dieser Obliegenheit s. Nr. 123 ff.). Eine Pflicht kann hingegen insofern entstehen, als der Besteller einen Teil der Nachbesserungskosten übernehmen muss, sofern ihn an der Entstehung des Mangels ein Mitverschulden trifft (Nr. 56).

---

bedingte Nachbesserungsforderung erlangt und dass das Nachbesserungsrecht (trotzdem) ein Gestaltungsrecht ist. Sicher ist, dass sich die Ansichten GAUTSCHIS und GAUCHS im praktischen Ergebnis kaum unterscheiden.

2. Abschnitt: Die Nachbesserungsforderung

113 Die Nachbesserungsforderung, welche an die Stelle des Nachbesserungsrechts tritt, ist eine «normale» Forderung. Es kommen somit die allgemeinen Bestimmungen des OR über die Obligationen (z.B. Art. 68 ff. OR über die Erfüllung oder Art. 97 ff. OR über die Nichterfüllung) zur Anwendung (vgl. BGE 91 II 350 E. 3a). Diese Bestimmungen bedürfen allerdings teilweise einer Anpassung an die spezifisch werkvertragsrechtlichen Besonderheiten (vgl. z.B. Nr. 166 betr. Art. 107 Abs. 2 OR). Sodann ist zu beachten, dass das Werkvertragsrecht einzelne Sonderregeln bereithält, welche den allgemeinen Regeln vorgehen (lex specialis derogat legi generali), so etwa Art. 371 OR hinsichtlich der Verjährung oder Art. 366 Abs. 1 OR hinsichtlich des Verzugs mit den Nachbesserungsarbeiten. Die zuletzt erwähnte Bestimmung findet zwar unmittelbar nur auf die Pflicht zur Werkherstellung Anwendung, analog jedoch auch auf die Nachbesserungsschuld.

114 Im folgenden geht es schwergewichtig um Nicht- und Schlechterfüllung der Nachbesserungsschuld. Zuerst ist jedoch der Inhalt der Nachbesserungsschuld näher zu umschreiben.

§ 6 Der Inhalt der Nachbesserungsforderung

115 1. Die Nachbesserungsforderung ist auf die unentgeltliche «Verbesserung» (Art. 368 Abs. 2 OR) des Werkes gerichtet. Unentgeltlich besagt, dass der Unternehmer die Verbesserung auf eigene Kosten vorzunehmen hat, also ohne dass er zusätzlich zum Werklohn eine Vergütung beanspruchen könnte. In Ausnahmefällen hat sich allerdings der Besteller an den Kosten der Nachbesserung zu beteiligen. Darauf wird hinten in Nr. 345 ff. zurückgekommen. Nachstehend geht es ausschliesslich darum, den Begriff der Nachbesserung(sarbeiten) näher zu präzisieren.

116 2. Nachbesserung bedeutet **Verbesserung des bestehenden Werks**. Ein Anspruch auf Herstellung eines neuen Werks besteht im allgemeinen nicht (unten Nr. 120). Wie der Unternehmer die Verbesserung des mangelhaften Werks besorgt, ist grundsätzlich seine Sache. Bestehen mehrere Möglichkeiten zur Mängelbeseitigung, so kann er die ihm genehme wählen (vgl. Art. 72 OR)[141]. Doch hat er die Mängelbeseitigung in einer für den Besteller möglichst schonenden Weise auszuführen. Daraus folgt, dass er normalerweise nicht ein neues Werk herstellen darf, solange die Verbesserung des bestehenden noch möglich ist (Nr. 119).

---

[141] Illustrativ JBl 1976, S. 537 ff., mit Bezug auf das österreichische Recht.

117 Der Besteller hat Anspruch auf eine *einwandfreie* Verbesserung, eine Behelfslösung muss er sich nicht aufdrängen lassen (BGE 116 II 312). Einschränkungen ergeben sich aus Treu und Glauben (vgl. BGE 105 II 99 E. 4b, dazu hinten S. 240). Wo sich der Besteller ausnahmsweise mit einer Behelfslösung abfinden muss, steht ihm für den verbleibenden Minderwert eine Reduktion des Werkpreises zu (BGE 105 II 99 E. 4b a.E.); Nachbesserungs- und Minderungsrecht bestehen in diesem Sinne kumulativ. Entsprechendes gilt auch dort, wo ein Mangel zwar technisch einwandfrei behoben wird, nach Auffassung des Verkehrs jedoch ein Minderwert verbleibt (sog. merkantiler Minderwert, Nr. 154). S. auch schon oben Nr. 96.

118 Die Nachbesserung beschränkt sich oft nicht auf die eigentliche Mängelbeseitigung, sondern umfasst *weitere Massnahmen*, welche durch die Mängelbeseitigung bedingt sind. «Muss der Unternehmer z.B. fehlerhaft verlegte Ablaufrohre ersetzen, so gehen zu seinen Lasten auch alle Aufbruch- und Wiederherstellungsarbeiten an Fussböden, Decken und Wänden, einschliesslich der Putz- und Anstricharbeiten; dies selbst dann, wenn die Kosten der genannten Arbeiten (die 'Begleitkosten') bedeutend höher sind als die Kosten der eigentlichen Mängelbeseitigung.»[142]

119 3. Ein Anspruch auf **Neuherstellung** des Werks besteht – wie gesagt – grundsätzlich nicht. Umgekehrt muss aber der Besteller im allgemeinen auch keine Neuherstellung dulden. Wenn also beispielsweise das vom Besteller bestellte Dach wegen einiger schadhafter Ziegel undicht ist, so kann er vom Dachdecker lediglich Ersetzung der betreffenden Ziegel verlangen, nicht auch ein neues Dach. Umgekehrt muss er nicht dulden, dass der Dachdecker ein neues Dach erstellt. Im Grundsatz dürfte dies unbestritten sein. Doch sind Ausnahmen anzuerkennen, jedenfalls insofern, als der Besteller unter Umständen ein neues Werk akzeptieren muss. Zu denken ist etwa an den Fall, da eine Hausfassade schlecht gestrichen ist, so dass sie verschiedene Flecken aufweist. Hier mag es für den beauftragten Maler vorteilhaft sein, gerade die ganze Wand neu zu malen, statt bloss die unrichtig gestrichenen Stellen auszubessern. Für den Hauseigentümer wird es kaum einen Unterschied machen, ob der Maler in der einen oder andern Weise für ein mängelfreies Werk sorgt. In einem solchen Fall muss er sich die Neubemalung gefallen lassen (vgl. BGHZ 96, 119). Ob in einem konkreten Fall der Unternehmer statt nachzubessern ein neues Werk herstellen darf, entscheidet sich nach den Umständen. Es ist eine Interessenabwägung im Sinne von Art. 4 ZGB vorzunehmen. Dabei wird man in Analogie zu Art. 206 Abs. 2 OR den Bauherrn nur dann zur Annahme eines neuen

---

[142] GAUCH, Werkvertrag, Nr. 1222; PETERS, JuS 1993, S. 120. Aus der (deutschen) Rechtsprechung vgl. BGHZ 96, 221.

Werks verpflichten können, wenn die Neuherstellung gegenüber einer Nachbesserung zeitlich zu keinen grossen Verzögerungen führt[143].

120 **4.** Umstritten ist, ob der Besteller nicht ausnahmsweise ein neues Werk verlangen kann[144]. Praktisch bedeutsam ist diese Frage vor allem dann, wenn die Nachbesserung versucht wurde, der Versuch jedoch fehlgeschlagen ist und eine Wiederholung als aussichtslos erscheint. Für derartige Fälle wird die Frage von der heute herrschenden Lehre und Rechtsprechung zu Recht bejaht[145]. Ausgangspunkt bildet die Feststellung, dass der Besteller mit dem Abschluss des Werkvertrags Anspruch nicht bloss auf ein Werk, sondern auf ein mängelfreies Werk erhält. Dieser Anspruch erlischt nicht, wenn der Unternehmer ein mangelhaftes Werk abliefert. Vielmehr wandelt er sich nun in das Nachbesserungsrecht um; wird dieses ausgeübt, so entsteht die Nachbesserungsforderung, welche somit letztlich nichts anderes ist «als der Erfüllungsanspruch in modifizierter Gestalt»[146]. Der Schuldinhalt bleibt immer der gleiche: ein mängelfreies Werk. Kann dieses Ziel nur durch Neuherstellung erreicht werden, ist diese geschuldet. Das muss um so mehr gelten, als Neuherstellung und Nachbesserung ineinander übergehen können und oft praktisch gar nicht auseinanderzuhalten sind (vgl. das «Maler-Beispiel» aus Nr. 119)[147]. Es ist insoweit zu beachten, dass der Ersatz und die Neuerrichtung fehlerhafter Werkteile als blosse Verbesserung gelten[148]; je mehr Werkteile ersetzt werden, um so mehr nähert sich die Verbesserung der Neuherstellung des gesamten Werks. Gegen den Anspruch auf Neuherstellung sprechen auch nicht die Interessen des Unternehmers. Zwar wird ihn die Neuherstellung im allgemeinen schwerer treffen als die Nachbesserung. Dem ist jedoch dadurch

---

[143] ZINDEL/PULVER, N 57 zu Art. 368 OR.

[144] Wer ein neues Werk verlangt, hält am Vertrag fest, erklärt also nicht die Wandelung (insofern unzutreffend BGE 98 II 120 E. 2; hinten S. 228).

[145] So z.B. GVP SG 1989, S. 71 ff.; Extraits 1988, S. 16 ff.; GAUCH, Werkvertrag, Nr. 1250 ff.; SCHUMACHER, BR 1994, S. 6; auch schon BECKER, N 12 zu Art. 368 OR, und VON BÜREN, OR BT, S. 149; a.A. BGE 98 II 120, unter Hinweis auf GAUTSCHI, N 3a und 10a zu Art. 368 OR, und OSER/SCHÖNENBERGER, N 14 zu Art. 368 OR, die ihrerseits auf KOEBEL, Die Nichterfüllung aus Werkvertrag, Diss. Basel 1922, S. 137, verweisen. Zu BGE 98 II 120 s. die Bemerkungen auf S. 228. – Im deutschen Recht wird neustens ein Anspruch auf ein neues Werk (ausnahmsweise) ebenfalls bejaht (grundlegend BGHZ 96, 111 ff., dem die Lehre grösstenteils gefolgt ist). Zum Meinungsstand in Österreich s. KURSCHEL, S. 40 ff.

[146] LARENZ, SchR BT, S. 350, mit Bezug auf das deutsche Recht. Dieses unterscheidet sich allerdings vom schweizerischen in wichtigen Punkten, insbesondere dadurch, dass der Besteller grundsätzlich vorerst nur einen Nachbesserungsanspruch hat, nicht auch alternativ ein Minderungs- oder Wandelungsrecht; diese Rechte entstehen erst, wenn der Unternehmer mit der Nachbesserung in Verzug kommt (§ 633 Abs. 2, 634 BGB).

[147] Ferner LARENZ, SchR BT, S. 350; BGHZ 96, 111 ff.

[148] GAUCH, BR 1981, S. 55 Nr. 52.

Rechnung zu tragen, dass die Neuherstellung nur dann verlangt werden kann, wenn die Nachbesserung versucht wurde und fehlgeschlagen ist oder sich zum vornherein als unmöglich erweist. Und auch in diesen Fällen ist die Neuherstellung nur unter den in Art. 368 Abs. 2 OR erwähnten Kautelen geschuldet, also dann, wenn sie keine übermässigen Kosten verursacht. Ein Anspruch auf Neuherstellung besteht somit nur (aber immerhin) ausnahmsweise.

121 Dieses Ergebnis lässt sich methodisch durch extensive Interpretation des in Art. 368 Abs. 2 OR verwendeten Ausdrucks «Verbesserung» rechtfertigen. Naheliegender scheint es allerdings, eine echte Gesetzeslücke anzunehmen. Es ist also davon auszugehen, dass der Gesetzgeber die Mängelrechte nicht abschliessend geregelt hat, bzw. die fehlende Erwähnung des Neuherstellungsanspruchs nicht auf einem qualifizierten Schweigen beruht. Dass der Neuherstellungsanspruch im Gesetz nicht ausdrücklich festgehalten ist, lässt sich leicht damit erklären, dass die Mängelbeseitigung im Wege der Nachbesserung im allgemeinen möglich ist. Auch den Ausnahmefall zu regeln, da dies einmal nicht zutrifft, bestand kein Anlass. Jedenfalls entspricht es schweizerischer Gesetzestechnik, atypische Tatbestände nicht unbedingt ausdrücklich zu regeln.

122 **5.** Die **Nachbesserungsforderung** ist – wie gesagt – nichts anderes als der Erfüllungsanspruch in modifizierter Gestalt. Wie dieser besteht sie aus **zwei Komponenten**, einem Wirken und einem Werk: Einerseits muss der Unternehmer Arbeit leisten (verbessern), zum andern schuldet er die Mängelbeseitigung (Mängelfreiheit des Werks). Der Unternehmer schuldet auch hier den Erfolg. Gelingt ihm nämlich die Mängelbeseitigung nicht oder nur teilweise, so hat er hierfür unabhängig von einem Verschulden einzustehen: Dem Besteller stehen dann erneut die Mängelrechte zu (Nr. 154).

§ 7 Nachbesserungshindernisse in der Person des Bestellers

I. Tatbestände

123 Ist die Nachbesserungsschuld – durch Ausübung des Nachbesserungsrechts – entstanden, so hat der Besteller die Nachbesserung im Sinne einer Obliegenheit zu dulden: Er ist nun gehalten, die Mängelbeseitigung durch den Unternehmer vornehmen zu lassen. Diese Obliegenheit verletzt er einmal dann, wenn er die Nachbesserung verunmöglicht, indem er die Mängel selbst beseitigt oder durch einen Dritten beseitigen lässt[149]. Er verletzt sie weiter dann, wenn er den nachbesserungswilligen Unternehmer daran hindert, die bestehenden Mängel zu beseitigen (Gläubigerverzug).

---

[149] Zu denken ist etwa an folgenden Fall: A hat einem Dachdecker den Auftrag erteilt, das Dach seines Hauses zu erneuern. Der Dachdecker führt die Arbeiten mangelhaft aus, worauf A Nachbesserung verlangt. In der Folge lässt jedoch A das Dach durch einen Dritten reparieren.

124 Obliegenheitsverletzungen dieser Art sind freilich nur solange möglich, als besagte Obliegenheit besteht. Das trifft nicht mehr zu, sobald die Nachbesserungsschuld untergegangen ist. Insoweit ist zu beachten, dass der Besteller jederzeit auf die Nachbesserung verzichten und die Nachbesserungsschuld dadurch zum Erlöschen bringen kann, dies freilich nur «gegen volle Schadloshaltung des Unternehmers» (Art. 377 OR analog). Ein entschädigungsloser Verzicht auf die Nachbesserung ist nur unter besonderen Voraussetzungen möglich. Im Vordergrund steht der Fall, da der Unternehmer in Nachbesserungsverzug gerät und dem Besteller ein Vorgehen nach Art. 107 Abs. 2 OR offensteht (dazu Nr. 156 ff., 166 ff.). Hat der Besteller auf die Nachbesserung rechtswirksam verzichtet, so kann er nicht mehr im rechtlichen Sinne Nachbesserungsunmöglichkeit bewirken. Ebensowenig kann er noch in Gläubigerverzug geraten.

II. Vom Besteller verschuldete Nachbesserungsunmöglichkeit

125 **1.** Bewirkt der Besteller Nachbesserungsunmöglichkeit im umschriebenen Sinne, so **geht die Nachbesserungsschuld unter**, und zwar ohne dass an ihre Stelle eine Schadenersatzpflicht des Unternehmers treten würde. Dies folgt aus Art. 119 Abs. 1 OR, wonach der Schuldner – hier der Unternehmer – von seiner Verbindlichkeit frei wird, soweit ihre Erfüllung durch Umstände, die er nicht zu verantworten hat, unmöglich wird. Art. 119 Abs. 1 OR ist allerdings auf Fälle zugeschnitten, in denen die Leistung infolge Zufalls unmöglich wird. Der Artikel muss aber a fortiori auch dann gelten, wenn nicht ein zufälliges Ereignis, sondern Verschulden des Gläubigers – hier des Bestellers – zur Unmöglichkeit geführt hat.

126 **2.** Damit ist noch nicht entschieden, was mit dem **Anspruch des Unternehmers auf den Werklohn passiert**: Kann der Unternehmer den ganzen Werklohn verlangen, obwohl er von seiner Nachbesserungsschuld befreit wurde? Oder muss er sich gewisse Abzüge gefallen lassen, z.B. wegen ersparter Aufwendungen? Oder gilt eine dritte Lösung? Die im Gesetz nicht ausdrücklich geregelte Frage ist m.E. in Analogie zu Art. 378 OR zu beantworten. Diese Bestimmung betrifft – unmittelbar – den Fall, da der Besteller die Herstellung des bestellten Werks verunmöglicht. Der Unternehmer hat in einem solchen Fall Anspruch auf Vergütung der bereits geleisteten Arbeiten. Trifft den Besteller ein Verschulden, so hat er zusätzlich Schadenersatz zugute. Gemeint ist das positive Vertragsinteresse. Das bedeutet, dass der Unternehmer auch für den nicht ausgeführten Werkteil den Werklohn verlangen kann, sich jedoch gewisse Abzüge gefallen lassen muss. Diese Abzüge sind in Analogie zu Art. 264 Abs. 3, 324 Abs. 2, 337c Abs. 2 OR und ähnlichen Vorschriften festzulegen. Demzufolge muss sich der Unternehmer anrechnen lassen, was er infolge der Befreiung von der

Werkvollendung erspart oder durch anderweitige Verwendung seiner Arbeitskraft erworben oder zu erwerben absichtlich unterlassen hat[150]. Wendet man Art. 378 OR in unserem Zusammenhang analog an, so hat dies zur Konsequenz, dass der Unternehmer den vollen Werklohn verlangen kann, obwohl er ein mangelhaftes Werk abgeliefert und nicht nachgebessert hat. Er muss sich lediglich anrechnen lassen, was er wegen der unterbliebenen Nachbesserung erspart oder durch anderweitige Verwendung seiner Arbeitskraft erworben oder zu erwerben absichtlich unterlassen hat[151]. Im Vordergrund steht die Anrechnung von Ersparnissen (Ersparnisbereicherung). Zu denken ist etwa an Materialkosten, die der Unternehmer nicht gehabt hat, weil er nicht nachbessern musste[152,153]. Beispiel: Der Dachdecker muss das Dach nicht selbst reparieren, weil der Bauherr ihm diese Aufgabe abgenommen hat. Diesfalls hat sich der Dachdecker die Kosten der Ziegel, die er nicht ersetzen musste, anrechnen zu lassen.

127 Ein Teil der Lehre bringt statt Art. 378 OR Art. 377 OR (analog) zur Anwendung[154] und gelangt damit zu identischen Ergebnissen. So oder anders hat der Besteller den Unternehmer schadlos zu halten, genauer so zu stellen, wie wenn er richtig erfüllt hätte. Die Frage «Anwendung von Art. 378 OR oder 377 OR?» ist damit bloss von theoretischem Interesse. Will man sich auf den Theorienstreit einlassen, ist Art. 378 OR m.E. vorzuziehen. Auf Art. 377 OR wäre nur dann abzustellen, wenn die Herbeiführung der Unmöglichkeit als Rücktritt im Sinne dieser Bestimmung aufzufassen wäre. Das kann im Einzelfall zutreffen, ist jedoch nicht notwendig so. Denn die Mängelbeseitigung ist eine rein tatsächliche Handlung, welche nicht ohne weiteres den Sinn einer Willenserklärung hat. Auch eine konkludente Willenserklärung kann regelmässig nicht in die Mängelbeseitigung hineininterpretiert werden. Es scheint daher richtiger, Art. 378 OR zur Anwendung zu bringen. Dies freilich nur dann, wenn nicht schon *vor* der Mängelbeseitigung eine Rücktrittserklärung im Sinne von Art. 377 OR erfolgt ist. Ist eine solche Erklärung erfolgt, so ist damit die Nachbesserungsschuld untergegangen, damit auch die Obliegenheit, die Nachbesserung zu gestatten. Nachbesserungsunmöglichkeit kann daher nicht mehr eintreten (oben Nr. 124).

---

[150] Vgl. BGE 96 II 192 betr. Art. 377 OR. Die Abzugsmethode (Werklohn — Abzüge) ist in der Lehre auf Kritik gestossen (vgl. PEDRAZZINI, S. 549; GAUCH, Werkvertrag, Nr. 401). Sie hat jedoch gegenüber der von diesen Autoren befürworteten Additionsmethode den Vorteil der Einfachheit und Praktikabilität (HONSELL, OR BT, S. 214).

[151] Soweit Art. 378 Abs. 2 OR unmittelbar zur Anwendung kommt, begründet er einen Schadenersatzanspruch. Im vorliegenden Zusammenhang handelt es sich jedoch um einen Werklohnanspruch. Denn mit der Ablieferung des Werks wird der (ganze) Werklohn fällig (Art. 372 OR). Daran ändert sich nichts, wenn der Besteller Nachbesserung verlangt, diese dann jedoch selbst vornimmt. Was sich ändert, ist lediglich der Inhalt der Werklohnforderung, indem diese reduziert wird.

[152] Zur Beweislast vgl. PETERS, JuS 1993, S. 290.

[153] Vgl. zum deutschen Recht VOLKER EMMERICH, Das Recht der Leistungsstörungen, 3. A. München 1991, S. 129 f.

[154] Vgl. GAUTSCHI, N 21 zu Art. 368 OR, N 12 zu Art. 378/379 OR und N 8 zu Art. 377 OR; GAUCH, Werkvertrag, Nr. 904 und 389.

§ 7 Nachbesserungshindernisse in der Person des Bestellers

128 **3.** Hat der Besteller dem Unternehmer im Zeitpunkt der Mängelbeseitigung bereits mehr bezahlt, als er nach Art. 378 OR (analog) hätte bezahlen müssen, so stellt sich die Frage, ob er einen **Rückforderungsanspruch** hat. In der Schweiz hat man sich mit der Problematik noch wenig befasst[155]. In Deutschland wurde früher die Ansicht vertreten, der Besteller habe einen Bereicherungsanspruch. In der neueren Rechtsprechung und Lehre wird ein solcher Anspruch verneint. Auch aus auftragsloser Geschäftsführung könne der Besteller nichts verlangen[156]. M.E. ist für das schweizerische Recht gegenteilig zu entscheiden[157]. Auszugehen ist vom Grundsatz, dass derjenige, der zuviel bezahlt hat, das zuviel Bezahlte soll zurückverlangen können. Freilich gilt dieser Grundsatz nicht allgemein, wie Art. 939 Abs. 2 ZGB belegt. Im vorliegenden Zusammenhang ist jedoch nicht zu ersehen, weshalb eine Ausnahme Platz greifen sollte. Der Besteller hat allerdings nicht ohne weiteres das zugute, was er nach Art. 378 OR nicht hätte bezahlen müssen. Denn der Unternehmer ist nur im Umfange seiner Bereicherung rückerstattungspflichtig (vgl. analog BGE 61 II 37 für den Fall, da ein Mieter die Mängel des Mietobjektes selbst beseitigt hat).

129 Anspruchsgrundlage bildet Art. 423 Abs. 2 OR (unechte Geschäftsführung ohne Auftrag) i.V.m. Art. 62 ff. OR (so der eben zit. Entscheid). Man kann aber auch ohne Schaden auf die Anwendung von Art. 423 Abs. 2 OR verzichten und nur Art. 62 ff. OR (i.V.m. Art. 378 OR) heranziehen (vgl. BGE 107 II 221)[158]. Der Rückforderungsanspruch des Bestellers ist ein sekundäres Män-

---

[155] Vgl. immerhin die in Anm. 157 zitierten Autoren.
[156] Vgl. BGH in NJW 1968, S. 43; KARL HEINZ GURSKY, Bereicherungsausgleich bei Selbsterfüllung?, NJW 1971, S. 782 ff.; ESSER JOSEF/SCHMIDT EIKE/KÖNDGEN JOHANNES, Fälle und Lösungen nach höchstrichterlichen Entscheidungen, BGB-Schuldrecht, 3. A. Karlsruhe 1971, S. 67; anders SEIDEL, JZ 1991, S. 391 ff.; CHRISTIAN WOLLSCHLÄGER, Die Geschäftsführung ohne Auftrag – Theorie und Rechtsprechung, Berlin 1976, S. 168.
[157] Anders – in Anlehnung an die herrschende deutsche Auffassung (s. eben Anm. 156) – GAUCH, Werkvertrag, Nr. 1282, und JÖRG SCHMID, Die Geschäftsführung ohne Auftrag, Freiburg 1992, Nr. 1221.
[158] In Lehre und Rechtsprechung besteht die Tendenz, Rückabwicklungsansprüche als vertragliche Ansprüche zu qualifizieren, so etwa Ansprüche aus Rücktritt nach Art. 107 Abs. 2/109 OR (BGE 114 II 153) oder aus Wandelung (ALFRED KOLLER, BR 1984, S. 65 Anm. 18; HONSELL, N 2 und 3 zu Art. 208 OR). Was für die Wandelung gilt, muss auch für die Minderung gelten: Erklärt der Besteller die Minderung, nachdem er den Werklohn bezahlt hat, entsteht ein vertraglicher Rückforderungsanspruch (BGE 116 II 315 E. 7). In dem im Text behandelten Zusammenhang wird man jedoch kaum einen vertraglichen Rückforderungsanspruch annehmen dürfen. Tut man es, so hat man ihn auf Art. 378 OR abzustützen. Beigefügt sei, dass Rückabwicklungsansprüche, historisch interpretiert, wohl Bereicherungsansprüche sind (vgl. Art. 119 Abs. 2 OR). Anderes gilt (natürlich) für Rückgabeansprüche, die infolge Kündigung oder sonstiger ordentlicher Beendigung eines Vertragsverhältnisses

§ 7 Nachbesserungshindernisse in der Person des Bestellers

gelrecht. Das hat zur Folge, dass er hinsichtlich der Verjährung Art. 371 OR (nicht Art. 67 OR) unterliegt[159].

130 Vorbehalten ist der Fall, da der Besteller Mängel beseitigt hat, deren Behebung dringlich war und die vom Unternehmer nicht rechtzeitig beseitigt werden konnten (z.B. wegen Abwesenheit). Alsdann sind unter Umständen die Regeln der echten Geschäftsführung ohne Auftrag anwendbar (vgl. BGE 61 II 37).

131 **4. Die oben in Ziff. 1-3 umschriebene Rechtslage beruht nicht auf zwingendem Recht.** Die Parteien können vielmehr Abweichungen vorsehen. So können sie z.b. vereinbaren, dass der Unternehmer den ganzen Werklohnanspruch ohne Ersparnisanrechnung behält, wenn der Besteller die Nachbesserung selbst vornimmt und damit die Erfüllung der Nachbesserungsschuld verunmöglicht. Wie es sich insoweit verhält, wenn die Parteien die SIA-Norm 118 übernommen haben, hat das Bundesgericht in BGE 110 II 52 ff.[160] offengelassen. Vgl. zu dieser Frage hinten Nr. 284 f.

132 **5. Nachträge:**

– Der Besteller, der selbst nachgebessert hat, kann nun nicht auf die Nachbesserung verzichten und stattdessen das Wandelungs- oder Minderungsrecht ausüben. Diese Rechte sind – wie gesagt – mit der Ausübung des Nachbesserungsrechts untergegangen (Nr. 6). Sie leben nicht wieder auf, wenn der Besteller selbst nachbessert.

133 – Es wird gelegentlich gesagt, dass die Verletzung einer Obliegenheit nicht zu Schadenersatzansprüchen führen könne. Wo Schadenersatzansprüche vorgesehen seien, werde damit die Verletzung einer (echten) Pflicht sanktioniert[161]. Aus Art. 378 Abs. 2 OR folgt, dass diese Ansicht so allgemein nicht zutrifft[162]. Denn der Besteller ist lediglich im Sinne einer Obliegenheit verpflichtet, die Werkausführung nicht zu verunmöglichen. Trotzdem knüpft die Bestimmung an die Verletzung der Obliegenheit Haftungs-

---

entstehen (z.B. Art. 267, Art. 312 OR, BGE 107 II 221).

[159] Vgl. in verwandtem Zusammenhang GAUCH, Werkvertrag, Nr. 1130. GAUCH ist allerdings an der zit. Stelle implizit der Meinung, ein Bereicherungsanspruch könne nicht dem Art. 371 OR unterliegen, sondern unterliege ohne weiteres Art. 67 OR (die Minderungsforderung sei «kein Anspruch aus ungerechtfertigter Bereicherung», für ihre Verjährung gelte «*daher* nicht Art. 67 OR, sondern Art. 371 OR»). Dem ist nicht so, genausowenig wie Schadenersatzansprüche vom Anwendungsbereich des Art. 371 OR ausgenommen sind (vgl. z.B. Nr. 181, 381). Vorausgesetzt ist freilich immer, dass der Anspruch ein Mängelrecht ist, sei es auch nur ein sekundäres.

[160] S. zu diesem Entscheid hinten S. 260 sowie HANS MERZ, ZBJV 1986, S. 175 ff.

[161] Z.B. SCHÖNENBERGER/JÄGGI, Zürcher Kommentar, Vorbemerkungen zu Art. 1 OR, N 78.

[162] Vgl. ESSER/SCHMIDT/KÖNDGEN (zit. in Anm. 156), S. 59.

folgen. Pflicht und Obliegenheit können somit nicht danach unterschieden werden, ob ihre Verletzung Haftungsfolgen zeitigt oder nicht. Entscheidendes Abgrenzungskriterium ist vielmehr, ob der Gegner des Belasteten ein Recht darauf hat, dass sich der Belastete pflicht- bzw. obliegenheitsgemäss verhält. Wo dies zutrifft, liegt eine Pflicht vor, sonst eine Obliegenheit. In unserem Zusammenhang besteht zwar ein Recht des Unternehmers auf Werklohn (und eine entsprechende Zahlungspflicht des Bestellers), nicht aber ein Recht auf die Werkherstellung. Wenn der Besteller die Werkherstellung verunmöglicht, so wird er letztlich deshalb schadenersatzpflichtig, weil er das Recht auf Werklohn verletzt, indem er dem Unternehmer die Werkherstellung, welche Lohnvoraussetzung ist, verunmöglicht. Anders gesagt, ist die Schadenersatzforderung lediglich ein Surrogat der Forderung auf den Werklohn, den sich der Unternehmer wegen der Unmöglichkeit der Werkherstellung nicht mehr verdienen kann.

III. Gläubigerverzug hinsichtlich der Nachbesserungsschuld

134   1. Dem eben behandelten Fall verwandt ist derjenige, da der Besteller den nachbesserungswilligen Unternehmer daran hindert, die noch mögliche Nachbesserung vorzunehmen, indem er ihm z.B. den Zugang zum mangelhaften Werk verwehrt[163]. Der Besteller befindet sich diesfalls in Annahmeverzug, der nach Art. 95 OR abzuhandeln ist. Gemäss dieser Bestimmung kann der Unternehmer «nach den Bestimmungen über den Verzug des Schuldners vom Vertrag zurücktreten». Ein Rücktritt im technischen Sinne (Vertragsauflösung ex tunc) ist freilich bei dem hier vorausgesetzten Tatbestand, da das Werk erstellt ist, wenn auch mangelhaft, ausgeschlossen. Hingegen hat der Unternehmer die Möglichkeit, sich unter den Voraussetzungen von Art. 107 Abs. 2 OR von seiner Nachbesserungsschuld zu befreien und Ersatz des positiven Vertragsinteresses zu verlangen. Wie im Falle der vom Besteller verschuldeten Nachbesserungsunmöglichkeit hat somit der Unternehmer Anspruch darauf, so gestellt zu werden, wie er stünde, wenn ihn der Besteller hätte nachbessern lassen.

135   2. Die eben vertretene Auffassung beruht auf einer Auslegung von Art. 95 OR, die nicht unbestritten ist. Die herrschende Meinung versteht den Rücktritt im Sinne von Art. 95 OR im engen technischen Sinne als Vertragsauflösung ex tunc[164]. Die Möglichkeit, am Vertrag festzuhalten und Ersatz des positiven

---

[163]   Vgl. SemJud 1978, S. 141; BJM 1958, S. 229.
[164]   BERNET, Basler Kurzkommentar, N 3 zu Art. 95 OR; WEBER, Berner Kommentar, N 17 zu Art. 95 OR.

§ 7 Nachbesserungshindernisse in der Person des Bestellers

Vertragsinteresses zu verlangen, wird verneint[165]. Dieser herrschenden Meinung kann jedenfalls für den Verzug des Bestellers mit der Annahme der Nachbesserungsarbeiten nicht gefolgt werden. Denn sie hat zur Konsequenz, dass der Unternehmer im Fall, da er durch die Annahmeverweigerung des Bestellers zum Verzicht auf die reale Vertragsabwicklung (Nachbesserung) «gezwungen» wird, anders behandelt wird als im Fall der vom Besteller verschuldeten Nachbesserungsunmöglichkeit. Für eine derartige Unterscheidung besteht aber kein sachlicher Anlass. Im Gegenteil drängt es sich auf, beide Sachverhalte gleich zu behandeln. Will man dies nicht über eine entsprechende Auslegung von Art. 95 OR bewerkstelligen, so muss man annehmen, Art. 378 OR gelte analog auch für den Gläubigerverzug mit Bezug auf Nachbesserungsarbeiten. Richtiger scheint es jedoch, Art. 95 OR im oben umschriebenen Sinne zu interpretieren. Dagegen kann nicht eingewendet werden, Art. 107 Abs. 2 OR unterscheide zwischen Rücktritt im technischen Sinn und Festhalten am Vertrag unter Ersatz des positiven Vertragsinteresses, der Verweis in Art. 95 OR («zurücktreten») beziehe sich nur auf das erstere. Denn unser Gesetz kennt verschiedene Verzugsbestimmungen, welche von «Rücktritt» sprechen, damit aber schlicht auf Art. 107 Abs. 2 OR verweisen. So ist beispielsweise anerkannt, dass das «Rücktrittsrecht» im Sinne von Art. 214 Abs. 1 OR inhaltlich dem Wahlrecht von Art. 107 Abs. 2 OR entspricht[166]. Dasselbe gilt für Art. 366 Abs. 1 OR[167]. Weshalb es sich in Art. 95 OR anders verhalten sollte, ist nicht einzusehen. Im Gegenteil führt die hier abgelehnte restriktive Auslegung von Art. 95 OR zu wertungsmässig unbefriedigenden Ergebnissen. Das zeigt sich gerade im vorliegenden Zusammenhang.

136 Der Vollständigkeit halber sei beigefügt, dass diejenigen Autoren, welche den Rücktritt gemäss Art. 95 OR im engen technischen Sinn verstehen, darüber uneinig sind, ob der zurücktretende Teil nach Massgabe von Art. 109 Abs. 2 OR Anspruch auf Ersatz des negativen Vertragsinteresses hat oder nicht[168]. Die Ablehnung des Schadenersatzanspruchs kann jedenfalls nicht damit begründet werden, beim Gläubigerverzug handle es sich bloss um die Verletzung einer Obliegenheit, was keine Haftungsfolgen zeitigen könne (oben Nr. 133).

---

[165] Bejahend aber BUCHER, OR AT, S. 326, zweifelnd GAUCH/SCHLUEP, Nr. 2523.
[166] KOLLER, N 2 zu Art. 214 OR.
[167] ZINDEL/PULVER, N 24 zu Art. 366 OR.
[168] Den Anspruch gewähren beispielsweise VON TUHR/ESCHER, S. 84; a.A. GUHL/MERZ/KOLLER, S. 243; OSER/SCHÖNENBERGER, N 2 zu Art. 95 OR, und BECKER, N 1 zu Art. 95 OR.

§ 8 Nicht- und Schlechterfüllung der Nachbesserungsschuld

I. Überblick

137 **1.** Die *Nachbesserungsschuld besteht* – wie bereits gesagt – *aus zwei Komponenten*: Der Unternehmer muss die Mängel beseitigen (Arbeitsobligation), und er muss das nachgebesserte (mängelfreie) Werk abliefern (Ablieferungsobligation). Beide Pflichten hängen eng zusammen. Insbesondere hängt die Beantwortung der Frage, wann das nachgebesserte Werk zur Ablieferung fällig ist, unmittelbar davon ab, in welchem Zeitpunkt der Unternehmer mit den Nachbesserungsarbeiten beginnen und mit welcher Geschwindigkeit er diese Arbeiten vorantreiben muss (s. unten Nr. 156).

138 **2.** Wie es sich verhält, wenn der Unternehmer die fraglichen Pflichten nicht oder schlecht erfüllt, sagt das Werkvertragsrecht nicht ausdrücklich. Hinsichtlich der *Arbeitsobligation* lässt sich jedoch Art. 366 OR analog anwenden:

139 **2.1.** Kommt der Unternehmer **mit der Vornahme der Nachbesserungsarbeiten in Verzug**, so steht dem Besteller ein Vorgehen nach Art. 366 Abs. 1 OR offen. Er kann also – bei gegebenen Voraussetzungen – «vom Vertrage zurücktreten». Das ist nicht im technischen Sinne zu verstehen. Wie bereits erwähnt, steht dem Besteller beim Tatbestand von Art. 366 Abs. 1 OR die ganze Palette der Möglichkeiten von Art. 107 Abs. 2 OR offen (Nr. 135)[169]. Bei dem hier interessierenden Sachverhalt, da der Unternehmer mit den Nachbesserungsarbeiten in Verzug gerät, ist Art. 107 Abs. 2 OR zusätzlich auf die gewährleistungsrechtlichen Vorschriften abzustimmen. Es ergibt sich dann – Tatbestand von Art. 366 Abs. 1 OR unterstellt – folgende Rechtslage: Der Besteller kann auf die Nachbesserung verzichten. Stattdessen kann er nun erstens vom Vertrag «zurücktreten» (Art. 366 Abs. 1 OR und Art. 107 Abs. 2 OR), dies jedoch nur unter der Voraussetzung, dass die besonderen Erfordernisse des Wandelungsrechts (Art. 368 Abs. 1 und 3 OR) gegeben sind. Er kann sodann zweitens die Minderung erklären[170]. Schliesslich kann er drittens Ersatz des positiven Vertragsinteresses verlangen. Dies allerdings nur, sofern den Unternehmer ein Verschulden trifft, und zwar ein Verschulden am Verzug, nicht etwa am Mangel[171]. Ein solches Verschulden vorausgesetzt, kann also der Besteller verlangen, so gestellt zu werden, wie wenn die Nachbesserung vorge-

---

[169] ZINDEL/PULVER, N 24 zu Art. 366 OR, m.w.Nw. Vgl. neustens BR 1994, S. 51 Nr. 95.
[170] Und bei gegebenen Voraussetzungen (Art. 368 Abs. 2, 103 OR) allfälligen Mangelfolgeschaden und Verspätungsschaden ersetzen verlangen.
[171] Vgl. demgegenüber § 635 BGB.

nommen worden wäre. Er hat somit Anspruch auf Ersatz derjenigen Kosten, die entstehen, wenn er einen Dritten nachbessern lässt. Dabei braucht er die Mängel nicht beseitigen zu lassen, bevor er das Schadenersatzbegehren stellt. Ja, er braucht die Mängel überhaupt nicht beseitigen zu lassen und kann trotzdem Schadenersatz auf Grundlage der Verbesserungskosten verlangen. Eine Berechnung nach den konkret entstandenen Kosten scheidet diesfalls natürlich aus; es ist vielmehr auf die mutmasslichen Kosten abzustellen. Auf das alles wird zurückzukommen sein, bedurfte aber schon jetzt der Erwähnung, weil es sich bei dem nun gleich zu behandelnden Kostenersatz nach Art. 366 Abs. 2 OR anders verhält.

140 Ein Sonderproblem stellt sich dann, wenn der Unternehmer im Zeitpunkt, in dem der Besteller auf die Nachbesserung verzichtet, mit den Nachbesserungsarbeiten bereits begonnen hat. Alsdann fragt sich, ob diese Arbeiten rückabzuwickeln oder aber zu belassen sind. Wo ausnahmsweise die Wandelung zulässig ist, erfasst diese selbstverständlich auch die Nachbesserungsarbeiten. Wie aber, wenn der Besteller vom Nachbesserungsanspruch auf die Minderung oder auf Schadenersatz wechseln will? Diesfalls wird man zumindest beim Bauwerkvertrag ein Recht auf «Rückgabe» der Nachbesserungsarbeiten im allgemeinen verneinen müssen, weil die Rückgabe wirtschaftlich unsinnig und für den Unternehmer mit unverhältnismässigen Nachteilen verbunden wäre (Rechtsgedanke von Art. 368 Abs. 3 OR)[172].

141 Art. 366 Abs. 1 OR besagt, bezogen auf die Ablieferungsobligation (hier Ablieferung des nachgebesserten Werks), dass der Besteller schon vor Eintritt des Ablieferungsverzugs die Verzugsrechte geltend machen kann, sofern feststeht, dass die Erfüllung nicht rechtzeitig erfolgen wird. In einem solchen Fall wäre es dem Besteller nach Treu und Glauben nicht zumutbar, den Ablieferungsverzug abzuwarten, bevor er «reagiert». Art. 366 Abs. 1 OR ist damit letztlich nichts anderes als eine Konkretisierung von Art. 2 ZGB. Er gehört in den Kontext der sog. vorzeitigen Erfüllungsverweigerung[173].

142 Wer der Ansicht folgt, wonach Art. 366 Abs. 2 OR beim Verzug mit der Ablieferung des nachgebesserten Werks analog anwendbar ist (Nr. 183), muss im vorliegenden Zusammenhang gleich entscheiden. Dem Besteller stehen also, wenn der Unternehmer mit der Vornahme der Nachbesserungsarbeiten in Verzug gerät, nicht nur die Rechtsbehelfe von Art. 107 Abs. 2 OR zur Verfügung, vielmehr kann er auch zur Ersatzvornahme schreiten. Vorausgesetzt ist allerdings, dass

---

[172] In BGE 116 II 452 hat das Bundesgericht entschieden, es stehe dem Besteller beim Tatbestand von Art. 366 Abs. 1 OR «frei, den Vertrag gegen Vergütung der bereits geleisteten Arbeit ex nunc aufzulösen und das Werk, soweit es ausgeführt ist, zu beanspruchen». Nicht zu beantworten hatte das Bundesgericht die andere Frage, ob der Besteller die Rückabwicklung verlangen könne. Diese Frage wird von GAUCH, Werkvertrag, Nr. 489, für den Fall, dass die Rückabwicklung für den Unternehmer mit unverhältnismässigen Nachteilen verbunden wäre, verneint.

[173] S. dazu im allgemeinen GAUCH/SCHLUEP, Nr. 2676.

§ 8 Nicht- und Schlechterfüllung der Nachbesserungsschuld

nicht nur die Voraussetzungen von Art. 366 Abs. 1 OR erfüllt sind, sondern – mit gewissen Einschränkungen – auch jene von Art. 366 Abs. 2 OR (vgl. Nr. 187 ff.; das dort Gesagte gilt mutatis mutandis auch hier).

143 **2.2. Nimmt der Unternehmer die Nachbesserungsarbeiten schlecht vor** (er verwendet z.B. schlechtes Material), so dass mit einem Fehlschlagen der Nachbesserung zu rechnen ist[174], so ist Art. 366 Abs. 2 OR anwendbar, freilich nur analog. Bei gegebenen Voraussetzungen kann der Besteller die Nachbesserung «auf Gefahr und Kosten des Unternehmers einem Dritten übertragen». Dabei handelt es sich nach herrschender Ansicht[175] nicht um einen Schadenersatzanspruch, sondern um einen Anspruch auf Ersatzvornahme. Der Anspruch soll den Leistungserfolg (vorliegend Mängelbeseitigung) bewirken, nicht an dessen Stelle einen Ausgleich schaffen[176]. Der Anspruch auf Kostenersatz besteht daher nur, wenn der Besteller die Mängel tatsächlich durch einen Dritten beseitigen lässt[177].

144 Obwohl Art. 366 Abs. 2 OR dies nicht ausdrücklich sagt, muss dem Besteller bei gegebenen Voraussetzungen die Möglichkeit offenstehen, anstelle der Ersatzvornahme Schadenersatz analog Art. 366 Abs. 1 OR i.V.m. Art. 107 Abs. 2 OR zu verlangen. Denn es ist kein Grund ersichtlich, weshalb der Besteller schlechter stehen soll, wenn er wegen Schlechterfüllung (Abs. 2) statt wegen Verzugs (Abs. 1) auf die Leistung des Unternehmers verzichtet[178,179]. Bei dem hier interessierenden Tatbestand, da der Unternehmer die Nachbesserungsarbeiten schlecht erfüllt, muss der Besteller zudem auch Minderung, ausnahmsweise sogar Wandelung verlangen können (s. oben Nr. 139).

---

[174] Nach seinem Wortlaut kommt Art. 366 Abs. 2 OR dann zum Tragen, wenn sich (während der Ausführung des Werkes) «eine mangelhafte oder sonst vertragswidrige Erstellung ... bestimmt voraussehen» lässt. Dieselbe Ausdrucksweise findet sich – mit formalen Abweichungen – auch in Art. 368 Abs. 1 OR. Sie ist ungenau, weil auch die «sonst vertragswidrige Erstellung» einen Mangel darstellt, und umgekehrt (oben Nr. 22).

[175] BECKER, N 5 zu Art. 98 OR; neustens ZINDEL/PULVER, N 39 zu Art. 366 OR.

[176] Es geht um Erfüllung bzw. ein Erfüllungssurrogat, nicht um einen Ausgleich für Nichterfüllung.

[177] Weiteres zur Unterscheidung Schadenersatzanspruch/Anspruch auf Kostenersatz unten Nr. 498 ff., 512.

[178] Vgl. BUCHER, OR BT, S. 214 Ziff. 3b; OSER/SCHÖNENBERGER, N 6 zu Art. 366 OR, unter Hinweis auf KOEBEL (zit. in Anm. 145), S. 88/9; wohl auch GAUTSCHI, N 7d zu Art. 366 OR. OSER/SCHÖNENBERGER wollen allerdings einen Schadenersatzanspruch nur in zwei Fällen geben: einmal, wenn «die Ersatzvornahme durch einen Dritten überhaupt untunlich erscheint, weil es z.B. auf die persönlichen Eigenschaften des Unternehmers ankommt», zum zweiten, «wo bei denkbarer Betrauung eines Dritten eine rechtzeitige Vollendung nicht mehr vorauszusehen ist», wo also der Tatbestand von Abs. 2 gleichzeitig unter Abs. 1 fällt.

[179] Art. 98 OR erwähnt die Möglichkeit, Schadenersatz neben den Kosten der Ersatzvornahme zu verlangen, ausdrücklich. Gleiches muss im Bereich von Art. 366 Abs. 2 OR gelten.

§ 8 Nicht- und Schlechterfüllung der Nachbesserungsschuld

145 Fraglich ist, weshalb der Gesetzgeber beim Tatbestand von Art. 366 Abs. 2 OR einen Anspruch auf Ersatzvornahme gewährt, ohne dass die Voraussetzungen von Art. 98 OR (richterliche Fristansetzung) vorliegen müssen. Plausible Erklärungen werden in der Lehre nicht angeboten. Soweit überhaupt ein Erklärungsversuch unternommen wird, vermag dieser nicht zu überzeugen. Das gilt auch für die Ansicht GAUCHS[180], Art. 366 Abs. 2 OR gebe «dem Besteller ein Recht auf Ersatzvornahme, damit er in der Lage» sei, «die vertragswidrige Herstellung des Werkes zu verhindern»; solle dieser Zweck erreicht werden, müsse «der Besteller rasch handeln», dürfe also nicht auf den Richter angewiesen sein[181]. Es trifft zwar zu, dass dem Besteller die Möglichkeit offenstehen muss, vertragswidriges Verhalten des Unternehmers rasch abzustellen. Um diesen Zweck zu erreichen, hätte es jedoch genügt, dem Besteller ein Rücktrittsrecht (Recht, auf die Leistung des Unternehmers zu verzichten) einzuräumen. Wenn Art. 366 Abs. 2 OR dem Besteller ein Recht auf Ersatzvornahme eingeräumt hat, so muss dies einen andern Grund haben. M.E. geht es darum, der Gefahr zu begegnen, dass ein vertragswidriger Zustand weiteren Schaden anrichtet. Wenn beispielsweise ein rinnendes Dach zur Zerstörung des Parkettbodens führt, ist es dem Besteller nicht zumutbar, vorerst an den Richter zu gelangen, bevor er das Dach in Ordnung bringen lässt. Es muss ihm vielmehr gestattet sein, umgehend selbst für die Beseitigung des vertragswidrigen Zustandes besorgt zu sein, und das auf Kosten des vertragswidrig handelnden Unternehmers. Zeitliche Dringlichkeit wie im eben gemachten Beispielsfall wird freilich beim Tatbestand von Art. 366 Abs. 2 OR nicht immer gegeben sein. Von daher wäre eine Regelung sinnvoll gewesen, wonach bei zeitlicher Dringlichkeit ein Recht auf Ersatzvornahme *ohne* richterliche Ermächtigung, andernfalls nur *mit* Ermächtigung besteht. Eine solche Regelung hätte aber den Nachteil der fehlenden Praktikabilität gehabt. Aus diesem Grund scheint es auch nicht angebracht, Art. 366 Abs. 2 OR teleologisch dahin zu reduzieren, dass das Recht auf Ersatzvornahme ohne richterliche Ermächtigung nur bei Dringlichkeit des Handelns besteht. Eine andere Frage ist, ob man ein solches Recht nicht generell verneinen und Art. 366 Abs. 2 OR analog Art. 366 Abs. 1 OR interpretieren soll. Der Besteller könnte dann bei gegebenen Voraussetzungen auf die Werkvollendung verzichten und Schadenersatz verlangen. Diese Interpretation hat angesichts des engen systematischen Zusammenhanges von Abs. 1 und 2 einiges für sich[182].

---

[180] Werkvertrag, Nr. 1286.
[181] GAUCHS Auffassung wurde vom Bundesgericht nicht übernommen (BGE 107 II 56).
[182] Art. 1662 CCit. fasst denn auch beide Tatbestände zusammen (GAUTSCHI, N 7a zu Art. 366 OR).

§ 8 Nicht- und Schlechterfüllung der Nachbesserungsschuld

146 Abs. 2 von Art. 366 OR ist ebenso wie Abs. 1 (Nr. 141) Ausfluss von Art. 2 ZGB: Dem Besteller ist es nicht zumutbar, den Ablieferungstermin für das Werk abzuwarten, wenn sich der Unternehmer vertragswidrig verhält und trotz Fristsetzung zur Abhilfe nicht eines Besseren belehren lässt. Bereits vorher muss daher dem Besteller das Recht offenstehen, auf die Werkausführung (hier Nachbesserung) zu verzichten und stattdessen Schadenersatz (oder Ersatzvornahme) zu verlangen.

147 **2.3. Weigert sich der Unternehmer nachzubessern**, so stehen dem Besteller in analoger Anwendung von Art. 366 Abs. 1 OR die Verzugsrechte zu (vgl. BGE 96 II 351 ff., allerdings ohne Bezugnahme auf Art. 366 OR). Der Besteller kann also auf die Nachbesserung verzichten und stattdessen (u.a.) Schadenersatz (positives Vertragsinteresse) verlangen[183]. Erfolgt die Weigerung des Unternehmers, bevor der Besteller das Nachbesserungsrecht ausgeübt hat, so wäre die Ausübung des Nachbesserungsrechts ein nutzloser Formalismus, auf den folglich verzichtet werden kann (Art. 2 ZGB). Der Besteller kann daher ohne Nachbesserungserklärung direkt Schadenersatz verlangen, insbesondere einen Dritten mit der Beseitigung der Mängel beauftragen und die dadurch entstehenden Kosten der Nachbesserung ersetzt verlangen.

148 Dasselbe gilt, wenn sich der Unternehmer als völlig unfähig erwiesen hat, das Werk herzustellen, so dass damit zu rechnen ist, dass er auch **zur Mängelbeseitigung unfähig** ist. Auch in diesem Fall darf der Besteller auf die Nachbesserung verzichten, bevor er überhaupt das Nachbesserungsrecht ausgeübt hat (vgl. den oben zit. BGE 96 II 351 f., dazu hinten S. 225)[184,185].

149 Praktisch bedeutet dies, dass der Besteller ein zusätzliches Mängelrecht hat, wenn der Unternehmer zur Nachbesserung unfähig ist: Statt der Nachbesserung kann er Schadenersatz verlangen. Rechtlich gesehen, handelt es sich freilich nicht um ein (primäres) Mängelrecht, sondern um ein Surrogat der Nachbesserungsforderung, also um ein sekundäres Mängelrecht (s. zum Begriff oben Nr. 12 f.).

150 Wer der Ansicht folgt, wonach Art. 366 Abs. 2 OR beim Verzug mit der Ablieferung des nachgebesserten Werks analog anwendbar ist (Nr. 183), muss im vorliegenden Zusammenhang gleich entscheiden. Der Besteller kann also zur Ersatzvornahme schreiten, wenn der Unternehmer sich weigert nachzubessern oder dazu unfähig ist (so BGE 96 II 351 in der Interpretation von BGE 107 II 50 ff. E. 3, s. hinten S. 247, Bem. 3 zu diesem letzteren Entscheid).

---

[183] Statt dessen kann er auch mindern, ausnahmsweise sogar wandeln (oben Nr. 139).

[184] Die Ausübung des Nachbesserungsrechts wäre diesfalls geradezu Zynismus. Der Besteller würde ja Nachbesserung verlangen, sofort aber auf die Nachbesserung verzichten mit der Begründung, der Unternehmer sei dazu unfähig.

[185] Ein solcher Schadenersatzanspruch lässt sich bei Unfähigkeit allenfalls auch über Art. 97 OR (subjektive Unmöglichkeit) begründen.

151 **3.** Kommt der Unternehmer **mit der Ablieferung des nachgebesserten Werks in Verzug**, so steht dem Besteller ein Vorgehen nach den allgemeinen Verzugsregeln offen. Diese bedürfen allerdings teilweise der Anpassung an die werkvertragsrechtlichen Besonderheiten. Das gilt insbesondere für Art. 107-109 OR (Nr. 166). Unbeachtlich sind die Art. 104-106 OR, die nur Geldschulden betreffen. Art. 103 OR ist von einiger praktischer Bedeutung, soweit er eine Haftung für Verspätungsschaden vorsieht. Hingegen kommt er insoweit, als er eine Zufallshaftung anordnet, im Zusammenhang mit dem Nachbesserungsverzug praktisch nicht zum Tragen. Das gilt jedenfalls bei Bauwerkverträgen, soweit sich das erstellte (nachzubessernde) Bauwerk auf Grund und Boden des Bestellers befindet. Denn die Haftung greift nur Platz, wenn der Verzug eine natürliche Schadensursache (condicio sine qua non) ist. Das trifft meist nicht zu, wenn ein zufälliges Ereignis das Bauwerk beschädigt.

152 Wenn beispielsweise ein Blitz in das nachzubessernde Haus einschlägt und Schaden verursacht, so wäre der Schaden auch eingetreten, wenn der Unternehmer die Nachbesserung rechtzeitig vorgenommen hätte. Der Schaden wäre unter Umständen noch grösser gewesen. Einer Zufallshaftung nach Art. 103 OR ist damit der Boden entzogen.

153 Neben den allgemeinen Verzugsregeln soll nach BGE 107 II 55 f. Art. 366 Abs. 2 OR analog zur Anwendung kommen, in dem Sinne, dass der Besteller ein Recht auf Ersatzvornahme ohne richterliche Ermächtigung hat. S. dazu Nr. 182 ff.

154 **4.** Hat der Unternehmer **ungenügend nachgebessert** und erneut ein mangelhaftes Werk abgeliefert (Schlechterfüllung der Ablieferungsobligation), so verhält es sich rechtlich gleich wie bei ursprünglichen Mängeln: Der Besteller kann wandeln, mindern oder nachbessern (BGE 109 II 41)[186], wenn die entsprechenden Voraussetzungen gegeben sind, insbesondere der Besteller den (verbleibenden!) Mangel rechtzeitig gerügt hat[187]. Er ist also nicht mehr auf das Nachbesserungsrecht beschränkt. Vielmehr kann er auf die Nachbesserung verzichten und – bei gegebenen Voraussetzungen – die andern Mängelrechte geltend machen. Dies ist insbesondere dann von Bedeutung, wenn sich herausstellt, dass ein Mangel gar nicht vollständig behoben werden kann und daher ein endgültiger Minderwert verbleibt (vgl. BGE 105 II 104, dazu S. 240); «der Besteller ist mit Rücksicht auf den verbleibenden Minderwert zur Minderung berechtigt»[188]. So verhält es sich auch dann, wenn ein sog. merkantiler Min-

---

[186] HONSELL, OR BT, S. 220.
[187] Vgl. FURRER, S. 76; THOMAS ALEXANDER SCHLUEP, Der Nachbesserungsanspruch und seine Bedeutung innerhalb der Mängelhaftung des Schweizerischen Kaufrechts, Diss. Bern 1989, S. 103; GAUTSCHI, N 23 zu Art. 368 OR; besonders deutlich LENZLINGER GADIENT, S. 110 f.
[188] GAUCH, Werkvertrag, Nr. 1301.

derwert verbleibt. Dabei handelt es sich um einen Minderwert, der dem Werk anhaftet, obwohl es technisch einwandfrei instandgestellt wurde. Paradebeispiel ist – ausserhalb des Bauwerkvertrages – das Unfallauto, gegen dessen Erwerb beim Publikum eine den Preis beeinflussende Abneigung besteht. Auch ein derartiger merkantiler Minderwert ist Minderwert i.S. von Art. 368 Abs. 2 OR, den der Besteller unter dem Gesichtspunkt der Minderung liquidieren kann; ein Verschulden des Unternehmers ist somit nicht vorausgesetzt (Nr. 503)[189].

II. Verzug mit der Ablieferung des nachgebesserten Werks (Nachbesserungsverzug)

155 Im folgenden wird im einzelnen auf den Nachbesserungsverzug eingegangen. Damit ist – sprachlich ungenau – der Verzug mit der Ablieferung des nachgebesserten Werks (nicht der Verzug mit den Nachbesserungsarbeiten) gemeint.

1. Tatbestand

156 1. Verzug bedeutet hier wie andernorts pflichtwidrige Verzögerung der Leistung: Der Unternehmer liefert das nachgebesserte Werk nicht ab, obwohl er es abliefern müsste. Der Verzug in diesem Sinne setzt vorerst **Fälligkeit** der Ablieferungsobligation voraus. Da das Werkvertragsrecht keine spezielle Fälligkeitsregel kennt, ist auf Art. 75 OR abzustellen[190]. Danach kann die Erfüllung sogleich (gemeint ist mit Entstehung der Obligation) gefordert werden, soweit sich aus Vertrag oder der «Natur des Rechtsverhältnisses» nichts anderes ergibt. Auch für die Ablieferungsobligation gilt, dass sie – grundsätzlich – sofort mit der Entstehung fällig wird. Sie entsteht jedoch nicht schon mit der Ausübung des Nachbesserungsrechts. Vielmehr folgt aus der «Natur» der Nachbesserungsschuld, dass dem Unternehmer für die Mängelbeseitigung angemessen Zeit zu lassen ist. Wie lange, kann nicht allgemein gesagt werden. Es kommt auf die Umstände an, so etwa auf den Umfang, die Wichtigkeit und die Art der auszuführenden Arbeiten. In allgemeiner Hinsicht lässt sich immerhin sagen, dass der Unternehmer mangels besonderer Umstände mit der Nachbesserung sofort zu beginnen und die Arbeiten zügig fortzusetzen hat[191]. Dass mit den Nachbesserungsarbeiten sofort zu beginnen ist, ergibt sich

---

[189] A.A. GAUCH, Werkvertrag, Nr. 1145. Seines Erachtens ist der merkantile Minderwert Mangelfolgeschaden, den der Unternehmer nur zu ersetzen hat, wenn ihn ein Verschulden trifft. Diese Auffassung vermag schon wertungsmässig nicht zu überzeugen: Der merkantile Minderwert stört das werkvertragliche Synallagma, eine solche Störung ist aber über die alternativen Mängelrechte zu beseitigen (vgl. Anm. 3). Wie GAUCH neustens ZINDEL/PULVER, N 38 und 70 zu Art. 368 OR.

[190] OSER/SCHÖNENBERGER, N 2 zu Art. 366 OR.

[191] GAUCH, Werkvertrag, Nr. 1256.

wiederum aus Art. 75 OR (sofortige Fälligkeit der Arbeitsobligation, d.h. der Pflicht, die Nachbesserungsarbeiten vorzunehmen, Nr. 137).

157 Es dient der Rechtssicherheit, wenn der Besteller dem Unternehmer eine *Verbesserungsfrist* setzt. Mit deren Ablauf wird das nachgebesserte Werk zur Ablieferung fällig[192]. Und dies auch dann, wenn die Frist unangemessen kurz war, der Unternehmer gegen die Fristsetzung jedoch nicht protestiert hat (vgl. in verwandtem Zusammenhang BGE 116 II 440, 105 II 34)[193]. Mit Ablauf der Verbesserungsfrist kommt der Unternehmer im allgemeinen auch sogleich in Verzug[194] (unten Nr. 158-160). Entsprechendes gilt, wenn der Besteller einen Ablieferungstermin setzt.

158 2. Ist Fälligkeit gegeben, so bedeutet dies, dass der Besteller die Ablieferung des nachgebesserten Werks verlangen *kann*. Es bedeutet aber nicht notwendig, dass er das nachgebesserte Werk auch tatsächlich schon verlangen *will*. Es ist ja denkbar, dass er für das nachgebesserte Werk im Moment noch keinen Bedarf hat. Man stelle sich etwa vor, dass er in den Ferien weilt und daher an der Abnahme des nachgebesserten Werks verhindert ist. Aus dem Gesagten folgt: Liefert der Unternehmer das nachgebesserte Werk trotz Fälligkeit nicht ab, so handelt er im allgemeinen noch nicht pflichtwidrig, ist also nicht in Verzug. Pflichtwidrig handelt er vielmehr erst dann, wenn er zur Leistung aufgefordert, also **gemahnt** wird (Art. 102 Abs. 1 OR), und trotzdem nicht leistet[195]. Erst dann ist er in Verzug. Eine Ausnahme gilt für den Fall, dass die Parteien zum vornherein abmachen, bis zu welchem Zeitpunkt oder innert welcher Frist die Nachbesserung erfolgen soll. In einem derartigen Fall – **Verfalltagsgeschäft** – steht auch ohne Mahnung fest, wann der Besteller das nachgebesserte Werk erwartet. Der Unternehmer kommt daher ohne weiteres in Verzug, wenn er bis zum abgemachten Zeitpunkt nicht leistet bzw. die vereinbarte Verbesserungsfrist nicht einhält (Art. 102 Abs. 2 OR).

159 Gleiches muss auch dann gelten, wenn ein bestimmter Zeitpunkt für die Ablieferung des verbesserten Werks (Fälligkeitstermin) nicht vertraglich abgemacht, sondern vom Besteller *einseitig* festgesetzt wird. Denn auch in diesem Fall weiss der Unternehmer zum vornherein, wann Leistung erwartet

---

[192] Vgl. Art. 169 SIA-Norm 118, dazu Nr. 244 f.
[193] GUHL/MERZ/KOLLER, S. 236; GAUCH/SCHLUEP, Nr. 3015.
[194] Vgl. Art. 169 der SIA-Norm 118.
[195] Der Verzug tritt nicht unmittelbar mit der Mahnung ein, sondern erst nach einer kurz bemessenen Frist, innert welcher der Schuldner die Ablieferung des Werks vollziehen kann (SCHENKER, Nr. 93 ff., 106 ff.). Bei Bauwerken auf Grund und Boden des Bestellers wird man allerdings auf die Mahnung überhaupt verzichten und Verzug unmittelbar mit Ablauf der angemessenen Frist i.S. von Art. 75 OR (Nr. 156) annehmen dürfen (s. Nr. 160).

§ 8 Nicht- und Schlechterfüllung der Nachbesserungsschuld

wird[196]. Hält er den Zeitpunkt nicht ein, so handelt er pflichtwidrig: Er ist in Verzug[197]. Dasselbe gilt, wenn der Besteller einseitig eine Verbesserungsfrist festsetzt und der Unternehmer diese nicht einhält[198]. Die einseitige Frist- bzw. Terminansetzung ist zwar in Art. 102 OR nicht als verzugsbegründender Tatbestand aufgeführt, der Sache nach handelt es sich aber um nichts anderes als um eine vorweggenommene (vor Fälligkeit erfolgte) Mahnung. Es verhält sich ähnlich wie im Fall, da durch Kündigung auf einen bestimmten Zeitpunkt eine Leistungspflicht begründet wird. Die Leistungspflicht wird dann mit dem Eintritt des Termins nicht nur fällig, sondern der Schuldner gerät auch in Verzug, wenn er dannzumal nicht leistet (Art. 102 Abs. 2 OR). Wird durch Kündigung im umschriebenen Sinne ein Verfalltag begründet, so muss im vorliegenden Kontext dasselbe gelten.

160 Fraglich ist, ob man noch weitergehen und schon dann Verzug annehmen kann, wenn der Unternehmer innert angemessener Frist (Art. 75 OR) seit dem Nachbesserungsbegehren das nachgebesserte Werk nicht abliefert, also den Fälligkeitstermin nicht einhält[199]. Vgl. in verwandtem Zusammenhang Art. 259b OR. Nach dieser Bestimmung kommt der Vermieter mit der Mängelbeseitigung ohne weiteres in Verzug, wenn er die Mängel nicht innert angemessener Frist seit Mängelkenntnis beseitigt. Bei wörtlicher Interpretation ist nicht einmal ein Begehren des Mieters um Mängelbeseitigung vorausgesetzt[200]. M.E. ist die aufgeworfene Frage für den *Bauwerkvertrag* zu bejahen. Der Unternehmer kommt somit im Zeitpunkt, in dem das nachgebesserte Werk zur Ablieferung fällig wird, gleichzeitig auch in Verzug.

161 3. In Verzug kommt der Unternehmer freilich immer nur dann, wenn eine **Pflichtwidrigkeit** nicht **aus besonderem Grund entfällt**, so etwa wegen Annahmeverzugs des Bestellers (dazu Nr. 134 ff.) oder weil dem Unternehmer ein Rückbehaltungsrecht (Leistungsverweigerungsrecht) zusteht.

---

[196] Vgl. in verwandtem Zusammenhang SJZ 1994, S. 218.

[197] Ist der Unternehmer der Meinung, der angesetzte Termin lasse ihm für die Nachbesserung nicht genügend Zeit i.S. von Art. 75 OR, so muss er protestieren, ansonst er sich den Termin entgegenhalten lassen muss (vgl. hinten im Text Nr. 170). Anders KURSCHEL, S. 64, mit Bezug auf das österreichische Recht.

[198] Anm. 195 gilt entsprechend. Beispiel: Das von Dachdecker A erstellte Dach weist mehrere schadhafte Ziegel auf. Der Besteller verlangt Nachbesserung und setzt dem Dachdecker eine zweiwöchige Verbesserungsfrist an. Nimmt der Unternehmer die Fristansetzung widerspruchslos hin, so wird die Ablieferungsobligation mit Ablauf dieser Frist fällig (oben Nr. 157), und gleichzeitig tritt Verzug ein, und dies unabhängig davon, ob die Verbesserungsfrist i.S. von Art. 75 OR angemessen ist.

[199] Vgl. SCHLUEP (zit. in Anm. 187), S. 104.

[200] M.E. ist allerdings eine wörtliche Interpretation nicht angebracht und davon auszugehen, dass der Verzug ein solches Begehren voraussetzt (GUHL/MERZ/KOLLER, S. 382).

162 Ein Rückbehaltungsrecht (Art. 82 OR) hat der Unternehmer dann, wenn der Besteller die Vergütung (oder einen Teil davon) pflichtwidrig nicht bezahlt. Dies trifft dann zu, wenn der Besteller den fälligen (Art. 372 OR) Werklohn ohne Rückbehaltungsrecht zurückbehält. Ein Rückbehaltungsrecht hat der Besteller – mangels anderer Abrede – (nur) für den auf die Nachbesserungsarbeiten entfallenden Vergütungsanteil (Nr. 317). Behält er mehr zurück, handelt er pflichtwidrig und begründet damit ein Recht des Unternehmers, seinerseits die Nachbesserung zu verweigern. Die Rückbehaltungsrechte von Besteller und Unternehmer «grenzen aneinander».

163 Beispiel: Die von A ausgeführten Malerarbeiten weisen einzelne Mängel auf, deren Behebung maximal Fr. 500.— kostet. Wenn der Besteller die Nachbesserung verlangt, so darf er den Werklohn in Höhe von Fr. 500.— zurückbehalten. Behält er mehr zurück, verstösst er gegen Art. 372 OR i.V.m. Art. 82 OR; der Unternehmer ist dann berechtigt, die Nachbesserung zu verweigern, kommt also nicht in Verzug.

2. Verzugsfolgen: Die Rechtsstellung des Bestellers

164 Ist der Unternehmer mit der Ablieferung des nachgebesserten Werks in Verzug, so richtet sich die Rechtsstellung des Bestellers – wie gesagt – nach Art. 103 OR sowie Art. 107-109 OR. Daneben soll nach bundesgerichtlicher Ansicht Art. 366 Abs. 2 OR analoge Anwendung finden. Auf diese Bestimmungen wird nun – mit Ausnahme von Art. 103 OR (dazu oben Nr. 151) – näher eingegangen.

165 Vorwegzuschicken ist, dass der Verzug als solcher keine Rechtswirkungen zeitigt. Immer müssen zusätzliche Voraussetzungen gegeben sein, damit er Rechtsfolgen auslöst. Anderes gilt lediglich für Art. 104 OR[201], der jedoch im vorliegenden Zusammenhang keine Rolle spielt (oben Nr. 151).

A. Art. 107-109 OR

a. Überblick

166 Nach Art. 107 Abs. 1 OR kann der Besteller dem im Verzug befindlichen Unternehmer eine Nachfrist ansetzen. Liefert der Unternehmer das nachgebesserte Werk innert Frist nicht ab, so richtet sich die Rechtslage nach Art. 107 Abs. 2 OR, «jedoch unter Berücksichtigung der werkvertragsrechtlichen Besonderheiten»[202]. Das bedeutet[203]: Der Besteller kann nach wie vor auf Erfüllung beharren, d.h. Nachbesserung verlangen. Er kann aber auch – sofern er dies

---

[201] Verzug mit einer Geldschuld macht zinspflichtig.
[202] GAUCH, Werkvertrag, Nr. 1263, auch zum Folgenden.
[203] GUHL/MERZ/KOLLER, S. 485 f.

unverzüglich erklärt – auf Nachbesserung verzichten. Diesfalls geht die Nachbesserungsforderung des Bestellers unter, allerdings nicht ersatzlos. Vielmehr hat nun der Besteller ein dreifaches Wahlrecht: Er kann erstens vom Vertrag «zurücktreten» (Art. 107 Abs. 2 OR), dies jedoch nur in Form der Wandelung und nur unter der Voraussetzung, dass die besonderen Voraussetzungen des Wandelungsrechts (Art. 368 Abs. 1 und 3 OR) gegeben sind. Er kann sodann zweitens die Minderung erklären. Schliesslich kann er drittens Ersatz des positiven Vertragsinteresses verlangen[204]. Dies allerdings nur, sofern den Unternehmer ein Verschulden trifft, und zwar ein Verschulden am Verzug, nicht etwa am Mangel[205]. Ein solches Verschulden vorausgesetzt, kann also der Besteller verlangen, so gestellt zu werden, wie wenn die Nachbesserung vorgenommen worden wäre. Er hat somit Anspruch auf Ersatz derjenigen Kosten, die entstehen, wenn er einen Dritten nachbessern lässt. Fehlt ein Verschulden, so muss dem Besteller nachträglich die Möglichkeit eingeräumt werden, auf einen der andern beiden Rechtsbehelfe auszuweichen, also Minderung oder Wandelung zu verlangen[206].

167 Das Bundesgericht ist in BGE 107 II 55 f. der Ansicht, dem Besteller stehe bei ungenutztem Ablauf der Nachfrist noch eine weitere (vierte) Möglichkeit offen: Er könne nach Art. 366 Abs. 2 OR einen Dritten mit der Mängelbeseitigung betrauen und die Kosten dieser Ersatzvornahme vom Unternehmer ersetzt verlangen (Aufwendungsersatz, nicht Schadenersatz, Nr. 143).

b. Das Erfordernis der Nachfristansetzung

168 1. Die Nachfrist i.S. von Art. 107 Abs. 2 OR ist nicht identisch mit der Verbesserungsfrist im oben Nr. 157 umschriebenen Sinne: Setzt der Besteller dem Unternehmer eine Verbesserungsfrist an, so kommt der Unternehmer – vorbehältlich besonderer Gründe (Nr. 161) – mit ungenutztem Ablauf dieser Frist ohne weiteres in Verzug (Nr. 159). Will er auf die Nachbesserung verzichten, so muss er eine weitere Frist (Nachfrist im Sinne von Art. 107 OR) ansetzen[207]. Das wird in der Baubranche als unbefriedigend empfunden. Daher lässt es die SIA-Norm bei der Verbesserungsfrist bewenden und gibt dem Bauherrn unmittelbar nach deren Ablauf das Recht, auf die Verbesserung zu verzichten (Nr. 289). In Österreich, das eine ähnliche gesetzliche Ausgangslage wie die

---

[204] Es lebt somit das ursprüngliche Wahlrecht wieder auf (ZINDEL/PULVER, N 62 zu Art. 368 OR), «jetzt ergänzt durch das alternative Recht auf Ersatz des aus der Nichterfüllung der Nachbesserungsschuld entstandenen Schadens» (GAUCH, Werkvertrag, Nr. 1265). S. auch hinten S. 208, Bem. 4c zu BGE 91 II 344 ff.
[205] Vgl. demgegenüber § 635 BGB.
[206] Vgl. MAYRHOFER, S. 450, zum österreichischen Recht.
[207] Anders in verwandtem Zusammenhang SCHLUEP (zit. in Anm. 187), S. 104.

Schweiz kennt, wurde das doppelte Fristerfordernis ebenfalls beseitigt, allerdings mit einem Kunstgriff, der für das schweizerische Recht abzulehnen ist[208].

169 **2. Die Nachfrist muss angemessen sein.** Es braucht jedoch nicht nochmals die Möglichkeit gewährt zu werden, die ganzen Nachbesserungsarbeiten vorzunehmen. Vielmehr ist nur mehr für Resterfüllung Gelegenheit zu geben. Nach Fristablauf *kann* der Besteller auf Nachbesserung verzichten, er muss jedoch nicht. Vielmehr kann er auf Erfüllung beharren und eine weitere Frist setzen. Eine zweite (dritte usw.) Fristsetzung kann unter Umständen kürzer ausfallen als die erste, schon eine «Frist bis zum selben Abend» kann genügen (vgl. BGE 91 II 351).

170 Wird eine zu kurze Frist angesetzt, so gilt diese, wenn der Unternehmer nicht protestiert (BGE 116 II 440, 105 II 34; hinten S. 208 Bem. 4b). Protestiert er, so wird die zu kurze in eine angemessene Frist umgedeutet (vgl. schon BGE 29 II 251)[209]. Protestiert der Unternehmer nicht, so muss der Besteller mit Ablauf der angesetzten (zu kurzen) Frist unverzüglich auf die Nachbesserung verzichten, wenn er dies beabsichtigt (anders wohl BGE 91 II 351[210]).

171 **3. Die Ansetzung einer Nachfrist erübrigt sich in den Fällen von Art. 108 OR.** Praktisch bedeutsam ist vor allem Ziff. 1 dieser Bestimmung. Hier ist vorgesehen, dass die Ansetzung einer Frist nicht nötig ist, «wenn aus dem Verhalten des Schuldners [hier also des Unternehmers] hervorgeht, dass sie sich als unnütz erweisen würde». Als unnütz erweist sie sich vorab einmal dann, wenn der Unternehmer zur Nachbesserung unfähig ist[211], sodann im Fall, da der Un-

---

[208] Vgl. WILHELM, JBl 1975, S. 119 ff. Er betrachtet die Schlechterfüllung gleichzeitig als Verzugstatbestand. Der Unternehmer komme daher bereits mit Ablieferung des mangelhaften Werks in Verzug. Die Verbesserungsfrist gilt dann als Nachfrist. So neustens auch KURSCHEL, S. 78, Text und Anm. 138. Diese Auffassung hat sich allerdings nicht allgemein durchgesetzt.

[209] BECKER, N 23 zu Art. 107 OR, und OSER/SCHÖNENBERGER, N 15 zu Art. 107 OR.

[210] Nach diesem Entscheid soll abgewartet werden können, bis eine angemessene Frist verstrichen ist. S. hinten S. 208 (Bem. 4b).

[211] Diesfalls braucht aber der Besteller gar nicht den Nachbesserungsverzug abzuwarten. Vielmehr stehen ihm die Verzugsrechte schon vor Verzugseintritt zu, ja, der Besteller braucht nicht einmal das Nachbesserungsrecht auszuüben, wenn er jene Rechte geltend machen will. Insbesondere kann er ohne weiteres einen Dritten mit der Mängelbeseitigung betrauen und den Unternehmer auf Kostenersatz (als Schadenersatz) belangen (BGE 96 II 353; ZINDEL/PULVER, N 63 zu Art. 368 OR; vorne Nr. 148 f. und hinten S. 225).

ternehmer sich weigert nachzubessern, z.B. mit der Behauptung, es bestehe gar kein von ihm zu vertretender Mangel oder es sei die Rügefrist nicht eingehalten worden usw.[212].

c. Der Verzicht auf die Nachbesserung

172 **1.** Das Recht, auf Nachbesserung zu verzichten, ist ein **Gestaltungsrecht**. Es folgt den diesbezüglichen Regeln. Die Verzichtserklärung ist daher grundsätzlich bedingungsfeindlich (Vorbehalt in Nr. 174) und unwiderruflich (vgl. oben Nr. 108)[213]. Wenn also der Besteller auf die Nachbesserung verzichtet hat, so kann er auf diesen Entscheid nicht nachträglich zurückkommen und das Nachbesserungsrecht wieder aufleben lassen[214]. Das gilt selbst dann, wenn die Voraussetzungen von Art. 107 Abs. 2 OR nicht gegeben waren (Art. 377 OR; unten Nr. 175).

173 **2.** Die Verzichtserklärung bedarf keiner bestimmten Form. Inhaltlich ist vorausgesetzt, dass damit dem Unternehmer in eindeutiger Weise mitgeteilt wird, der Besteller verzichte *endgültig* auf die Durchsetzung des Nachbesserungsanspruchs[215]. Ist die Verzichtserklärung nicht in diesem Sinne definitiv, so fällt die Nachbesserungsschuld nicht dahin, und dem Unternehmer bleibt die Möglichkeit gewahrt, doch noch zu erfüllen.

174 **3.** Mit der Nachfristansetzung kann die **Androhung** verbunden werden, **dass mit ungenutztem Ablauf der Frist auf die Nachbesserung verzichtet werde**[216]. Ist dies geschehen, so fällt die Nachbesserungsschuld ohne weiteres dahin, wenn die Frist nicht eingehalten wird[217]. Rechtlich gesehen, handelt es sich hier um eine bedingte Verzichtserklärung: Der Besteller erklärt, auf die Nachbesserung verzichten zu wollen für den (ungewissen) Fall, dass nicht

---

[212] Vgl. z.B. für das deutsche Recht STAUDINGER/PETERS, N 197 zu § 633 BGB.
[213] Vgl. WIEGAND, Basler Kurzkommentar, N 14 zu Art. 107 OR.
[214] ZR 1959, S. 12; VON TUHR/ESCHER, S. 154.
[215] Vgl. WIEGAND, Basler Kurzkommentar, N 14 zu Art. 107 OR.
[216] Vgl. GAUCH, Werkvertrag, Nr. 1266.
[217] Dem Besteller ist es verwehrt, nach Ablauf der Frist noch die Verbesserung zu verlangen. Er kann dies auch dann nicht, wenn er dem Unternehmer sofort nach Fristablauf mitteilt, er wolle nun doch an der Mängelbeseitigung festhalten. Die gegenteilige Ansicht KURSCHELS (Verbesserungsanspruch trotz Ablaufs der gesetzten Frist?, WBl 1987, S. 258 f.) trägt den berechtigten Interessen des Unternehmers (Vertrauensschutz) nicht genügend Rechnung. Aus Art. 190 Abs. 2 OR, der einen verwandten, aber wertungsmässig doch anders gelagerten Fall regelt, ergibt sich nichts anderes. – Das Gesagte gilt freilich nur für den Fall, dass der Besteller vorbehaltlos angekündigt hatte, er werde bei nicht fristgemässer Nachbesserung auf diese verzichten. Hat er lediglich mitgeteilt, er behalte sich das Recht vor, allenfalls auf die Nachbesserung zu verzichten, so fällt die Nachbesserungsschuld nicht eo ipso dahin, und der Besteller kann nach wie vor die Mängelbeseitigung verlangen (Nr. 173).

nachgebessert werden sollte. Ein solcher bedingter Verzicht ist nach allgemeinem Grundsatz (vorne Nr. 106) zulässig, sofern damit für den Gegner (Unternehmer) keine unzumutbare Unsicherheit verbunden ist. Das ist vorliegend nicht der Fall, da die Nachbesserung und damit das Schicksal der Nachbesserungsschuld ausschliesslich in Händen des Unternehmers liegt.

175 4. Wenn der Besteller nach Art. 107 OR auf Nachbesserung verzichtet, obwohl die **Voraussetzungen für einen Verzicht nicht gegeben sind**, so entfaltet zwar die Verzichtserklärung nicht die in Art. 107 Abs. 2 OR vorgesehenen Folgen. D.h. der Besteller kann nun nicht mindern, wandeln oder Schadenersatz verlangen. Aber die Verzichtserklärung ist nicht wirkungslos. Vielmehr ist sie in eine Rücktrittserklärung in Analogie zu Art. 377 OR umzudeuten (BGE 98 II 115 E. 2)[218]. Die Rechtslage ist dann dieselbe wie in dem oben behandelten Fall, da der Besteller, der Nachbesserung verlangt hat, die Nachbesserung selbst vornimmt und dadurch den Unternehmer daran hindert nachzubessern. Es gilt somit folgendes (Nr. 126): Der Unternehmer wird von seiner Nachbesserungsschuld befreit und behält trotzdem den vollen Werklohnanspruch. Er muss sich lediglich anrechnen lassen, was er wegen der unterbliebenen Nachbesserung erspart oder durch anderweitige Verwendung seiner Arbeitskraft erworben oder zu erwerben absichtlich unterlassen hat.

176 5. Will der Besteller nach unbenutztem Ablauf der Nachfrist auf die Nachbesserung verzichten, so muss er dies **sofort** («unverzüglich», Art. 107 Abs. 2 OR) erklären. Anders, wenn er bereits mit der Fristansetzung mitgeteilt hatte, er werde bei Nichtwahrung der Frist auf die Nachbesserung verzichten. Diesfalls fällt mit dem Fristablauf die Nachbesserungsschuld ohne weiteres dahin[219].

d. Der Anspruch auf Ersatz des Erfüllungsinteresses

177 1. Bei gegebenen Voraussetzungen kann der Besteller, der auf Nachbesserung verzichtet hat, die Mängel durch einen Dritten beseitigen lassen und unter dem Titel des Erfüllungsinteresses die dadurch entstehenden Kosten (sog.

---

[218] GUHL/MERZ/KOLLER, S. 489 Ziff. 2 a.E.; vgl. auch BR 1994, S. 108 Nr. 221 Ziff. 2. Das Gesagte gilt auch dann, wenn der Unternehmer die Berechtigung des Rücktritts nach Art. 107 Abs. 2 OR bestreitet. Nur ganz ausnahmsweise wird man dem Besteller erlauben dürfen, die Rücktrittserklärung zu widerrufen und an der Nachbesserung festzuhalten, um so die Folgen von Art. 377 Abs. 2 OR abzuwenden. Im Einzelfall ist entscheidend, ob die Erwartung des Unternehmers, von der Nachbesserungsschuld befreit zu sein, infolge besonderer Umstände keinen Schutz verdient.

[219] Man kann sich höchstens fragen, ob dem Besteller die Möglichkeit offenstehen muss, diese angedrohte Folge zu verhindern, indem er nach Fristablauf sofort erklärt, er wolle entgegen der früheren Androhung an der Nachbesserung festhalten (vgl. oben Anm. 217).

Deckungskapital²²⁰) beim Unternehmer einverlangen. Zu beachten ist, dass der Besteller im allgemeinen zum gleichen Resultat gelangen kann, wenn er das Minderungsrecht ausübt. Denn der Minderungsbetrag ist vermutungsweise identisch mit dem Deckungskapital (hinten S. 237, Bem. 2 zu BGE 105 II 99; BGE 116 II 313, 111 II 162)²²¹.

178 Dahinter steckt die Idee, dass ein mängelbehaftetes Werk im Normalfall verbessert wird, daher nach der Verkehrsanschauung²²² der Minderwert gerade mit den Kosten der Mängelbeseitigung identisch ist. Indes gibt es Mängel, die im Verkehr keine Rolle spielen. Bestellt jemand ein violettes Haus, bekommt er jedoch ein weisses, so liegt ein Mangel vor. Ein Minderwert dürfte aber nach der Verkehrsanschauung nicht vorliegen, weil der Verkehr im allgemeinen weisse Häuser violetten vorzieht. Hingegen können die Kosten der Mängelbeseitigung erheblich sein²²³.

179 Abgesehen von derartigen Ausnahmefällen ist der Schadenersatzanspruch nur dann von praktischem Interesse, wenn der Schaden des Bestellers das Deckungskapital übersteigt. Zu denken ist etwa an den Fall, da der Besteller das Werk wegen der Mängel vorerst nicht vermieten kann und daher einen Einnahmenverlust erleidet²²⁴.

180 2. Minderung und Nichterfüllungsschaden sind nach verbreiteter Lehrmeinung die einzigen Rechtstitel, unter denen der Besteller das Deckungskapital ersetzt verlangen kann. Diese Ansicht ist freilich nicht unbestritten. Das Bundesgericht ist der Meinung, dass dem Besteller auch über eine analoge Anwendung von Art. 366 Abs. 2 OR geholfen werden kann (BGE 107 II 55 f.). Zu dieser Auffassung s. gleich nachstehend Nr. 182 ff.

181 3. Der Schadenersatzanspruch aus Art. 107 Abs. 2 OR, der an die Stelle des Nachbesserungsanspruchs tritt, ist ein sekundäres Mängelrecht (vgl. Nr. 12). Daher richtet sich die Verjährung nach Art. 371 OR, nicht nach Art. 127 ff. OR (Nr. 390).

---

[220] Ausdrucksweise, die dem österreichischen Sprachgebrauch (z.B. SZ 44 Nr. 69, S. 253) entnommen ist.

[221] GUHL/MERZ/KOLLER, S. 486.

[222] Auf diese kommt es bei der Bemessung des Minderwerts massgeblich an. S. ZINDEL/PULVER, N 36 zu Art. 368 OR: «Der Minderwert bestimmt sich nach dem objektiven Wert, i.d.R. also dem Verkehrs- oder Veräusserungswert ... .»

[223] Weniger einfach waren die Verhältnisse in BGE 116 II 314, wo die Verbesserungskosten den Minderwert ebenfalls überstiegen. Zum Verhältnis von Verbesserungskosten und Minderwert s. im einzelnen hinten S. 238 f.

[224] Ein solcher Einnahmenverlust stellt Mangelschaden (Nr. 8) dar, der nach Art. 107 Abs. 2 OR zu liquidieren ist (Nr. 9). Es handelt sich weder um Verspätungsschaden, der nach Art. 103 OR zu ersetzen wäre, noch um Mangelfolgeschaden, für dessen Ersatz Art. 368 OR zum Zuge käme (Nr. 7). Verspätungsschaden liegt nicht vor, da mit dem Verzicht auf die Nachbesserung die Nachbesserungsschuld untergegangen ist, somit ein Verzug ausser Betracht fällt. Ein Mangelfolgeschaden ist nicht gegeben, weil der Einnahmenverlust im Falle der Nachbesserung nicht entstanden wäre.

B. Analoge Anwendung von Art. 366 Abs. 2 OR?

182 **1.** Ist der Unternehmer mit der Nachbesserung in Verzug und lässt er auch eine vom Besteller angesetzte Nachfrist (Art. 107 OR) ungenutzt verstreichen, so kann der Besteller gemäss BGE 107 II 56[225] in Analogie zu Art. 366 Abs. 2 OR «die Mängelbehebung ohne richterliche Ermächtigung einem Dritten übertragen und der Klägerin [Unternehmerin] gegenüber Kostenersatz geltend machen». Der Besteller hat somit beim Tatbestand von Art. 107 Abs. 2 OR – wie gesagt – nicht nur das Recht zu wandeln, zu mindern oder Schadenersatz zu verlangen, vielmehr hat er auch das Recht auf Ersatzvornahme[226].

183 **2.** Art. 366 Abs. 2 OR ist nach dem oben in Nr. 143 Gesagten keine Verzugsregel, sondern eine Regel der Schlechterfüllung. Denn er betrifft nicht den Fall, da der Unternehmer die Werkerstellung verzögert (das ist der Tatbestand von Abs. 1), sondern das Werk nicht so ausführt, wie er müsste, derart, dass sich «eine mangelhafte oder sonst vertragswidrige Erstellung ... bestimmt voraussehen» lässt. Von daher scheint eine analoge Anwendung auf den Nachbesserungs*verzug* bedenklich und vielmehr eine Analogie zu Art. 366 Abs. 1 OR, welcher aber gerade kein Recht auf Ersatzvornahme vorsieht, nahezuliegen. Bei näherer Betrachtung erscheint jedoch die Analogie zu Abs. 2 vertretbar. Die ratio legis dieser Bestimmung besteht ja darin, dem Besteller die Möglichkeit der Ersatzvornahme ohne richterliche Ermächtigung zu geben, weil die Beseitigung des vertragswidrigen Zustandes oft drängt (Nr. 145). Der gleiche Gesichtspunkt spielt nun aber auch bei Mängeln des abgelieferten Werks eine Rolle, so etwa dann, wenn das Dach rinnt oder eine Treppe mit mangelhaften Schutzgeländern versehen wurde. Man wird sogar sagen können, dass das Moment der zeitlichen Dringlichkeit bei Mängeln des abgelieferten Werks die weitaus grössere Rolle spielt als vor der Ablieferung. Daher ist dem Besteller das Recht auf Ersatzvornahme in analoger Anwendung von Art. 366 Abs. 2 OR zu gewähren, wenn der Unternehmer die Mängelbeseitigung pflichtwidrig verzögert.

---

[225] Obiter bestätigt in BGE 116 II 314. BGE 107 II 50 ff. ist hinten S. 241 ff. abgedruckt und kommentiert.

[226] BGE 107 II 55 f. ist nicht auf ungeteilte Zustimmung gestossen. Die wohl heftigste Kritik findet sich bei GAUCH, Werkvertrag, Nr. 1286 ff.; diese Kritik halten ZINDEL/PULVER, N 59 zu Art. 368 OR, für berechtigt. GAUCHS Kritik knüpft an seine m.E. irrige (Nr. 145) Auslegung von Art. 366 Abs. 2 OR an. Die Rechtsprechung ist dem Bundesgericht gefolgt (so jedenfalls Rep 1983, S. 311 = BR 1984, S. 15 f., Nr. 9), ein Teil der Lehre ebenfalls (z.B. BUCHER, OR BT, S. 210; GUHL/MERZ/KOLLER, S. 486).

§ 8 Nicht- und Schlechterfüllung der Nachbesserungsschuld

184 Im Ergebnis besteht somit eine ähnliche Rechtslage wie bei Vereinbarung der SIA-Norm 118 (vgl. Art. 169 Abs. 1 Ziff. 1, dazu Nr. 289, 293). Beigefügt sei, dass auch das deutsche Recht ein Recht auf Ersatzvornahme zur Beseitigung von Mängeln kennt (§ 633 Abs. 3 BGB). Vorausgesetzt ist jedoch lediglich Verzug, während nach BGE 107 II 55 f. zusätzlich eine Nachfristansetzung i.S. von Art. 107 Abs. 2 OR erforderlich ist[227]. Im übrigen sieht auch das Mietrecht ein Recht auf Ersatzvornahme vor, wenn der Vermieter mit der Beseitigung von Mängeln in Verzug gerät. Ohne richterliche Ermächtigung besteht dieses Recht jedoch nur bei einem Mangel, der «die Tauglichkeit der Sache zum vorausgesetzten Gebrauch zwar vermindert, aber nicht erheblich beeinträchtigt» (Art. 259b lit. b OR). Bei andern Mängeln ist nach Art. 98 OR vorzugehen[228].

185 3. Dass der Anspruch auf Ersatzvornahme in Art. 368 OR unerwähnt bleibt, spricht nicht gegen die Analogie. Denn der fragliche Anspruch ist ein sekundäres Mängelrecht (er tritt an die Stelle des Nachbesserungsrechts), sekundäre Mängelrechte aber finden in Art. 368 OR generell keine Erwähnung.

186 Als sekundäres Mängelrecht unterliegt der Anspruch auf Ersatzvornahme der Verjährungsordnung von Art. 371 OR[229] (Nr. 390).

187 4. Befürwortet man die Möglichkeit der analogen Anwendung von Art. 366 Abs. 2 OR beim Nachbesserungsverzug, so bleibt zu präzisieren, *unter welchen Voraussetzungen die Analogie Platz greift*. Insoweit ist vorab festzuhalten, dass Art. 366 Abs. 2 OR in Verbindung mit Art. 107 Abs. 2 OR zur Anwendung gelangt. Daher müssen die Voraussetzungen dieser letzteren Bestimmung erfüllt sein, soweit sich aus Art. 366 Abs. 2 OR nichts anderes ergibt. Umgekehrt müssen aber auch die Voraussetzungen von Art. 366 Abs. 2 OR erfüllt sein, sofern sich nicht aus besonderem Grund eine Abweichung ergibt. Drei Punkte sind hervorzuheben:

188 – Verhält sich der Unternehmer bei der Herstellung des Werks vertragswidrig im Sinne von Art. 366 Abs. 2 OR, so kann der Besteller eine Frist zur Abhilfe ansetzen und nach unbenutztem Ablauf zur Ersatzvornahme schreiten. Eine Nachfrist ist nicht erforderlich. Es fragt sich nun, ob beim Nachbesserungsverzug Analoges gilt, in dem Sinne, dass bei Vorliegen eines Mangels der Besteller eine Verbesserungsfrist ansetzen und bei ungenutztem Fristablauf ohne weiteres auf die Nachbesserung verzichten (und einen Dritten auf Kosten des Unternehmers mit der Mängelbeseitigung betrauen) kann.

189 Die Frage ist zu verneinen, aus folgender Überlegung: Wenn der Besteller dem Unternehmer, der sich bei der Werkerstellung vertragswidrig verhält, eine Frist zur Abhilfe ansetzt, so ist es dem Unternehmer ohne weiteres möglich, sich an diese Anordnung zu halten. Tut er es nicht, so darf man

---

[227] Die deutsche Lösung wird auch für das österreichische Recht vertreten, obwohl hier eine ausdrückliche gesetzliche Grundlage fehlt (KURSCHEL, S. 81 ff., die selbst anderer Meinung ist).
[228] Vgl. GUHL/MERZ/KOLLER, S. 382.
[229] Vgl. für das deutsche Recht STAUDINGER/PETERS, N 210 zu § 633 BGB.

davon ausgehen, er *wolle* sich nicht vertragskonform verhalten. Eine Nachfristansetzung erübrigt sich daher (vgl. Art. 108 Ziff. 1 OR). Anders verhält es sich bei Verzugstatbeständen: Wenn der Besteller eine Verbesserungsfrist ansetzt und der Unternehmer diese nicht einhält, so vielleicht deshalb, weil sich unerwartete Schwierigkeiten gezeigt haben. Auf bösen Willen darf nicht ohne weiteres geschlossen werden. BGE 107 II 55 f. hält daher zutreffend am Erfordernis der Nachfristansetzung fest. Vorzubehalten sind die Fälle von Art. 108 OR. Wenn sich also beispielsweise der Unternehmer nach Fristablauf weigert, weitere Nachbesserungsarbeiten vorzunehmen, so kann auf die Nachfristansetzung verzichtet werden.

190 – Will der Besteller gemäss Art. 366 Abs. 2 OR zur Ersatzvornahme schreiten, so muss er dem Unternehmer diese androhen. Nur unter dieser Voraussetzung rechtfertigt es sich, von der richterlichen Ermächtigung im Sinne von Art. 98 OR abzusehen[230]. An diesem Erfordernis darf bei der analogen Anwendung von Art. 366 Abs. 2 OR nicht vorbeigegangen werden[231].

191 – Schliesslich ist die Ersatzvornahme analog Art. 366 Abs. 2 OR nur zulässig, wenn der Nachbesserungsverzug verschuldet ist. An dem in der Bestimmung vorgesehenen Verschuldenserfordernis ist somit auch bei der analogen Anwendung festzuhalten.

192 5. Folgt man der Ansicht, wonach Art. 366 Abs. 2 OR auf den Nachbesserungsverzug analog zur Anwendung kommt, so untersteht der Anspruch des Bestellers auf Kostenersatz den hinten in Nr. 495 ff. erwähnten, zu Art. 98 OR entwickelten Regeln.

193 6. Verneint man die analoge Anwendbarkeit von Art. 366 Abs. 2 OR, so kann der Besteller, der nach Art. 107 Abs. 2 OR vorgegangen ist, die Kosten einer Ersatzvornahme regelmässig trotzdem liquidieren: indem er mindert oder Schadenersatz verlangt (Nr. 177)[232]. Die Frage der analogen Anwendung von Art. 366 Abs. 2 OR ist daher letztlich von praktisch untergeordneter Bedeutung.

---

[230] OSER/SCHÖNENBERGER, N 5 zu Art. 366 OR.
[231] GAUCH, Werkvertrag, Nr. 1288.
[232] Vgl. VON TUHR/ESCHER, S. 92.

3. Abschnitt: Das Nachbesserungsrecht gemäss der SIA-Norm 118

194 Die gesetzliche Ordnung der Mängelrechte und nicht zuletzt des Nachbesserungsrechts vermag den Bedürfnissen der Baupraxis nicht vollumfänglich gerecht zu werden. In Bauwerkverträgen wird daher oft vom Gesetz abgewichen. Das geschieht insbesondere durch vertragliche Übernahme der SIA-Norm 118[233]. Dabei handelt es sich um Allgemeine Geschäftsbedingungen, welche vom Schweizerischen Ingenieur- und Architekten-Verein ausgearbeitet wurden. Die Mängelrechte sind in den Art. 157-182 geregelt. Eine umfassende Behandlung dieser Artikel ist im folgenden nicht beabsichtigt. Vielmehr geht es lediglich darum, zentrale Abweichungen vom Gesetz darzustellen, und auch das schwergewichtig nur mit Bezug auf das Nachbesserungsrecht («Recht auf Verbesserung» im Sinne der Norm). Vorerst ist nun jedoch auf die Abänderung und Abänderbarkeit der gesetzlichen Gewährleistungsordnung im allgemeinen einzugehen.

---

[233] Oft wird allerdings die SIA-Norm 118 abgeändert oder ergänzt, oder es werden eigene AGB verwendet und die Norm wird bloss für subsidiär anwendbar erklärt. So hat beispielsweise der VSGU (Verband Schweizerischer Generalunternehmer) «Allgemeine Bedingungen für Generalunternehmer-Werkverträge» (AVB) ausgearbeitet, die in Art. 2 vorsehen, dass die SIA-Norm 118 lediglich «ergänzender Vertragsbestandteil» ist. Zusätzlich zu den AVB hat der VSGU ein Muster für einen Generalunternehmer-Vertrag herausgegeben. Auch hier ist die subsidiäre Geltung der SIA-Norm 118 vorgesehen. Den Vorrang haben die «vorliegende Vertragsurkunde» (also der «ausgefüllte» Mustervertrag) sowie die AVB. Der Generalunternehmer-Mustervertrag ist samt AVB für das Verhältnis Generalunternehmer/Bauherr gedacht, nicht für das Verhältnis des Generalunternehmers zu Subunternehmern (vgl. AVB Art. 3; LENZLINGER GADIENT, S. 24 Anm. 28). In diesem Verhältnis wird regelmässig die SIA-Norm 118 übernommen, wenn auch oft mit Abänderungen und Ergänzungen (LENZLINGER GADIENT, S. 253 [Anhang]). Der VSGU plant auch einen Muster-Vertrag für Subunternehmer (LENZLINGER GADIENT, S. 253). In der Praxis lässt sich die Tendenz feststellen, dass im Verhältnis Generalunternehmer/Bauherr die SIA-Norm 118 in grösserem Umfang verdrängt wird als im Verhältnis Generalunternehmer/Subunternehmer. Soweit öffentliche Bauherrschaften die SIA-Norm 118 überhaupt verwenden, geschieht dies nur mit zahlreichen Änderungen (LENZLINGER GADIENT, S. 24 Anm. 28). – Auf die AVB des VSGU wird im folgenden nicht weiter eingegangen. Es sei hier lediglich eine Bemerkung betr. die Mängelrechte angefügt: Gemäss Art. 36.1 AVB ist der Generalunternehmer «verpflichtet, unter seine Haftung fallende Mängel auf eigene Kosten beheben zu lassen»; er ist also zur unentgeltlichen Nachbesserung verpflichtet. Von Wandelung und Minderung ist nicht die Rede. Es gilt insoweit Art. 169 der SIA-Norm 118 (i.V.m. Art. 2 AVB), wonach Wandelungs- und Minderungsrecht subsidiäre Mängelrechte sind und nur (aber immerhin!) geltend gemacht werden können, falls das Nachbesserungsbegehren nicht zum Ziele führt (Genaueres in Nr. 238, 244 ff., s. auch Nr. 201).

§ 9 Allgemeines zur Abänderung der gesetzlichen Gewährleistungsordnung

I. Abänderung durch Vertrag

195 1. Die Abänderung der gesetzlichen Gewährleistungsordnung kann **nur durch Vertrag** (Art. 1 ff. OR) geschehen, **nicht einseitig**. Allerdings ist nicht ausgeschlossen, dass eine vom Gesetz abweichende Vereinbarung auch konkludent geschlossen wird. Bei der Annahme konkludenter Gewährleistungsvereinbarungen ist jedoch Vorsicht am Platze. Keine Änderung findet in aller Regel dann statt, wenn der Unternehmer *nach* Vertragsabschluss in eine Rechnung oder einen Lieferschein eine Gewährleistungsklausel aufnimmt und der Besteller darauf nicht reagiert. Denn es ist einem Vertragspartner, hier dem Besteller, nicht zuzumuten, «Rechnungen, Lieferscheine etc. zur Kenntnis zu nehmen»[234], weshalb der Umstand, dass er auf eine Rechnung etc. nicht reagiert, noch nicht auf einen vertragsändernden Willen schliessen lässt. Vorbehalten ist der Tatbestand von Art. 6 OR. Danach wird eine den Besteller begünstigende Gewährleistungsklausel auch dann verbindlich, wenn der Besteller auf ein entsprechendes Angebot des Unternehmers Stillschweigen bewahrt[235]. Art. 6 OR kommt jedoch nur dann zum Tragen, wenn der Unternehmer den Besteller einseitig begünstigen will. Wo er ihn teilweise begünstigen, teilweise benachteiligen will, findet Art. 6 OR keine Anwendung. Denn der Wille des Unternehmers geht dahin, das ganze «Paket» zur Geltung zu bringen, nicht nur die begünstigenden Klauseln; Stillschweigen des Bestellers kann diesfalls nicht als Zustimmung i.S.v. Art. 6 OR gewertet werden. Vielmehr gilt es als Ablehnung, und zwar Ablehnung des ganzen «Pakets». Auch auf begünstigende Klauseln kann sich der Besteller daher nicht berufen[236]. Doch handelt der Unternehmer u.U. rechtsmissbräuchlich, wenn er solche Klauseln nicht gelten lassen will, so dass es dann im Ergebnis doch so zu halten ist, wie wenn die ungültige Klausel gültig wäre.

196 Beispiel: Der Unternehmer setzt (z.B. in der Schlussrechnung) eine Rügefrist an, entbindet also den Besteller von der Pflicht zu sofortiger Mängelrüge. Diese Frist muss er sich nach Art. 6 OR entgegenhalten lassen, wenn der Besteller nicht reagiert. Wenn hingegen der Unternehmer die Rügefrist mit einem Ausschluss des Nachbesserungsrechts kombiniert, so gilt weder dieser Ausschluss noch die Rügefrist. Daher kann der Unternehmer dem Besteller jederzeit mitteilen, es müsse *künftig* sofort gerügt werden. Eine solche Mitteilung verstösst auch nicht gegen Treu

---

[234] KRAMER, N 214 zu Art. 1 OR; KOZIOL/WELSER, S. 112.
[235] Vgl. BGE 110 II 366; GUHL/MERZ/KOLLER, S. 106.
[236] A.A. GAUCH, Werkvertrag, Nr. 1816.

und Glauben. Treuwidrig handelt der Unternehmer jedoch u.U. dann, wenn er die Rügefrist auch für die *Vergangenheit* nicht mehr gelten lassen will und daher dem Besteller die Mängelrechte hinsichtlich eines Mangels abspricht, den jener zwar fristgemäss, jedoch nicht sofort gerügt hat[237].

197 **2. Inhalt und Umfang einer Gewährleistungsklausel sind durch Auslegung zu ermitteln.** Es ist auch eine Frage der Auslegung, «ob eine Eigenschaftsangabe als Zusicherung zu gelten hat oder unter eine Freizeichnungsklausel fällt» (BGE 109 II 24 Regeste[238]). Entweder trifft das eine oder das andere zu. Denn wenn der Unternehmer (gültig) verspricht, das künftige Werk werde eine bestimmte Eigenschaft aufweisen, so verspricht er damit auch, er stehe für das Vorliegen der Eigenschaft rechtlich ein. Damit ist eine (völlige) Wegbedingung der Mängelhaftung nicht vereinbar. Hingegen ist denkbar, dass der Unternehmer für den Fall, dass die Eigenschaft doch nicht vorliegen sollte, die Mängelhaftung beschränkt (z.B. auf den Minderungsanspruch).

II. Beispiele möglicher Abänderungen[239]

198 1. Die gesetzliche Gewährleistungsordnung kann mit wenigen Einschränkungen (Nr. 203 ff., 459 ff.) abgeändert werden, sowohl hinsichtlich der Voraussetzungen als auch mit Bezug auf Inhalt und Modalitäten der einzelnen Mängelrechte. Häufig finden sich beispielsweise Abreden, wonach die sofortige Rügepflicht beseitigt und dem Besteller eine bestimmte Rügefrist ab Ablieferung des Werks zugestanden wird[240] (betr. Art. 172 ff. SIA-Norm 118 s. Nr. 265 ff.). Die Ablieferung selbst wird oft abweichend vom Gesetz geregelt[241], so auch in der SIA-Norm 118 (Art. 157 ff., dazu Nr. 251 ff.). Viele Werkverträge sehen sodann besondere Abreden über die Verjährung der Mängelrechte vor (z.B. Nr. 465 ff.). Auch der Inhalt der Mängelrechte bildet einen möglichen und häufigen Gegenstand vertraglicher Abmachung. So sieht etwa die

---

[237] Es liegt ein Fall widersprüchlichen Verhaltens vor. S. dazu im allgemeinen MERZ, Berner Kommentar, N 400 ff. zu Art. 2 ZGB.
[238] Der Entscheid betrifft allerdings das Kaufrecht. Die Problematik ist hier jedoch grundsätzlich dieselbe. Immerhin sind Eigenschaftsangaben beim Kauf, jedenfalls beim Spezieskauf, häufiger blosse Vorstellungsmitteilungen ohne rechtsgeschäftlichen Hintergrund, als dies beim Werkvertrag zutrifft. Das hat damit zu tun, dass der Verkäufer einer bestimmten Sache normalerweise lediglich die Lieferung dieser Sache mit den bestehenden Eigenschaften verspricht, wogegen der Unternehmer verspricht, ein Werk mit bestimmten Eigenschaften zu erstellen (vgl. PIERRE CAVIN, Kauf, Tausch und Schenkung, in Schweizerisches Privatrecht, Bd. VII/1, Obligationenrecht – Besondere Vertragsverhältnisse, Basel und Stuttgart 1977, S. 86 f.).
[239] S. im einzelnen GAUCH, Werkvertrag, Nr. 1798 ff.
[240] Vgl. die Nachweise bei GAUCH, Werkvertrag, Nr. 1815.
[241] GAUCH, Werkvertrag, Nr. 1800 und 97.

§ 9 Abänderung der Gewährleistungsordnung: Allgemeines

SIA-Norm 118 einen Vorrang des Nachbesserungsrechts vor: Der Besteller kann vorerst nur Nachbesserung verlangen, Wandelung und Minderung erst, wenn die Nachbesserung fehlschlägt oder innert einer vom Besteller angesetzten Verbesserungsfrist überhaupt nicht vorgenommen wird (Weiteres in Nr. 238 f., 289 ff.)[242]. Es kann auch abgemacht werden, dass Wandelung und Minderung überhaupt ausgeschlossen sind, also ausschliesslich ein Nachbesserungsrecht besteht. Dieser Fall soll nachstehend Nr. 201 noch näherer Überprüfung unterzogen werden. Schliesslich sei darauf hingewiesen, dass auch die sekundären Mängelrechte vertraglicher Abänderung zugänglich sind. So sieht etwa die SIA-Norm 118 für den Fall, dass der Unternehmer in Nachbesserungsverzug gerät, ein Recht auf Ersatzvornahme vor (dazu Nr. 293 ff.)[243,244].

199 2. Eine Abänderung der Gewährleistungsordnung kann **sowohl zugunsten des Unternehmers als auch des Bestellers** gehen. Beides kommt vor, und oft findet sich beides kombiniert (es wird z.B. – zugunsten des Bestellers – vom Erfordernis der sofortigen Rüge abgesehen, anderseits – zugunsten des Unternehmers – das Wandelungs- und Minderungsrecht wegbedungen).

200 3. Wird die Gewährleistungsordnung zugunsten des Unternehmers abgeändert, handelt es sich aus seiner Sicht um eine (ganze oder teilweise) **Wegbedingung der Mängelhaftung** (Enthaftungsklausel). Man spricht auch von «Freizeichnung» und Freizeichnungsklauseln. Dass eine Wegbedingung der Mängelhaftung einen «besonders schweren Eingriff in die gesetzliche Ordnung» darstellt (so GAUCH[245]), kann nicht generell gesagt werden. Insbesondere dann, wenn eine Enthaftungsklausel mit Klauseln zugunsten des Bestellers kombiniert wird, trifft dies nicht immer zu.

201 4. Eine umfassende Wegbedingung der Haftung kommt in der Praxis kaum vor. Häufig sind jedoch blosse Haftungsbeschränkungen. Im folgenden interessiert der Fall, da die Parteien das Wandelungs- und Minderungsrecht wegbedungen, den Besteller also **auf das Nachbesserungsrecht beschränkt** haben[246]. Ob dies im Einzelfall zutrifft, muss durch Auslegung entschieden

---

[242] Vgl. auch BGE 91 II 344 ff. betr. einen Kaufvertrag; dazu hinten S. 206 ff.
[243] Dasselbe gilt freilich nach Gesetz ebenfalls, wenn man BGE 107 II 55 f. folgt (vgl. vorne Nr. 182 ff.).
[244] Weitere Beispiele bei GAUCH, Werkvertrag, Nr. 1857 ff.
[245] Werkvertrag, Nr. 1855.
[246] Vor allem im Kaufrecht kommt es sehr häufig vor, dass Wandelungs- und Minderungsrecht wegbedungen werden und stattdessen ein (im Gesetz nicht vorgesehenes) Nachbesserungsrecht eingeräumt wird (vgl. LÖRTSCHER, S. 71 ff.). Eine Beschränkung von Käufer oder Besteller auf das Nachbesserungsrecht ist grundsätzlich zulässig (vgl. für das österreichische Recht PETER BYDLINSKI, Beschränkung und Ausschluss der Gewährleistung, JBl 1993, S. 633 f., m.w.Nw.); zu Einschränkungen s. nachstehend im Text.

werden; der Vertragswortlaut ist nicht ohne weiteres entscheidend (vgl. BGE 91 II 344 ff. E. 2[247]). Durch Auslegung ist primär auch zu ermitteln, welches die Rechtslage sein soll, falls die Nachbesserungsschuld nicht erfüllt wird, also z.b. der Unternehmer mit der Mängelbeseitigung in Verzug gerät oder die Mängel nicht beseitigt, weil sich die Mängelbeseitigung als unmöglich erweist. Im Zweifelsfall wird man annehmen müssen, dass diesfalls die gesetzliche Rechtslage gilt, also z.b. im Verzugsfall dem Besteller ein Vorgehen nach Art. 107 Abs. 2 OR offensteht (dazu oben Nr. 166 ff.)[248]. Doch kann im Einzelfall anderes abgemacht sein. Es wird z.b. dem Besteller (nur, aber immerhin) das Minderungsrecht unter Ausschluss der Wandelung eingeräumt[249]. Unzulässig wäre eine Abmachung, wonach der Nachbesserungsverzug keinerlei Rechtsfolgen zeitigt. Denn damit würde die Nachbesserung praktisch in das Belieben des Unternehmers gestellt. Der Besteller wäre damit der Willkür des Unternehmers ausgeliefert, was mit Art. 20 OR nicht vereinbar wäre[250].

III. Grenzen der Abänderbarkeit

202 Die Gewährleistungsordnung ist vollumfänglich dispositiv. Doch kann eine Abweichung vom Gesetz im Einzelfall gegen die allgemeinen Inhaltsschranken für Verträge (Art. 19 f. OR) verstossen. Insbesondere kann eine Enthaftungsklausel unsittlich sein. Das trifft für Klauseln zu, wonach der Unternehmer seine Gewährleistung auch für absichtlich (arglistig) verschwiegene Mängel wegbedingt (Art. 199 OR). Findet sich eine Wegbedingung der Haftung in AGB, ist zusätzlich Art. 8 UWG zu beachten.

---

[247] Dieser Entscheid ist unten S. 206 ff. besprochen.

[248] Die Parteien bedenken bei Vereinbarung eines Gewährleistungsausschlusses in der Regel den Fall, dass die Nachbesserung nicht zum Ziele führt, nicht. Daher besteht für diesen Fall – mangels besonderer Umstände – auch kein Vertragskonsens.

[249] Oder es wird dem Besteller zusätzlich zum Minderungs- und Wandelungsrecht ein Recht auf Ersatzvornahme zugestanden (so Art. 169 Abs. 1 Ziff. 1 SIA-Norm 118). Nach der zutreffenden Ansicht von BGE 107 II 55 f. besteht freilich ein solches Recht auch schon von Gesetzes wegen (Nr. 182 ff.).

[250] Zwar kann jede Gewährleistung wegbedungen werden, nicht aber ein Nachbesserungsrecht «à discrétion» des Unternehmers abgemacht sein. Das mag auf den ersten Blick widersprüchlich erscheinen, ist aber leicht erklärlich: Im ersten Fall wissen die Parteien, woran sie sind. Im zweiten Fall wird dem Besteller ein Recht vorgetäuscht, das in Wirklichkeit nicht besteht. Es wird in ihm die Erwartung geweckt, bei allfälligen Mängeln würde er zu seinem Recht kommen, obwohl im «Ernstfall» allein der Unternehmer über die Mängelbeseitigung entscheidet. Mit analoger Überlegung lässt sich auch die Rechtsprechung rechtfertigen, wonach eine übermässige Verkürzung der Verjährungsfrist unzulässig ist, wiewohl ein Ausschluss jeglicher Gewährleistung grundsätzlich vor dem Gesetz standhält (Nr. 462).

1. Ungültigkeit einer Enthaftungsklausel für arglistig (absichtlich) verschwiegene Mängel (Art. 199 OR analog)

203   1. Eine Vereinbarung, mit welcher der Unternehmer seine Haftung auch für arglistig (absichtlich) verschwiegene Mängel (ganz oder teilweise) wegbedingt, ist – wie gesagt – unsittlich und damit ungültig (Art. 19 f. OR)[251]. Zum gleichen Ergebnis gelangt man über eine analoge Anwendung von Art. 199 OR[252]. Nach dieser kaufrechtlichen Bestimmung ist eine «Vereinbarung über Aufhebung oder Beschänkung der Gewährspflicht ... ungültig, wenn der Verkäufer dem Käufer die Gewährsmängel arglistig verschwiegen hat». Die Bestimmung beruht auf dem Gedanken, dass sich der Verkäufer treuwidrig (Art. 2 ZGB) verhält, wenn er seine Haftung für ihm bekannte Mängel wegbedingt, bzw. sich später auf die Wegbedingung beruft. Nicht weniger treuwidrig handelt der Unternehmer, wenn er wissentlich ein mangelhaftes Werk abliefert und in der Folge geltend macht, der Mangel falle unter eine Enthaftungsklausel. Zwar hat hier der Unternehmer nicht schon bei Vertragsabschluss arglistig gehandelt, sondern erst bei der Erfüllung. Letztlich entscheidend ist aber, dass die Berufung auf die Enthaftungsklausel in beiden Fällen gleichermassen gegen das Rechtsgefühl verstösst. Die Analogie zu Art. 199 OR ist daher zu befürworten[253]. Dafür spricht auch der Umstand, dass arglistiges Verhalten bei der Erfüllung auch in anderem Zusammenhang der Arglist beim Vertragsabschluss gleichgestellt wird: Arglistiges Verschweigen eines Mangels bei der Ablieferung des Werks hat zur Folge, dass sich der Unternehmer nicht auf die ordentliche Verjährungsfrist berufen kann (Art. 371 Abs. 1 OR i.V.m. Art. 210 Abs. 3

---

[251]   Z.B. GAUCH, Werkvertrag, Nr. 1890.

[252]   GAUTSCHI, N 34 zu Art. 367 OR; GIGER, N 7 zu Art. 199 OR; PEDRAZZINI, S. 520; PEDRAZZINI FRANCO, Nr. 828 ff.

[253]   Lehnt man sie ab, so muss man sie auch für den Gattungskauf ablehnen. Denn auch hier ist Arglist beim Vertragsabschluss kaum denkbar. Der Vertragsgegenstand ist nämlich bei Vertragsabschluss definitionsgemäss noch nicht festgelegt, weshalb auch keine Möglichkeit besteht, Mängel des (nicht vorhandenen) Vertragsgegenstandes zu verheimlichen. Wie beim Werkvertrag kommt nur Arglist bei der Erfüllung in Betracht, indem der Verkäufer nach Abschluss der Enthaftungsklausel einen mangelhaften Gegenstand auswählt (Art. 72 OR) und liefert. Auch beim Gattungskauf muss jedoch Art. 199 OR Anwendung finden, wiederum aus der Überlegung, dass der Verkäufer treuwidrig handelt, wenn er sich auf eine Wegbedingung beruft. – Keine Anwendung findet Art. 199 OR beim Spezieskauf, wenn der Verkäufer nach Vertragsabschluss und Vereinbarung einer Haftungswegbedingung einen Mangel entdeckt und diesen nun verschweigt. Denn der Verkäufer muss nur gerade die verkaufte Sache liefern, er muss diese nicht durch eine andere (mängelfreie) austauschen. Verschweigt er den nachträglich entdeckten Mangel, wird er höchstens nach allgemeinen Grundsätzen schadenersatzpflichtig (Verletzung einer vertraglichen Nebenpflicht, Art. 97 OR).

OR, unten Nr. 377 f.) und die übliche Rügeobliegenheit erheblich abgeschwächt wird (Art. 370 Abs. 1 OR a.E., unten Nr. 208). Analoges gilt im Kaufvertragsrecht (Art. 210 Abs. 3 und Art. 203 OR), obwohl hier die Arglist wiederum den Vertragsabschluss, nicht die Erfüllung betrifft (so jedenfalls beim Spezieskauf; zum Gattungskauf s. Anm. 253). Diese Bestimmungen bringen zum Ausdruck, dass der arglistige Unternehmer «bestraft» werden soll. Dieser Gedanke verlangt umfassende Berücksichtigung auch im Werkvertragsrecht, nicht zuletzt bei der Vereinbarung von Enthaftungsklauseln.

204 Beizufügen ist, dass Enthaftungsklauseln, die sich auf arglistig verschwiegene Mängel beziehen, selten sein dürften. Denn im allgemeinen ergibt schon die am Vertrauensprinzip orientierte Auslegung der Klausel, dass sich diese nicht auf arglistig (absichtlich) verschwiegene Mängel bezieht (vgl. in verwandtem Zusammenhang BGE 91 II 344 ff.)[254]: Der Besteller muss nach Treu und Glauben eine Gewährleistungsbeschränkung nicht auf arglistig verschwiegene Mängel beziehen, und umgekehrt darf der Unternehmer nach Treu und Glauben nicht davon ausgehen, der Besteller sei mit der Gewährleistungsbeschränkung auch im Falle der Arglist einverstanden[255]. Nur dann, wenn im Einzelfall die Auslegung das Gegenteil ergibt, muss auf Art. 19 f. OR bzw. Art. 199 OR gegriffen werden.

205 **2. Präzisierungen:**

– Nicht entscheidend ist für die Anwendung von Art. 199 OR, ob der Mangel vom Unternehmer verschuldet ist oder nicht. Auch wenn er auf Zufall (z.B. atmosphärischen Einflüssen) beruht, ist eine allfällige Haftungsbeschränkung im Falle arglistiger Verschweigung nicht wirksam.

206 – Art. 199 OR bezieht sich nicht nur auf Klauseln, mit denen die Haftung gänzlich wegbedungen wird, sondern auf jede Enthaftungsklausel im oben (Nr. 200) umschriebenen Sinne. Der Unternehmer kann somit hinsichtlich eines arglistig verschwiegenen Mangels aus einer Enthaftungsklausel nichts zu seinen Gunsten ableiten. Hingegen muss er sich allfällige Vergünstigungen, die er dem Besteller eingeräumt hat, auch hinsichtlich solcher Mängel entgegenhalten lassen[256]. Das ist zwar in Art. 199 OR nicht ausdrücklich gesagt, folgt aber aus seinem Sinn und Zweck. Wenn sich beispielsweise der Unternehmer ein ausschliessliches Nachbesserungsrecht ausbedungen und gleichzeitig eine zweijährige Rügefrist ab Ablieferung abgemacht hat, so muss er sich allenfalls auch Wandelung und Minderung gefallen lassen, und für die Rüge gilt die abgemachte Frist, nicht die gesetzliche Rügeobliegenheit.

---

[254] Positiv ausgedrückt: Die Klausel bezieht sich nur auf Mängel, die dem Unternehmer (bei Vertragsabschluss bzw. Erfüllung) nicht bekannt sind.
[255] Vgl. BYDLINSKI (zit. in Anm. 246), JBl 1993, S. 568 f.
[256] PEDRAZZINI FRANCO, Nr. 832 f.

§ 9 Abänderung der Gewährleistungsordnung: Allgemeines

207 – Aus der ratio legis von Art. 199 OR folgt weiter, dass Art. 20 Abs. 2 OR nicht zum Tragen kommt. Es kommt also nichts darauf an, ob der Unternehmer den Vertrag auch dann geschlossen hätte, wenn er um die Ungültigkeit der Enthaftungsklausel gewusst hätte. So oder anders ist der Vertrag – bis auf die betreffende Klausel – gültig[257].

208 – Soweit die Enthaftungsklausel ungültig ist, wird sie ersetzt durch das Gesetzesrecht sowie allfällige dem Besteller günstige vertragliche Vereinbarungen (oben Nr. 206). Zusätzlich sind Art. 210 Abs. 3 OR (i.V.m. Art. 371 OR) und Art. 370 Abs. 1 OR a.E. zu beachten: Gemäss Art. 210 Abs. 3 OR (i.V.m. Art. 371 OR) untersteht der Unternehmer mit Bezug auf Mängel, die er bei der Ablieferung verschwiegen hat, einer zehnjährigen (nicht der normalen ein- bzw. fünfjährigen) Verjährungsfrist[258]. Und Art. 370 Abs. 1 OR sieht vor, dass die Verletzung der Pflicht zu sofortiger Rüge hinsichtlich absichtlich verschwiegener Mängel nicht zum Ausschluss der Mängelhaftung führt[259]. Der Besteller hat insoweit lediglich die absolute Rügefrist zu beachten, und diese ist identisch mit der Verjährungsfrist (Nr. 85), also der zehnjährigen Frist von Art. 210 Abs. 3 OR (i.V.m. Art. 371 OR).

209 3. Hat der Unternehmer Mängel bei der Ablieferung arglistig verschwiegen, so lässt sich seine Rechtslage wie folgt **zusammenfassen**: Er unterliegt der gesetzlichen Gewährleistungsordnung; auf für ihn günstige abweichende Vereinbarungen kann er sich nicht berufen, wohl aber muss er sich für den Besteller günstige Abreden entgegenhalten lassen. Die normale gesetzliche Gewährleistungsordnung ist in zweierlei Hinsicht modifiziert: Der Besteller kann die verschwiegenen Mängel zu beliebiger Zeit rügen, solange er dies nur innert der Verjährungsfrist tut, und die Verjährungsfrist ist zwingend die zehnjährige.

2. Ungültigkeit einer Enthaftungsklausel für absichtlich oder grobfahrlässig verursachte Mängel (Art. 100 Abs. 1 OR)

210 **1. Regelungsgehalt von Art. 100 Abs. 1 OR.** Eine Enthaftungsklausel muss auch vor Art. 100 OR standhalten. Zwar ist diese Bestimmung auf die «Schadenersatzhaftung» (GAUCH[260]) zugeschnitten. Sie gelangt daher nur auf die Haftung für Mangelfolgeschaden direkt zur Anwendung. Sinngemäss ist sie

---

[257] PEDRAZZINI FRANCO, Nr. 847 ff., m.w.Nw. in Anm. 65.
[258] GAUCH, Werkvertrag, Nr. 1890 und 1644; PEDRAZZINI FRANCO, Nr. 835 und 842 f.
[259] PEDRAZZINI FRANCO, Nr. 835, 839 ff.; SemJud 1912, S. 230; a.A. BGE 100 II 34 oben; zu diesem Entscheid s. hinten S. 231 f.
[260] Werkvertrag, Nr. 1884.

§ 9 Abänderung der Gewährleistungsordnung: Allgemeines

jedoch auch auf die übrigen Mängelrechte, insbesondere das Nachbesserungsrecht, anwendbar[261].

211 Praktisch im Vordergrund steht Abs. 1 von Art. 100 OR. Danach ist «eine zum voraus getroffene Verabredung, wonach die Haftung für rechtswidrige Absicht oder grobe Fahrlässigkeit ausgeschlossen sein würde, ... nichtig». Der Unternehmer kann also seine Mängelhaftung für Mängel, an denen ihn ein schweres Verschulden trifft, nicht rechtswirksam beschränken. Eine Beschränkung, auch ein gänzlicher Ausschluss, ist hingegen für Mängel möglich, an denen ihn ein leichtes oder überhaupt kein Verschulden trifft (z.b. Mängel, die auf atmosphärischen Einflüssen beruhen). Eine solche Klausel verliert jedoch in dem Moment ihre Wirksamkeit, in dem der Unternehmer den Mangel absichtlich (arglistig) verschweigt. Diesfalls wird nach dem oben Gesagten die Rechtslage wiederhergestellt, wie sie nach Gesetz besteht. Auch für unverschuldete Mängel greifen nun die Mängelrechte Platz.

212 Ein nach Art. 100 Abs. 1 OR unzulässiger Haftungsausschluss wird auf das zulässige Mass (Ausschluss der Haftung für leichtes Verschulden) reduziert, und zwar ohne dass etwas auf den hypothetischen Parteiwillen i.S. von Art. 20 Abs. 2 OR ankäme. Für Mängel, an denen den Unternehmer nur ein leichtes oder kein Verschulden trifft, greift somit die Enthaftungsklausel, für andere Mängel nicht. Für diese gilt die gesetzliche Rechtslage. Hat sich beispielsweise der Unternehmer einen Vorrang des Nachbesserungsrechts ausbedungen, so gilt dieser Vorrang für absichtlich oder grobfahrlässig verursachte Mängel nicht[262].

213 Art. 100 OR betrifft nur die Wegbedingung der (Mängel-) Haftung für eigenes Verschulden. Inwieweit die Haftung für das Verhalten von Hilfspersonen abbedingbar ist, ergibt sich aus Art. 101 Abs. 2 und 3 OR. Danach gilt der Grundsatz, dass die Haftung für beliebiges Verschulden der Hilfspersonen wegbedingbar ist[263].

214 **2. Verhältnis zu Art. 199 OR.** Es wird die Auffassung vertreten, Art. 100 OR habe mit Art. 199 OR nichts zu tun. Art. 100 OR knüpfe an die Verursachung, Art. 199 OR hingegen an die Verschweigung eines Mangels an. Daher stünden die beiden Artikel zueinander auch nicht im Verhältnis lex specialis/lex generalis. Unzutreffend sei demzufolge auch die Fragestellung, ob gestützt auf Art. 100 OR schon eine *grobfahrlässige* Verschweigung eines Mangels zur Unbeachtlichkeit einer Enthaftungsklausel führe[264]. Andere Autoren gehen

---

[261] ZR 1980, S. 279 f.
[262] Abweichend GAUCH, Werkvertrag, Nr. 1886.
[263] Einzelheiten bei KOLLER, Erfüllungsgehilfe, Nr. 369 ff.
[264] So die Vorauflage, Nr. 207, unter Hinweis auf LÖRTSCHER, S. 144-146.

hingegen von einem Konkurrenzverhältnis aus. Dies wird, mehr oder weniger explizit, wie folgt begründet (vgl. BGE 107 II 167 E. 7b): Wenn der Unternehmer bei der Ablieferung des Werks einen Mangel verschweigt, sei er von ihm verursacht oder nicht, so begeht er eine Vertragsverletzung. Für diese hat er – vorbehaltlich Spezialbestimmungen – nach Art. 97 OR einzustehen. Diese Haftung kann nur unter den Voraussetzungen von Art. 100 OR wegbedungen werden. Art. 100 OR steht daher sehr wohl in einem Konkurrenzverhältnis zu Art. 199 OR, der – im Wege der Analogie – ebenfalls den Tatbestand betrifft, da bei der Werkablieferung Mängel verschwiegen werden. Das Bundesgericht hat die Konkurrenzfrage in dem erwähnten Entscheid offengelassen. Sie kann auch hier offenbleiben, da jedenfalls *im Ergebnis* nicht zweifelhaft sein kann, dass nur eine *absichtliche* Mängelverschweigung schadet. Dies versteht sich von selbst, wenn man ein Konkurrenzverhältnis verneint, gilt aber auch dann, wenn man es bejaht, denn «wenn das Gesetz die Wegbedingung der Gewährleistung nur bei Arglist für unzulässig hält [Art. 199 OR], folgt daraus e contrario, dass grobfahrlässige Unkenntnis nicht schadet»[265].

3. Spezielle Inhaltsschranken für Enthaftungsklauseln in AGB (Art. 8 UWG)

215 Einer besonderen Inhaltsschranke unterliegen Enthaftungsklauseln in AGB (Art. 8 UWG). Darauf ist später einzugehen (Nr. 222 f.).

IV. Speziell die Abänderung in AGB

216 AGB sind vorformulierte Vertragsbestimmungen, welche dazu bestimmt sind, einer Vielzahl von Verträgen zugrundegelegt zu werden. Jene Partei, welche sie im Einzelfall zur Verwendung vorschlägt, heisst Verwender, die Gegenpartei Kunde[266].

1. Geltung der AGB (Überblick)

217 **1. Grundsatz: Keine Geltung ohne Übernahme**[267]. AGB haben aus sich heraus keine Geltung, mögen sie noch so verbreitet sein. Sie haben weder Gesetzeskraft noch objektive Geltung als Gewohnheitsrecht, überhaupt sind sie keine «Rechtsquelle eigener Art»[268]. Vielmehr bedürfen sie der vertraglichen

---

[265] HONSELL, N 1 zu Art. 199 OR.
[266] Ausnahmsweise schlagen beide Parteien dieselben AGB zur Verwendung vor. Dieser Sonderfall wird im folgenden ausser acht gelassen, ebenso der Fall, da ein Dritter (z.B. ein Notar) die AGB zur Verwendung vorschlägt (s. immerhin Nr. 230).
[267] Formel von GAUCH/SCHLUEP, vor Nr. 1132.
[268] SCHÖNENBERGER/JÄGGI, Zürcher Kommentar, N 517 zu Art. 1 OR.

Übernahme im Einzelfall (sog. Einbeziehungsvereinbarung, Übernahmevertrag). Das gilt auch für AGB, welche ausdrücklich ein bestimmtes «Inkrafttreten» vorsehen, wie etwa die SIA-Norm 118 oder die SIA-Ordnung 152[269]. Immer gelten AGB nur unter der Voraussetzung, dass sie vom Vertragskonsens erfasst sind. Davon nicht erfasste AGB-Klauseln sind unverbindlich; eine Ausnahme gilt im Anwendungsbereich der Unklarheitenregel (dazu gleich unten Nr. 220). Beizufügen ist, dass der Übernahmevertrag den allgemeinen Abschlussregeln von Art. 1 ff. OR unterliegt. Doch hat die Rechtsprechung diesen Regeln zum Teil eine besondere, AGB-spezifische Ausprägung gegeben (s. v.a. Nr. 224 ff. betr. die Ungewöhnlichkeitsregel).

218 Normalerweise geschieht die Übernahme von AGB nach folgendem **Muster**[270]: Der AGB-Verwender verweist in einer Urkunde, in welcher die individuell ausgehandelten Vertragspunkte (z.B. Werklohn) aufgelistet sind, auf die AGB, welche beispielsweise auf der Rückseite abgedruckt sind oder dem Kunden ausgehändigt werden. Der Kunde unterzeichnet das Vertragsformular einschliesslich eines Hinweises auf die AGB. Die Vertragsunterzeichnung gilt als Einverständnis mit den AGB, sofern der Kunde die AGB tatsächlich will oder der Verwender nach Treu und Glauben auf diesen (in Wirklichkeit allenfalls nicht vorhandenen) Willen schliessen darf. Zu beachten ist, dass auch Ungelesenes gewollt sein kann[271]. Daher können AGB auch global übernommen werden. Die Globalübernahme unterliegt teilweise anderen Regeln als die Vollübernahme, bei welcher der Kunde die AGB zur Kenntnis nimmt (vgl. Nr. 224). Ist im Einzelfall zweifelhaft, ob der Kunde eine AGB-Klausel global oder voll übernommen hat, so spricht die Vermutung für das erstere[272].

219 Nicht selten werden **individuelle Abreden** getroffen, **welche mit einer AGB-Klausel** kollidieren. In einem solchen Fall hat die Individualabrede Vorrang[273]. Das ist zwar im schweizerischen Recht – anders als etwa im deutschen (§ 4 AGBG) – nicht ausdrücklich vorgesehen, ergibt sich jedoch aus allgemeinen vertragsrechtlichen Grundsätzen: «Das [der Vorrang der Individualabrede]

---

[269] KOLLER, Architekturwettbewerb, Nr. 291.
[270] Vgl. KRAMER, N 188 zu Art. 1 OR.
[271] Grundlegend KARL OFTINGER, Die ungelesen unterzeichnete Urkunde und verwandte Tatbestände, in FG Simonius, Basel 1955, S. 263 ff.
[272] Die im Text verwendete Ausdrucksweise (Global- und Vollübernahme) hat sich nicht allgemein eingebürgert; sie findet sich beispielsweise bei SCHÖNENBERGER/JÄGGI, Zürcher Kommentar, N 461 ff. zu Art. 1 OR.
[273] Z.B. BGE 81 II 350, 93 II 325 f.

entspricht dem Willen der Vertragsparteien; denn diese wollten mit der Individualabrede deren Geltung erreichen, gleichgültig, ob ihnen der Widerspruch zu einer Klausel der AGB bekannt war.»[274]

220 **2. Ausnahme: Unklarheitenregel.** Ausnahmsweise gilt eine AGB-Klausel auch dann, wenn sie vertraglich nicht übernommen wurde, also vom Konsens nicht erfasst wird. Hier einzureihen ist die sog. Unklarheitenregel. Diese wird zwar regelmässig im Zusammenhang mit der Auslegung der AGB (dazu Nr. 230 ff.) behandelt. Letztlich handelt es sich aber um eine Dissens-Regel[275]: Lässt sich eine Klausel der AGB nicht in einem bestimmten Sinne deuten, so dass (mindestens) zwei Auslegungsergebnisse vertretbar sind, so ist die Klausel nicht wegen Dissenses ungültig, sondern sie gilt in dem für den Kunden günstigeren Sinne. Das unklare Auslegungsergebnis geht mit andern Worten zu Lasten des Verwenders. Dies ist zwar gesetzlich nur für einen Sonderfall vorgesehen (Art. 33 VVG; BGE 115 II 269), gilt jedoch allgemein (BGE 115 II 268 mit Hinweisen). Hervorzuheben ist, dass die Unklarheitenregel erst zum Zuge kommt, wenn die Auslegung kein klares (eindeutiges) Ergebnis zeitigt (vgl. § 5 AGBG). Von zentraler Bedeutung ist dabei die Frage, wie weit die Auslegung vorangetrieben werden muss, bevor auf Unklarheit geschlossen werden darf[276]. Genügt es beispielsweise, dass der Wortlaut einer AGB-Klausel unklar ist? Oder sind alle üblichen Auslegungselemente zu berücksichtigen, so etwa auch die systematische Stellung einer Klausel, deren Zweck usw.? Zu dieser Problematik wird gesondert Stellung bezogen (unten Nr. 231).

221 **3. Keine Geltung trotz Übernahme**[277]. Haben sich die Parteien auf die Geltung bestimmter AGB geeinigt, so kommen diese im Regelfall auch zum Tragen. Immerhin gibt es Ausnahmen, die auf ganz unterschiedlichen Gründen beruhen können: Im Vordergrund stehen Verstösse gegen die Inhaltsfreiheit (Art. 19 f. OR[278], Art. 199 OR). Daneben gibt es einzelne Sondernormen, welche die Geltung von AGB von besonderen, nicht oder jedenfalls

---

[274] BROX, Nr. 204 l; KRAMER, N 210 ff. zu Art. 1 OR, mit bedeutsamer Präzisierung in N 212.
[275] Vgl. etwa SCHÖNENBERGER/JÄGGI, Zürcher Kommentar, N 482 ff. zu Art. 1 OR; CHRISTOPH BÜRGI, Allgemeine Versicherungsbedingungen im Lichte der neuesten Entwicklung auf dem Gebiet der Allgemeinen Geschäftsbedingungen, Diss. Zürich 1985, S. 175, 180; GUHL/MERZ/KOLLER, S. 111 unten; grundlegend LUDWIG RAISER, Das Recht der Allgemeinen Geschäftsbedingungen, Hamburg 1935 (Nachdruck 1961), S. 260 ff.
[276] Vgl. RAISER (zit. in Anm. 275), S. 265.
[277] Formel von GAUCH/SCHLUEP, vor Nr. 1138.
[278] Die in Art. 19 f. OR vorgesehenen Kontrollkriterien sollen nach einem Teil der Lehre bei AGB «bewusst verschärft eingesetzt» werden (KRAMER, N 179 zu Art. 1 OR und N 290 ff. zu Art. 19-20 OR). Die Rechtsprechung ist dem jedoch nicht gefolgt.

nicht ausschliesslich inhaltlich motivierten Voraussetzungen abhängig machen. Zu erwähnen ist insbesondere Art. 8 UWG (s. ferner Art. 3 VVG und Art. 256 Abs. 2 lit. a OR, welche aber im vorliegenden Kontext keine Bedeutung haben).

222 Nach **Art. 8 UWG** handelt unlauter, wer vorformulierte AGB verwendet, die in irreführender Weise zum Nachteil einer Vertragspartei von der unmittelbar oder sinngemäss anwendbaren gesetzlichen Ordnung erheblich abweichen (lit. a) oder eine der Vertragsnatur erheblich widersprechende Verteilung von Rechten und Pflichten vorsehen (lit. b)[279]. Bei Vorliegen dieser Voraussetzungen sind die (unzulässigen) AGB ungültig (daneben ist Art. 9 UWG zu beachten). Zwar ist die Nichtigkeitsfolge in Art. 8 UWG nicht ausdrücklich vorgesehen, doch entspricht sie dem Sinn und Zweck der Bestimmung. Ihre Einbettung in das Wettbewerbsrecht ändert daran nichts. Die Entstehungsgeschichte macht nämlich deutlich, dass Art. 8 UWG eine schuldrechtliche Kontrollfunktion übernehmen sollte[280].

223 Das Requisit der «Irreführung» macht Art. 8 UWG zu einer stumpfen Waffe; denn es erlaubt dem AGB-Verwender, die Anwendbarkeit der Bestimmung auszuschliessen, indem er seinen Vertragspartner auf nachteilige Regeln klar und unmissverständlich hinweist (z.B. durch Fettdruck). Als wettbewerbsrechtlich unlauter gilt somit nicht die Benachteiligung als solche, sondern nur die irreführende Benachteiligung. Ist das Erfordernis der Irreführung gegeben und liegt auch eine nach lit. a oder b unzulässige Benachteiligung vor (z.B. täuschen Vertragsbestimmungen einen widerrufbaren Abzahlungskauf vor, während sie in Wirklichkeit einen gewöhnlichen Kauf beinhalten; Beispiel nach DAVID LUCAS), so wird zumeist auch die Ungewöhnlichkeitsregel

---

[279] In einem einzigen Fall hat das Bundesgericht bis anhin auf Unlauterkeit i.S.v. Art. 8 UWG geschlossen (BGE 119 II 443 ff.): Der Mieter eines Autos hatte dem Vermieter nebst dem Mietzins Prämien für eine Kasko-Versicherung zu bezahlen. In den AGB des Vermieters war vorgesehen, dass der Mieter bei schuldhafter Beschädigung des Autos für den ganzen Schaden haften sollte. Mit dieser Klausel musste der Mieter nach der zutreffenden Ansicht des Bundesgerichts nicht rechnen. Sie wurde daher als ungewöhnlich i.S. der Ungewöhnlichkeitsregel (dazu Nr. 224 ff.) angesehen. Zudem wurde ihre Einfügung in die AGB zu Recht als unlauter i.s.v. Art. 8 UWG qualifiziert. Vgl. ferner BGE 117 II 332 ff., wo die Unlauterkeit einer AGB-Klausel, die einem Automaten-Aufsteller die Abtretung des Vertrages an einen Dritten erlaubte, verneint wurde.

[280] In der Lehre wird die Nichtigkeitsfolge unter Berufung auf Art. 20 OR teilweise abgelehnt (z.B. GAUCH/SCHLUEP, Nr. 1155 ff.; BUCHER, Basler Kurzkommentar, N 55 zu Art. 1 OR): Art. 8 UWG sanktioniere ein (wettbewerbsrechtlich unzulässiges) *Verhalten*, Art. 20 OR aber knüpfe an einen bestimmten Vertrags*inhalt* an. Der Hinweis auf Art. 20 OR ist jedoch dann unbehelflich, wenn man die Nichtigkeitsfolge unmittelbar aus Art. 8 UWG herleitet. Im übrigen kann auch nicht gesagt werden, dass sich Art. 8 UWG *nur und ausschliesslich* gegen ein Verhalten richtet. Immerhin ist ja vorausgesetzt, dass der Vertragsinhalt erheblich vom dispositiven Recht bzw. der Vertragsnatur abweicht (Art. 8 UWG weist insoweit eine gewisse Verwandtschaft mit Art. 21 OR auf). Schliesslich scheint fraglich, ob die hier abgelehnte Lehrmeinung nicht auf einem allzu engen Verständnis von Art. 20 OR beruht.

§ 9 Abänderung der Gewährleistungsordnung: Allgemeines

eingreifen[281]. Es fehlt dann am erforderlichen Konsens, und die nachteilige Klausel kommt schon aus diesem Grund nicht zum Tragen.

2. Insbesondere die Nichtgeltung ungewöhnlicher AGB-Klauseln (Ungewöhnlichkeitsregel)

224   1. Ungewöhnliche, dem Kunden nachteilige AGB erlangen im Falle einer Globalübernahme (Nr. 218) des Kunden keine Geltung. Diese sog. Ungewöhnlichkeitsregel hat sich zwar im AGB-Recht herausgebildet, sie beruht jedoch im Ansatz auf allgemeinen vertragsrechtlichen Überlegungen: Dass Ungewöhnliches gewollt ist, darf weder unter willens- noch vertrauenstheoretischem Gesichtspunkt angenommen werden. Wer nämlich AGB global übernimmt, der nimmt zwar eine gewisse Unsicherheit in Kauf und akzeptiert einen ihm nicht näher bekannten Vertragsinhalt, mit Ungewöhnlichem aber rechnet er nicht; und der Gegner, der Verwender der AGB, darf seinerseits nach Treu und Glauben (Vertrauensprinzip) nicht davon ausgehen, der Kunde sei auch mit Ungewöhnlichem einverstanden. Die Ungewöhnlichkeitsregel ist im schweizerischen Recht – anders als etwa im deutschen Recht (§ 3 AGBG) – nicht ausdrücklich vorgesehen, jedoch von Lehre und Rechtsprechung anerkannt (grundlegend BGE 109 II 452 ff.[282], neustens BGE 119 II 443 ff., dazu Anm. 279).

225   **2. Präzisierungen:**

– Die Ungewöhnlichkeitsregel greift nur im Falle einer Globalübernahme Platz, nicht auch bei Vollübernahme. Wer daher AGB in Kenntnis ihres ungewöhnlichen Inhalts übernimmt, ist daran gebunden (es steht jedermann frei, auch Ungewöhnliches zu wollen und zu vereinbaren!). Doch ist zu beachten, dass auch im Falle einer Vollübernahme die ganze Tragweite einer Klausel nicht immer erkannt wird. Alsdann ist eine restriktive Auslegung am Platze (vgl. hinten Nr. 233).

226   – Hat der AGB-Verwender auf eine ungewöhnliche Klausel speziell hingewiesen (z.B. durch Fettdruck), so ist zu vermuten, dass der Kunde von der Klausel Kenntnis genommen und sie voll übernommen hat[283]. Doch muss dem Kunden der Gegenbeweis offenbleiben, so z.B. der Nachweis, dass bei Vertragsabschluss keine Zeit zur Lektüre der AGB blieb.

---

[281]   Ähnlich MERZ, S. 57 oben.
[282]   Dazu – mit gewissen Vorbehalten – GUHL/MERZ/KOLLER, S. 111, und GAUCH/SCHLUEP, Nr. 1141 f.
[283]   Vgl. PETER FORSTMOSER, Allgemeine Geschäftsbedingungen in Doktrin und Praxis, Zürich 1982, S. 47.

227 – Ungewöhnlich bedeutet überraschend, geschäftsfremd[284]. Ob etwas ungewöhnlich ist, bestimmt sich nach den Umständen des konkreten Einzelfalls und dem Verständnishorizont des Kunden. Daher sind beispielsweise AGB-Klauseln für Kaufleute weniger schnell ungewöhnlich als für Nicht-Kaufleute. Im Einzelfall kann dies aber trotzdem zutreffen (so auch nach deutschem Recht, § 3 AGBG i.V.m. § 24 Abs. 1 Ziff. 1 AGBG e contrario).

228 – Nach SCHÖNENBERGER/JÄGGI[285] darf Ungewöhnlichkeit nicht leichthin angenommen werden; denn wer AGB global zustimme, der nehme eben eine gewisse Unsicherheit in Kauf. Dem ist entgegenzuhalten, dass die Verantwortung für den AGB-Inhalt in erster Linie den AGB-Verwender trifft. So vor allem dann, wenn er die AGB aufgestellt hat; trifft dies nicht zu, hatte er immerhin – anders als im Normalfall der Kunde – ausgiebig Zeit, die AGB im einzelnen zu studieren. Vom Verwender darf daher verlangt werden, dass er alle auch nur einigermassen überraschenden Klauseln offen auf den Tisch legt und den AGB-Kunden speziell darauf hinweist. Übernimmt dieser jene Klauseln dann trotzdem, so ist dagegen nichts einzuwenden (vorausgesetzt, dass die Klausel vor den einschlägigen Inhaltsschranken standhält, dazu Nr. 221 ff.).

229 – Soweit die Ungewöhnlichkeitsregel Platz greift, sind AGB-Klauseln vom Vertragskonsens, dem Übernahmevertrag, nicht erfasst. Es ist daher missverständlich, sie unter dem Titel «Keine Geltung trotz Übernahme» (so GAUCH/SCHLUEP[286]) zu behandeln.

3. Auslegung der AGB; Restriktionsprinzip

230 **1.** Die allgemeinen Grundsätze für die Vertragsauslegung (Nr. 24) gelten auch für AGB. Das jedenfalls insoweit, als die AGB von einem Dritten oder beiden Parteien zur Einbeziehung in den Vertrag vorgeschlagen werden. Gesondert zu betrachten ist die Auslegung von AGB, die von einer Partei einseitig zur Verwendung vorgeschlagen werden. Vor allem in Deutschland wird für diesen Fall eine einheitliche Auslegung befürwortet: Die Bedingungen seien immer gleich auszulegen, ohne Berücksichtigung der konkreten Umstände des Einzelfalls[287]. Diese Ansicht ist für das schweizerische Recht abzulehnen. Denn wenn es zutrifft, dass Individualabreden den Vorrang vor AGB-Klauseln haben (Nr. 219), so müssen auch AGB **individuell ausgelegt** werden. Das bedeutet in erster Linie, dass dort, wo die Parteien einer AGB-Klausel übereinstimmend

---

[284] S. im einzelnen KRAMER, N 205 zu Art. 1 OR.
[285] Zürcher Kommentar, N 499 zu Art. 1 OR.
[286] Nr. 1141 ff.
[287] Z.B. KÖHLER, S. 255, unter Hinweis auf BGHZ 79, 117.

§ 9 Abänderung der Gewährleistungsordnung: Allgemeines

die gleiche Bedeutung beimessen, die Klausel mit dieser Bedeutung gilt (Art. 18 OR). Wo dies – wie regelmässig – nicht zutrifft und damit das Vertrauensprinzip zum Tragen kommt (Nr. 224), sind etwa Vorverhandlungen oder Branchenkenntnisse des Kunden bei der Auslegung mitzuberücksichtigen[288]. Für diesen (Regel-) Fall ist allerdings präzisierend beizufügen:

231 **2.** Unter dem Gesichtspunkt von Treu und Glauben ist zu berücksichtigen, dass der Verwender für die Formulierung der AGB verantwortlich ist oder die AGB vor der Verwendung zumindest eingehend studieren konnte. Das wirkt sich wie folgt aus: Der Kunde ist grundsätzlich nicht gehalten, langwierige Abklärungen über die Tragweite einer Klausel vorzunehmen. Namentlich obliegt ihm nicht, bei komplexen AGB (etwa Allgemeinen Versicherungsbedingungen) sich in zeitintensiven Studien in die Vertragssystematik einzuarbeiten. Vielmehr darf er sich grundsätzlich mit einer Wortinterpretation begnügen (so dem Sinne nach BGE 115 II 269)[289]. Bei objektiver Mehrdeutigkeit ist dem Kunden kein Vorwurf zu machen, wenn er sich eine vertretbare (ihm günstige) Deutung zu eigen macht. Dem Verwender würde es in einem solchen Fall schlecht anstehen, dem Kunden vorzuwerfen, er hätte die Mehrdeutigkeit der AGB erkennen können und diese durch entsprechende Abklärungen beseitigen müssen. Ein solcher Vorwurf wäre daher nach Treu und Glauben nicht zu hören, er wäre geradezu rechtsmissbräuchlich. Praktisch bedeutet dies, dass bei objektiver Mehrdeutigkeit einer AGB-Klausel ohne weiteres die Unklarheitenregel zum Zuge kommt[290].

232 Zusammenfassend lässt sich sagen, dass bei der Auslegung von (Publikums-) AGB dem **Wortlaut** eine **gesteigerte Bedeutung** zukommt und dass schon bald einmal auf Unklarheit zu schliessen ist. Es ist jedoch zu wiederholen, dass der Wortlaut nicht allein massgeblich ist. Das zeigt sich auch am Restriktionsprinzip:

233 **3.** Allgemein gehaltene Klauseln sind im Normalfall **restriktiv auszulegen** (vgl. BGE 87 II 87). «Denn die Parteien pflegen auch bei allgemeiner Ausdrucksweise doch nur einzelne typische Sachverhalte zu bedenken, so dass sie die Tragweite einer allgemeinen Regel häufig nicht überblicken und die Regel

---

[288] KRAMER, N 220 zu Art. 1 OR.

[289] A.A. GAUCH/SCHLUEP, Nr. 1232.

[290] Für einen Sonderfall ist dies im Gesetz vorgesehen: Will der Versicherer die Deckung für ein Risiko ausschliessen, so hat dies «in bestimmter, unzweideutiger Fassung» zu geschehen (SVA XIV, S. 174: «termes absoluments nets, de façon à éliminer tout doute»). Eine zweideutige Formulierung geht – nach der Unklarheitenregel (Nr. 220) – zu Lasten des Versicherers: Der Deckungsausschluss gilt zwar, aber mit der für den Versicherer ungünstigeren Bedeutung.

folglich nicht in ihrer Allgemeinheit wollen»[291]. Immerhin können allgemein gehaltene AGB-Klauseln im Einzelfall durchaus allgemein gewollt sein (BGE 72 II 267 ff., 83 II 401 ff.)[292]. Steht im Einzelfall nicht fest, ob eine allgemein gehaltene Klausel nach dem Parteiwillen mit eingeschränkter oder allgemeiner Tragweite gelten soll, ist also das Auslegungsergebnis nicht eindeutig, so gilt die für den Kunden günstigere Variante (Unklarheitenregel)[293].

§ 10 Das Nachbesserungsrecht gemäss der SIA-Norm 118; Vergleich mit dem gesetzlichen Nachbesserungsrecht

234 Die SIA-Norm 118 regelt die «Haftung für Mängel» unter diesem Titel in den Art. 165-171. Teil der Gewährleistungsordnung bilden aber auch die Art. 157-164 über die Abnahme des Werkes sowie die Art. 172-180 über die Garantiefrist. Soweit diese Bestimmungen keine Regelung enthalten, gilt das Gesetz, was sich von selbst versteht und in Art. 2 Abs. 2 der Norm noch besonders festgehalten ist. Eine umfassende Interpretation der zitierten Artikel ist im folgenden nicht beabsichtigt. Es sei hierfür auf GAUCHS Kommentar zur SIA-Norm 118 Art. 157-190 sowie auf die Diss. von LENZLINGER GADIENT verwiesen. Zu beachten ist, dass die SIA-Norm 118 wie alle AGB (im Falle ihrer vertraglichen Übernahme) individuell auszulegen ist (oben Nr. 230). Eine gleichsam authentische, für alle Fälle geltende Auslegung der Norm ist daher zum vornherein nicht möglich. Das gilt auch dort, wo die Norm im OR verwendete Ausdrücke aufnimmt oder eine gesetzliche Regelung wiedergibt (vgl. etwa Art. 166 Abs. 1)[294]. Immerhin lässt sich angeben, was *im Normalfall* als vereinbart anzusehen ist, wenn die Norm übernommen wurde. Im folgenden geht es immer um diesen «Normalinhalt».

235 Vorerst wird I. die Gewährleistungsordnung gemäss der SIA-Norm 118 im allgemeinen dargestellt, unter II.-IV. werden spezielle Probleme des Nachbesserungsrechts behandelt. Dabei wird die spezifische AGB-Problematik immer

---

[291] SCHÖNENBERGER/JÄGGI, Zürcher Kommentar, N 497 und 499 a.E. zu Art. 1 OR; BGE 51 II 281 f., 60 II 444, 91 II 348 f., 107 II 161 ff.
[292] SCHÖNENBERGER/JÄGGI, Zürcher Kommentar, N 497 zu Art. 1 OR.
[293] S. oben Nr. 220; SCHÖNENBERGER/JÄGGI, Zürcher Kommentar, N 497 zu Art. 1 OR.
[294] Wo dies zutrifft, ist allerdings die Norm vermutungsweise im Sinne des Gesetzes zu verstehen (PIERRE TERCIER, BR 1983, S. 55 Nr. 38; GAUCH/SCHLUEP, Nr. 1230). Die Vermutung kann jedoch umgestossen werden. So ist beispielsweise der Ausdruck Abnahme i.S. von Art. 180 SIA-Norm 118 nicht im Sinne des Gesetzes (z.B. Art. 370 Abs. 1 OR) zu verstehen, sondern im Sinne von Art. 157 ff. der Norm.

mituntersucht. Insbesondere wird die Gewährleistungsordnung auf ihre Vereinbarkeit mit Ungewöhnlichkeits- und Unklarheitenregel hin geprüft. Vorwegzunehmen ist, dass die Art. 157 ff. der Norm in dieser Hinsicht weitgehend unproblematisch sind[295].

I. Die Gewährleistungsordnung der SIA-Norm 118 im allgemeinen

236 Die Mängelrechte des Bestellers entstehen nach der SIA-Norm 118 – wie nach Gesetz – im Zeitpunkt der Abnahme. «Sowohl die Garantie- als auch die Verjährungsfrist für Mängelrechte des Bauherrn beginnen» jetzt «zu laufen», und der Bauherr «trägt fortan die Gefahr» (Art. 157 SIA-Norm 118). Allerdings stehen dem Bauherrn – unter bestimmten Voraussetzungen – bereits vor der Abnahme Rechte zu, welche den Mängelrechten inhaltlich entsprechen. Das hat etwa GAUCH zur Bemerkung veranlasst, dass die Mängelrechte nicht erst mit der Abnahme, sondern schon mit deren Einleitung, d.h. mit der Vollendungsanzeige (Art. 158 Abs. 1 SIA-Norm 118)[296], entstehen[297]. Der Systematik der SIA-Norm, welche – wie gesagt – an den Zeitpunkt der Abnahme den Beginn der Garantie- und Verjährungsfrist sowie den Gefahrübergang knüpft, dürfte die hier vertretene Ansicht jedoch besser entsprechen (Weiteres unten in Nr. 283). Ob man der einen oder andern Ansicht folgt, ist freilich letztlich mehr eine Frage des theoretischen Geschmacks als der praktischen Relevanz. Sicher ist, dass die Abnahme für die Rechtsstellung der Parteien eine wesentliche Zäsur mit sich bringt und daher näherer Erörterung bedarf (Nr. 251 ff.).

237 Im folgenden werden 1. die Mängelrechte und deren Inhalt dargestellt, sodann 2. die Voraussetzungen der Mängelrechte. Schliesslich gelangen 3. die «Mängelrechte» vor der Abnahme zur Darstellung.

---

[295] Bedenken weckt Art. 174 Abs. 3 (und – ausserhalb des Gewährleistungsrechts – Art. 33 Abs. 2, vgl. BGE 109 II 455 ff.; KOLLER, Gutglaubensschutz, Nr. 261 ff.; SCHWAGER, BR 1980, S. 24). Nach einer von BÜHLER, S. 325 f., geäusserten Auffassung weist Art. 174 Abs. 3 SIA-Norm 118 einen geschäftsfremden Inhalt auf, so dass er «bei globaler Übernahme der SIA-Norm 118 für den nicht rechtskundigen und prozessunerfahrenen Unternehmer als ungewöhnlich und damit unverbindlich zu qualifizieren» sei; anders BR 1993, S. 102 f.

[296] Der Vollendungsanzeige ist der Fall gleichgestellt, da «der Bauherr ein vollendetes Werk von sich aus in Gebrauch» nimmt, z.B. zum Weiterbau (Art. 158 Abs. 1 SIA-Norm 118). Dieser Fall bleibt im folgenden ausser Betracht.

[297] GAUCH, N 5 zu Art. 180 SIA-Norm.

1. Die Mängelrechte und deren Inhalt

238 **1.** Nach Art. 368 OR hat der Besteller – bei gegebenen Voraussetzungen – alternativ drei Mängelrechte: Wandelungs-, Minderungs- und Nachbesserungsrecht (dazu kommt kumulativ das Recht auf Ersatz eines Mangelfolgeschadens). Demgegenüber ist in Art. 169 der SIA-Norm 118 ein **Vorrang des Nachbesserungsrechts** vorgesehen: «Bei jedem Mangel hat der Bauherr (abgesehen vom Schadenersatzrecht nach Art. 171) zunächst einzig das Recht, vom Unternehmer die Beseitigung des Mangels innerhalb angemessener Frist zu verlangen.» Nur wenn der Mangel nicht fristgemäss behoben wird (sei es gar nicht oder doch nicht vollständig), kann der Bauherr auch mindern oder wandeln («vom Vertrage zurücktreten», wie Art. 169 Abs. 1 Ziff. 3 der Norm sagt). Vorbehalten sind die Fälle von Art. 169 Abs. 2 der Norm. Das Minderungs- und das Wandelungsrecht sind also nach der Norm sekundäre Mängelrechte (Nr. 12), wogegen es sich nach Gesetz um primäre Mängelrechte handelt. Minderungs- und Wandelungsrecht werden durch ein weiteres sekundäres Mängelrecht ergänzt: durch das Recht auf Ersatzvornahme (Nr. 244).

239 Die Regelung der SIA-Norm 118 mit dem Vorrang des Nachbesserungsrechts kommt dem Unternehmer – in gerechtfertigter Weise – entgegen. Sie erlaubt ihm, im nachhinein doch noch richtig zu erfüllen und sich damit den ganzen Werklohn zu sichern. Nach Gesetz müsste er damit rechnen, dass der Bauherr mindert (ausnahmsweise sogar wandelt), was im Normalfall eine unverhältnismässige Werklohnreduktion zur Folge hat. Denn der Minderwert entspricht vermutungsweise den Kosten, die ein Dritter für die Mängelbeseitigung aufwenden müsste; diese Kosten aber sind in der Regel höher als die Kosten, die dem Unternehmer durch die Nachbesserung entstehen (oben Anm. 8). Eine der gesetzlichen Rechtslage vergleichbare Situation entsteht jedoch dann, wenn der Unternehmer die Mängel innert der Verbesserungsfrist nicht oder nicht vollständig beseitigt; denn jetzt steht dem Bauherrn ein ähnliches Wahlrecht wie nach Art. 368 OR zu.

240 **2.** Der Anspruch auf Verbesserung ist – anders als nach Gesetz – **nicht ein Gestaltungsrecht**, sondern eine Forderung. Das ist freilich bestritten. A.A. ist beispielsweise GAUCH[298]. Seines Erachtens entsteht die Nachbesserungsforderung erst dann, wenn «der Bauherr die Nachbesserung verlangt». In diesem «Verlangen» soll die Ausübung des Gestaltungsrechts bestehen. Nach der hier vertretenen Ansicht entsteht die Nachbesserungsforderung schon früher, nämlich mit der Abnahme, und dies unabhängig von irgendeiner Erklärung des Bauherrn. Träfe die Auffassung von GAUCH zu, so wäre die Nachbesserungsschuld erst erfüllbar, wenn der Besteller die Nachbesserung verlangt. Richtigerweise muss jedoch der Unternehmer die Möglichkeit haben, auch ohne ein solches Verlangen zur Nachbesserung zu

---

[298] N 1 und 6 zu Art. 169 SIA-Norm 118; ebenso LENZLINGER GADIENT, S. 129.

schreiten[299]. Art. 160 der Norm, zweiter Satzteil, kann wohl nur in diesem Sinne verstanden werden. Lehnt der Bauherr, der kein Nachbesserungsbegehren gestellt hat, die Nachbesserung ab, so kommt er nach der hier vertretenen Ansicht in Annahmeverzug, was nach der Auffassung GAUCHS nicht der Fall sein dürfte[300,301].

241 **3. Inhalt des Nachbesserungsrechts.** Die Nachbesserungsforderung des Bauherrn entspricht inhaltlich dem gesetzlichen Nachbesserungsanspruch. Sie geht also grundsätzlich auf Verbesserung des bestehenden Werks, ausnahmsweise auf Neuherstellung (vorne Nr. 115 ff.)[302].

242 **4.** Der Bauherr ist im Sinne einer **Obliegenheit** verpflichtet, die **Nachbesserung zu dulden.** Eine eigentliche Pflicht besteht nicht. Der Unternehmer kann daher die Verbesserung nicht gegen den Willen des Bauherrn durchsetzen, er hat kein Recht auf Nachbesserung. Es verhält sich insoweit gleich wie im Fall, da der Besteller das gesetzliche Nachbesserungsrecht ausübt und dadurch die Nachbesserungsschuld zur Entstehung bringt (Nr. 123).

243 **5.** Verursacht die Verbesserung des Werks **übermässige Kosten** (Art. 368 Abs. 2 OR), so hat der Bauherr keinen Nachbesserungsanspruch (Art. 169 Abs. 1 Ziff. 1 SIA-Norm 118). Auch in diesem Fall muss er jedoch dem Unternehmer vorerst die Möglichkeit einräumen nachzubessern (Art. 169 Abs. 1 vor Ziff. 1)[303]. Der Unternehmer hat es somit in der Hand, mit übermässigen Kosten nachzubessern und dadurch Minderung und Wandelung abzuwehren. Aus dem Gesagten folgt: Verursacht die Nachbesserung übermässige Kosten, so hat der Bauherr vorerst überhaupt keine Mängelrechte. Er hat lediglich die Möglichkeit, dem Unternehmer für die Nachbesserung

---

[299] Beginnen *müssen* tut er jedoch erst, wenn ihn der Besteller zur Nachbesserung auffordert. Es steht dem Unternehmer nun eine angemessene Frist (Nr. 244) zur Vornahme der Nachbesserungsarbeiten zu. Mit Fristablauf ist das nachgebesserte Werk zur Ablieferung fällig.

[300] Es ist auch nicht etwa so, dass das Nachbesserungsbegehren des Bauherrn erst die Fälligkeit der Nachbesserungsforderung begründet. Die Fälligkeit entsteht vielmehr unmittelbar mit der Entstehung des Anspruchs (vgl. Art. 75 OR). – Die praktischen Unterschiede zwischen der «Auffassung Gestaltungsrecht» und der hier vertretenen Ansicht dürften gering sein. Die Vorstellung, beim Nachbesserungsanspruch im Sinne der Norm handle es sich um ein Gestaltungsrecht, passt jedoch nicht. Vor allem scheint es gekünstelt zu sagen, der Bauherr könne die Nachbesserung erst verlangen, wenn er vorher eine entsprechende Gestaltungserklärung abgegeben habe.

[301] Anders verhält es sich nach Ablauf der Verbesserungsfrist i.S.v. Art. 169 SIA-Norm 118. Bestehen jetzt noch Mängel, so ist der Bauherr nicht mehr gehalten, die Verbesserung zu dulden. Vielmehr kann er nun nach Massgabe von Art. 169 Abs. 1 Ziff. 1-3 die Minderung oder Wandelung erklären oder von seinem Recht auf Ersatzvornahme Gebrauch machen.

[302] A.A. (ohne Begründung) LENZLINGER GADIENT, S. 139: Es bestehe kein Anspruch auf Neuherstellung.

[303] EGLI, S. 92 unten; GAUCH, N 7 a) zu Art. 169 SIA-Norm 118.

Frist anzusetzen. Mängelrechte entstehen erst, wenn der Unternehmer diese Frist ungenutzt verstreichen lässt; alsdann kann der Besteller mindern oder (ausnahmsweise) wandeln.

244 **6. Verzug mit der Nachbesserung.** Art. 169 der Norm sieht vor, dass der Bauherr die Beseitigung eines Mangels «innerhalb angemessener Frist» verlangen kann. Ist die Frist ungenutzt verstrichen, so ist er nicht mehr auf die Nachbesserung beschränkt. Vielmehr kann er nun «die Verbesserung statt durch den Unternehmer auch durch einen Dritten ausführen lassen oder sie selbst vornehmen, beides auf Kosten des Unternehmers» (Art. 169 Abs. 1 Ziff. 1). Statt dessen kann er nun auch die Minderung erklären (Art. 169 Abs. 1 Ziff. 2) oder – unter den Voraussetzungen von Art. 368 Abs. 1 und 3 OR – «vom Vertrag zurücktreten» (Art. 169 Abs. 1 Ziff. 3), also die Wandelung erklären.

245 Der Wortlaut von Art. 169 SIA-Norm 118 ist insofern ungenau, als er die umschriebenen (sekundären) Mängelrechte scheinbar ausschliesslich davon abhängig macht, dass der Unternehmer die Verbesserungsfrist nicht einhält. In Wirklichkeit muss der Unternehmer die Frist *pflichtwidrig* nicht gewahrt haben: Er muss in Verzug sein. Das trifft nicht zu, wenn der Besteller in Annahmeverzug ist oder der Unternehmer die Vornahme der Nachbesserungsarbeiten gestützt auf Art. 82 OR verweigern darf (vorne Nr. 161). Alsdann bestehen auch die fraglichen sekundären Mängelrechte nicht. Das Requisit der Pflichtwidrigkeit ergibt sich aus einer an Treu und Glauben (Vertrauensprinzip) orientieren Auslegung von Art. 169 der Norm. Diese Bestimmung verwendet zwar den Ausdruck Verzug nicht, gewährt aber weitestgehend die Verzugsrechte, wie sie von Lehre und Rechtsprechung gestützt auf Art. 107 Abs. 2 OR i.V.m. Art. 368 OR entwickelt wurden. Nur schon das lässt nach Treu und Glauben den Schluss zu, dass diese Rechte Verzug (pflichtwidrige Nichterfüllung der Nachbesserungsschuld) voraussetzen.

246 Weiteres zum Nachbesserungsverzug s. hinten Nr. 286 ff.; dort auch zur Frage, wie es sich verhält, wenn der Besteller Nachbesserung verlangt, ohne eine Verbesserungsfrist anzusetzen.

247 **7. Schlechterfüllung der Nachbesserungsschuld.** Unternimmt der Unternehmer einen Nachbesserungsversuch, der nicht oder nicht gänzlich zum Ziele führt, so stehen dem Besteller ebenfalls die sekundären Mängelrechte gemäss

Art. 169 der Norm zu[304]. Diese Bestimmung ist also nicht nur Verzugs-, sondern auch Schlechterfüllungsregel. Das «soweit» im letzten Satz vor Ziff. 1 bringt beides zum Ausdruck.

2. Die Voraussetzungen der Mängelrechte

A. Allgemeines

248 Die Mängelrechte setzen nach Gesetz einen Mangel, Abnahme des Werks sowie fehlendes Selbstverschulden des Bestellers (hier: Bauherrn) voraus. Sie fallen dahin, wenn nicht rechtzeitig gerügt wird. Das Nachbesserungsrecht setzt zusätzlich voraus, dass die Mängelbeseitigung keine übermässigen Kosten verursacht. Die Nachbesserungsforderung entsteht durch Ausübung des Nachbesserungsrechts (Gestaltungserklärung).

249 Für die Nachbesserungsforderung nach der SIA-Norm 118 gilt im wesentlichen dasselbe, wenn man davon absieht, dass die Entstehung der Nachbesserungsforderung keine Gestaltungserklärung des Bestellers voraussetzt (Nr. 240). Zu beachten ist jedoch, dass die einzelnen Gewährleistungsvoraussetzungen nach der SIA-Norm teilweise anders aufzufassen sind als nach Gesetz. Auf die wichtigsten Abweichungen wird nachstehend in lit. B und C eingegangen.

250 Eine bloss formale Abweichung vom Gesetz beinhaltet Art. 166 Abs. 4 der Norm. Abs. 1-3 von Art. 166 umschreiben den Begriff des Mangels, und zwar im Sinne von Art. 368 OR, wie er von der herrschenden Lehre und Rechtsprechung interpretiert wird (dazu Nr. 22 ff.). Abs. 4 bestimmt sodann, dass ein Selbstverschulden des Bestellers i.S. von Art. 369 OR das Vorliegen eines Mangels und damit auch die Mängelhaftung des Unternehmers ausschliesst. Demgegenüber fallen unter den gesetzlichen Mangelbegriff auch selbstverschuldete Mängel, doch besteht dafür ebenfalls keine Haftung des Unternehmers.

B. Abnahme des Bauwerks

251 Die Abnahme wird – wie nach Gesetz – mit der Vollendungsanzeige eingeleitet[305]. Während jedoch nach Gesetz die Abnahme der Vollendungsanzeige regelmässig unmittelbar nachfolgt, damit praktisch zusammenfällt (Nr. 69, 306, Anm. 328 f.), trifft dies für die SIA-Norm 118 nicht zu. Hier sind Vollendungsanzeige und Abnahme zeitlich klar getrennt. Im einzelnen sind ein Normalfall und verschiedene Ausnahmefälle zu unterscheiden:

---

[304] GAUCH, N 9 zu Art. 169 SIA-Norm 118.
[305] Abnahmefähig ist auch ein in sich geschlossener Werkteil (Art. 157 Abs. 1 SIA-Norm 118; TRÜMPY, S. 113). Im folgenden wird jedoch ausschliesslich auf die Abnahme des Gesamtwerks Bezug genommen.

252 **1. Normalfall**: Das Werk ist innert Monatsfrist seit der Vollendungsanzeige von Unternehmer und Bauherr gemeinsam zu prüfen. Zeigen sich hierbei keine wesentlichen Mängel, so ist es **mit Abschluss der Prüfung abgenommen**. Zeigen sich wesentliche Mängel, so wird die Abnahme grundsätzlich zurückgestellt (s. unten Nr. 256); vorbehalten sind gewisse Sonderfälle, namentlich zwei:

253 – Hat der Bauherr bei der gemeinsamen Prüfung auf die Geltendmachung eines (wesentlichen) Mangels verzichtet, so hindert dieser Mangel die Abnahme nicht. Ein solcher Verzicht wird angenommen, wenn ein Mangel bei der Prüfung offensichtlich war, jedoch nicht geltend gemacht wurde. Wurde ein nicht offensichtlicher Mangel erkannt, aber nicht geltend gemacht, so gilt dasselbe[306] (Art. 163 SIA-Norm 118)[307]. Der Bauherr muss also erkannte oder offensichtliche Mängel bei der Prüfung rügen, ansonst die Abnahme nicht hinausgeschoben wird. Mehr noch: Rügt der Bauherr die Mängel nicht, so verliert er insoweit die Mängelrechte (Art. 163 a.E.).

254 – Der Bauherr ist im Sinne einer Obliegenheit verpflichtet, den Unternehmer ohne Versäumnis aufzufordern, bei der gemeinsamen Prüfung entdeckte Mängel innert angemessener Frist zu beseitigen. Unterlässt er dies, so gilt das Werk trotz der Mängel als abgenommen, und zwar «mit Abschluss der Prüfung» (Art. 162 SIA-Norm 118, 1. Abschnitt). Hingegen hat die Obliegenheitsverletzung keinen Verlust der Mängelrechte zur Folge (hinten Nr. 281).

255 **2. Erster Ausnahmefall (Art. 164 SIA-Norm 118)**: Die gemeinsame Prüfung ist – wie gesagt – innert Monatsfrist (seit der Vollendungsanzeige) vorzunehmen. Unterbleibt sie, «weil entweder keine der Parteien die Prüfung verlangt oder von seiten des Bauherrn die Mitwirkung unterlassen wird, so gilt das Werk ... mit Ablauf dieser Frist dennoch als abgenommen» (Art. 164 Abs. 1). «Keine Abnahme findet jedoch statt, solange die gemeinsame Prüfung deswegen unterbleibt, weil der Unternehmer die Mitwirkung unterlässt» (Art. 164 Abs. 2 der Norm).

---

[306] GAUCH, N 4 und 10 zu Art. 162 SIA-Norm 118. Der Wortlaut ist allerdings nicht eindeutig, aber nach Treu und Glauben (Vertrauensprinzip) im umschriebenen Sinne zu verstehen.

[307] Für Mängel, die im Prüfungsprotokoll nicht aufgeführt sind, gilt die Vermutung, dass sie anlässlich der gemeinsamen Prüfung nicht gerügt wurden. Dem Bauherrn steht jedoch der Nachweis offen, dass die Mängel trotzdem gerügt wurden, also das Prüfungsprotokoll unvollständig ist.

§ 10 Das Nachbesserungsrecht gemäss der SIA-Norm 118

256   **3. Zweiter Ausnahmefall (Art. 161 Abs. 2 und 3 SIA-Norm 118)**: Zeigen sich bei der gemeinsamen Prüfung wesentliche Mängel, so hat der Bauherr – wie gesagt – unversäumt Frist zur Mängelbeseitigung anzusetzen. Tut er dies, so wird die Abnahme hinausgeschoben. Der Unternehmer muss nun die Mängel beseitigen und nach getaner Arbeit dem Besteller davon unverzüglich Mitteilung machen. Alsdann hat eine neue Prüfung stattzufinden. Zeigen sich bei dieser keine wesentlichen Mängel mehr, so gilt das Werk nun als abgenommen. Zeigen sich erneut wesentliche Mängel, so ist nochmals im umschriebenen Sinne zu verfahren (vgl. Art. 162 der Norm, 2. Abschnitt). Wiederum gilt, dass dann, wenn der Bauherr nach der Prüfung nicht unverzüglich die Mängelbeseitigung verlangt, die Abnahme mit der Prüfung als erfolgt anzusehen ist (analog oben Nr. 254 für den Fall, dass sich bei der ersten gemeinsamen Prüfung wesentliche Mängel zeigen).

257   **4. Weitere Ausnahmefälle**: Ist die Verbesserungsfrist i.S.v. Art. 161 Abs. 2 SIA-Norm 118 abgelaufen, so stehen dem Bauherrn die Rechte gemäss Art. 169 der Norm zu, falls sich immer noch Mängel zeigen. Und zwar stehen ihm diese Rechte zu, schon bevor das verbesserte Werk i.S.v. Art. 161 Abs. 3 der Norm gemeinsam geprüft wird; ja, sie stehen ihm auch dann zu, wenn es überhaupt nicht zu einer solchen Prüfung kommt. Der Bauherr kann somit nach Ablauf der Verbesserungsfrist ohne weiteres mindern, zur Ersatzvornahme schreiten oder vom Vertrag zurücktreten (wandeln), sofern die spezifischen Voraussetzungen dieser Rechte gemäss Art. 169 der Norm erfüllt sind. Übt der Bauherr eines der Rechte aus, so hat dies – was die Abnahme anbelangt – folgende Wirkungen:

258   – Mindert er, so wird das Werk «zugleich mit der Minderungserklärung abgenommen, sofern die Abnahme nicht schon früher stattgefunden hat» (Art. 162 SIA-Norm 118, 3. Abschnitt).

259   Früher stattgefunden hat die Abnahme beispielsweise dann, wenn der Bauherr das verbesserte Werk nach Ablauf der Verbesserungsfrist mit dem Unternehmer gemeinsam geprüft hat und sich keine wesentlichen Mängel mehr gezeigt haben (Tatbestand von Art. 161 Abs. 3 SIA-Norm 118) oder wenn sich zwar noch wesentliche Mängel gezeigt haben, der Bauherr jedoch nicht sofort auf der Verbesserung beharrt hat (Tatbestand von Art. 162 SIA-Norm 118, 2. Abschnitt).

260   – Erklärt der Bauherr die Wandelung, so fällt der Vertrag dahin, und die Frage der Abnahme stellt sich nicht mehr. Auch in diesem Fall können jedoch Mängelrechte bestehen, insbesondere nach Art. 171 (Recht auf Ersatz des Mangelfolgeschadens). Die Abnahme als verjährungsauslösender Zeitpunkt wird hier ersetzt durch den Rücktritt[308].

---

[308] GAUCH, N 15 zu Art. 162 SIA-Norm 118.

§ 10 Das Nachbesserungsrecht gemäss der SIA-Norm 118

261   Der Wortlaut von Art. 162 SIA-Norm, 2. Abschnitt, könnte den Eindruck erwecken, das Rücktrittsrecht bestehe erst dann, wenn das Werk nach Ablauf der Verbesserungsfrist i.S.v. Art. 161 Abs. 2 nochmals geprüft wird und sich immer noch wesentliche Mängel zeigen. Man wird jedoch – wie gesagt (Nr. 257) – annehmen müssen, dass das Rücktrittsrecht unmittelbar mit Ablauf der Verbesserungsfrist entsteht, sofern dannzumal noch (zum Rücktritt berechtigende) Mängel bestehen.

262   – Nicht speziell geregelt ist der Fall, da der Bauherr zur Ersatzvornahme schreitet. Vgl. dazu AGVE 1992, S. 32 = BR 1994, S. 52.

263   **5. Wirkungen der Abnahme.** Die Abnahme hat – wie bereits gesagt (Nr. 236) – zur Folge, dass nun die Garantie- und Verjährungsfrist zu laufen beginnen und der Gefahrübergang stattfindet. Hingegen bewirkt sie – anders als nach Gesetz – keine inhaltliche Umgestaltung der Rechtsstellung des Bestellers. Dieser hat ab dem Zeitpunkt der Vollendungsanzeige das Recht, die Mängelbeseitigung zu verlangen, und kann bei gescheitertem oder unterbliebenem Nachbesserungsversuch die Rechte von Art. 169 Abs. 1 Ziff. 1-3 SIA-Norm 118 geltend machen.

C. Mängelrüge

264   1. Ein zweiter Unterschied zwischen Gesetz und SIA-Norm 118 betrifft die wichtige Frage der Mängelrüge: Nach Gesetz muss der Bauherr das Bauwerk nach dessen Ablieferung prüfen und dabei erkennbare Mängel sofort anzeigen. Bei der Prüfung nicht erkennbare Mängel muss er sofort nach ihrer Entdeckung anzeigen. Der Mängelrüge ist eine zeitliche Schranke gesetzt; sie muss spätestens bis Ablauf der Verjährungsfrist erfolgen (absolute Rügefrist, Nr. 85 ff.). Besonderheiten gelten für absichtlich verschwiegene Mängel. Diese können jederzeit gerügt werden (Art. 370 Abs. 1 OR a.E.)[309], und zwar während der ganzen Verjährungsfrist, die hier zehn Jahre beträgt (Art. 371 OR i.V.m. Art. 210 Abs. 3 OR; unten Nr. 377 f.).

265   2. **Die Rügeordnung der SIA-Norm 118 ist weit weniger streng als die gesetzliche**:

266   Gemäss Art. 172 der Norm «besteht eine Garantiefrist von zwei Jahren», die mit dem Tag der Abnahme zu laufen beginnt. Dabei handelt es sich um eine (relative) Rügefrist: «Während der Garantiefrist kann der Bauherr in Abweichung vom Gesetz (Art. 367 und Art. 370 OR) Mängel aller Art jederzeit rügen» (Art. 173 SIA-Norm 118). Eine Pflicht zu sofortiger Rüge besteht somit nicht.

---

[309]   Vgl. GAUCH, Werkvertrag, Nr. 1559, und GIGER, N 8 zu Art. 203 OR. Beide Autoren sind zu Recht der Meinung, dass ein Kausalzusammenhang zwischen der absichtlichen Täuschung und der Unterlassung rechtzeitiger Rüge nicht bestehen muss. Wer absichtlich täuscht, wird bestraft.

§ 10 Das Nachbesserungsrecht gemäss der SIA-Norm 118

267 Nach Ablauf der zweijährigen Rügefrist können Mängel, die während der zweijährigen Frist entdeckt wurden, grundsätzlich nicht mehr gerügt werden. Nachher entdeckte Mängel können hingegen immer noch gerügt werden, das muss nun aber sofort geschehen (Art. 179 Abs. 2 SIA-Norm 118). Nach Ablauf der zweijährigen Rügefrist entspricht somit die Rügeordnung der Norm derjenigen des Gesetzes[310].

268 Eine *absolute* Rügefrist kennt die SIA-Norm 118 nicht. Mangels anderer Vereinbarung kommt jedoch auch bei Übernahme der Norm Art. 371 OR i.V.m. Art. 210 Abs. 2 OR zum Tragen. Danach ist die Verjährungsfrist gleichzeitig absolute Rügefrist (oben Nr. 85 ff.)[311]. Mängelrügen müssen somit spätestens fünf Jahre nach Abnahme (Art. 180 der Norm) erhoben werden; diese Frist wird im Falle einer Hemmung oder Unterbrechung der Verjährung verlängert (oben Nr. 86).

269 Besonderes gilt für absichtlich verschwiegene Mängel: Auch bei Vereinbarung der Norm kommt Art. 370 OR a.E. zum Tragen. Absichtlich verschwiegene Mängel können daher bis zum Ablauf der Verjährungsfrist immer gerügt werden, und die Verjährungsfrist ist die zehnjährige (Art. 180 Abs. 2 der Norm; vgl. vorne Nr. 87).

270 Die umschriebene Rüge-Regelung der SIA-Norm 118 ist der gesetzlichen Regelung vorzuziehen. Denn die gesetzliche Pflicht zur selbständigen Werkprüfung und sofortigen Mängelanzeige überfordert den durchschnittlichen Bauherrn in aller Regel. Es ist denn auch bezeichnend, dass keines unserer Nachbarrechte eine solche strenge Prüfungs- und Rügeobliegenheit kennt[312].

271 **3. Neulauf der Rügefrist.** Beseitigt der Unternehmer einen während der Garantiefrist gerügten Mangel, so hat er davon dem Besteller Anzeige zu machen. Es findet dann «eine Prüfung und Abnahme nach Massgabe der Art. 157 ff. [SIA-Norm 118] statt» (Art. 176 Abs. 1 SIA-Norm 118). «Mit dem Tag der Abnahme beginnt die Garantiefrist für den instandgestellten Teil neu zu laufen. Unwesentliche Mängel unterbrechen die Garantiefrist nicht» (Art. 176 Abs. 2 SIA-Norm 118). Die Abnahme, welche nach dem Gesagten den Neulauf der Garantiefrist (=Rügefrist) auslöst, bestimmt sich zwar nach Art. 157 ff. der Norm (dazu Nr. 251 ff.), doch ist zu beachten, dass diese Bestimmungen nicht auf die Abnahme des nachgebesserten, sondern des neu erstellten Werks zugeschnitten sind. Die Artikel sind daher im vorliegenden Zusammenhang nur sinngemäss anwendbar[313]. Auf den Begriff der Abnahme wurde vorne Nr. 251

---

[310] Vgl. BÜHLER, S. 327 f.
[311] Vgl. GAUCH, N 6 b) zu Art. 180 der SIA-Norm 118 (GAUCH verweist irrtümlich auf Abs. 3 statt Abs. 2 von Art. 210 OR).
[312] Vgl. BÜHLER, S. 331.
[313] Vgl. GAUCH, N 6 zu Art. 176 SIA-Norm 118.

ff. eingegangen. Es sei hier auf die dortigen Ausführungen verwiesen. Beizufügen ist viererlei:

272 – Die Abnahme findet mit der gemeinsamen Prüfung statt, falls diese keine oder nur unwesentliche Mängel zutage fördert (Art. 159 und 160 der Norm). Ein Neulauf der Garantiefrist ist diesfalls jedoch – wie bereits gesagt – mit der Abnahme nicht verbunden.

273 – Behebt der Unternehmer einen erst *nach* Ablauf der Garantiefrist gerügten (verdeckten) Mangel, so beginnt keine neue Garantiefrist zu laufen. Das ist zwar in der Norm nicht ausdrücklich gesagt, ergibt sich aber e contrario aus Art. 176 SIA-Norm 118.

274 – Hat der Unternehmer einen während der Garantiefrist gerügten Mangel nur ungenügend beseitigt, so kann der Bauherr auf die Nachbesserung verzichten und stattdessen eines der sekundären Mängelrechte gemäss Art. 169 Abs. 1 Ziff. 1-3 SIA-Norm 118 ausüben. Diesfalls findet freilich kein Neulauf der Garantiefrist statt. Denn wenn der Besteller Minderung oder Wandelung erklärt oder vom Recht auf Ersatzvornahme Gebrauch macht, so fällt die Nachbesserungsschuld dahin, damit auch die Garantiefrist.

275 – «Dass die Garantiefrist *'für den instandgestellten Teil'* neu zu laufen beginnt, darf nicht missverstanden werden. Gemeint ist nur (aber immerhin), dass mit Bezug auf den in Frage stehenden Mangel eine neue Garantiefrist läuft»[314]. Mit der «Garantiefrist» ist die relative Rügefrist (Nr. 266) gemeint, nicht die absolute (Nr. 268).

276 Beispiel: Das vom Dachdecker erstellte Dach rinnt an der Stelle A. Der Bauherr rügt diesen Mangel innerhalb der Garantiefrist. Wenn der Unternehmer den Mangel repariert, so beginnt nach Massgabe von Art. 157 Abs. 2 SIA-Norm 118 eine neue Garantiefrist, dies jedoch nur mit Bezug auf die reparierte Stelle des Daches. Wenn daher das Dach später an der Stelle B zu rinnen beginnt, so gilt insoweit die normale Rügeordnung; die zweijährige Garantiefrist, während welcher Mängel jederzeit gerügt werden können, ist hier nicht verlängert.

277 **4. Nicht selten ändern die Parteien die Rügefrist oder den Fristbeginn ab.** Illustrativ etwa ZR 1991, S. 49 ff., wo ein Generalunternehmer mit seinen Subunternehmern die Übernahme der SIA-Norm 118 abgemacht, jedoch gleichzeitig vereinbart hatte, dass die Garantiefrist für die einzelnen Subunternehmerwerke nicht individuell beginnen sollte, sondern am gleichen Tag, am Tage der Bauvollendung.

3. «Mängelrechte» vor der Abnahme

278 **1.** Mit der Vollendungsanzeige, mit der die Abnahme eingeleitet wird (Nr. 251), entsteht das Recht des Bauherrn, die Beseitigung allfälliger Mängel zu verlangen[315]. Das dürfte unbestritten sein, auch wenn der Wortlaut von Art. 160 und 161 SIA-Norm 118 den Eindruck erweckt, dass ein Verbesserungsrecht erst mit der gemeinsamen Prüfung i.S.v. Art. 158 Abs. 2 der Norm entsteht. Dass dem nicht so ist, ergibt sich nur schon daraus, dass die gemeinsame Prüfung oft unterbleibt. In solchen Fällen muss für die Entstehung des

---

[314] GAUCH, N 9 zu Art. 176 SIA-Norm 118.
[315] GAUCH, z.B. N 5 zu Art. 180 SIA-Norm 118.

Verbesserungsrechts ein anderer Zeitpunkt gesucht werden. Richtigerweise ist auf die Vollendungsanzeige abzustellen (nicht etwa auf den Zeitpunkt der Abnahme gemäss Art. 164, s. dazu Nr. 255).

279 **2.** Was für die Zeit nach der Abnahme gilt, gilt auch für die Zeit vorher: Der Bauherr kann vorerst nur die Mängelbeseitigung verlangen, nicht z.b. mindern. Wenn jedoch der Unternehmer die Mängelbeseitigung nicht oder ungenügend vornimmt, so stehen dem Bauherrn die Rechte aus Art. 169 SIA-Norm 118 zu, er kann also mindern oder zur Ersatzvornahme schreiten (Genaueres vorne in Nr. 238 ff.).

280 Übt der Bauherr mit Bezug auf einen bestimmten Mangel das Minderungsrecht aus, so ist dem Mangel, soweit er erkannt wurde, Rechnung getragen, das Werk ist insoweit als genehmigt anzusehen. Der betreffende Mangel ist nicht mehr geeignet, die Abnahme hinauszuschieben (Art. 162 3. Absatz). S. oben Nr. 258.

281 **3.** «Zeigen sich bei der gemeinsamen Prüfung (Art. 158 Abs. 2) wesentliche Mängel, so wird die Abnahme zurückgestellt» (Art. 161). Der Bauherr ist nun im Sinne einer Obliegenheit verpflichtet, dem Unternehmer für die Mängelbeseitigung Frist anzusetzen (Art. 161 Abs. 2). Tut er dies nicht, so gilt das Werk trotz der Mängel als abgenommen, was den Beginn von Verjährungs- und Rügefrist sowie den Gefahrübergang zur Folge hat (Art. 162 Abs. 1 erster Satzteil)[316,317]. Hingegen hat die Unterlassung der Fristsetzung nicht den Verlust der Mängelrechte zur Folge. Der Bauherr bleibt vielmehr «berechtigt, die Beseitigung der Mängel zu verlangen und gegebenenfalls die übrigen Mängelrechte gemäss Art. 169 und 171 geltend zu machen» (Art. 162 Abs. 1 der Norm). S. zu alledem schon oben Nr. 254.

282 Entsprechendes gilt, wenn der Bauherr bei der gemeinsamen Prüfung i.S.v. Art. 158 SIA-Norm 118 nicht mitmacht. Eine Verletzung der Prüfungsobliegenheit bewirkt zwar nach Massgabe von Art. 164 SIA-Norm 118 die Werkabnahme, nicht jedoch den Verlust von Mängelrechten.

283 **4.** Es ist, wie gesagt (Nr. 236), umstritten, ob die Mängelrechte erst mit der Abnahme oder schon mit der Vollendungsanzeige, welche die Abnahme einleitet, entstehen. Für die erstere, hier vertretene Ansicht spricht die Tatsache, dass die SIA-Norm 118 an die Abnahme den Beginn der Verjährungs- und

---

[316] Die Obliegenheit zur Fristansetzung entsteht mit der gemeinsamen Prüfung. Solange diese nicht erfolgt ist, braucht der Bauherr die Nachbesserung nicht zu verlangen und hat keine Nachteile, wenn er dies nicht tut. Wenn allerdings die Monatsfrist von Art. 164 abgelaufen ist, gilt die Abnahme als erfolgt. Der Bauherr ist nun in der gleichen Position, wie wenn er nach der gemeinsamen Prüfung das Verbesserungsbegehren unterlassen hätte.

[317] Art. 162 Abs. 2 sieht eine analoge Obliegenheit für den Fall vor, dass «sich bei der nochmaligen Prüfung nach Ablauf der gemäss Art. 161 Abs. 2 angesetzten Verbesserungsfrist immer noch wesentliche Mängel zeigen».

Garantiefrist sowie den Gefahrübergang knüpft (Art. 157). Dem liegt wohl die Vorstellung zugrunde, dass erst mit der Abnahme die Erfüllungswirkung eintritt. Das wiederum legt den Schluss nahe, dass die Mängelrechte, welche ja einen Nichterfüllungsbehelf darstellen, erst jetzt zur Entstehung gelangen. Dieser Schluss drängt sich um so mehr auf, als die Mängelrechte auch nach Gesetz erst mit der Abnahme entstehen, obwohl sich der Bauherr gegen Mängel schon vorher zur Wehr setzen kann, indem er die Vollendungsanzeige zurückweist und die Verbesserung des Werks verlangt (Nr. 15, 306). Das vor der Abnahme bestehende Verbesserungsrecht entspricht zwar inhaltlich dem Nachbesserungsrecht, ist aber von diesem dogmatisch zu unterscheiden (Nr. 15). Dafür, dass die SIA-Norm 118 diese Konzeption nicht übernommen hat, fehlen eindeutige Anhaltspunkte.

II. Vom Bauherrn verschuldete Nachbesserungsunmöglichkeit

284 Das Nachbesserungsrecht gemäss Art. 169 SIA-Norm ist – wie gesagt – eine Forderung. Diese Nachbesserungsforderung ist mit einer Nachbesserungsobliegenheit zulasten des Bauherrn verbunden: Der Bauherr muss die Nachbesserung dulden, gleich wie im Fall, da das gesetzliche Nachbesserungsrecht (Gestaltungsrecht) ausgeübt und dadurch eine Nachbesserungsforderung zur Entstehung gebracht wird (Nr. 112). Verletzt der Bauherr diese Obliegenheit dadurch, dass er den Unternehmer nicht nachbessern lässt (Annahmeverzug) oder ihm die Nachbesserung verunmöglicht, indem er sie selbst vornimmt oder durch einen Dritten vornehmen lässt, so treffen ihn die in Nr. 125 ff., 134 ff. umschriebenen Rechtsnachteile, soweit die SIA-Norm nichts Abweichendes vorsieht. Dies trifft hinsichtlich des Annahmeverzugs nicht zu. Der Unternehmer kann somit nach Art. 95 OR vorgehen. Auch die vom Bauherrn verschuldete Nachbesserungsunmöglichkeit ist in der SIA-Norm 118 nicht geregelt. Der Unternehmer behält somit die ganze Werklohnforderung (obwohl er ein mangelhaftes Werk abgeliefert und nicht nachgebessert hat). Er muss sich lediglich anrechnen lassen, was er wegen der unterbliebenen Nachbesserung erspart oder durch anderweitige Verwendung seiner Arbeitskraft erworben oder zu erwerben absichtlich unterlassen hat (Nr. 126). Hat er im Zeitpunkt der vom Besteller vorgenommenen bzw. veranlassten Nachbesserung bereits den ganzen Werklohn bezogen, so trifft ihn eine entsprechende Rückerstattungspflicht.

285 BGE 110 II 52 ff.[318] lässt die Frage der Rückerstattungspflicht offen, GAUCH[319] verneint sie unter Hinweis auf den Vorrang des Nachbesserungsrechts. Dieser

---

[318] S. dazu HANS MERZ, ZBJV 1986, S. 175 ff., und hinten, S. 260.
[319] Werkvertrag, Nr. 1833. Wie GAUCH neustens auch SCHUMACHER, BR 1994, S. 5.

§ 10 Das Nachbesserungsrecht gemäss der SIA-Norm 118

Vorrang will jedoch in erster Linie klarstellen, dass entgegen dem Gesetz vorerst weder ein Wandelungs- noch ein Minderungsrecht besteht. Dass damit – gleichsam «en passant» – auch die im Gesetz nicht ausdrücklich geregelte Frage der Nachbesserungsunmöglichkeit behandelt werden soll, muss nach Treu und Glauben (Vertrauensprinzip) nicht angenommen werden. Das gilt zumindest für den «einmaligen» Bauherrn. Soll diesem der Rückerstattungsanspruch entzogen werden, so muss dies deutlich gesagt werden. Dieser Anforderung genügt Art. 169 SIA-Norm 118 nicht[320].

III. Nachbesserungsverzug des Unternehmers

286 Art. 169 der SIA-Norm enthält für den Fall, dass der Unternehmer mit der Ablieferung des nachgebesserten Werks in Verzug kommt (Nr. 287), eine eigene, allerdings unvollständige Regelung. In den nicht geregelten Punkten greift die gesetzliche Ordnung, wie sie vorne in Nr. 164 ff. dargestellt wurde, Platz (Art. 2 Abs. 2 der Norm).

1. Verzugstatbestand

287 Nach Art. 169 SIA-Norm 118 kommt der Unternehmer in Verzug, wenn er eine vom Bauherrn angesetzte Verbesserungsfrist pflichtwidrig (Nr. 245) nicht einhält. Wie es sich verhält, wenn der Bauherr zwar die Nachbesserung verlangt, jedoch keine Verbesserungsfrist ansetzt, sagt die Norm nicht. Es gilt für diesen Fall – gestützt auf Art. 2 Abs. 2 SIA-Norm 118 – die gesetzliche Regelung (Art. 102 OR). Denn es ist nicht anzunehmen, dass Art. 169 SIA-Norm 118 den Verzug – was den Tatbestand anbelangt – abschliessend umschreiben will[321]. Der Unternehmer kommt daher auch dann in Verzug, wenn er die

---

[320] Weder das Bundesgericht noch GAUCH werfen die Frage auf, wie es sich verhält, wenn der Bauherr die Mängel beseitigt, noch bevor er den ganzen Werklohn bezahlt hat. Nach der hier vertretenen Ansicht findet eine Vorteilsanrechnung im Sinne des in Nr. 284 Gesagten statt. Der Unternehmer hat somit nicht den ganzen Werklohn zugute. GAUCH müsste nach seiner Argumentation anderer Meinung sein. M.E. bringen die Art. 324 Abs. 2 OR, 337c Abs. 2 OR usw., welche der Vorteilsanrechnung zugrundeliegen (Nr. 126), eine Wertung des Gesetzgebers zum Ausdruck, die nur bei klarer vertraglicher Gegenabrede unbeachtlich wird. Bei AGB-Verträgen ist die Unklarheitenregel heranzuziehen.

[321] Zwar hat der Besteller nach dem Wortlaut von Art. 169 der Norm «zunächst einzig das Recht, vom Unternehmer die Beseitigung des Mangels *innerhalb angemessener Frist* zu verlangen» (Hervorhebung hinzugefügt). Das könnte im E-contrario-Schluss verleiten, ein Nachbesserungsbegehren ohne Fristsetzung sei wirkungslos. Indes will mit der fraglichen Passage in erster Linie der Vorrang des Nachbesserungsrechts begründet werden. Dass damit auch der massgebliche Verzugstatbestand umfassend – und abweichend vom Gesetz! – umschrieben werden soll, muss nach Treu und Glauben (Vertrauensprinzip) nicht angenommen werden.

Nachbesserung auf entsprechendes Begehren hin nicht innert angemessener Frist (Art. 75 OR) vornimmt und in der Folge vom Bauherrn gemahnt wird (vorne Nr. 158). Schliesst man sich der in Nr. 160 vertretenen Ansicht an, kann sogar vom Erfordernis der Mahnung abgesehen werden. Zu beachten ist jedoch, dass der in der Norm ausdrücklich geregelte Verzugstatbestand hinsichtlich seiner rechtlichen Wirkungen teilweise anders zu behandeln ist als die anderen Verzugstatbestände (unten Nr. 289 f.).

2. Rechtsstellung des Bauherrn im Falle des Verzugs

288 1. Kommt der Unternehmer in Nachbesserungsverzug, so hat der Besteller Anspruch auf Ersatz des Verspätungsschadens, sofern den Unternehmer ein Verschulden am Verzug trifft (Art. 103 OR). Im übrigen richtet sich die Rechtsstellung des Bestellers nach Art. 107-109 OR und Art. 366 Abs. 2 OR analog (s. Nr. 166 ff.). Die hier vorgesehene Ordnung wird jedoch zu einem guten Teil durch Art. 169 der Norm verdrängt. Für die Darstellung der Einzelheiten sind die verschiedenen Verzugstatbestände zu unterscheiden:

289 — Ist der Unternehmer *dadurch in Verzug geraten, dass er eine ihm vom Besteller angesetzte Nachbesserungsfrist nicht eingehalten hat*, so kann der Besteller ohne weiteres, also ohne Nachfristansetzung im Sinne von Art. 107 Abs. 2 OR, auf die Nachbesserung durch den Unternehmer verzichten. Im Verzichtsfalle stehen ihm die in Art. 169 Ziff. 1-3 der Norm umschriebenen Rechte zu. Der Besteller kann somit die Minderung erklären (Art. 169 Abs. 1 Ziff. 2) oder – unter den Voraussetzungen von Art. 368 Abs. 1 und 3 OR – «vom Vertrag zurücktreten» (Art. 169 Abs. 1 Ziff. 3), d.h. wandeln, oder er kann schliesslich die Verbesserung auf Kosten des Unternehmers durch einen Dritten vornehmen lassen oder selbst vornehmen (Ersatzvornahme). Hingegen steht ihm kein alternatives Recht auf Schadenersatz zu (Art. 171 Abs. 1 SIA-Norm 118, unten Nr. 292). Der Besteller kann also nicht auf die Nachbesserung verzichten und den Mangelschaden ersetzt verlangen (Weiteres unten in Nr. 292).

290 — Ist der Unternehmer *in Verzug gekommen, ohne dass ihm der Besteller eine Verbesserungsfrist angesetzt hatte*, so muss der Besteller eine Nachfrist i.S. von Art. 107 Abs. 2 OR ansetzen, bevor er auf die Nachbesserung durch den Unternehmer verzichten kann. Im Falle eines rechtsgültigen Verzichts richtet sich jedoch die Rechtslage wiederum nach Art. 169 SIA-Norm 118 und nicht, bzw. nur subsidiär, nach Gesetz. Das ist zwar in der Norm nicht ausdrücklich vorgesehen, ergibt sich jedoch aus einer an Treu und Glauben orientierten Auslegung. Denn es ist nicht einzusehen, weshalb die Rechtsstellung des Bestellers im Verzichtsfalle unterschiedlich sein soll, je nachdem, wie es zum Verzicht gekommen ist.

§ 10 Das Nachbesserungsrecht gemäss der SIA-Norm 118

291 **2.** Art. 169 Abs. 1 Ziff. 1-3 SIA-Norm 118 gibt im wesentlichen die Rechtslage wieder, wie sie nach Gesetz (Art. 107 Abs. 2 OR, Art. 366 Abs. 2 OR analog) besteht, wenn der Besteller wegen Nachbesserungsverzugs des Unternehmers auf die Nachbesserung verzichtet. Immerhin bestehen Unterschiede, vor allem zwei:

292 – Gemäss Art. 107 Abs. 2 OR kann der Besteller bei Verschulden des Unternehmers Schadenersatz (positives Vertragsinteresse; Mangelschaden) verlangen (Nr. 166, 177). Von einem solchen Schadenersatzanspruch ist in Art. 169 der Norm nicht die Rede. Das muss als qualifiziertes Schweigen angesehen werden. Dafür spricht neben dem Wortlaut von Art. 169 vor allem Art. 171 Abs. 1 der Norm. Hier ist bestimmt, dass der Besteller kein Recht hat, «Schadenersatz gemäss Art. 97 ff. OR anstelle der Mängelrechte nach Art. 169 geltend zu machen». Mit den Mängelrechten sind alle Mängelrechte gemäss Art. 169 gemeint, also nicht nur das Nachbesserungsrecht als primäres Mängelrecht, sondern auch die sekundären Mängelrechte gemäss Ziff. 1-3 dieses Artikels. Vorbehalten sind jedoch der Anspruch auf Ersatz von Verspätungsschaden (Art. 103 OR) sowie derjenige auf Ersatz von Mangelfolgeschaden (Art. 171 Abs. 1 SIA-Norm 118 am Anfang).

293 – Das Recht auf Ersatzvornahme gemäss Art. 366 Abs. 2 OR setzt ein Verschulden des Unternehmers voraus (Nr. 191), dasjenige nach Art. 169 SIA-Norm 118 nicht. Sodann setzt Art. 169 der Norm – anders als Art. 366 Abs. 2 OR (Nr. 190) – nicht voraus, dass der Besteller dem Unternehmer die Ersatzvornahme angedroht hat. Das Recht auf Ersatzvornahme hängt nach der SIA-Norm vielmehr einzig davon ab, dass der Besteller rechtswirksam auf die Nachbesserung durch den Unternehmer verzichtet hat.

294 Der dem Besteller zustehende Kostenersatz ist Aufwendungsersatz, nicht Schadenersatz[322]. Es geht nämlich nicht darum, Schlechterfüllungsfolgen auszugleichen, sondern um Ersatz der Kosten, welche durch die Herbeiführung der Erfüllungswirkung (mängelfreies Werk) entstehen. Dabei gehen grundsätzlich die *ganzen* Kosten der Ersatzvornahme zu Lasten des Unternehmers. Trifft jedoch den Besteller ein Mitverschulden am Mangel, so hat er sich an den Kosten zu beteiligen (Art. 170 Abs. 3 SIA-Norm 118).

295 Die SIA-Norm 118 äussert sich nicht zu den Modalitäten der Ersatzvornahme. Es gelten insoweit – gestützt auf Art. 2 Abs. 2 der Norm – die zu Art. 98 OR entwickelten Grundsätze (dazu Nr. 495 ff.).

---

[322] Im Ergebnis gleich GAUCH, N 17 a) zu Art. 169 SIA-Norm 118.

§ 10 Das Nachbesserungsrecht gemäss der SIA-Norm 118

296 **3.** Art. 169 der Norm sieht vor, dass der Bauherr – bei gegebenen Voraussetzungen – «zurücktreten» kann. Mit dem Rücktritt ist nichts anderes als die Wandelung im Sinne des Gesetzes gemeint. Art. 169 macht denn auch den Rücktritt ausdrücklich von den spezifischen Wandelungsvoraussetzungen abhängig, und dies unter Bezugnahme auf die einschlägigen gesetzlichen Bestimmungen (Art. 368 Abs. 1 und 3 OR[323]).

297 Wird der Rücktritt ausgesprochen, so ist der Vertrag rückabzuwickeln. Wie die Rückabwicklung zu geschehen hat, wird in der Norm im Unterschied zum Gesetz ausdrücklich erläutert:

298 «Mit dem Rücktritt wird der Bauherr von der Pflicht zur Leistung einer Vergütung befreit; bereits bezahlte Vergütungen kann er zurückfordern. Das Werk steht dem Unternehmer zur Verfügung; es kann vom Bauherrn aus dem Grundstück entfernt werden, und zwar auf Kosten des Unternehmers, wenn dieser die Entfernung nicht innerhalb einer angemessenen Frist selbst vornimmt.»

299 Die Norm gibt damit im wesentlichen die nach Gesetz bestehende Rechtslage wieder (vgl. BGE 98 II 118 ff., 109 II 32).

300 Die Rückabwicklungsansprüche gemäss Art. 169 Abs. 1 Ziff. 3 SIA-Norm 118 sind (selbstverständlich) vertragliche Ansprüche. Demgegenüber ist umstritten, ob bei Geltendmachung des gesetzlichen Wandelungsrechts die Rückabwicklungsansprüche vertraglicher Natur sind[324].

301 M.E. handelt es sich auch in diesem Fall um vertragliche Ansprüche. Zwar sind sie nicht vertraglich vereinbart, sondern beruhen auf Gesetz. Das schliesst aber ihre vertragliche Natur nicht aus. Derlei Ansprüche bestehen haufenweise, man denke nur etwa an die Schadenersatzansprüche nach Art. 97 oder 103 OR. Auch zahlreiche Rückgabeansprüche, die durch Kündigung entstehen, sind unzweifelhaft vertraglicher Natur, so etwa die Ansprüche auf Rückgabe der Mietsache oder der Darlehenssumme (BGE 107 II 221)[325]. Dass für Rückabwicklungsansprüche infolge Rücktritts oder Wandelung etwas grundsätzlich anderes gelten soll, ist nicht einzusehen. Dies um so weniger, als die Rückabwicklung dem hypothetischen Parteiwillen entspricht, also die Parteien bei Vertragsabschluss die Rückabwicklung vereinbart hätten, wenn sie an eine Regelung gedacht hätten.

---

[323] Art. 368 Abs. 3 OR betrifft nur Werke, «die auf dem Grund und Boden des Bestellers» errichtet sind. «Weil aber der Bauwerkvertrag, den die SIA-Norm 118 regelt, stets Werke 'auf Grund und Boden' zum Gegenstand hat (vgl. Präambel und Art. 1 der Norm), wurde in Art. 169 Abs. 1 Ziff. 3 auf die Erwähnung dieser Einschränkung verzichtet.» (GAUCH, N 23 zu Art. 169 SIA-Norm 118)

[324] S. HONSELL, N 2 und 3 zu Art. 208 OR.

[325] Vgl. vorne Anm. 158.

IV. Verzugsrechte vor Verzugseintritt

302 Nach Abs. 2 von Art. 169 der Norm «stehen dem Bauherrn die Mängelrechte gemäss Abs. 1 Ziff. 1-3 schon vor Ablauf der Verbesserungsfrist zu», sofern der Unternehmer sich ausdrücklich weigert, die Verbesserung vorzunehmen, oder hierzu offensichtlich nicht imstande ist. Diesen beiden Fällen sind die Tatbestände von Art. 366 Abs. 1 und 2 OR gleichzustellen (pflichtwidrige Verzögerung bzw. vertragswidrige Vornahme der Nachbesserungsarbeiten; s. vorne Nr. 139 ff. bzw. 143 ff.). Die Gleichstellung lässt sich über Art. 2 Abs. 2 der Norm begründen. Diese Bestimmung käme freilich dann nicht zum Zuge, wenn Art. 169 Abs. 2 der Norm die Frage, ob Verzugsrechte bereits vor Eintritt des Nachbesserungsverzugs bestehen, abschliessend regeln würde. Das trifft jedoch nicht zu. Vielmehr drängt es sich unter Wertungsgesichtspunkten auf, die fraglichen beiden Tatbestände gleich zu behandeln wie die Nachbesserungsverweigerung bzw. -unfähigkeit.

4. Abschnitt: Einzelfragen

303 Nachbesserungsrecht und Nachbesserungsforderung werfen eine ganze Reihe von Einzelfragen auf, deren Behandlung bis anhin ausgespart blieb. Auf einzelne dieser Fragen wird im folgenden eingegangen[326].

§ 11 Rückbehaltung des Werklohns zur Sicherung des Nachbesserungsrechts

304 Die im Titel angesprochene Problematik berührt das Verhältnis zwischen Werklohn und Werkmängeln. Auf dieses Verhältnis wird vorerst in allgemeiner Weise eingegangen, bevor die Rückbehaltung des fälligen Werklohns gesondert behandelt wird. Schliesslich wird auf die Dispositivität der gesetzlichen Regelung und auf die wichtigsten Abweichungen in der SIA-Norm 118 hingewiesen.

I. Allgemeines zum Verhältnis von Werklohn und Werkmängeln

305 1. Zum Verhältnis von Werklohn und Werkmängeln lässt sich überblicksweise folgendes festhalten:

306 – Der Unternehmer schuldet ein mängelfreies Werk, und der Besteller hat den Werkpreis nur für ein mängelfreies Werk zu bezahlen. Werklohnzahlung und Ablieferung eines mängelfreien Werkes stehen im Austauschverhältnis. Daraus ergibt sich, dass der Besteller ein mängelbehaftetes Werk nicht anzunehmen braucht, bzw. die Ablieferung verhindern kann (vorne Nr. 15; vgl. BGE 89 II 235, 93 II 328, 94 II 164 f.[327]). Zu diesem Zweck ist dem Besteller das **Recht** einzuräumen, **vor der Werkpreiszahlung das Werk untersuchen zu dürfen**. Die Untersuchung hat freilich zu geschehen, solange sich das Werk noch im Gewahrsam des Unternehmers befindet. Diese Prüfung ist nicht diejenige des Art. 367 OR. Vielmehr handelt es sich um eine vorläufige Prüfung, welche dem Besteller die Möglichkeit eröffnen soll, die Ablieferung des Werks und damit die Fälligkeit des Werklohns (Art. 372 OR) wegen allfälliger Mängel hinauszuschieben. Das Gesagte gilt zumal dort, wo die Ablieferung mittels Be-

---

[326] Nicht behandelt werden die besonderen Probleme, die sich stellen, wenn sich die Gewährleistungspflicht auf Stockwerkeigentum bezieht. Vgl. dazu neuestens RAINER SCHUMACHER, Die Mängelrechte des Käufers von Stockwerkeigentum – gesteigerte Komplexität, BR 1994, S. 3 ff.

[327] GEHRER, SJZ 1981, S. 304.

§ 11 Rückbehaltung des Werklohnes

sitzübertragung geschieht[328]. Aber auch bei Bauwerkverträgen, bei denen die Ablieferung grundsätzlich über eine Vollendungsanzeige erfolgt, muss – mutatis mutandis – dasselbe gelten. Dem Bauherrn muss somit die Möglichkeit offenstehen, die Ablieferung von einer vorgängigen Untersuchung auf Mängel abhängig zu machen. Fördert diese Untersuchung keine Mängel zutage, so ist das Werk abgenommen. Zeigen sich hingegen Mängel, so kann der Bauherr die Vollendungsanzeige zurückweisen und damit die Ablieferung verhindern, gleich wie im Fall, da ihm ein unvollendetes Werk angeboten wird (Nr. 67, 69)[329].

307   Solange das Werk wegen seiner Mängel nicht angenommen (abgeliefert) ist, ist der Werklohn nicht fällig (Art. 372 OR), weder ganz noch teilweise. Der Besteller kann somit den ganzen Werklohn zurückbehalten. Will der Unternehmer die Fälligkeit herbeiführen, so hat er die Mängel zu beseitigen und das Werk erneut anzubieten. Ist das Werk nun mängelfrei, muss es der Besteller annehmen, will er nicht in Annahmeverzug geraten. Nimmt er es an, tritt Fälligkeit der Werklohnforderung ein. Dasselbe gilt, wenn er es zu Unrecht nicht annimmt und dadurch in Annahmeverzug gerät[330].

308 – **Hat der Besteller das Werk angenommen, so ist der Werklohn fällig**, und zwar – vorbehaltlich Art. 372 Abs. 2 OR – in seiner Ganzheit. Das gilt auch dann, wenn das (angenommene) Werk Mängel aufweist: Die Mängel bewirken keinen Aufschub der Fälligkeit[331] (a.A. BGE 89 II 235). Hingegen hat nun der Besteller die **Mängelrechte**: Erklärt er – bei gegebenen Voraussetzungen – die Wandelung, so fällt die (fällige) Werklohnforderung dahin; erklärt er die Minderung, so reduziert er damit den (fälligen) Werklohn; verlangt er schliesslich Nachbesserung, so steht ihm zur Sicherung des Nachbesserungsanspruchs das Recht zu, den (fälligen) Werklohn nach Massgabe von Art. 82 OR zurückzubehalten. Denn der Nachbesserungsanspruch steht mit der Werklohnforderung im Austauschverhältnis, gleich wie der ursprüngliche Erfüllungsanspruch mit der Werklohnforderung in einem Austauschverhältnis gestanden hat.

---

[328] Vgl. KOLLER, N 93 zu Art. 184 OR, m.w.Nw., mit Bezug auf die analoge Problematik beim Kauf.

[329] Räumt man dem Bauherrn das hier befürwortete Untersuchungsrecht nicht ein, so hat es der Unternehmer in der Hand, dem Bauherrn ein mangelhaftes Bauwerk (mittels Vollendungsanzeige) aufzudrängen.

[330] Der Annahmeverzug bewirkt zwar die Fälligkeit der Werklohnforderung, hingegen hat er nicht zur Folge, dass nun der Unternehmer ein unbedingtes Recht auf Leistung hat. Vielmehr kann er nach wie vor nur Leistung Zug um Zug verlangen (vgl. KOLLER, N 1 zu Art. 213 OR, betr. Kaufvertrag).

[331] Ebenso GAUCH, Werkvertrag, Nr. 1732.

§ 11 Rückbehaltung des Werklohnes

309 Das Rückbehaltungsrecht entsteht erst mit der Ausübung des Nachbesserungsrechts. Es sichert also die mit der Nachbesserungserklärung entstehende (Nachbesserungs-) Forderung, nicht schon das Gestaltungsrecht. Nach anderer Ansicht[332] entsteht das Rückbehaltungsrecht bereits bei Ablieferung des Werks, also noch bevor das Wahlrecht gemäss Art. 368 OR ausgeübt wurde. Diese Ansicht ist m.E. abzulehnen (unten Nr. 313).

310 – Ist das abgelieferte Werk mangelhaft, sind jedoch die Mängel noch nicht erkennbar, so ist der ganze Werklohn fällig, und ein Rückbehaltungsrecht gemäss Art. 82 OR besteht nicht. Der Unternehmer kann somit seine ganze Werklohnforderung auch gegen den Willen des Bestellers durchsetzen. Dieser kann nicht einwenden, er verweigere mit Rücksicht auf allfällige verborgene Mängel die Zahlung ganz oder teilweise[333]. Sobald jedoch der Besteller die Mängel entdeckt, kann er sein Wahlrecht gemäss Art. 368 OR ausüben. Alsdann besteht die eben in Nr. 308 beschriebene Rechtslage. Der Besteller hat nun u.a. die Möglichkeit, Nachbesserung zu verlangen und den Werklohn nach Massgabe von Art. 82 OR bis zur Mängelbeseitigung zurückzubehalten, sofern er ihn noch nicht oder nicht ganz bezahlt hat.

311 **2. Die umschriebene Rechtslage ist nicht unbestritten.** Auf abweichende *Lehr*meinungen sei hier nicht eingetreten[334] (s. immerhin Nr. 313, 314 und Anm. 332). Ich beschränke mich auf eine Stellungnahme zu **BGE 89 II 235** (s. dazu auch hinten S. 198 f.). In diesem Entscheid (bestätigt in BGE 94 II 164, vgl. auch BGE 110 II 178) hat das Bundesgericht entschieden, die Fälligkeit trete nur «bei Ablieferung des *mängelfreien* Werkes» ein. Auch bei untergeordneten Mängeln werde die Fälligkeit aufgeschoben[335]. Diese Auffassung weckt Bedenken, und das in verschiedener Hinsicht:

312 Nach Art. 372 OR «hat der Besteller die Vergütung bei der Ablieferung des Werkes zu zahlen». Fälligkeit des Werklohns tritt also mit der Ablieferung ein. Die bundesgerichtliche Ansicht läuft darauf hinaus, dass nur mängelfreie Werke im Sinne von Art. 372 OR abgeliefert werden können. Der Begriff der Ablieferung ist somit ein ganzer anderer als derjenige von Art. 367 OR. Ablieferung im Sinne dieser Bestimmung bezieht sich nämlich unbestrittenermas-

---

[332] GEHRER, SJZ 1981, S. 306. GEHRER ist der Ansicht, dass mit der Ablieferung zwar Fälligkeit eintritt, der Besteller nun jedoch bis zur Ausübung des Wahlrechts (Entscheidung, ob er mindern, wandeln oder Nachbesserung verlangen will) ein Rückbehaltungsrecht nach Art. 82 OR habe; zum Umfang des Zurückbehaltungsrechts s. Ziff. 8 auf S. 307.

[333] Anders bei Vereinbarung der SIA-Norm 118 (dazu hinten Nr. 331).

[334] Vgl. den Überblick bei GEHRER, SJZ 1981, S. 304 f.

[335] D.h. bei Mängeln, «die sich lediglich auf untergeordnete Punkte beziehen und die Gebrauchsfähigkeit des Werkes nicht ernstlich beeinträchtigen».

sen (und offensichtlich) auch auf mangelhafte Werke[336]. Nichts lässt jedoch darauf schliessen, dass der Ausdruck Ablieferung in Art. 372 OR eine andere Bedeutung haben soll als in Art. 367 OR. Im Gegenteil sprechen sachliche Überlegungen für eine Gleichstellung:

313 Nimmt man mit dem Bundesgericht an, bei Vorliegen eines Mangels werde die Ablieferung i.S. von Art. 372 OR und damit auch die Fälligkeit des Werkpreises hinausgeschoben, so stellt sich sogleich die Frage, wann denn die Fälligkeit eintritt. Das Bundesgericht äussert sich hierzu nicht. Es meint aber offenbar, die Fälligkeit werde bis zur Mängelbeseitigung hinausgeschoben. In diesem Sinne haben sich nämlich OSER/SCHÖNENBERGER[337] und BECKER[338], auf die das Bundesgericht verweist, ausgesprochen[339]. Die Fälligkeit auf den Zeitpunkt der Mängelbeseitigung festzusetzen, kann jedoch nur dort richtig sein, wo der Besteller überhaupt die Mängelbeseitigung verlangt. Wie es sich verhält, wenn er sich für die Minderung oder die Wandelung entscheidet, sagt das Bundesgericht nicht. Man wird jedoch – übernimmt man den grundsätzlichen Ansatzpunkt des Bundesgerichts – annehmen müssen, dass die Fälligkeit im Falle der Minderung bis zum Zeitpunkt der Minderungserklärung aufgeschoben wird[340] und im Falle der Wandelung überhaupt nie eintritt[341]. Solange der Besteller sein Wahlrecht gemäss Art. 368 OR nicht ausgeübt hat, steht somit dem Unternehmer, folgt man dem Bundesgericht, keine fällige Forderung zu. Die Fälligkeit wird damit gleichsam in die Hände des Bestellers gelegt. Das ist unbefriedigend, um so mehr, als der Besteller nicht gezwungen ist, sein Wahlrecht zu einem bestimmten Zeitpunkt oder innerhalb bestimmter Frist auszuüben[342]. Für den Unternehmer entsteht damit eine erhebliche Rechtsunsicherheit. Dass dies vom Gesetzgeber gewollt ist, darf nicht angenommen werden. Vielmehr ist anzunehmen, dass das Vorliegen von Mängeln die Ablie-

---

[336] Mit der Ablieferung muss der Besteller das Werk prüfen, sich also auf die Suche nach Mängeln machen, die bereits bei Ablieferung vorhanden waren ...!

[337] N 2 zu Art. 372 OR.

[338] N 3 zu Art. 372 OR.

[339] Ebenso PEDRAZZINI, S. 534; REBER, S. 86; KGer JU in BR 1990, S. 43 Nr. 42.

[340] Im Zeitpunkt der Minderung wird dem Mangel Rechnung getragen. Für einen weiteren Hinausschub der Fälligkeit ist nun kein Anlass mehr.

[341] Bis zur Wandelung ist die Fälligkeit hinausgeschoben, mit der Wandelungserklärung aber fällt die Werklohnforderung dahin, so dass sich die Frage der Fälligkeit nicht mehr stellt.

[342] GAUCH, Werkvertrag, Nr. 1722, 1537. Selbst nach Eintritt der Verjährung kann der Besteller sein Wahlrecht noch wirksam ausüben, sofern er die Mängel nur rechtzeitig, spätestens also bis Ablauf der Verjährungsfrist (Nr. 85), gerügt hat. Zwar sind die nun allenfalls entstehenden Forderungen (z.B. Nachbesserungsforderung) Naturalobligationen, so dass sie der Besteller nicht mehr klageweise durchsetzen kann; eine einredeweise Durchsetzung aber bleibt möglich (hinten Nr. 391).

ferung i.S. von Art. 372 OR nicht ausschliesst und damit auch der Fälligkeit des Werklohnes nicht entgegensteht[343]. Den Interessen des Bestellers wird durch die Mängelrechte (Minderungsrecht, Wandelungsrecht sowie nach Art. 82 OR gesichertes Nachbesserungsrecht) genügend Rechnung getragen[344]. Zudem darf nicht vergessen werden, dass sich der Besteller der Ablieferung eines (erkennbar) mangelhaften Werks widersetzen kann. Widersetzt er sich nicht, nimmt er also das Werk als Erfüllung an, so ist es nur gerecht, wenn er nun auch den Werklohn – mit den bekannten Vorbehalten – bezahlt.

314 Nach BECKER wird die Werklohnforderung im Falle der Minderung «mit der Ablieferung in dem Betrage fällig, der nach Abrechnung des berechtigten Abzuges verbleibt»[345]. Es tritt also mit der Ablieferung Fälligkeit ein, allerdings nur teilweise. Das scheint inkohärent: Wenn schon – wie BECKER annimmt (Nr. 313) – im Falle der Nachbesserung ein (gänzlicher) Aufschub der Fälligkeit erfolgt, so muss dasselbe auch im Falle der Minderung gelten. Oder aber man nimmt auch im Falle der Nachbesserung eine Teilfälligkeit im Zeitpunkt der Ablieferung an. Beide Varianten sind abzulehnen: Für eine Teilfälligkeit gibt das Gesetz keinerlei Anhaltspunkt. Die Annahme einer Teilfälligkeit wäre auch nicht sachgerecht. Der Richter müsste sie ja von Amtes wegen beachten, was wenig zweckmässig erscheint. Ein generelles Hinausschieben der Fälligkeit aber begegnet den oben dargestellen Problemen[346].

II. Vom Recht, den fälligen Werklohn zurückzubehalten

1. Das Grundsätzliche

315 **1.** Folgt man der Ansicht, wonach mit der Ablieferung des mangelhaften Werks die Werklohnforderung fällig wird, so bedeutet dies nicht, dass jetzt der Unternehmer ohne weiteres einen unbedingten Zahlungsanspruch hat. Sobald nämlich der Besteller das Nachbesserungsrecht ausübt, kann er den Werklohn

---

[343] GUHL/MERZ/KOLLER, S. 483; ZINDEL/PULVER, N 4 f. zu Art. 372 OR.

[344] Macht der Unternehmer seinen Werklohn geltend, ist nun der Besteller gezwungen, sich für eines der Mängelrechte zu entscheiden. Tut er dies nicht, muss im Prozessfall die ganze Werklohnforderung gutgeheissen werden. Die im Text vertretene Ansicht, wonach Fälligkeit mit der Ablieferung des mangelbehafteten Werks eintritt, verschafft somit dem Unternehmer ein Druckmittel, um den Besteller zur Ausübung seiner Mängelrechte zu bewegen. Dagegen ist nichts einzuwenden.

[345] BECKER, N 3 zu Art. 372 OR; ebenso OSER/SCHÖNENBERGER, N 2 zu Art. 372 OR.

[346] Im weiteren ist zu beachten, dass der Unternehmer imstande sein muss, im Zeitpunkt der Ablieferung abzuschätzen, inwieweit seine Werklohnforderung fällig ist. Das kann er nicht, wenn man der Ansicht BECKERS folgt. Denn in welchem Umfang Fälligkeit gegeben ist, lässt sich diesfalls erst entscheiden, wenn der Besteller sein Wahlrecht ausgeübt hat. Ex post lässt sich dann sagen, dass bei Ablieferung der Werklohn noch überhaupt nicht fällig war (so, wenn sich der Besteller für Nachbesserung entscheidet) oder aber fällig war, aber nur zum Teil (so, wenn sich der Besteller für Minderung entscheidet).

§ 11 Rückbehaltung des Werklohnes

nach Massgabe von Art. 82 OR bis zur Mängelbeseitigung zurückbehalten[347]. Art. 82 OR ist freilich nicht speziell auf unsere Problematik zugeschnitten. Er bedarf der Anpassung an die werkvertraglichen Besonderheiten. Sodann ist zu beachten, dass er zum dispositiven Recht gehört, abweichende Vereinbarungen also vorgehen (dazu unten Nr. 329 ff.).

316 **2.** Art. 82 OR stellt den Grundsatz auf, dass bei einem synallagmatischen Vertrag keine der Parteien zur Vorleistung verpflichtet ist. Vielmehr sollen beide Parteien ihre Leistung nur Zug um Zug gegen Erhalt der Gegenleistung erbringen müssen. Jede Partei darf somit ihre eigene Leistung bis zur Leistungsbereitschaft der Gegenpartei zurückbehalten. Art. 82 OR dient also dem Schutz der eigenen Leistung. Er findet analoge Anwendung, wo es um die Rückabwicklung synallagmatischer Verträge geht (BGE 114 II 158, 113 II 455)[348]. Hier besteht das gleiche Schutzbedürfnis der Parteien: Keine der beiden soll ihre Leistung kreditieren müssen. Die zurückzugebenden Leistungen sind daher wiederum Zug um Zug zu erbringen. Nach seiner ratio legis findet Art. 82 OR noch in weiteren Fällen analoge Anwendung, wo eine Partei vor einer Kreditierung ihrer Leistung zu schützen ist, so etwa im Arbeitsverhältnis (ein Arbeitnehmer kann seine Arbeit einstellen, wenn er einen fälligen Lohn für eine vergangene Arbeitsperiode nicht erhalten hat [BGE 120 II 209 ff.][349]) oder bei Sukzessivlieferungsverträgen (wurde der Verkäufer für eine Teillieferung nicht bezahlt, so braucht er keine weiteren Teillieferungen vorzunehmen [BGE 111 II 468, 84 II 149 f.][350]). In den zuletzt erwähnten Fällen ist das Schutzbedürfnis der zurückbehaltenden Partei gegenüber dem Normaltatbestand von Art. 82 OR noch erhöht, weil Anhaltspunkte für die fehlende Leistungsbereitschaft bzw. -fähigkeit der Gegenpartei bestehen.

317 **3.** Wendet man Art. 82 OR auf unseren Zusammenhang an, so ergibt sich folgendes: Die mit der Ausübung des Nachbesserungsrechts entstehende Nach-

---

[347] GAUCH, Werkvertrag, Nr. 1727 f.; GEHRER, SJZ 1981, S. 305 ff.; vgl. demgegenüber VON BÜREN, OR AT, S. 465, und JEANPRÊTRE, S. 279 (vgl. dazu die Bemerkung bei GEHRER, SJZ 1981, S. 305 Anm. 7).

[348] Aus der Lehre s. statt vieler GUHL/MERZ/KOLLER, S. 22; LEU, Basler Kurzkommentar, N 1 zu Art. 82 OR; SCHRANER, Zürcher Kommentar, N 4 zu Art. 82 OR; WEBER, Berner Kommentar, N 15 zu Art. 82 OR.

[349] WEBER, Berner Kommentar, N 90 zu Art. 82 OR; SCHRANER, Zürcher Kommentar, N 112 zu Art. 82 OR, je m.w.Nw.; anders ZR 1985, S. 266 f.; REHBINDER, Berner Kommentar, N 25 zu Art. 323 OR; STAEHELIN, Zürcher Kommentar, N 2 zu Art. 323 OR. Vgl. auch GUHL/MERZ/KOLLER, S. 22 f.

[350] Aus der Lehre s. z.B. GUHL/MERZ/KOLLER, S. 324; WEBER, Berner Kommentar, N 85 f. zu Art. 82 OR; SCHRANER, Zürcher Kommentar, N 55 zu Art. 82 OR, je m.w.Nw.

besserungsschuld steht mit der Werklohnforderung im Austauschverhältnis[351], dies freilich nur in Höhe des auf die Nachbesserungsarbeiten entfallenden Vergütungsanteils. Diesen Anteil kann der Besteller zurückbehalten, bis er das nachgebesserte Werk erhält[352]. Der betreffende Vergütungsanteil bemisst sich nach den mutmasslichen Kosten, welche eine allfällige Ersatzvornahme verursachen würde (sog. Deckungskapital)[353,354]. Damit ist sichergestellt, dass der Besteller, wenn es nicht zur Nachbesserung durch den Unternehmer kommt, die notwendigen Arbeiten durch einen Dritten vornehmen lassen und über den zurückbehaltenen Werklohn finanzieren kann[355] (s. auch Anm. 354). **Mehr als das Deckungskapital darf der Besteller nicht zurückbehalten.** Wer anders entscheidet, befürwortet implizite eine Vorleistungspflicht des Unternehmers: Ihm wird für das abgelieferte (mangelhafte) Werk nicht die entsprechende

---

[351] GEHRER, SJZ 1981, S. 306, und GAUCH, Werkvertrag, Nr. 1729 ff., die allerdings in wichtigen Punkten von der im Text vertretenen Ansicht abweichen.

[352] Der Unternehmer ist hinsichtlich der Nachbesserungs*arbeiten* vorleistungspflichtig; er muss also diese erbringen, bevor er den auf die Nachbesserungsarbeiten entfallenden Werklohnanteil einverlangen kann. Dies entspricht Art. 372 OR, der Analoges für die Werkerstellung vorsieht. Abweichendes gilt dann, wenn der Besteller sich (ausnahmsweise) an den Nachbesserungskosten zu beteiligen hat (z.B. wegen Mitverschuldens). Diesfalls kann der Unternehmer die Vornahme der Nachbesserungsarbeiten davon abhängig machen, dass der Besteller die von ihm zu übernehmenden Kosten sicherstellt. Aber nur dieser Kostenanteil ist sicherzustellen, nicht der auf die Nachbesserungsarbeiten entfallende Werklohnanteil (hinten Nr. 372 f.).

[353] So auch SZ 44 Nr. 69, S. 253, für das österreichische Recht: Der Besteller dürfe (nur, aber immerhin) «das für die notwendigen Verbesserungen erforderliche Deckungskapital zurückbehalten». Dieser Entscheid entspricht allerdings nicht der herrschenden Rechtsprechung (neustens WBl 1987, S. 37; WBl 1988, S. 376) und Lehre (KURSCHEL, S. 85; a.A. HELMUT KOZIOL, Die Grenzen des Zurückbehaltungsrechts bei nicht gehöriger Erfüllung, ÖJZ 1985, S. 737 ff.).

[354] Dabei ist freilich zu beachten, dass sich die mutmasslichen Kosten einer Ersatzvornahme nicht bestimmt vorhersehen, sondern nur schätzen lassen. Überschätzt der Besteller die Kosten und behält er daher mehr als das wirkliche Deckungskapital zurück, so darf ihm dies nicht zum Nachteil gereichen, sofern er die Schätzung nach objektiv vertretbaren Kriterien vorgenommen hat. Man hat in dieser Hinsicht eine gewisse *Grosszügigkeit* walten zu lassen. Vgl. GEHRER, SJZ 1981, S. 307 Ziff. 8.

[355] Mit andern Worten sichert der zurückbehaltene Betrag den Anspruch auf Ersatzvornahme gemäss Art. 98 OR bzw. Art. 366 Abs. 2 OR (dazu Nr. 487 ff.).

§ 11 Rückbehaltung des Werklohnes

Gegenleistung zugestanden. Unter dem Gesichtspunkt von Art. 82 OR lässt sich dies nicht rechtfertigen[356] (s. analog hinten S. 254, Bem. 4c, betr. Art. 83 OR !). Abzulehnen ist daher die Ansicht GAUCHS, wonach der Besteller neben dem Deckungskapital einen zusätzlichen Betrag zurückbehalten dürfe, um so «angemessenen Druck auf den Unternehmer auszuüben, damit dieser [der Unternehmer] die geschuldete Nachbesserung umgehend vornimmt»[357]. Dieser Zweck ist Art. 82 OR, der ja lediglich die Parteien vor Kreditierung ihrer Leistung schützen will, fremd. Die Ansicht GAUCHS führt zu einer mit Art. 82 OR unvereinbaren Bevorzugung des Bestellers gegenüber dem Unternehmer (vgl. Anm. 356). Zudem kommt sie in Konflikt mit den einschlägigen Vorschriften über die Zwangsvollstreckung (Art. 98 OR und Art. 366 Abs. 2 OR [dazu Nr. 487 ff.]). Denn das Rückbehaltungsrecht im Sinne GAUCHS wird zu einem privaten Vollstreckungsmittel, es wird umfunktioniert zu einem Selbsthilferecht: Statt dass der Besteller den Nachbesserungsanspruch im Wege der Ersatzvornahme über Art. 98 OR oder 366 Abs. 2 OR vollstreckt, übt er mittelbar Zwang aus, indem er einen Teil des Werklohnes zurückbehält, den der Unternehmer an sich bereits verdient hat.

318 Um Missverständnisse zu vermeiden, ist beizufügen: Es liegt durchaus im Sinne von Art. 82 OR, dass mit der Rückbehaltung einer Leistung auf den Gegner Erfüllungsdruck ausgeübt wird. Dieser Druck ist jedoch nicht selbständiger Zweck von Art. 82 OR, sondern nur mittelbare Folge davon, dass die eigene Leistung nicht ohne Gegenleistung erbracht werden muss. Nach der hier abgelehnten Ansicht wird das Rückbehaltungsrecht demgegenüber zu einem selbständigen Druckmittel, das mit dem Schutz der eigenen Leistung (Schutz vor Kreditierung) nichts mehr zu tun hat[358,359,360].

---

[356] Vgl. schon vorne Nr. 162: Das Rückbehaltungsrecht des Bestellers findet seine Grenze am Rückbehaltungsrecht des Unternehmers. Dieser braucht erst nachzubessern, wenn er den fälligen Werklohn abzüglich Deckungskapital erhalten hat. Art. 82 OR schützt beide Vertragsparteien in gleichem Masse. Das wird übersehen, wenn man dem Besteller das Recht gibt, mehr als das Deckungskapital zurückzubehalten.

[357] GAUCH, Werkvertrag, Nr. 1740.

[358] Der nach Art. 82 OR ausgeübte Druck besteht darin, dass ein Vertragspartner die eigene Leistung erbringen muss, um die Gegenleistung zu erhalten. Folgt man der Ansicht GAUCHS, so besteht der Druck darin, dass er eine Leistung erbringen muss, um die Gegenleistung für eine bereits erbrachte Leistung zu erhalten.

[359] Beispiel: A hat sich gegenüber B verpflichtet, für einen Pauschalpreis von Fr. 600'000.— ein Haus zu errichten. A erstellt das Haus. Dieses weist einzelne Mängel auf. Deren Beseitigung durch einen Dritten würde schätzungsweise Fr. 50'000.— kosten. Hier kann B diesen Betrag vom Werklohn zurückbehalten, Fr. 550'000.— muss er bezahlen. Gibt man ihm ein weitergehendes Rückbehaltungsrecht, z.B. im Betrage von Fr. 80'000.—, so kann A Fr. 30'000.—, die ihm an sich zustehen, vorerst nicht einverlangen. Das ist ungerecht und lässt sich auch unter dem Gesichtspunkt von Treu und Glauben, den GAUCH (Werkvertrag, Nr.

319 Geht man – mit GAUCH – davon aus, dass die Einrede des nicht erfüllten Vertrages dem Besteller die Erlangung eines einwandfreien Werkes sichern will[361], so drängt es sich m.E. auf, das Rückbehaltungsrecht auf den ganzen (noch ausstehenden) Werklohn zu erstrecken (so die österreichische Rechtsprechung[362]). Mit einem vollständigen Rückbehaltungsrecht wird nicht nur der Unternehmer in optima forma zur Nachbesserung verhalten. Zudem vermeidet man auch Schwierigkeiten bei der Bemessung des Betrages, den der Besteller zurückbehalten darf. GAUCH verweist insoweit auf Treu und Glauben. Einen praktikablen Massstab zur Festlegung des fraglichen Betrages aber gibt er nicht an. Er stützt sich lediglich auf die deutsche Gerichtspraxis, welche den zulässigen Rückbehalt häufig auf das Zwei- bis Dreifache der zu erwartenden Verbesserungskosten festsetzt. Warum dies ein «brauchbarer Richtwert» sein soll (so GAUCH[363]), wird nicht gesagt.

320 **4. Das Rückbehaltungsrecht entsteht erst mit rechtswirksamer Ausübung des Nachbesserungsrechts.** Bevor der Besteller die Nachbesserung verlangt hat, kann der Unternehmer – gestützt auf Art. 372 OR – den (ganzen) Werklohn einverlangen, allenfalls auch gerichtlich. So verhält es sich insbesondere dort, wo ein Mangel, wiewohl vorhanden, noch gar nicht erkennbar ist. Sobald jedoch der Mangel zutage tritt, kann der Besteller das Nachbesserungsrecht ausüben und nun den bereits fälligen Werklohn im umschriebenen Umfang zurückbehalten. Dies gilt auch dann, wenn der Besteller bei Ausübung des Nachbesserungsrechts mit der Zahlung des fälligen Werklohns in Verzug war. Die Entstehung des Rückbehaltungsrechts hebt den Verzug im Umfang des Rückbehaltungsrechtes auf (für die Zeit der Verzugsdauer ist der Besteller freilich dem Unternehmer nach Art. 103 ff. OR verantwortlich)[364].

321 Das Gesagte gilt mutatis mutandis auch dort, wo die Parteien die Fälligkeit des Werkpreises abweichend von Art. 372 OR geregelt haben. Insbesondere eine Vorverlegung der Fälligkeit auf einen Zeitpunkt vor Werkablieferung schliesst nicht aus, dass der Besteller nach Ablieferung des

---

1739) heranzieht, nicht rechtfertigen. Jedenfalls ergibt sich aus Art. 82 OR lediglich ein Rückbehaltungsrecht von Fr. 50'000.—. Diesen Betrag soll B vorerst nicht bezahlen müssen, weil er insoweit die Gegenleistung (Nachbesserung) noch nicht erhalten hat. Die Fr. 50'000.— soll er nur im Austausch gegen die Nachbesserung erbringen müssen.

[360] GAUCH, Werkvertrag, Nr. 1740, verweist zu Unrecht auf WEBER, Berner Kommentar, N 9 zu Art. 82 OR.
[361] So ausdrücklich JBl 1970, S. 371, für das österreichische Recht, ferner JBl 1976, S. 539.
[362] Z.B. JBl 1976, S. 537 ff.; *im Ergebnis* ebenso BGE 89 II 232 E. 4a (oben Nr. 311).
[363] Werkvertrag, Nr. 1741.
[364] Der Besteller kann sich also mit einer pflichtwidrigen Nichtzahlung des Werklohnes unter Umständen ein Rückbehaltungsrecht erkaufen. Als «Preis» hat er freilich Schadenersatz nach Art. 103 ff. OR zu bezahlen.

§ 11 Rückbehaltung des Werklohnes

Werks Werklohn zurückbehält, der bereits vor Ablieferung fällig geworden ist – immer vorausgesetzt, dass sich Mängel zeigen und der Besteller wirksam das Nachbesserungsrecht ausübt[365].

2. Präzisierungen

322 **1. Rückbehaltungsrecht und Fälligkeit.** Ist die Werklohnforderung (nach Art. 372 OR) fällig, so bleibt es dabei, wenn sich die Voraussetzungen von Art. 82 OR erfüllen. Der Unternehmer kann somit die (ganze) Forderung einklagen. Dem Besteller steht nun jedoch die Einrede des nicht (richtig) erfüllten Vertrags zu. Ihre Berechtigung unterstellt, ist zwar die Klage gutzuheissen, im Umfang des Deckungskapitals (Nr. 317) jedoch nur Zug um Zug gegen Vornahme der Nachbesserungsarbeiten. Eine Abweisung zur Zeit ist nicht zulässig[366].

323 **2. Rückbehaltungsrecht und Verzug.** Das Rückbehaltungsrecht des Bestellers schliesst Schuldnerverzug mit der Bezahlung des Werklohnes aus, allerdings nur insoweit, als das Rückbehaltungsrecht besteht[367], also in Höhe der mutmasslichen Kosten einer Ersatzvornahme (Deckungskapital, Nr. 317)[368].

324 **3. *Der Unternehmer kann die einredebelastete Werklohnforderung nicht zur Verrechnung stellen.*** Das ist im Gesetz freilich nicht ausdrücklich vorgesehen, ergibt sich jedoch aus der ratio von Art. 82 OR: Der Besteller soll den Werklohn nicht bezahlen müssen, ohne gleichzeitig das nachgebesserte Werk zu erhalten. Würde nun aber die Verrechnung zugelassen, so könnte sich der Unternehmer auf diese Weise den Werklohn verschaffen, ohne gleichzeitig nachzubessern.

325 **4.** Tritt der Besteller das Nachbesserungsrecht einem Dritten ab, so ändert dies nichts an seinem Rückbehaltungsrecht[369].

326 **5. *Das Rückbehaltungsrecht besteht auch dann, wenn der Nachbesserungsanspruch des Bestellers verjährt ist*[370].** Die Verjährung hat zwar zur Folge, dass der Anspruch gegen den Willen des Unternehmers nicht mehr eingeklagt werden kann. Der Anspruch aber bleibt Forderung im Rechtssinne. Das zeigt sich vorab daran, dass er erfüllbar bleibt (Art. 63 Abs. 2 OR). Nicht nur er-

---

[365] Vgl. GAUCH, Werkvertrag, Nr. 1744.
[366] BGE 79 II 283, 94 II 268 ff. (zu diesen Entscheiden KOLLER, Gutglaubensschutz, Nr. 555, Text und Anm. 682), 111 II 197 f.; GAUCH/SCHLUEP, Nr. 2229, m.w.Nw.
[367] GAUCH, Werkvertrag, Nr. 1733, m.w.Nw. und Präzisierung.
[368] Kommt der Besteller mit der Annahme der Nachbesserungsarbeiten in Gläubigerverzug, so schliesst dies sein Rückbehaltungsrecht aus; vgl. GAUCH, Werkvertrag, Nr. 1738, m.w.Nw., sowie den illustrativen Entscheid JBl 1976, S. 537 ff.
[369] GAUCH, Werkvertrag, Nr. 1737, m.w.Nw.
[370] GEHRER, SJZ 1981, S. 307; GAUCH, Werkvertrag, Nr. 1736, m.w.Nw.

füllbar ist eine verjährte Forderung, der Gläubiger kann sich unter Umständen auch gegen den Willen des Schuldners Befriedigung verschaffen, wenn auch nicht auf dem Klagewege (vgl. Art. 120 Abs. 3 OR: Verrechnung, Art. 140 OR: Verwertung eines für eine verjährte Forderung bestellten Pfandes). Damit stimmt überein, dass der Besteller sein Rückbehaltungsrecht nicht verliert, wenn die Nachbesserungsforderung verjährt: Trotz der Verjährung kann er auf den Unternehmer mittelbar Erfüllungszwang ausüben, indem er die Bezahlung des Werklohnes nach Massgabe von Art. 82 OR von der Nachbesserung abhängig macht.

327 Nach GAUCH setzt das Rückbehaltungsrecht des Bestellers trotz Verjährung des Nachbesserungsanspruchs «allerdings voraus, dass der zu beseitigende Mangel nicht nur rechtzeitig (Art. 367 Abs. 1/370 OR), sondern *vor Ablauf der Verjährungsfrist* gerügt wurde. Das ergibt sich aus dem analog anwendbaren Art. 210 Abs. 2 OR»[371]. Wenn jedoch der Mangel innert der Verjährungsfrist nicht gerügt wurde, so sind die diesbezüglichen Mängelrechte verwirkt, nicht verjährt (Nr. 85). Dem Rückbehaltungsrecht, das sich ja auf das Nachbesserungsrecht abstützt, ist damit der Boden entzogen.

328 **6.** *Mit Bezug auf die Verjährung der Werklohnforderung ist das Rückbehaltungsrecht belanglos.* Weder hindert es den Eintritt der Fälligkeit, welche die Verjährungsfrist auslöst (Art. 130 OR), noch hindert es den Lauf der Verjährungsfrist. Dem Rückbehaltungsrecht kommt also keine hemmende Wirkung zu. «Auch die *geltend gemachte* Einrede ist kein Grund, der die Verjährung hemmt»[372]. Die Verjährung der Werklohnforderung tritt somit – Unterbrechung vorbehalten – fünf bzw. zehn Jahre nach der Werkablieferung und der dadurch bewirkten Fälligkeit der Werklohnforderung ein (Art. 130 OR i.V.m. Art. 127/128 OR und 372 OR).

III. Abweichende Vereinbarungen

329 **1.** Art. 372 OR, wonach der Werkpreis mit der Ablieferung des Werks fällig wird, ist dispositiven Rechts. Dasselbe gilt für Art. 82 OR. Überhaupt ist die ganze gesetzliche Regelung, welche das Verhältnis Werklohnforderung/Mängel betrifft, nicht zwingend. In der Baupraxis finden sich häufig abweichende Vereinbarungen, und das in ganz unterschiedlicher Richtung. Soweit Abweichungen in AGB vereinbart werden, ist den speziellen AGB-Erfordernissen Rechnung zu tragen. So dürfte etwa eine völlige (ersatzlose) Wegbedingung

---

[371] GAUCH, Werkvertrag, Nr. 1736.
[372] GAUCH, Werkvertrag, Nr. 1733, unter Hinweis auf PETER NABHOLZ, Verjährung und Verwirkung als Rechtsuntergangsgründe infolge Zeitablaufs, Diss. Zürich 1958, S. 107, und § 202 BGB.

§ 11 Rückbehaltung des Werklohnes

des Rückbehaltungsrechts vor der Ungewöhnlichkeitsregel (Nr. 224 ff.) kaum standhalten.

330 **2. Abweichungen gegenüber der gesetzlichen Regelung enthält auch die SIA-Norm 118.** Die folgenden Ausführungen beziehen sich auf die praktisch bedeutsamen Einheitspreisverträge. Die wichtigsten Änderungen sind folgende:

331 – Die Fälligkeit wird gegenüber der gesetzlichen Regelung (Art. 372 OR) teilweise vor-, teilweise nachverschoben. Vorverschoben wird sie insofern, als der Besteller Abschlagszahlungen zu leisten hat (Art. 144 ff. SIA-Norm 118). Nachverschoben wird sie insofern, als ein Teil des Werklohns nicht schon mit der Ablieferung des Werks zur Zahlung fällig wird: Der Besteller darf den in Art. 150 der Norm umschriebenen Teil des Werklohnes bis zu dem in Art. 152 angegebenen Zeitpunkt zurückbehalten.

332 – Der eben erwähnte Rückbehalt «dient dem Bauherrn als Sicherheit für die Erfüllung der Verpflichtungen des Unternehmers bis zur Abnahme des Werkes» (Art. 149 Abs. 1 SIA-Norm 118)[373]. Das ist insofern ungenau, als nicht nur die Verpflichtungen bis zur Abnahme sichergestellt werden, sondern alle Verpflichtungen, die bis zu dem in Art. 152 Abs. 1 der Norm angegebenen Zeitpunkt entstehen. Unter die «Verpflichtungen» i.S.v. Art. 149 Abs. 1 fällt vorab die Pflicht zur Werkvollendung[374]. Sichergestellt sind aber auch die Mängelrechte, die eigentlichen wie die uneigentlichen (zur Unterscheidung s. Nr. 233 und 278 ff.). Wenn sich also beispielsweise bei der gemeinsamen Prüfung i.S.v. Art. 158 SIA-Norm 118 wesentliche Mängel zeigen, so ist der Verbesserungsanspruch des Bauherrn durch den Rückbehalt gesichert. Weitere vom Garantierückbehalt erfasste Pflichten erwähnt BGE 89 II 232 E. 4c und 5a, hinten S. 197 f.

333 Neben dem Rückbehalt i.S. von Art. 149 ff. SIA-Norm 118 bleibt für das gesetzliche Rückbehaltungsrecht zur Sicherung des Nachbesserungsrechts gemäss Art. 82 OR kein Platz (so wohl BGE 89 II 237)[375]. Die gegenteilige Ansicht von GAUCH[376] und SCHUMACHER[377] ist abzulehnen, weil nicht

---

[373] «Oder eines Werkteiles», wie Art. 149 fortfährt. Davon ist im folgenden nicht mehr die Rede.
[374] SCHUMACHER, N 5 zu Art. 149 SIA-Norm 118.
[375] LENZLINGER GADIENT, S. 179 ff.
[376] Werkvertrag, Nr. 1749.
[377] N 4 zu Art. 149 SIA-Norm 118.

einzusehen ist, weshalb Art. 150 der Norm den Umfang des Rückbehaltungsrechts im Detail umschreiben sollte, wenn daneben noch ein weiterer Rückbehalt möglich wäre[378].

334 – «Der Unternehmer leistet vor Auszahlung des Rückbehaltes (Art. 152) Sicherheit für seine Haftung wegen Mängeln, die bei der gemeinsamen Prüfung oder während der Garantiefrist gerügt werden. Die Sicherheit besteht in der Solidarbürgschaft einer namhaften Bank oder Versicherungsgesellschaft» (Art. 181 Abs. 1 SIA-Norm 118). Anders als die Art. 149 ff. regelt Art. 181 der Norm ausschliesslich die Sicherung des Bauherrn bezüglich seiner Mängelrechte. M.E. ist diese Regelung abschliessend. Ist daher die fragliche Sicherheit geleistet, so entfällt – bei Vereinbarung der SIA-Norm 118 – die Möglichkeit, einen Teil des Werklohnes nach Art. 82 OR zurückzubehalten[379].

§ 12 Die Tragung der Nachbesserungskosten

335 Nach Art. 368 Abs. 2 OR kann der Besteller die «unentgeltliche Verbesserung» des mangelhaften Werks verlangen. Der Unternehmer hat also die Nachbesserung auf seine Kosten vorzunehmen (so ausdrücklich der frz. Gesetzeswortlaut: «à ses frais»). Doch ist zu beachten, dass in der Nachbesserungsschuld die ursprüngliche Leistungspflicht des Unternehmers fortlebt und der Werklohn das Entgelt für die Erfüllung dieser Leistungspflicht bildet. Von da her kann gesagt werden, dass ein Teil des Werklohnes auf die Nachbesserungsarbeiten entfällt[380], diese insofern nicht unentgeltlich vorzunehmen sind. Mit der

---

[378] Weitere zutreffende Argumente bei LENZLINGER GADIENT, S. 176 f.

[379] LENZLINGER GADIENT, S. 177, unter Hinweis auf einen unveröffentlichten BGE. Die gegenteilige Ansicht von GAUCH, N 9 zu Art. 181 SIA-Norm 118, vermag nicht zu überzeugen: Art. 152 der Norm sagt aus, dass der zurückbehaltene Werklohn auszubezahlen ist, wenn die Sicherheitsleistung gemäss Art. 181 der Norm erfolgt ist und auch die übrigen in der Bestimmung angeführten Zahlungsvoraussetzungen erfüllt sind. Offensichtlich soll ab einem bestimmten Zeitpunkt ein Barrückbehalt nicht mehr zulässig und der Bauherr nur mehr durch eine Solidarbürgschaft einer Bank oder Versicherung gesichert sein. Das wird vollends deutlich, wenn man sich vor Augen hält, dass Art. 182 der Norm einen Barrückbehalt («Bargarantie») nur für zulässig erklärt, wenn eine entsprechende Vereinbarung getroffen wurde. LENZLINGER GADIENT, S. 178, hält zutreffend fest, dass die hier vertretene Auslegung der Norm praktisch sinnvoll ist. – Im Einzelfall ist freilich möglich, dass die Parteien Art. 181 der Norm in einem abweichenden Sinne verstehen (vgl. Nr. 230).

[380] Darauf gründet auch das Rückbehaltungsrecht des Bestellers bis zur Mängelbeseitigung (s. oben Nr. 315 ff.).

§ 12 Tragung der Nachbesserungskosten

Wendung «unentgeltliche Verbesserung des Werkes» in Art. 368 Abs. 2 OR ist gemeint, dass für die Nachbesserungsarbeit kein *zusätzliches* Entgelt (neben dem Werklohn) geschuldet ist.

Im folgenden ist vorerst der Begriff der Nachbesserungskosten zu präzisieren, sodann ist auf Ausnahmefälle einzugehen, in denen der Unternehmer die Nachbesserungskosten nur teilweise zu tragen hat.

I. Begriff der Nachbesserungskosten

336 1. Der Begriff der Nachbesserungskosten **orientiert sich am Begriff der Nachbesserung**: Soweit der Unternehmer gewisse Arbeiten vorzunehmen hat, um bestehende Werkmängel zu beseitigen, hat er auch die entsprechenden Kosten zu tragen. Andere Kosten gehören nicht zu den Nachbesserungskosten. Das gilt insbesondere für den sog. Mangelfolgeschaden. Diesen hat der Unternehmer nur zu ersetzen, wenn ihn ein Verschulden trifft (Art. 368 Abs. 2 OR). Demgegenüber ist die Tragung der Nachbesserungskosten verschuldensunabhängig[381], denn indem der Unternehmer nachbessert, realisiert er ja nur den geschuldeten Erfolg, für den er den Werklohn zugute hat. In der Regel können Nachbesserungskosten und Mangelfolgeschaden leicht auseinandergehalten werden. Beides kann sich jedoch auch eng berühren, was zu entsprechenden Abgrenzungsschwierigkeiten führt (vgl. BGE 111 II 174, dazu Nr. 343).

337 Die Nachbesserung ist im vorne Nr. 118 umschriebenen weiten Sinne zu verstehen. Sie erfasst nicht nur die unmittelbare Mängelbeseitigung, sondern noch weitere, mit der Mängelbeseitigung zusammenhängende Arbeiten. Hier zu nennen sind vorab einmal Arbeiten, welche die Mängelbeseitigung überhaupt erst ermöglichen sollen, sodann Wiederinstandstellungsarbeiten nach der Mängelbeseitigung (s. das Beispiel vorne in Nr. 118). Dass der Unternehmer zur Vornahme solcher Arbeiten verpfichtet ist, ergibt sich aus Treu und Glauben. Treu und Glauben gebieten ferner etwa, bei der Vornahme der Nachbesserungsarbeiten auf die absolut geschützten Rechtsgüter des Gläubigers Rücksicht zu nehmen. Daher ist beispielsweise der Maler, der eine Wand neu zu bemalen hat, gehalten, den Teppichboden abzudecken, um ihn vor Farbklecksern zu schützen. Die entsprechenden Kosten hat er selbst zu tragen. Ganz allgemein gilt, dass die Pflicht zur Mängelbeseitigung durch verschiedene, aus Treu und Glauben abgeleitete Nebenpflichten ergänzt wird. Dass solche Pflichten im Vertrag auch ausdrücklich vereinbart werden können (vgl. Art. 170 Abs. 1 SIA-Norm 118), versteht sich von selbst. Die mit der *Pflichterfüllung* verbundenen Kosten sind Nachbesserungskosten

---

[381] SemJud 1951, S. 437 f.

(sog. Begleitkosten) und gehen daher unabhängig von einem Verschulden zu Lasten des Unternehmers. Anderes gilt für Schäden, die im Falle einer *Pflichtverletzung* entstehen. Wenn beispielsweise der Maler im obigen Beispiel den Teppich ungenügend abdeckt und deshalb Farbkleckser auf den Teppich fallen, so hat er den dadurch verursachten Schaden (z.B. Reinigungskosten) nur im Verschuldensfalle zu ersetzen[382,383].

338 **2. Lässt der Unternehmer Nachbesserungsarbeiten** im umschriebenen weiten Sinne **durch den Besteller vornehmen** (der Maler bittet beispielsweise den Bauherrn, an seiner Stelle den Boden abzudecken), so stellt sich die Frage, ob er insoweit dem Besteller kostenpflichtig wird. Haben sich die Parteien hierüber nicht einvernehmlich geeinigt, weder im ursprünglichen Werkvertrag (vgl. z.B. Art. 170 Abs. 1 SIA-Norm 118) noch anlässlich der «Auftragserteilung» an den Besteller, so ist die Kostenpflicht m.E. zu bejahen, dies freilich nur für *Auslagen und Verwendungen*, die dem Besteller erwachsen sind (vgl. analog Art. 402 Abs. 1 OR). Ein *Entgelt* steht ihm für seine Tätigkeit nicht zu.

339 Nicht kostenpflichtig ist der Unternehmer freilich dort, wo der Besteller lediglich ihn treffende Mitwirkungshandlungen ausführt, also Gläubigerobliegenheiten[384] wahrnimmt. Insbesondere kann daher der Besteller für die Mitwirkung bei der Abnahme des nachgebesserten Werks nichts verlangen. Dasselbe gilt aber auch für gewisse Vorbereitungshandlungen (vgl. das Beispiel in Nr. 343). Doch ist bei der Annahme von Mitwirkungsobliegenheiten des Bestellers Zurückhaltung geboten. Denn aus dem Umstand, dass der Unternehmer mangelhaft erfüllt hat, dürfen dem Besteller grundsätzlich keine Nachteile entstehen.

340 Wurde das mangelhafte Werk aus Stoff des Bestellers hergestellt und bedarf der Unternehmer für die Mängelbeseitigung erneut von diesem Stoff, so hat der Besteller nach GAUCH[385] «den für die Verbesserung des Werkes erforderlichen Stoff nachzuliefern, kann dafür aber Schadenersatz (Ersatz des Mangelfolgeschadens) nach Art. 368 Abs. 2 OR verlangen, falls den Unternehmer ein

---

[382] Die Vertragsverletzung, welche in der Ausserachtlassung der gebotenen Sorgfalt besteht, impliziert allerdings auch das Verschulden. Vorbehalten sind lediglich Fälle, in denen der Unternehmer urteilsunfähig ist (vgl. ALFRED KOLLER, AJP 1992, S. 1488 Ziff. 1).

[383] Unzutreffend scheint die Formulierung GAUCHS, dass «nach dem richtig verstandenen Inhalt der Nachbesserungsschuld» der Unternehmer verpflichtet sei, «seinen Vertragspartner so zu stellen, wie dieser stände, wenn zum vornherein mängelfrei geleistet worden wäre» (Werkvertrag, Nr. 1217). Wäre diese Formulierung wörtlich zu nehmen, wären auch alle Mangelfolgeschäden unter dem Gesichtspunkt der Nachbesserung zu liquidieren. Denn dabei handelt es sich ja definitionsgemäss um Schäden, die durch einen Mangel verursacht sind, also nicht entstanden wären, wenn der Unternehmer zum vornherein mängelfrei geleistet hätte. Dieser Ansicht ist selbstverständlich GAUCH nicht. S. auch unten Nr. 362: Mit der Nachbesserung verbundene Vorteile verbleiben grundsätzlich dem Besteller.

[384] Vgl. SemJud 1978, S. 141; BJM 1958, S. 229 f.

[385] Werkvertrag, Nr. 1231.

§ 12 Tragung der Nachbesserungskosten

Verschulden oder eine Hilfspersonenhaftung (Art. 101 OR) trifft». M.E. geht es hier nicht um Schadenersatz, sondern um Nachbesserungskosten, die der Unternehmer unabhängig von einem Verschulden zu tragen hat; die Stoffkosten gehen also ohne weiteres zu seinen Lasten. Im übrigen kann kaum *generell* gesagt werden, dass der Besteller den für die Mängelbeseitigung nötigen Werkstoff nachzuliefern hat. Denn primär unterliegt die Mängelbeseitigung inklusive der Stofflieferung dem Unternehmer.

341 **3. Keine Nachbesserungskosten** sind vorab Kosten, die durch einen Mangel als solchen verursacht werden, nicht durch dessen Beseitigung. Solche Kosten sind nach schadenersatzrechtlichen Grundsätzen zu ersetzen. Wenn sich beispielsweise der Besteller wegen des Mangels (z.B. einer defekten Treppe) verletzt und deswegen Arztkosten entstehen, so stellen diese Kosten Mangelfolgeschaden dar, der nach Massgabe von Art. 368 OR zu ersetzen ist. Vorausgesetzt ist somit ein Verschulden.

342 Aber auch Kosten, die durch die Mängelbeseitigung verursacht sind, gehören nicht durchwegs zu den Nachbesserungskosten.

343 Beispiel: Eine von Unternehmer U erstellte Wohnung weist mangelhaft bemalte Wände auf. Besteller B verlangt die Mängelbeseitigung. Während der Neubemalung ist die Wohnung unbewohnbar, B zieht daher in ein Hotel. Die Hotelkosten sind zwar durch die Nachbesserung verursacht, sie sind aber keine Nachbesserungskosten. Denn der Aufenthalt von B im Hotel ist nicht auf die Mängelbeseitigung i.S.v. Nr. 337 gerichtet. Daher ist U auch nicht verpflichtet, für die Unterbringung des B in einem Hotel besorgt zu sein. Vielmehr ist B im Sinne einer Obliegenheit verpflichtet, die Wohnung vorübergehend zu verlassen. Für die Hotelkosten haftet daher der Unternehmer nicht kausal, sondern nur bei Verschulden (Art. 368 Abs. 2 OR; a.A. BGE 111 II 174).

344 Nicht unter den Begriff der Nachbesserungskosten fallen ferner Begleitschäden (Nr. 7). Deren Ersatz richtet sich nach Art. 97 OR. Ebenfalls nur unter dem Titel Schadenersatz ist durch die Nachbesserungsarbeiten verursachter Gewinnentgang des Bestellers auszugleichen[386]. Es handelt sich hier um Mangelfolgeschaden (Nr. 7).

II. Kostenbeteiligung des Bestellers

345 In der Regel trägt der Unternehmer die ganzen Kosten der Mängelbeseitigung. Eine Pflicht des Bestellers, sich an den Kosten zu beteiligen, besteht nur ausnahmsweise. Zwei solche Tatbestände wurden bereits erwähnt: Einmal muss der Besteller die Mängelbeseitigung dann teilweise selbst finanzieren, wenn ihn an dem zu beseitigenden Mangel ein Mitverschulden trifft (Nr. 56). Sodann findet eine Kostenbeteiligung des Bestellers dann statt, wenn er wegen Übermässigkeit der Nachbesserungskosten an sich keinen Anspruch auf Mängel-

---

[386] GAUCH, Werkvertrag, Nr. 1223.

beseitigung hat, sich jedoch diesen Anspruch verschafft, indem er die Übermässigkeit durch einen Beitrag an die Nachbesserungskosten beseitigt (Nr. 94)[387]. Im folgenden wird vorerst (1.) auf zwei weitere Ausnahmetatbestände dieser Art hingewiesen[388]. Sodann wird der Frage nachgegangen, wie der Unternehmer seinen Anspruch auf Kostenbeteiligung des Bestellers praktisch durchsetzen kann (2.).

1. Tatbestände

A. «Sowieso-Kosten»

346 **1. Begriff.** Als «Sowieso-Kosten» werden (Nachbesserungs-) Kosten bezeichnet, die auch bei mängelfreier Erstellung des Werks entstanden und zu Lasten des Bestellers gegangen wären (vgl. Art. 170 Abs. 2 SIA-Norm 118). Beispiele[389]:

347 – Wurde «ein Dach vertragswidrig mit Eternit statt mit Kupfer gedeckt, so hat der Besteller die Mehrkosten für Kupfer zu vergüten, wenn der Mangel beseitigt wird und er diese Mehrkosten bei ursprünglich mängelfreier Leistung ohnehin hätte erstatten müssen»[390]. Angenommen, das Dach war gemäss Vertrag nach Einheitspreisen zu berechnen und der Unternehmer hat Einheitspreise für Eternit berechnet, so kann er nun – wie im Vertrag vorgesehen – Einheitspreise für Kupfer in Rechnung stellen. War hingegen für das ganze Dach ein Pauschalpreis abgemacht, so hat der Unternehmer das Dach zu «verkupfern», ohne dass er einen Mehrpreis verlangen könnte. Denn die Kupferkosten sind im Pauschalpreis inbegriffen. Am Gesagten ändert sich auch dann nichts, wenn der Unternehmer bei der Preiskalkulation irrtümlich von Eternitpreisen ausgegangen ist.

348 – Der BGH hatte sich mit folgendem Fall zu befassen[391]: Durch Generalunternehmervertrag vom 20. Juli 1978 erteilten die beklagten Bauherren der Klägerin den Auftrag, eine Eigentumswohnungsanlage zum Festpreis von 2'346'500 DM schlüsselfertig zu errichten. Dabei gingen die Parteien davon aus, dass kein Druckwasser zu erwarten sei, und einigten sich daher auf eine Kellerabdichtung gegen nicht drückendes Wasser. Nach Ablieferung des Hauses kam es jedoch zu Einbrüchen drückenden Schichtenwassers, gegen das die gewählte Abdichtungsart

---

[387] Ferner sei daran erinnert, dass die Nachbesserungskosten zu Lasten des Bestellers gehen, sofern dieser die Nachbesserung selbst vornimmt und dadurch den Unternehmer an der Nachbesserung hindert. Genaueres in Nr. 125 ff.

[388] Nicht weiter eingegangen wird auf den Fall, da der Besteller dem Unternehmer die Nachbesserung in pflichtwidriger Weise erschwert und aus diesem Grund die Nachbesserungskosten teilweise zu tragen hat. S. dazu GAUCH, Werkvertrag, Nr. 1230.

[389] S. ferner ZWR 1991, S. 250 ff. = BR 1992, S. 94 mit Anm. von PIERRE TERCIER. Aus der österreichischen Rechtsprechung vgl. WBl 1987, S. 119 («Sowieso-Kosten» im Schadenersatzrecht), aus der deutschen BGHZ 90, 344 ff. S. ferner die Hinweise in BGHZ 91, 211 E. 1b.

[390] GAUCH, Werkvertrag, Nr. 1224.

[391] Vgl. BGHZ 90, 344 f.

§ 12 Tragung der Nachbesserungskosten

keinen genügenden Schutz bot[392]. Der Unternehmer baute in der Folge eine Abdichtung gegen drückendes Wasser ein. Hinsichtlich der Kostentragung hielt der BGH fest, dass die beklagten Bauherren diejenigen *Mehr*kosten übernehmen müssten, «die auch bei sofortigem Einbau einer Abdichtung gegen drückendes Wasser auf Verlangen der Beklagten angefallen wären».

349 **2.** Sowieso-Kosten kennzeichnen sich nach dem in Nr. 346 Gesagten durch **zwei Merkmale**:

350 – Zum einen ist vorausgesetzt, dass die in Frage stehenden Kosten auch bei mängelfreier Erstellung entstanden wären. Nicht erfasst ist daher der mit der Nachbesserung verbundene Arbeitsaufwand. Auch teuerungsbedingte Mehrkosten, die darauf beruhen, dass nicht sofort ein mängelfreies Werk erstellt wurde, stellen keine Sowieso-Kosten dar. Noch viel mehr gilt dies für Begleitkosten (Nr. 118).

351 – Zum andern ist vorausgesetzt, dass die betreffenden Kosten auch bei mängelfreier Erstellung zu Lasten des Bestellers gegangen wären. Es ist somit eine Hypothese anzustellen und zu fragen, wer bei mängelfreier Erstellung die Kosten zu tragen gehabt hätte. Diese Frage beantwortet sich primär nach dem Vertrag, subsidiär nach Gesetz und dem hypothetischen Parteiwillen (Vertragsergänzung).

352 **3.** Dieses zweite Kennzeichen der Sowieso-Kosten sei noch präzisiert und anhand von Beispielen illustriert:

353 – Im Beispiel aus Nr. 347, erste Variante, ist im Vertrag vorgesehen, dass das Dach aus Kupfer zu erstellen und entsprechend zu vergüten ist. Diese Vereinbarung behält auch dann ihre Gültigkeit, wenn vorerst ein Eternit-Dach eingebaut und erst später durch ein Kupferdach ersetzt wird. Aber nur die Kosten des Kupferdachs gehen – als Sowieso-Kosten – zu Lasten des Bestellers, nicht auch die Kosten, die dadurch entstehen, dass das Eternitdach entfernt und ersetzt werden muss.

---

[392] Der Unternehmer konnte sich nicht darauf berufen, vertragsgemäss geliefert zu haben. Denn dass die Abdichtung ihren Zweck nicht bzw. nur teilweise erfüllte und damit eine vorausgesetzte Eigenschaft fehlte, war sein Risiko: Es lag ein Werkmangel vor. Er war daher zur Nachbesserung verpflichtet. Dass er vertragsgemäss geliefert hatte, wirkte sich aber bei der Verteilung der Nachbesserungskosten aus (s. gleich im Text). – Führt die vertragsgemässe Ausführung des Werks zwangsläufig zu einem Mangel, so liegt rechtlich gesehen Unmöglichkeit vor: Der Unternehmer kann nicht gleichzeitig das Werk vertragsgemäss und mängelfrei ausführen. Vgl. KURSCHEL, S. 17.

354 — Wurde keine Preisvereinbarung getroffen, so dass der Preis «nach Massgabe des Wertes der Arbeit und der Aufwendungen des Unternehmers» festzusetzen ist (Art. 374 OR), so bilden Kosten der fraglichen Art (Kosten, die auch bei mängelfreier Erstellung entstanden wären) Sowieso-Kosten und gehen demzufolge zu Lasten des Bestellers.

355 Angenommen, im Beispiel aus Nr. 347 wäre keine Preisvereinbarung geschlossen worden, so würden die Kupfer-Kosten ebenfalls zu Lasten des Bestellers gehen. Das leuchtet sofort ein, wenn man sich Folgendes vor Augen hält: Hätte der Unternehmer von Anfang an das vertraglich vereinbarte Kupferdach erstellt, so hätte der Besteller die entsprechenden Kosten nach Art. 374 OR zu tragen gehabt. Es kann sich nicht anders verhalten, wenn erst nachträglich das vereinbarte Kupferdach eingebaut wird. Aber wiederum ist zu beachten, dass nur jene Kosten zu Lasten des Bestellers gehen, die entstanden wären, wenn der Unternehmer sofort ein Kupferdach erstellt hätte. Demgegenüber gehen jene Kosten, die dadurch entstehen, dass das Eternitdach entfernt und ersetzt werden muss, zu Lasten des Unternehmers.

356 — Wurde ein Pauschalpreis vereinbart, so ist dieser gemäss Art. 373 Abs. 1 OR fix. Vorbehalten ist der Tatbestand von Abs. 2. Vorbehalten sind sodann Bestellungsänderungen: Wenn der Besteller nachträglich eine Zusatzleistung (z.B. ein vertraglich nicht vorgesehenes Bassin) verlangt, so hat er diese auch zu entgelten. Wie es sich verhält, wenn im Zuge der Mängelbeseitigung Kosten anfallen, die auch bei ursprünglich mängelfreier Erstellung angefallen wären, sagt Art. 373 OR nicht. Doch ist klar, dass der Besteller jedenfalls dort nicht mit solchen Kosten belastet werden darf, wo sich der Unternehmer einseitig geirrt hat: wo er selbständig eine Ausführungsart gewählt hat, die sich im nachhinein als unzutreffend erweist (vgl. Art. 24 Abs. 2 OR)[393].

357 Angenommen, im Beispiel aus Nr. 348 haben die Parteien die Abdichtungsart nicht einvernehmlich festgelegt, sondern der Unternehmer hat diese selbständig bestimmt. Wenn sich nun zeigt, dass der Unternehmer eine ungenügende Abdichtungsart gewählt hat und daher die Abdichtung ersetzen muss, so gehen die entsprechenden Kosten vollumfänglich zu seinen Lasten; er kann die Mehrkosten der neuen Abdichtung nicht dem Besteller überbinden. Und zwar auch dann nicht, wenn erwiesen ist, dass der Besteller bei Vertragsabschluss zu einer Kostenübernahme bereit gewesen wäre, falls der Unternehmer ihn von der Notwendigkeit einer Abdichtung gegen drückendes Wasser überzeugt hätte. Solche «hypothetischen Kostenübernahmen» haben vor Art. 373 Abs. 1 OR zurückzutreten. Mit andern Worten hat das ab Vertragsabschluss begründete Vertrauen des Bestellers, dass es beim Pauschalpreis bleiben wird, Vorrang vor solchen hypothetischen Erwägungen.

358 Nicht so eindeutig liegt der Fall, da eine Ausführungsvereinbarung getroffen wurde und sich diese im nachhinein als unzutreffend erweist, so dass die Ausführung nachträglich geändert werden muss. Kann man hier, wo eine

---

[393] Dass sich der geschuldete Erfolg «später nur aufwendiger als von dem Unternehmer kalkuliert erreichen» lässt, wirkt sich nicht zu Lasten des Bestellers aus (STAUDINGER/ PETERS, N 178 zu § 633 BGB; ebenso KURSCHEL, S. 73).

Art *beidseitiger* Irrtum gegeben ist, den Pauschalpreis um jene Mehrkosten erhöhen, die auch dann entstanden wären, wenn die richtige Ausführungsart von Anfang an vorgesehen worden wäre? Der BGH hat die Frage – für das deutsche Recht – im oben Nr. 348 referierten Fall bejaht[394]. Für das schweizerische Recht ist sie wohl gegenteilig zu entscheiden, jedenfalls im Grundsatz. Denn das Risiko, dass sich eine Ausführungsvereinbarung als unzutreffend erweist, ist m.E. – vorbehaltlich Art. 369 OR – vom Unternehmer zu tragen[395]. Daher greift Art. 373 Abs. 1 OR auch dann ein, wenn der Pauschalpreisvereinbarung eine unzutreffende Ausführungsvereinbarung zugrundeliegt. Auch in diesem Fall verdient das durch die Bestimmung geschützte Vertrauen des Bestellers auf die Unabänderlichkeit des Preises Vorrang. Vorbehalten ist freilich der Tatbestand von Art. 373 Abs. 2 OR. Diese Bestimmung aber greift nur ein, wenn die Nachbesserung übermässig erschwert wird[396]. Alsdann hat sich der Besteller an den Nachbesserungskosten zu beteiligen, und zwar an allen Kosten, nicht nur an jenen, die auch bei mängelfreier Werkerstellung entstanden wären.

359 **4. Die SIA-Norm 118** sieht in Art. 170 Abs. 2 ausdrücklich vor, dass «Kosten, die dem Bauherrn auch bei ursprünglich mängelfreier Ausführung entstanden wären», zu Lasten des Bauherrn gehen. Nach welchen Kriterien zu entscheiden ist, welche Kosten dem Bauherrn «auch bei ursprünglich mängelfreier Ausführung entstanden wären», wird in der Bestimmung jedoch nicht gesagt. Namentlich ist das Verhältnis Sowieso-Kosten/Pauschalpreisvereinbarung nicht klargestellt[397]. M.E. gilt auch nach der SIA-Norm 118 das eben in Nr. 358 Gesagte.

B. Vorteilsanrechnung

360 **1.** Die Nachbesserung kann dem Besteller **Vorteile** bringen, **die er bei mängelfreier Werkerstellung nicht gehabt hätte.** Illustrativ ist eine Entscheidung des OGH[398]. Es ging dabei um Fassadenplatten, die nicht die vereinbarte Lichtbeständigkeit aufwiesen und deshalb – als Verbesserung – abgeschliffen

---

[394] BGHZ 90, 344 ff. Interessant sind vor allem auch die in der amtlichen Ausgabe nicht publizierten Erwägungen 3 und 4 (wiedergegeben in NJW 1984, S. 1677).

[395] Anders wohl NJW 1984, S. 1677 E. 3 und 4.

[396] Art. 373 Abs. 2 OR ist freilich nur analog anwendbar. Denn unmittelbar betrifft der Artikel nur den Tatbestand, dass die *Fertigstellung* des Werks übermässig erschwert wird.

[397] GAUCH, N 7 zu Art. 170 SIA-Norm 118, geht auf die Frage nicht ein. Im übrigen weist er zutreffend darauf hin, dass die Teuerungskosten, die dadurch entstehen, dass das Werk erst im nachhinein mängelfrei erstellt wird, keine Sowieso-Kosten darstellen, und zwar auch dann nicht, «wenn die vereinbarten Preise der Teuerungsabrechnung unterliegen».

[398] SZ 55, Nr. 29, S. 144 ff., referiert nach KURSCHEL, S. 74.

und mit einem UV-beständigen Harz gestrichen werden mussten. Dadurch ersparte sich der Besteller die Kosten für die Entfernung von verschmutzten Stellen («Regennasen»). Der Unternehmer war deshalb der Ansicht, der Besteller müsse sich dafür einen Betrag von 100'000 Schilling «anrechnen» lassen.

361 Vorteile dieser Art entstehen vor allem dort, wo die Mängelbeseitigung erst längere Zeit nach der Ablieferung des Werks erfolgt. Dann ist es geradezu üblich, dass sich der Besteller wegen der Mängelbeseitigung Unterhaltsarbeiten ersparen kann. Möglich ist auch, dass infolge Fortschreitung der Technik das nachgebesserte Werk besser ist, als es das Werk bei von Anfang an mängelfreier Ablieferung gewesen wäre. Im übrigen beschränken sich die mit der Nachbesserung verbundenen Vorteile nicht notwendig auf das nachgebesserte Werk. Zu denken ist etwa an den Fall, da ein Baumeister nach der Mängelbeseitigung an der von ihm erstellten Hausmauer den – mängelfreien – Farbanstrich erneuern muss (vgl. vorne Nr. 118, 337).

362 2. Mit der Nachbesserung verbundene Vorteile des Bestellers sind **grundsätzlich nicht auf die Nachbesserungskosten anrechenbar**[399]. Der Unternehmer kommt ja mit der Mängelbeseitigung lediglich seiner ursprünglichen Leistungspflicht nach, für deren Erfüllung er den Werklohn bekommt. Immerhin können Treu und Glauben im Einzelfall eine teilweise Kostenüberwälzung auf den Besteller rechtfertigen[400]. Dabei wird man sich weitgehend an die im Schadenersatzrecht entwickelten Grundsätze der Vorteilsanrechnung[401] anlehnen dürfen, dies nur schon deshalb, weil der Nachbesserungsanspruch über kurz oder lang in einen Schadenersatzanspruch umschlagen kann[402] und dann ohnehin schadenersatzrechtliche Gesichtspunkte zum Tragen kommen.

363 3. Die Vorteilsanrechnung ist hier wie dort **wertend nach Treu und Glauben** vorzunehmen[403]. Letztlich hängt vieles vom Einzelfall ab. Verallgemeinerungen sind nur beschränkt möglich. Immerhin lassen sich gewisse typische Kriterien, welche für oder gegen eine Vorteilsanrechnung sprechen, herausarbeiten.

---

[399] Vgl. SZ 55, Nr. 29, S. 144 ff., und BauR 1978, S. 410. Weitere Nachweise bei KURSCHEL, S. 74 ff. Im schweizerischen Recht ist die Frage der Vorteilsanrechnung wenig diskutiert.

[400] Die Nachbesserung darf «nicht zu einer Bereicherung des Bestellers führen» (STAUDINGER/ PETERS, N 177 zu § 633 BGB).

[401] Dazu vor allem ROLF KUHN, Die Anrechnung von Vorteilen im Haftpflichtrecht, Diss. St. Gallen 1987; s. ferner z.B. GUHL/MERZ/KOLLER, S. 69 f.

[402] Insbesondere dadurch, dass der Besteller nach Massgabe von Art. 107 Abs. 2 OR auf die Nachbesserung verzichtet und stattdessen Schadenersatz verlangt (vgl. Nr. 151, 166 ff.).

[403] Vgl. GUHL/MERZ/KOLLER, S. 69 f.

§ 12 Tragung der Nachbesserungskosten

364 Wie erwähnt, stellt sich die Problematik der Vorteilsanrechnung vor allem dann, wenn die Nachbesserung längere Zeit nach der Ablieferung des Werks erfolgt. Es scheint daher naheliegend, danach zu fragen, wer für die späte Mängelbeseitigung verantwortlich ist:

365 – Hat der *Unternehmer* die Nachbesserungsarbeiten hinausgezögert, so ist eine Vorteilsanrechnung nicht am Platze. Wollte man anders entscheiden, so hätte es der Unternehmer in der Hand, durch Nichtvornahme der Nachbesserungsarbeiten die beim Besteller entstehenden Vorteile (z.B. ersparte Unterhaltsarbeiten) zu vergrössern und damit seinen Nachbesserungsaufwand zu Lasten des Bestellers zu verringern. Das kann rechtens nicht sein[404].

366 – Schwieriger zu beurteilen ist die Frage der Vorteilsanrechnung dort, wo die späte Mängelbeseitigung *weder vom Besteller noch vom Unternehmer verursacht ist*, sondern einfach darauf beruht, dass der Mangel vorerst nicht entdeckt wird. «In solchen Fällen könnte es nach Treu und Glauben geboten sein, die mit der Nachbesserung erzielte längere Lebensdauer sowie den ersparten Instandhaltungsaufwand anspruchsmindernd zu berücksichtigen»[405]. M.E. ist an eine Vorteilsanrechnung jedenfalls dann zu denken, wenn das nachgebesserte Werk seiner Natur nach besser ist als es das ursprüngliche Werk bei mängelfreier Erstellung gewesen wäre, z.B. weil jetzt eine inzwischen erfolgte technische Neuerkenntnis berücksichtigt werden kann[406]. Aber auch dort, wo keine solche Verbesserung stattfindet, sondern die Vorteile des Bestellers ausschliesslich auf der verspäteten Erfüllung beruhen, dürfte eine Vorteilsanrechnung – entgegen dem in Nr. 360 erwähnten OGH-Entscheid – vielfach angemessen sein[407]. So zumal dann, wenn man sich – wie hier propagiert – an schadenersatzrechtliche Grundsätze hält. Im Schadenersatzrecht setzt die Vorteilsanrechnung einen inneren Zusammenhang, «ähnlich der adäquaten Kausalität» (BGE 112 Ib 330), zwischen dem schädigenden Ereignis und dem in Frage stehenden Vorteil voraus. Ein solcher Zusammenhang ist m.E. nicht nur dort gegeben, wo durch die Nachbesserungsarbeiten ohnehin nötige Arbeiten miterledigt werden[408], sondern auch dort, wo die späte Vornahme der Nachbesserungs-

---

[404] BGHZ 91, 215 f. E. 3a.
[405] BGHZ 91, 217.
[406] Vgl. STAUDINGER/PETERS, N 177 zu § 633 BGB: Eine verlängerte Lebensdauer des Werks sei mit einer Vorteilsausgleichung zu kompensieren, wenn «sie nicht nur durch die spätere Durchführung der Nachbesserung verursacht ist, sondern auf der Struktur der ergriffenen Massnahmen beruht».
[407] Ebenso KURSCHEL, S. 75, für das österreichische Recht.
[408] So wohl auch GAUCH, Werkvertrag, Nr. 1225.

arbeiten eine merklich längere Lebensdauer des Werkes zur Folge hat[409]. In all den erwähnten Fällen rechtfertigt sich eine Vorteilsanrechnung nach dem Prinzip «Neu für Alt».

367 Beispiel: A hat für B ein Haus zu bemalen. Er verwendet Farbe der Marke «Immergrün». Die Farbe ist fehlerhaft, so dass sie bereits nach zwei Jahren abzublättern beginnt. A bestreicht das Haus neu, diesmal mit fehlerfreier Farbe «Immergrün». An den Kosten der Neubemalung hat sich B einmal dann zu beteiligen, wenn die Wand zuvor in einem Vandalenakt beschmutzt («versprayt») wurde und von B sowieso hätte neu bemalt werden müssen. Freilich hat B nicht die ganzen Kosten zu bezahlen, vielmehr erfolgt lediglich ein «Abzug Neu für Alt». Nicht anders verhält es sich m.E. auch dann, wenn man den fraglichen Vandalenakt nicht unterstellt, also davon ausgeht, dass die Wand lediglich im üblichen Rahmen beschmutzt war. Mit der Neubemalung ist nämlich notgedrungen eine längere Lebensdauer des Anstriches verbunden. Diese ist grundsätzlich zu entgelten. Noch vermehrt gilt dies dann, wenn inzwischen eine neue, technisch verbesserte und länger haltbare Farbe auf den Markt gekommen ist, welche von A beim Neuanstrich verwendet wird.

368 Das Gesagte ist freilich nur im Sinne einer Richtlinie zu verstehen, da es für die Vorteilsanrechnung – wie gesagt – jeweilen auf die Umstände des Einzelfalls ankommt. So kann etwa im Einzelfall der Gedanke der aufgedrängten Bereicherung gegen eine Vorteilsanrechnung sprechen. Ferner können die Nachbesserungsarbeiten für den Besteller mit derartigen Umtrieben verbunden sein, dass sich eine Vorteilsanrechnung nach Treu und Glauben verbietet.

369 – Folgt man dem Gesagten, so drängt sich eine Vorteilsanrechnung a fortiori dort auf, wo der *Besteller* sich die Vorteile (z.B. längere Lebensdauer des Werks) dadurch verschafft, dass er die Ausübung des Nachbesserungsrechts über Gebühr hinauszögert.

2. Art und Durchsetzung der Kostenbeteiligung des Bestellers

370 **1.** Wenn der Unternehmer die Mängelbeseitigung *zunächst auf eigene Kosten durchführt*, so erwirbt er gegen den zur Kostenbeteiligung verpflichteten Besteller einen Regressanspruch[410]. Dabei handelt es sich der Sache nach um einen Anspruch auf zusätzliche Vergütung. Das zeigt sich deutlich dann, wenn der Besteller bei Ausübung des Nachbesserungsrechts bereits den ganzen Werklohn bezahlt hat. Trotz der Bezahlung muss er die Nachbesserungsarbeiten teilweise entschädigen. Für die Festlegung der Anspruchshöhe gilt grundsätzlich das Preisgefüge des Werkvertrags[411,412].

---

[409] Anders STAUDINGER/PETERS, N 177 zu § 633 BGB.
[410] Dabei handelt es sich um einen vertraglichen Anspruch. Die Anspruchsgrundlage ist durch Lückenfüllung (Art. 1 ZGB) zu gewinnen, soweit sich der Anspruch im Einzelfall nicht durch Vertragsauslegung oder Vertragsergänzung ergibt.
[411] STAUDINGER/PETERS, N 178 zu § 633 BGB.

§ 12 Tragung der Nachbesserungskosten

371 **2.** Der Unternehmer ist jedoch *nicht verpflichtet, die Nachbesserung vorerst auf eigene Kosten durchzuführen.* Denn er ist gegenüber dem zur Kostenbeteiligung verpflichteten Besteller nicht vorleistungspflichtig, und das in einem umfassenden Sinne: Weder braucht er das nachgebesserte Werk vorzuleisten, noch ist er auch nur gehalten, die Nachbesserungsarbeiten zu kreditieren. Umgekehrt ist allerdings auch der Besteller nicht vorleistungspflichtig. Der Unternehmer kann daher die Vornahme der Nachbesserungsarbeiten nicht davon abhängig machen, dass ihm der Besteller im Umfang der Kostenbeteiligung Zahlung leistet[413]. Vielmehr stehen Kostenbeteiligung und Nachbesserung in einem Austauschverhältnis, das Zug um Zug abzuwickeln ist (Art. 82 OR). Wie dies zu geschehen hat, lässt sich freilich der erwähnten Bestimmung nicht entnehmen. Denn diese ist auf einfache Austauschverhältnisse zugeschnitten. Wo ein Leistungsvorgang «gestreckt» ist, wie dies für die Nachbesserung zutrifft, sind dem jeweiligen Sachverhalt angepasste Lösungen zu suchen[414]. Vorliegend scheint folgende Lösung angemessen[415]:

372 Der Unternehmer kann die Mängelbeseitigung von einer angemessenen **Sicherheitsleistung des Bestellers** (z.B. einer Bankgarantie) abhängig machen[416]. Dabei hat er den Kostenanteil des Bestellers substantiiert darzulegen und gerät mit der Nachbesserung in Schuldnerverzug, wenn er ohne nähere Begründung seines Sicherstellungsbegehrens die Nachbesserung verweigert[417]. Umgekehrt gerät der Besteller in Annahmeverzug, wenn er «zu einer angemessenen und angemessen begründeten Sicherheitsleistung nicht bereit ist»[418].

---

[412] M.E. spricht auch nichts gegen die Annahme, dass der fragliche Anspruch durch das Bauhandwerkerpfandrecht gesichert ist.

[413] Nach GAUCH, Werkvertrag, Nr. 1231, muss der Unternehmer «die Nachbesserungsschuld nur Zug um Zug gegen Zahlung des auf den Besteller entfallenden Kostenanteils (Art. 82 OR) ... erfüllen». Ist damit gemeint, dass der Unternehmer die Nachbesserungsarbeiten nur gegen Kostenersatz in Angriff nehmen muss, so ist der Besteller vorleistungspflichtig. Ist aber gemeint, dass der Unternehmer das nachgebesserte Werk nur gegen Kostenersatz abliefern muss, dann ist der Unternehmer hinsichtlich der Nachbesserungsarbeiten vorleistungspflichtig. Beides scheint nach dem im Text Gesagten nicht zutreffend.

[414] Vgl. KOLLER, N 90 f. zu Art. 184 OR.

[415] Vgl. zum Folgenden BGHZ 90, 344 ff. betr. das deutsche Recht.

[416] Damit ist gewährleistet, dass der Unternehmer im Falle der Nachbesserung auch tatsächlich zu seinem Geld kommt. Weniger weitgehend GAUCH, Werkvertrag, Nr. 1231, mit Hinweis auf BauR 1984, S. 399 (Sicherheitsleistung nur bei umstrittener Höhe des Zuschusses).

[417] STAUDINGER/PETERS, N 183 zu § 633 BGB.

[418] STAUDINGER/PETERS, N 183 zu § 633 BGB.

373 Zu beachten ist, dass der Besteller nur im Rahmen seiner Kostenbeteiligung Sicherheit zu leisten hat, also nur insoweit, als *über den Werklohn hinaus* eine Vergütungspflicht besteht. Hingegen ist er – wie früher ausgeführt – berechtigt, den Werklohn im Umfang des Deckungskapitals bis zur Ablieferung des nachgebesserten Werks zurückzubehalten, ohne insoweit Sicherstellung leisten zu müssen (vorne Nr. 317, Anm. 352). Mit andern Worten muss der Unternehmer die Nachbesserungsarbeiten vornehmen, ohne dass er für den darauf entfallenden Vergütungsanteil Sicherstellung verlangen könnte. Hingegen muss er das nachgebesserte Werk nur Zug um Zug gegen den ausstehenden Werklohn abliefern.

374 Beim Bauwerkvertrag hilft dem Unternehmer die Zug-um-Zug-Regel allerdings wenig, weil das nachgebesserte Werk ohne weiteres in den Besitz des Bestellers übergeht und daher der Unternehmer die Ablieferung praktisch nicht von der gleichzeitigen Bezahlung des ausstehenden Werklohnes abhängig machen kann. Angesichts dessen kann man sich fragen, ob es nicht sinnvoll wäre, den Bauherrn zur Sicherstellung des Deckungskapitals zu verpflichten[419]. De lege lata besteht aber eine solche Pflicht nicht: Der Unternehmer ist zur Werkerstellung verpflichtet, bevor er den Werklohn verlangen kann (Art. 372 OR), und wird er nachbesserungspflichtig, so hat er die Mängel zu beseitigen, bevor er den diesbezüglichen Werklohnanteil geltend machen kann (Art. 372 OR analog). Dem besonderen Charakter des Bauwerkvertrages trägt das Bauhandwerkerpfandrecht (Art. 837 Abs. 1. Ziff. 3 ZGB) Rechnung. Dieses sichert den Werklohnanspruch des Unternehmers in wirksamer Weise[420].

375 **3.** Der umschriebene Anspruch auf Sicherstellung sei am Beispiel aus Nr. 348 illustriert: Wenn die Installation einer nachträglichen Abdichtung gegen Druckwasser Fr. 50'000.— kostet und sich die Bauherrschaft an diesen Kosten mit Fr. 20'000.— zu beteiligen hat, so kann sie den Werklohn in der Höhe von Fr. 50'000.— zurückbehalten, muss jedoch Fr. 20'000.— sicherstellen. Nach erfolgter Nachbesserung steht dem Unternehmer das Recht zu, sowohl die zurückbehaltene wie auch die sichergestellte Summe, also insgesamt Fr. 70'000.—, einzuverlangen.

---

[419] Mit andern Worten: Wäre es nicht angemessen, dass der Besteller den auf die Nachbesserungsarbeiten entfallenden Vergütungsanteil sicherstellen muss, bevor er vom Unternehmer Vornahme der Nachbesserungsarbeiten verlangen kann?

[420] M.E. sichert es auch den Anspruch des Unternehmers auf Kostenbeteiligung des Bauherrn (Anm. 412), ist doch dieser Anspruch der Sache nach Entgelt für eine werkvertragliche Leistung (Nachbesserung). Es besteht hier freilich ein geringeres Sicherungsbedürfnis als hinsichtlich der Werklohnforderung. So jedenfalls dann, wenn man der hier vertretenen Ansicht folgt, wonach der Unternehmer im Umfang der Kostenbeteiligung des Bestellers Sicherstellung verlangen kann.

§ 13 Die Verjährung des Nachbesserungsanspruchs

I. Allgemeines

1. Die Verjährungsordnung im Überblick

376 1. «Die Ansprüche des Bestellers wegen Mängel des Werkes verjähren gleich den entsprechenden Ansprüchen des Käufers» (Art. 371 Abs. 1 OR), somit mit Ablauf eines Jahres nach Ablieferung (=Abnahme) des Werkes an den Besteller (Art. 210 Abs. 1 OR analog). Eine besondere Verjährungsregelung gilt für unbewegliche Bauwerke: Art. 371 Abs. 2 OR sieht eine fünfjährige Verjährungsfrist vor, welche (ebenfalls) mit der Abnahme des Werkes zu laufen beginnt (Art. 371 Abs. 2 OR). Die Ablieferung bzw. Abnahme ist gleich zu verstehen wie in Art. 367 OR. Es kann daher auf das vorne in Nr. 59 ff. Gesagte verwiesen werden.

377 Vorbehalten sind Fälle, in denen der Unternehmer einen Mangel arglistig (absichtlich) verschwiegen hat: Nach der Rechtsprechung des Bundesgerichts, die freilich nicht allseits anerkannt ist, beträgt die Verjährungsfrist zehn Jahre seit Ablieferung des Werkes, und zwar gleichgültig, ob der Mangel ein unbewegliches Bauwerk im Sinne von Art. 371 Abs. 2 OR oder ein sonstiges Werk beschlägt[421].

378 Unbestritten ist, dass sich der Unternehmer bei arglistiger (absichtlicher[422]) Täuschung nicht auf den Eintritt der ordentlichen Verjährung berufen kann. Das ergibt sich für Mängel an Werken, die unter Art. 371 Abs. 1 OR fallen, zweifelsfrei aus Art. 210 Abs. 3 OR, auf jene Bestimmung verweist. Dasselbe muss jedoch auch für Mängel an unbeweglichen Bauwerken im Sinne von Art. 371 Abs. 2 OR gelten, obwohl hier ein ausdrücklicher Verweis auf Art. 210 Abs. 3 OR fehlt (BGE 58 II 140, 89 II 409)[423]. Umstritten ist die Auslegung von Art. 210 Abs. 3 OR. Während das Bundesgericht – wie gesagt – die Meinung vertritt, es gelte eine zehnjährige Verjährungsfrist (Art. 127 OR), welche ab Ablieferung des Werks zu laufen beginnt[424], sind andere[425] der Meinung, es bleibe bei der kaufrechtlichen kurzen Verjährungsfrist, doch beginne diese erst mit der Entdeckung des Mangels zu laufen. Eine dritte Auffassung will nicht auf die Entdeckung des

---

[421] BGE 100 II 34 und Bem. 5 zu diesem Entscheid (hinten S. 232). GUHL/MERZ/KOLLER, S. 488; PEDRAZZINI FRANCO, Nr. 1117 ff., und die dort zitierte Lehre und Rechtsprechung. Vgl. auch den kaufrechtlichen BGE 107 II 232.

[422] Arglist und Absicht sind hier identische Begriffe, vgl. GAUCH, Werkvertrag, Nr. 1645.

[423] PEDRAZZINI FRANCO, Nr. 1090 ff., m.w.Nw.

[424] Art. 210 Abs. 3 OR äussert sich zum Beginn der Verjährungsfrist nicht. Es liegt nahe, insoweit auf Art. 210 Abs. 1 OR, also auf die Ablieferung, abzustellen (PEDRAZZINI FRANCO, Nr. 1121).

[425] Nachweise bei PEDRAZZINI FRANCO, Nr. 1105.

Mangels, sondern der Täuschung abstellen, im übrigen aber ebenfalls die ordentliche kaufrechtliche Verjährungsfrist zur Anwendung bringen[426]. Auf den Werkvertrag bezogen, kann sich nach diesen beiden Auffassungen der arglistige Unternehmer trotz Verschweigung des Mangels auf die ein- bzw. fünfjährige Verjährungsfrist von Art. 371 OR berufen. Die Frist beginnt jedoch erst mit der Entdeckung des Mangels bzw. der Täuschung durch den Besteller zu laufen. Der bundesgerichtlichen Rechtsprechung wird nur insoweit Tribut gezollt, als eine absolute Verjährungsfrist von zehn Jahren seit Ablieferung befürwortet wird.

379 Art. 371 OR geht den allgemeinen Verjährungsregeln von Art. 127 ff. OR als lex specialis vor, dies freilich nur insoweit, als er überhaupt eine eigenständige Regelung enthält. Eine solche fehlt insbesondere hinsichtlich der Hemmung und der Unterbrechung der Verjährung. Insoweit kommen daher die Art. 134 ff. OR zum Tragen. Anwendbar sind ferner Art. 132 OR (Berechnung der Verjährungsfrist), 141 OR (Verjährungsverzicht) und 142 OR (Berücksichtigung der Verjährung nur auf Einrede hin).

380 **2.** Die ordentliche Verjährungsfrist von einem bzw. fünf Jahren kann im Einzelfall durch **Unterbrechung, Fortlaufshemmung** (oft einfach Hemmung genannt) oder **Ablaufshemmung** verlängert sein[427]. Alle drei Institute haben gemeinsam, dass sie den Eintritt der Verjährung hinausschieben. Im übrigen aber bestehen erhebliche Unterschiede: Die Unterbrechung (z.B. durch Einklagung des Nachbesserungsanspruchs) lässt eine neue Verjährungsfrist beginnen. Fortlaufshemmung bedeutet demgegenüber, dass die Verjährung stille steht, so z.B. während der Zeit, in welcher der Nachbesserungsanspruch in der Schweiz nicht eingeklagt werden kann; die Zeit des Stillstands wird auf die ordentliche Verjährungsfrist aufgerechnet (Art. 134 Abs. 1 Ziff. 6 OR). Wiederum anders verhält es sich bei der Ablaufshemmung. Diese bezieht sich auf Fälle, in denen es dem Gläubiger nicht möglich oder nicht zumutbar ist, den Ablauf der Verjährungsfrist durch rechtzeitige Unterbrechungshandlungen zu verhindern. Ablaufshemmung bedeutet, dass die Verjährungsfrist um eine Nachfrist verlängert wird. Eine solche Nachfrist ist in Art. 139 OR vorgesehen. Dazu kommen richterrechtlich anerkannte Tatbestände[428]. Die Hemmung spielt hinsichtlich der Verjährung des Nachbesserungsanspruchs eine geringe Rolle, von grosser Bedeutung ist demgegenüber die Unterbrechung. Diese wird daher noch eingehend behandelt[429].

---

[426] So etwa BECKER, N 4 zu Art. 210 OR; weitere Nachweise bei PEDRAZZINI FRANCO, Nr. 1103.
[427] Das gilt auch für die zehnjährige Frist von Art. 210 Abs. 3 OR.
[428] Vgl. KOLLER, Verjährung, S. 25 f.
[429] Zur Fortlaufshemmung s. GAUCH, Werkvertrag, Nr. 1626 ff., zur Ablaufshemmung KOLLER, Verjährung, S. 25 f., 15 ff. und 18 f., sowie hinten im Text Nr. 442.

§ 13 Verjährung des Nachbesserungsanspruchs

381 **3. Anwendungsbereich von Art. 371 OR.** Dieser Bestimmung unterliegen nicht nur die primären, sondern auch die sekundären Mängelrechte (unten Nr. 390). Sodann hat BGE 117 II 428 E. 3 klargestellt, dass Art. 371 OR auch beim Werklieferungsvertrag zur Anwendung kommt. Das versteht sich von selbst, wenn man den in Art. 365 Abs. 1 OR enthaltenen Verweis auf das Kaufrecht nur auf die Rechtsgewährleistung bezieht, nicht auf die Sachgewährleistung (so vorne Nr. 102). Die kaufrechtliche Verjährungsregelung kommt daher beim Werklieferungsvertrag nur insoweit zur Anwendung, als Art. 371 Abs. 1 OR darauf verweist[430]. Ferner findet Art. 371 OR (i.V.m. Art. 210 OR) auch dann Anwendung, wenn die Parteien die Mängelrechte abweichend vom Gesetz geregelt haben, also z.B. einen Vorrang des Nachbesserungsrechts vereinbart[431] oder eines der Mängelrechte (z.B. das Wandelungsrecht) ausgeschlossen haben[432].

382 Keine Anwendung findet Art. 371 OR:

– insoweit, als die Parteien davon (zulässigerweise) abweichende Regelungen treffen (Verjährungsvereinbarungen). Dabei ist zu beachten, dass die Verjährungsordnung von Art. 371 OR i.V.m. Art. 210 OR grundsätzlich dispositiv ist. Relativ zwingend ist lediglich Art. 210 Abs. 3 OR. Daher kann die Verjährungsordnung hinsichtlich arglistig verschwiegener Mängel nicht zu Ungunsten des Bestellers abgeändert werden[433]. Weiteres hinten in Nr. 455 ff.

383 – wenn sich die Parteien nach Ablieferung des Werks über die Rechtsfolgen eines aufgetretenen (behaupteten) Mangels vertraglich einigen, sofern «der Vertrag mit novatorischer Wirkung (Art. 116 OR) ausgestaltet ist ... oder wenn er nach dem Willen der Parteien erst jetzt eine Verpflichtung des (zuvor nicht haftbaren) Unternehmers begründet»[434]. In diesen Fällen sollen (ausschliesslich) Art. 127 ff. OR zum Zuge kommen. Diese Auffassung GAUCHS verdient Zustimmung (hinten Nr. 451).

---

[430] In dem eben zitierten BGE war M. das Verputzen von Hausfassaden übertragen worden. Als sich Risse zeigten, verlangte die Bestellerin Nachbesserung. Unter Berufung auf Art. 365 OR i.V.m. Art. 210 Abs. 1 OR machte M. geltend, es gelte eine einjährige Verjährungsfrist, diese sei abgelaufen. Das Bundesgericht stellte demgegenüber fest, es komme Art. 371 Abs. 2 OR und damit eine fünfjährige Verjährungsfrist zum Tragen.

[431] Vgl. Art. 169 SIA-Norm 118.

[432] TSCHÜTSCHER, S. 239.

[433] PEDRAZZINI FRANCO, Nr. 1072.

[434] GAUCH, Werkvertrag, Nr. 1595, unter Hinweis auf VON TUHR/ESCHER, S. 180, und SPIRO, § 152, S. 353 Anm. 2, und § 289, S. 673 Anm. 16.

384 – auf den Anspruch des Bestellers auf Ersatz des Schadens, den ihm der Unternehmer «bei Ausführung des Werks, also vor dessen Ablieferung, in Verletzung seiner Sorgfaltspflicht zufügt» (BGE 111 II 170 Rubrum, 113 II 267 E. 2b). Art. 371 OR ist auch dann nicht anwendbar, «wenn die Schadensursache nach Ablieferung des Werkes einen Werkmangel darstellen würde»[435].

385 Vorbehalten ist der Sonderfall, da der Besteller den Werkvertrag vorzeitig nach Art. 366 Abs. 1 OR auflöst und das begonnene Werk behält. Diesfalls stehen dem Besteller – wie bereits ausgeführt (Nr. 78) – die Mängelrechte zu, falls dem Werk eine Eigenschaft fehlt, «die es ungeachtet der Nichtvollendung in diesem Stadium der Ausführung bereits aufweisen sollte» (BGE 116 II 453). Hinsichtlich der Verjährung gilt Art. 371 OR, wobei für den Verjährungsbeginn auf den Vertragsrücktritt abzustellen ist; dieser tritt an die Stelle der Abnahme, zu der es bei dem hier diskutierten Sachverhalt gar nicht kommt.

2. Gegenstand der Verjährung

386 **1. Das Nachbesserungsrecht ist ein Gestaltungsrecht und verjährt als solches nicht** (Begründung unten Nr. 388)[436]. Was der Verjährung unterliegt, ist die Nachbesserungsforderung, die bei Ausübung des Nachbesserungsrechts entsteht. Entsprechendes gilt für das Wandelungs- und das Minderungsrecht: Was allenfalls verjährt, sind Forderungen, die bei Ausübung dieser Rechte entstehen, z.B. die Forderung auf Rückgabe des Werkpreises im Falle der Wandelung. Dass die Mängelrechte (soweit sie Gestaltungsrechte sind) nicht verjähren, ist in Lehre und Rechtsprechung anerkannt[437], wenngleich gemeinhin von der Verjährung der Mängelrechte gesprochen wird[438] – eine Ausdrucksweise, die nur hinsichtlich des Anspruchs (der Forderung) auf Ersatz des Mangelfolgeschadens zutreffend ist[439].

---

[435] TSCHÜTSCHER, S. 239 Anm. 47; a.A. ZR 1937, S. 361 ff. Nr. 186.

[436] Das gilt allerdings nur für das gesetzliche Nachbesserungsrecht. Dasjenige im Sinne der SIA-Norm 118 ist eine Forderung (Nr. 240) und unterliegt als solche der Verjährung (s. gleich im Text).

[437] S. statt vieler SCHÖNENBERGER/JÄGGI, Zürcher Kommentar, Vorbem. vor Art. 1 OR, N 101; KRAMER, Allgemeine Einleitung in das Schweizerische Obligationenrecht, N 42. Allerdings fassen einzelne Autoren die Mängelrechte gar nicht als Gestaltungsrechte auf, sondern als Forderungen (so GIGER, N 8 ff. zu Art. 205 OR betr. die kaufrechtlichen Mängelrechte). Nach dieser Ansicht unterliegen die Mängelrechte selbstverständlich der Verjährung.

[438] Vgl. etwa GAUCH, Werkvertrag, Titel auf S. 414; Art. 180 der SIA-Norm 118.

[439] Die gesetzliche Terminologie ist unpräzise: Art. 371 Abs. 1 OR spricht von der Verjährung der «Ansprüche des Bestellers des Werkes»; in Art. 210 OR, der auch im Werkvertragsrecht Anwendung findet (Art. 371 Abs. 1 OR), ist von der Verjährung der «Klagen auf Gewährleistung» die Rede.

§ 13 Verjährung des Nachbesserungsanspruchs

387 **2.** Das Nachbesserungsrecht kann zwar nicht verjähren, wohl aber **verwirken**; dasselbe gilt für die übrigen Mängelrechte, soweit sie Gestaltungsrechte sind. Verwirkung bedeutet Untergang des Rechts, Verjährung Einschränkung der Klagbarkeit. Ein verwirktes Recht besteht nicht mehr, eine verjährte Forderung ist nach wie vor Forderung und daher erfüllbar (Art. 63 Abs. 2 OR, Nr. 399), doch kann sie gegen den Willen des Schuldners nicht mehr auf dem Klageweg durchgesetzt werden[440].

388 Eine Verjährung im umschriebenen, dem OR zugrundeliegenden Sinne ist bei Gestaltungsrechten begrifflich ausgeschlossen[441]. Denn Gestaltungsrechte werden durch einseitige Willenserklärung ausgeübt, die gewünschte Rechtswirkung wird also allein vom Berechtigten herbeigeführt, ohne dass der Gestaltungsgegner irgendwie erfüllen müsste oder auch nur könnte. Da somit auf den Willen des Gegners nichts ankommt, ist auch die Vorstellung, das Gestaltungsrecht könne gegen den Willen des Gegners nicht mehr durchgesetzt werden, fehl am Platze.

389 Das Nachbesserungsrecht verwirkt, wenn der Besteller einen Mangel zu spät rügt, d.h. die relative Rügefrist i.S. von Art. 367 Abs. 1 OR und 370 Abs. 3 OR oder die absolute Rügefrist gemäss Art. 210 Abs. 2 OR i.V.m. Art. 371 Abs. 1 OR verpasst (vorne Nr. 79 ff.). Abgesehen hiervon, unterliegt das Nachbesserungsrecht keiner zeitlichen Beschränkung (vgl. demgegenüber etwa Art. 31 OR für das Recht, den Vertrag wegen Irrtums anzufechten). Es kann somit auch noch Jahre nach der Ablieferung des Werks ausgeübt werden, ja sogar nach Ablauf der Verjährungsfrist, immer vorausgesetzt, dass rechtzeitig Mängelrüge erhoben wurde. Erfolgt freilich die Ausübung des Nachbesserungsrechts nach Verjährungseintritt, so ist die Nachbesserungs*forderung* von Anfang an verjährt.

390 **3.** Tritt an die Stelle der Nachbesserungsforderung eine andere Forderung, so gilt auch für diese «**Ersatzforderung**» die Verjährungsregelung von Art. 371 OR. Das wurde bereits erwähnt für den Fall, dass der Besteller wegen Nachbesserungsverzugs nach Art. 107 Abs. 2 OR auf die Nachbesserung verzichtet und stattdessen Schadenersatz verlangt (Nr. 181). Gleiches gilt aber beispielsweise auch dann, wenn an die Stelle der Nachbesserungsforderung eine Forderung auf Kostenersatz gemäss Art. 366 Abs. 2 OR (Nr. 182) oder Art. 169

---

[440] Auch Forderungen können verwirken, doch knüpft die Verwirkung regelmässig nicht an den blossen Zeitablauf an, sondern ist von andern oder zusätzlichen Voraussetzungen abhängig (vgl. z.B. Art. 40 VVG). Immerhin gibt es Ausnahmen; vgl. neustens Art. 10 PrHG: «Ansprüche nach diesem Gesetz verwirken zehn Jahre nach dem Tag, an dem die Herstellerin das Produkt, das den Schaden verursacht hat, in Verkehr gebracht hat.» S. ferner etwa BGE 119 V 298 ff. betr. Art. 16 Abs. 3 AHV-Gesetz.

[441] TSCHÜTSCHER, S. 234 f. Anm. 23; SPIRO, § 541, S. 1561 f.; HANS MERZ, SPR VI/1, S. 78; JOSEF FENKART, Wesen und Ausübung der Gestaltungsrechte im schweizerischen Privatrecht, Diss. Bern 1925, S. 73 f.; NABHOLZ (zit. in Anm. 372), S. 42; aus dem deutschen Recht vgl. VON FELDMANN, Münchener Kommentar, N 21 zu § 194 BGB.

Abs. 1 Ziff. 1 SIA-Norm 118 (Nr. 238) tritt. Dies a quo ist daher – entgegen Art. 130 OR – nicht die Fälligkeit der «Ersatzforderung», sondern der Zeitpunkt der Ablieferung (Abnahme) des Werks. Und die Verjährungsfrist ist nicht die zehnjährige von Art. 127 OR, sondern die ein- bzw. fünfjährige von Art. 371 OR; nur im Fall absichtlicher Verschweigung eines Mangels gilt eine zehnjährige Frist (Art. 210 Abs. 3 OR i.V.m. Art. 371 Abs. 1 OR).

391 **4.** «Einreden des Käufers wegen vorhandener Mängel bleiben [trotz Ablaufs der Verjährungsfrist] bestehen», wenn die betreffenden Mängel rechtzeitig gerügt wurden (Art. 210 Abs. 2 OR). Dasselbe gilt – gestützt auf den Verweis von Art. 371 Abs. 1 OR – auch für das Werkvertragsrecht. **Einreden wegen Mängel verjähren** also ebensowenig wie die Mängelrechte[442,443], doch unterliegen sie wie diese der Verwirkung. Daraus folgt:

392 – Hat der Besteller bei Ausübung des Nachbesserungsrechts noch nicht den ganzen Werklohn bezahlt, so kann er ihn nach Massgabe von Art. 82 OR bis zur Ablieferung des nachgebesserten Werkes zurückbehalten (Nr. 315 ff.); es steht ihm die Einrede des nicht (richtig) erfüllten Vertrages zu. Diese Einrede verjährt nicht, sondern bleibt dem Besteller vielmehr auch dann erhalten, wenn die Nachbesserungsforderung verjährt ist (s. schon Nr. 326). Vorausgesetzt ist jedoch, dass das Nachbesserungsrecht wirksam ausgeübt wurde, mithin im Zeitpunkt der Ausübung noch nicht verwirkt war[444].

393 – Wandelt sich die Nachbesserungsforderung in eine Geldforderung um (z.B. in einen Schadenersatzanspruch nach Art. 107 Abs. 2 OR), so kann der Besteller diese Forderung auch dann mit einer Gegenforderung des Unternehmers verrechnen, wenn sie verjährt ist. Vorausgesetzt ist wiederum, dass das Nachbesserungsrecht wirksam ausgeübt wurde, ansonst gar keine Nachbesserungsforderung entstanden ist. Das Verrechnungsrecht ist zwar ein Gestaltungsrecht und damit keine Einrede im techni-

---

[442] Der Grund ist ein ähnlicher wie bei den Gestaltungsrechten: Die Art. 127 ff. OR sind auf Forderungen zugeschnitten, deren Erfüllung eine Mitwirkung des Schuldners nötig macht. Das trifft für die Einreden nicht zu, ebensowenig wie für die Gestaltungsrechte.

[443] Zum deutschen Recht vgl. STAUDINGER/DILCHER, N 35 f. zu § 194 BGB. Es gilt ebenfalls der Grundsatz der Unverjährbarkeit von Einreden. Doch sollen sog. unselbständige Einreden hinsichtlich der Verjährung das Schicksal der Forderung teilen.

[444] Vgl. VON TUHR/ESCHER, S. 234. GAUCH, Werkvertrag, Nr. 1659, 1736, ist im Ergebnis derselben Meinung, geht jedoch davon aus, Art. 210 Abs. 2 OR sei nur analog anwendbar, denn die Einrede des nichterfüllten Vertrages sei keine «Einrede wegen vorhandener Mängel», mache doch der Besteller mit ihr keines der Mängelrechte geltend (Nr. 1659). Indes dient die Einrede aus Art. 82 OR der Durchsetzung des Nachbesserungsanspruchs, sie fällt daher sehr wohl in den unmittelbaren Anwendungsbereich von Art. 210 Abs. 2 OR (i.V.m. Art. 371 Abs. 1 OR).

§ 13 Verjährung des Nachbesserungsanspruchs

schen Sinne[445], fällt aber trotzdem in den Anwendungsbereich von Art. 210 Abs. 2 OR (BGE 91 II 214 ff.)[446,447]. Drei Präzisierungen sind anzubringen: *Einmal* ist die Verrechnung nur unter den allgemeinen Voraussetzungen von Art. 120 ff. OR zulässig. Die zur Verrechnung gestellte Forderung muss also vor allem fällig sein (Art. 120 Abs. 1 OR). *Sodann* unterliegen der Verrechnung beliebige Gegenforderungen des Unternehmers (vgl. BGE 91 II 214 ff.). Der Besteller kann also nicht nur mit der Werkpreisforderung aus dem mangelhaft erfüllten Werkvertrag verrechnen, sondern z.B. auch mit einer Kaufpreisforderung, die der Unternehmer gegen ihn erworben hat. *Schliesslich* ist zu beachten, dass Art. 120 Abs. 3 OR durch Art. 210 Abs. 2 OR zwar nicht verdrängt (BGE 91 II 216 f.[448]), wohl aber modifiziert wird (vgl. BGE 107 II 54 f.; lex specialis derogat legi generali). Nach Art. 120 Abs. 3 OR kann «eine verjährte Forderung» nur «zur Verrechnung gebracht werden, wenn sie zur Zeit, wo sie mit der andern Forderung verrechnet werden konnte, noch nicht verjährt war». Das ist unklar formuliert. Gemeint ist: Eine verjährte Forderung kann nur zur Verrechnung gestellt werden, wenn sie der Gegenforderung, mit der verrechnet werden soll, einmal unverjährt und verrechenbar gegenüberstand. Wenn daher jemand eine Forderung erwirbt, nachdem eine gegen ihn gerichtete Gegenforderung bereits verjährt ist, so kann der Inhaber der verjährten Forderung diese nicht mehr zur Verrechnung stellen. Das gilt auch für Forderungen, die aus der Ausübung der Mängelrechte entstehen. Doch ist davon auszugehen, dass solche Forderungen bereits mit Ablieferung des mangelhaften Werks, und nicht erst mit der Ausübung der Mängelrechte, entstanden und fällig geworden sind. Auf jenen Zeitpunkt ist die Verrechenbarkeit i.S.v. Art. 120 Abs. 3 OR rückzubeziehen. Allein dies entspricht der ratio legis von Art. 210 Abs. 2 OR[449].

---

[445] Vgl. KOLLER, Gutglaubensschutz, S. 230 Anm. 879.
[446] GAUCH, Werkvertrag, Nr. 1657.
[447] Wo das Gesetz den Ausdruck «Einrede» verwendet, ist dieser Ausdruck meist in einem weiten Sinne zu verstehen. Er umfasst nicht nur Einreden, sondern auch Einwendungen und gewisse Gestaltungsrechte wie eben das Verrechnungsrecht (vgl. KOLLER, Gutglaubensschutz, Nr. 708, mit Bezug auf Art. 169 OR).
[448] Zustimmend GIGER, N 68 f. zu Art. 210 OR, mit Hinweisen auf abweichende Lehrmeinungen.
[449] So im Ergebnis BGE 107 II 54 f. (vgl. Bem. 1c zu diesem Entscheid, hinten S. 246) sowie TSCHÜTSCHER, S. 252 (unter m.E. unzutreffender Berufung auf «den Grundgedanken der Verjährung»); unentschieden GAUCH, Werkvertrag, Nr. 1658.

394 Angenommen, Unternehmer U erstellt für B ein unbewegliches Bauwerk (z.b. ein Haus), liefert dieses am 1.1.1994 ab und erhält sogleich Zahlung. Kurze Zeit darauf rügt B Mängel, ohne jedoch eines seiner Mängelrechte auszuüben. Am 30.1.1997 erwirbt U eine Kaufpreisforderung gegen B. Diese macht er am 13.4.1999 geltend. Nun erklärt B Minderung und Verrechnung der Minderungsforderung mit der Kaufpreisforderung. Wollte man hier Art. 120 Abs. 3 OR wortgetreu anwenden, so wäre eine Verrechnung ausgeschlossen. Denn die Minderungsforderung war im Zeitpunkt ihrer Entstehung (frühestens 13.4.1999) bereits verjährt und stand also der Kaufpreisforderung nie unverjährt gegenüber. Entscheidend muss jedoch sein, dass die Minderungsforderung «in nuce» bereits mit Ablieferung des Werks bestand und die Mängelrechte von B erst verjährten (nämlich am 1.1.1999), als U die Kaufpreisforderung bereits erworben hatte.

3. Wirkung der Verjährung

395 Das Wesentliche wurde bereits gesagt: Die verjährte Forderung ist nach wie vor Forderung, aber ihre Klagbarkeit ist beschränkt. Die folgenden Präzisierungen beziehen sich auf Forderungen im allgemeinen, gelten aber insbesondere auch für die Nachbesserungsforderung des Bestellers.

396 **1. Einschränkung der Klagbarkeit.** Klagt der Gläubiger die verjährte Forderung ein und beruft sich der Schuldner auf die Verjährung, so ist die Klage abzuweisen[450]. Ist das Urteil in Rechtskraft erwachsen, so darf über eine identische Klage nicht nochmals entschieden werden; einer nochmaligen Klage «steht die Bindungswirkung der res iudicata entgegen»[451]. Diese Bindungswirkung ist vom Richter ex officio zu beachten. Er muss daher die (zweite) Klage abweisen, auch wenn sich der Schuldner nicht nochmals auf die Verjährung beruft (zu denken ist etwa an den Fall, da der ursprüngliche Schuldner gestorben ist und seine Rechtsnachfolger vom Verjährungseintritt keine Kenntnis haben).

397 Die Klagbarkeit ist eingeschränkt, aber nicht ausgeschlossen. Denn der Richter muss die eingeklagte Forderung – bei gegebenen Voraussetzungen – dem Kläger trotz der Verjährung zusprechen, sofern der Schuldner die Verjährungseinrede nicht erhebt: Er darf «die Verjährung nicht von Amtes wegen berücksichtigen» (Art. 142 OR)[452].

---

[450] Ob die Verjährungseinrede rechtzeitig erhoben wurde, bestimmt sich nach kantonalem Prozessrecht.

[451] VOGEL, S. 200 Nr. 67.

[452] Die gleiche Regelung findet sich auch in anderen Rechtsordnungen. Sie wird damit gerechtfertigt, es müsse einem Schuldner, der es für unehrenhaft halte, sich einer Verpflichtung durch den blossen Hinweis auf den Zeitablauf zu entziehen, die Möglichkeit offenstehen, seine Verteidigung auf andere Argumente (z.B. Zahlung oder Verrechnung) zu beschränken und sich nicht auf die Verjährung zu berufen (vgl. MEDICUS, Nr. 96, und OSER/SCHÖNENBERGER, N 3 zu Art. 142 OR; eine andere, m.E. nicht stichhaltige [KOLLER, Verjährung, S. 27 Anm. 88] Begründung gibt SPIRO, § 230, S. 555 ff.). Solche ehrenhaften Schuldner aber dürfte es

§ 13 Verjährung des Nachbesserungsanspruchs

398 **2. Die Verjährung hat ihre Hauptbedeutung im Prozess.** Der Schuldner kann sich jedoch auch ausserhalb eines Prozesses auf die Verjährung berufen. Tut er dies, so bedarf es im Prozess keiner erneuten Erhebung der Verjährungseinrede. Vielmehr hat der Richter die einmal erfolgte Geltendmachung der Verjährung von Amtes wegen zu beachten. Doch steht dem Schuldner die Möglichkeit offen, auf die Erhebung der Verjährungseinrede zurückzukommen und den Richter anzuhalten, die Verjährung nicht zu berücksichtigen[453]. Ein solcher «contrarius actus» darf aber nicht schon im Umstand gesehen werden, dass der Schuldner die Verjährungseinrede im Prozess nicht nochmals erhebt. Das gilt insbesondere auch dann, wenn es zu einem Säumnisurteil kommt, weil der Schuldner sich im Prozess nicht hat verlauten lassen. In einem solchen Fall muss somit der Richter die vorprozessual erhobene Verjährungseinrede beachten und bei Vorliegen der Verjährungsvoraussetzungen die Klage abweisen[454].

399 **3. Die verjährte Forderung ist weiterhin Forderung im Rechtssinne.** Das zeigt sich vorab daran, dass sie erfüllbar bleibt: Wenn der Schuldner (Unternehmer) die verjährte Forderung (Nachbesserungsanspruch) freiwillig erfüllt, so begleicht er nicht eine Nichtschuld. Er kann daher nichts zurückfordern, gleichgültig, ob er sich im Zeitpunkt der Leistung der Verjährung bewusst war oder nicht (Art. 63 Abs. 2 OR). Sodann ist zu beachten, dass sich der Gläubiger einer verjährten Forderung unter bestimmten Voraussetzungen Befriedigung verschaffen kann, wenn auch nicht im Klagewege (Art. 120 Abs. 3 OR [Nr. 393] und 140 OR [Nr. 326]). Im Rahmen des vorliegenden Aufsatzes ist schliesslich speziell hervorzuheben, dass der Besteller mit der verjährten Nachbesserungsforderung nach Massgabe von Art. 82 OR Erfüllungsdruck auf den Unternehmer ausüben kann (Nr. 326, 392).

---

selten geben. In aller Regel würde die Beachtung der Verjährung von Amtes wegen den Interessen des Schuldners besser entsprechen. Damit würde auch dem öffentlichen Interesse an der Entlastung der Gerichte von Prozessen über verjährte Forderungen besser Rechnung getragen. Im übrigen würde die Verjährung, wäre sie von Amtes wegen zu beachten, nicht zur Verwirkung. Denn die verjährte Forderung wäre immer noch erfüllbare Forderung (Art. 63 Abs. 2 OR), dies im Unterschied zur verwirkten Forderung, welche eine Nichtschuld darstellt.

[453] MEDICUS, Nr. 98; LARENZ, S. 251.
[454] Vgl. LARENZ, S. 262 Anm. 52a.

II. Insbesondere die Verjährung des Nachbesserungsanspruchs bei unbeweglichen Bauwerken (Art. 371 Abs. 2 OR)[455]

400 Wie erwähnt (Nr. 376), sieht Art. 371 Abs. 2 OR für die Verjährung der Mängelrechte bei unbeweglichen Bauwerken eine teilweise eigenständige, von Art. 371 Abs. 1 OR abweichende Regelung vor. Diese gilt für alle Mängelrechte gleichermassen, weshalb im folgenden nicht speziell auf das Nachbesserungsrecht Bezug genommen wird. Art. 371 Abs. 2 OR bestimmt was folgt:

401 «Der Anspruch des Bestellers eines unbeweglichen Bauwerkes wegen allfälliger Mängel des Werkes verjährt jedoch gegen den Unternehmer sowie gegen den Architekten oder Ingenieur, die zum Zwecke der Erstellung Dienste geleistet haben, mit Ablauf von fünf Jahren seit der Abnahme.»

402 Im folgenden interessiert an sich nur die Verjährung der Mängelrechte gegenüber dem Unternehmer. Die Ansprüche gegenüber Architekt und Ingenieur können jedoch nicht (völlig) ausser acht gelassen werden. Der Einfachheit halber spreche ich im folgenden nur mehr vom Architekten; wo von diesem die Rede ist, ist der Ingenieur immer mitgemeint.

1. Das Grundsätzliche

403 1. Der Gesetzeswortlaut ist auf den Sachverhalt zugeschnitten, dass jemand ein Bauwerk in seiner Gesamtheit durch einen einzigen Unternehmer (Generalunternehmer) errichten lässt. Diesfalls verjähren die Mängelrechte mit Ablauf von fünf Jahren seit der Abnahme des gesamten Werks[456]. Doch ist anerkannt, dass die Bestimmung auch dort gilt, wo jemand ein Bauwerk durch mehrere Nebenunternehmer (Nr. 516) erstellen lässt[457]. Auch in diesem Fall gilt die fünfjährige Verjährungsfrist; diese beginnt jedoch nicht mit der Abnahme des Gesamtwerks, vielmehr kommt es auf die Abnahme der einzelnen Teilwerke an[458,459] (vgl. BGE 115 II 458[460]). Zu beachten ist, dass

---

[455] Die folgenden Ausführungen entsprechen weitgehend dem in AJP 1994, S. 1547 ff., publizierten Aufsatz.

[456] Der Begriff der Abnahme ist derselbe wie in Art. 371 Abs. 1 OR. Es kann daher auf das vorne in Nr. 376 Gesagte verwiesen werden.

[457] FICK/VON MORLOT, N 22 zu Art. 371 OR, auf die GAUCH, Werkvertrag, Nr. 1608, zustimmend verweist.

[458] Beispiel: A überträgt die Erstellung eines Hauses dem X (Dachdeckerarbeiten), dem Y (Malerarbeiten) und dem Z («Rest»). Rinnt das Dach, so beginnt die Verjährungsfrist für die Mängelrechte des A gegenüber X mit der Abnahme des Daches, nicht mit der Abnahme des ganzen Hauses.

[459] AGVE 1977, S. 39; wohl auch SJZ 1940/41, S. 282 Nr. 183. Wie im Text dagegen ZINDEL/PULVER, N 27 zu Art. 371 OR.

nicht nur solche Nebenunternehmer dem Art. 371 Abs. 2 OR unterstehen, deren Werk ein Bauwerk (Nr. 413 ff.) darstellt, vielmehr unterstehen ihm alle Nebenunternehmer, die einen Beitrag zur Errichtung eines Bauwerks zu leisten haben und in diesem Sinne an der Errichtung mitwirken. Daher hat sich beispielsweise auch der Maler, der das neu errichtete Gebäude zu streichen hat, die fünfjährige Frist entgegenhalten zu lassen (vgl. BGE 117 II 425 ff. [Verputzarbeiten], dazu Anm. 467), obwohl der Farbanstrich als solcher nicht als Bauwerk zu bezeichnen ist (unten Nr. 414)[461]. Dient hingegen der Farbanstrich der Instandstellung eines bestehenden Hauses, so kommt Art. 371 Abs. 2 OR nicht zum Tragen (BGE 93 II 242 ff., unten Nr. 414), denn der Farbanstrich als solcher ist kein Bauwerk und er wird auch nicht im Rahmen der Erstellung eines Bauwerks ausgeführt. *Einschränkend ist dem Gesagten beizufügen, dass nach bundesgerichtlicher Ansicht nur jene Nebenunternehmer der Bestimmung von Art. 371 Abs. 2 OR unterstehen, welche ihre Werkleistung dem Bauwerk einzufügen, sie zu dessen Bestandteil zu machen haben* (vgl. BGE 120 II 216; «Bestandteilstheorie»; Kritik unten Nr. 424 ff. sowie hinten S. 271 f.)[462].

404 Beispiel: A lässt durch den Unternehmer B ein Haus erstellen. Die Fassade soll aus vorfabrizierten Platten hergestellt werden. A vergibt die Fabrikation der Platten an X, überlässt jedoch deren Anbringung auf das Mauerwerk dem B. Sind die Platten mangelhaft fabriziert, so verjähren die Ansprüche von A gegen X nach Art. 371 Abs. 1 OR, also innert Jahresfrist.

405 Hat der Bauherr bei der Ausführung des Bauprojekts einen Architekten beigezogen, so untersteht dieser ebenfalls dem Art. 371 Abs. 2 OR, falls er für einen Werkmangel haftbar ist[463]. Hat also beispielsweise der Architekt durch

---

[460] In diesem Entscheid ging es zwar um die Verjährung der Ansprüche des Bestellers gegenüber dem Architekten. Das Bundesgericht unterstellt jedoch in seinen Ausführungen, dass die Verjährung gegenüber dem einzelnen Nebenunternehmer mit der Abnahme von dessen (Teil-)Werk beginnt. Dasselbe gilt auch – so das Bundesgericht – für die Ansprüche gegenüber dem Architekten, soweit sie sich auf Mängel des Werks eines bestimmten Nebenunternehmers beziehen. Die Mängelrechte des Bauherrn gegenüber einem Nebenunternehmer mit Bezug auf Mängel von dessen Werk und (Schadenersatz-) Ansprüche gegenüber dem Architekten, der die Mängel mitverursacht hat, verjähren somit parallel. Vgl. demgegenüber GAUTSCHI, N 27 zu Art. 371 OR.

[461] Analog zum deutschen Recht STAUDINGER/PETERS, N 38 bb)/39 aa) zu § 638 BGB.

[462] Wie das Bundesgericht auch SemJud 1970, S. 557 ff.; a.A. SJZ 1940/41, S. 282 Nr. 183.

[463] Art. 371 Abs. 2 OR findet auch auf den Vertrag mit einem Vermessungstechniker Anwendung; vgl. BGE 109 II 34 ff. = Pra 72, S. 399 ff., wo freilich die Anwendung im konkreten Fall verneint wurde. Der Entscheid betraf einen Fall, wo sich bei der Übertragung der Messwerte auf einen Situationsplan ein Fehler einschlich, der eine Änderung der Baupläne, zusätzliche Erdarbeiten und die Erstellung von zwei Stützmauern nötig machte. Ein Mangel des Bauwerks stand nicht zur Diskussion. Nur schon deshalb kam die fünfjährige Frist von Art. 371 Abs. 2 OR nicht zum Tragen. Zudem liess sich nicht sagen, dass der Vermessungstechniker bei der Erstellung des Bauwerks mitwirkte. Art. 371 Abs. 2 OR wäre daher nur

ungenügende Bauaufsicht einen Mangel mitverschuldet und ist er deshalb dem Bauherrn nach Art. 97/398 OR verantwortlich (vgl. hinten Nr. 531), so gilt ebenfalls die fünfjährige Verjährungsfrist[464]. Verjährungsauslösendes Moment ist wiederum die Abnahme. Damit ist dort, wo der Bauherr das Bauwerk durch einen Generalunternehmer erstellen lässt, die Abnahme des gesamten Werks zu verstehen; wo der Bauherr Nebenunternehmer beauftragt hat, kommt es auf die Abnahme jenes Teilwerks an, das mit dem Mangel behaftet ist (BGE 115 II 457 f.).

406 Nicht unter Art. 371 Abs. 2 OR fallen Ansprüche aus *Kaufvertrag*[465]. Der Verkäufer von Baumaterialien unterliegt somit nicht der hier vorgesehenen fünfjährigen Frist, falls das Material fehlerhaft ist und zu einem Werkmangel führt. Wenn also beispielsweise jemand, der ein Haus errichten lässt, die Türen kauft und durch den Verkäufer montieren lässt (Kauf mit Montagepflicht), so findet Art. 371 Abs. 2 OR keine Anwendung, wenn die Türen Mängel (z.B. Kratzer) aufweisen. Es kommen vielmehr die kaufrechtlichen Mängelrechte mit der einschlägigen einjährigen Verjährungsfrist von Art. 210 OR zum Tragen.

407 **2.** Nicht nur der Bauherr im umgangssprachlichen Sinne kommt in den Genuss der verlängerten Verjährungsfrist von Art. 371 Abs. 2 OR. Vielmehr gilt diese Bestimmung auch für einen Unternehmer (Hauptunternehmer, Nr. 515), der seinerseits einen Unternehmer (Subunternehmer) beauftragt[466] (vgl. beispielsweise BGE 117 II 425 ff.[467]). Dabei ist – entsprechend dem in Nr. 403 Gesagten – nicht vorausgesetzt, dass das vom Subunternehmer zu erstellende Werk ein Bauwerk ist; es genügt vielmehr, dass der Subunternehmer im Rahmen der Erstellung eines Bauwerks tätig wird und seine Werkleistung dem Bauwerk einzuverleiben hat (BGE 120 II 215 ff.). Diesfalls kann gesagt werden, dass der Subunternehmer zusammen mit den andern am Bau beteiligten Unter-

---

  zur Geltung gekommen, wenn das Vermessungswerk selbst als Bauwerk anzusehen gewesen wäre, was selbstverständlich nicht zutraf.
[464] BGE 89 II 405 ff. = Pra 53, S. 90 ff.: Art. 371 Abs. 2 OR gilt für jede Mitwirkung des Architekten ohne Rücksicht auf die Art der geleisteten Dienste oder des abgeschlossenen Vertrags. Vorbehalten ist der Fall, da der Architekt Mängel arglistig verschweigt; diesfalls ist die Verjährungsfrist die zehnjährige.
[465] SemJud 1970, S. 537 ff.
[466] SJZ 1940/41, S. 282 Nr. 183.
[467] Die Pensionskasse einer Bank übertrug die Erstellung von Mehrfamilienhäusern einem Generalunternehmer. Dieser vergab die Maurer- und Eisenbetonarbeiten an die R. AG, die ihrerseits mit Niklaus M. einen Werkvertrag betreffend das Verputzen der Hausfassaden schloss. Der Verputz erwies sich als mangelhaft (er zeigte Risse). Auf den Nachbesserungsanspruch der R. AG brachte das Bundesgericht Art. 371 Abs. 2 OR zur Anwendung.

§ 13 Verjährung des Nachbesserungsanspruchs

nehmern ein Bauwerk erstellt. Mehr verlangt Art. 371 Abs. 2 OR nicht[468]. Daher untersteht auch ein Subunternehmer, der auf einem neu erstellten Gebäude den Farbanstrich zu besorgen hat, dem Art. 371 Abs. 2 OR (vgl. analog oben Nr. 403 betr. Nebenunternehmer).

408 Die Verjährung der Ansprüche des Hauptunternehmers beginnt wiederum mit der Abnahme; entscheidend ist dabei nicht die Abnahme des Gesamtwerks, sondern des einzelnen Subunternehmerwerks. Der Hauptunternehmer (z.B. Generalunternehmer) muss somit seine Mängelrechte gegenüber einem bestimmten Subunternehmer innert fünf Jahren ab Abnahme von dessen Werk geltend machen[469].

409 3. Auf den Werklieferungsvertrag kommt Art. 371 Abs. 2 OR ebenfalls zur Anwendung, das Kaufrecht (Art. 210 OR) bleibt aus dem Spiel (Nr. 103). Es gilt daher auch dann die fünfjährige Verjährungsfrist, wenn der in Frage stehende Werkmangel auf den vom Unternehmer gelieferten Stoff zurückzuführen ist (BGE 117 II 425 ff.).

410 4. Art. 371 Abs. 2 OR findet auf *beliebige* Mängel Anwendung, die dem Werk bei dessen Ablieferung anhaften. Dies gilt insbesondere auch für leicht erkennbare Mängel, für welche nach der ratio legis von Art. 371 Abs. 2 OR (Nr. 413) nicht die längere Verjährungsfrist gelten müsste[470]. Der Wortlaut, der keine unterschiedlichen Mängelkategorien unterscheidet, gibt insoweit die Rechtslage zutreffend wieder. Die in der Lehre geäusserte gegenteilige Ansicht[471] ist unpraktikabel – ein Gesichtspunkt, der gerade bei Verjährungsvorschriften eine besondere Rolle spielt (vgl. BGE 102 II 415 in verwandtem Zusammenhang).

411 5. Art. 371 Abs. 2 OR ist dispositiv (BGE 120 II 220 E. 3d). Die fünfjährige Frist kann – bis auf zehn Jahre – verlängert (BGE 99 II 189; Nr. 460), sie kann aber auch verkürzt werden, soweit dadurch dem Besteller die Rechtsverfolgung nicht in unbilliger Weise erschwert wird (BGE 108 II 194; Nr. 461 f.). Die SIA-Norm 118 sieht für alle Werke, die unter ihrer Herrschaft ausgeführt werden, eine fünfjährige Verjährungsfrist vor. Die mit der Anwendung von Art. 371 Abs. 2 OR verbundenen Probleme (vgl. Nr. 417 ff.) stellen sich damit nicht.

---

[468] Gegenstand des Werkvertrags muss nicht – wie immer wieder gesagt wird (Nr. 421) – die Erstellung eines Bauwerks sein, vielmehr genügt es, dass die versprochene Werkleistung zusammen mit andern Werkleistungen ein Bauwerk hervorbringen soll. In diesem Sinne muss Gegenstand des Werkvertrags der *Teil eines Bauwerks* sein.

[469] BEAT MOSIMANN, Der Generalunternehmervertrag im Baugewerbe, Diss. Zürich 1972, S. 130.

[470] GAUCH, Werkvertrag, Nr. 1620; anders noch in der 2. Auflage des «Werkvertrags», Nr. 833 ff.

[471] S. die vorstehende Anm.

412 **6.** Im folgenden wird vorerst auf den Begriff des Bauwerks näher eingegangen. Sodann wird kritisch zur «Bestandteilstheorie» des Bundesgerichts Stellung genommen.

2. Begriff und Arten des unbeweglichen Bauwerks

413 **1.** Der Begriff des unbeweglichen Bauwerks i.S. von Art. 371 Abs. 2 OR ist umstritten. Sicher ist, dass er in einem (viel) engeren Sinne zu verstehen ist, als er vorne in Nr. 1 umschrieben wurde. M.E. ist darunter eine unbewegliche, durch Verwendung von Arbeit und Material[472] in Verbindung mit dem Erdboden hergestellte Sache zu verstehen[473]. Es muss sich zudem um eine Sache von einiger (technischer) Komplexität handeln, weshalb etwa «ein kleines Mäuerchen» (BECKER[474]) nicht unter Art. 371 Abs. 2 OR fällt. Dass nicht jedes beliebige mit dem Boden verbundene Werk, sondern nur ein einigermassen komplexes Werk als «unbewegliches Bauwerk» anzusehen ist, folgt aus dem allgemeinen Sprachgebrauch[475], auf den normalerweise auch der Gesetzgeber abstellt[476]. Die romanischen Gesetzestexte («construction», «costruzione») sind insoweit noch eindeutiger. Für die hier vertretene Auslegung spricht auch die ratio legis von Art. 371 Abs. 2 OR: Die fünfjährige Frist wurde aus der Erwägung aufgestellt, dass bei unbeweglichen Bauwerken «oft erst nach längerer Zeit erkennbar wird, ob das Werk den Anforderungen der Festigkeit oder den geologischen und atmosphärischen Verhältnissen standhält» (BGE 93 II 245)[477]. Diese Problematik stellt sich typischerweise vor allem bei Werken von einiger Komplexität, bei Werken also, deren Herstellung einer «Konstruktion» und (normalerweise) der Mitwirkung verschiedener Fachkräfte (Ingenieure, Architekten, Handwerker) bedarf. Bei solchen Werken sind Mängel oft nicht nur spät, sondern auch schwer erkennbar[478].

---

[472] Der Ausdruck Material ist in einem weiten Sinne zu verstehen. So ist auch die zu einem Dammbau verwendete ausgeschachtete Erde «Material» (GAUCH, Werkvertrag, Nr. 1603, unter Hinweis auf eine deutsche Lehrmeinung).

[473] So schon FICK/VON MORLOT, N 17 zu Art. 371 OR; SJZ 1941/42, S. 118 Nr. 47. Die gleiche Definition findet sich in der deutschen Rechtsprechung zu § 638 BGB (PALANDT/ THOMAS, N 9 zu § 638 BGB). Zu abweichenden Ansichten s. unten Nr. 417 ff.

[474] N 6 zu Art. 371 OR.

[475] Auf diesen stellt auch BECKER, N 6 zu Art. 371 OR, ab.

[476] Das Bauwerk ist ein «Erzeugnis der Architektur» (Brockhaus Enzyklopädie, 17. A., Wiesbaden 1967).

[477] Aus der Lehre s. neustens TSCHÜTSCHER, S. 264.

[478] Vgl. PALANDT/THOMAS, N 9 zu § 638 BGB.

§ 13 Verjährung des Nachbesserungsanspruchs

414 **2.** Bauwerke sind in der Regel selbständige Sachen, wie Gebäude, Brücken, Strassen oder Schwimmbäder[479]. Doch kommen auch unselbständige Werke als Bauwerke i.S.v. Art. 371 Abs. 2 OR in Betracht, so etwa ein ganzes Hausdach[480,481]. «Neben der Neuerrichtung fällt auch der Umbau eines [selbständigen] Werkes unter den Begriff eines Bauwerkes»[482]. Auch sog. Hauptreparaturen, worunter die Erneuerung wesentlicher alter Teile zu verstehen ist, fallen unter den Begriff des Bauwerks[483]. Andere Reparaturen und Instandstellungsarbeiten stellen hingegen keine Bauwerke dar. Das gilt etwa für *Malerarbeiten* zwecks «Instandstellung der Fassaden eines Hauses» (BGE 93 II 242 ff.)[484]. Dem ist jedoch gleich beizufügen, dass Malerarbeiten nicht per se dem Anwendungsbereich von Art. 371 Abs. 2 OR entzogen sind. Vielmehr werden sie von dieser Bestimmung sehr wohl erfasst, sofern sie im Rahmen der Erstellung eines Bauwerks, namentlich der Errichtung eines Gebäudes, ausgeführt werden (oben Nr. 403). Wenn geltend gemacht wird, es sei nicht zu ersehen, weshalb Malerarbeiten einmal so, einmal anders zu behandeln seien[485], so geht diese Kritik fehl, wenn man sich das oben in Nr. 413 Gesagte vor Augen hält: Art. 371 Abs. 2 OR will dem Besteller dort helfen, wo wegen der Komplexität eines Werks Mängel naturgemäss erst spät entdeckt werden. Vor diesem Hintergrund ist der Farbanstrich bei einer Neubaute anders zu beurteilen als bei einer Altbaute (s. auch unten Nr. 419)[486]. Wollte man den Neuanstrich einer Fassade als Bauwerk betrachten, so müsste dasselbe auch für andere Unterhaltsarbeiten gelten. Letztendlich wären dann alle werkver-

---

[479] OSER/SCHÖNENBERGER, N 5 zu Art. 371 OR; SJZ 1941/42, S. 118 Nr. 47 (Pumpanlage).
[480] GAUCH, Werkvertrag, Nr. 1608.
[481] Das entspricht auch dem allgemeinen Sprachgebrauch. Vgl. Meyers Enzyklopädisches Lexikon, Mannheim etc., wonach es sich bei einem Bauwerk um eine bauliche Anlage oder einen Teil davon handelt. Anders Duden, Deutsches Universalwörterbuch, 2. A., Mannheim etc., wo das Bauwerk als «grösserer, durch seine architektonische Gestaltung beeindruckender Bau» umschrieben wird.
[482] OSER/SCHÖNENBERGER, N 6 zu Art. 371 OR; BECKER, N 7 zu Art. 371 OR. FICK/VON MORLOT, N 21 zu Art. 371 OR, betonen, dass die Umbaute von einiger Bedeutung sein müsse. Im Ergebnis ist dem zuzustimmen, doch dürfte vom Wortsinn her *jede* Umbaute von einiger Bedeutung sein, so dass sich die Präzisierung von FICK/VON MORLOT erübrigt.
[483] BECKER, N 7 zu Art. 371 OR; OSER/SCHÖNENBERGER, N 6 zu Art. 371 OR; REBER, S. 168 f.
[484] Ebenso FICK/VON MORLOT, N 20 zu Art. 371 OR, unter Hinweis auf Handelsrechtliche Entscheidungen 14, S. 831; BECKER, N 7 zu Art. 371 OR; a.A. dagegen Kantonsgericht Jura in FJJ J/9/1, dazu DREYER, BR 1985, S. 52 ff.; ZINDEL/PULVER, N 22 zu Art. 371 OR, m.w.Nw.
[485] GAUCH, Werkvertrag, Nr. 1610; GAUTSCHI, N 12b zu Art. 371 OR; TSCHÜTSCHER, S. 273.
[486] Eine analoge Unterscheidung wird auch in Deutschland getroffen (z.B. STAUDINGER/PETERS, N 38 bb)/39 aa) zu § 638 BGB).

traglichen Arbeiten, die an einem Bauwerk ausgeführt werden, als Bauwerke zu betrachten. Das ist – im Unterschied etwa zum österreichischen Recht (§ 933 ABGB, vgl. BGE 93 II 244) – nicht die Konzeption von Art. 371 Abs. 2 OR (BGE 120 II 216).

415 Nicht als Bauwerk ist ferner der *Aushub* anzusehen. Wird er jedoch im Zusammenhang mit der Errichtung eines unbeweglichen Bauwerks ausgeführt, so fällt er in den Anwendungsbereich des Art. 371 Abs. 2 OR; dies aber nicht deshalb, weil er ein Bauwerk darstellt oder wie ein solches zu behandeln ist (so GAUCH[487]), sondern einfach deshalb, weil jede Werkleistung, welche zwecks Errichtung eines unbeweglichen Bauwerks erfolgt, vom Anwendungsbereich der Bestimmung erfasst wird. Eine Ausnahme ist nach der bundesgerichtlichen Rechtsprechung nur für Werkleistungen zu machen, welche nicht zum Bestandteil des Bauwerks bzw. des Bodens werden (oben Nr. 403); der Aushub, der mit dem Bauwerk ein funktionelles Ganzes bildet, wird von dieser Rechtsprechung jedoch nicht erfasst.

416 3. Fahrnisbauten i.S. von Art. 677 ZGB sind zwar Bauwerke, jedoch keine unbeweglichen i.S. von Art. 371 Abs. 2 OR (BGE 96 II 181 ff.: *Kegelbahn*, 113 II 264 ff.: *Lehrgerüst*)[488]. Gegen diese Ansicht wurde vorgebracht, der in Art. 371 Abs. 2 OR verwendete Ausdruck «unbeweglich» sei autonom zu interpretieren, es könne deshalb nicht entscheidend sein, «ob eine Anlage als Fahrnisbaute i.S.v. Art. 677 ZGB zu betrachten ist oder nicht»[489]. Daran ist soviel richtig, dass der fragliche Ausdruck autonom zu interpretieren ist, nichts spricht jedoch dagegen, ihn im sachenrechtlichen Sinne zu verstehen. Im Gegenteil scheint diese Interpretation nahezuliegen, dies vor allem bei Berücksichtigung der romanischen Texte, welche das Begriffspaar «construction immobilière»/«costruzione immobiliare» (Art. 677 ZGB Marginalie) bzw. «construction mobilière»/«costruzione mobiliare» (Art. 371 Abs. 2 OR) verwenden. Zuzugeben ist allerdings, dass es sachlich nicht unbedingt gerechtfertigt ist, bei der Erstellung von Fahrnisbauten (generell) Art. 371 Abs. 1 OR mit der einjährigen Verjährungsfrist zur Anwendung zu bringen. Das ändert aber nichts daran, dass de lege lata Fahrnisbauten keine unbeweglichen Bauwerke i.S. von Art. 371 Abs. 2 OR sind.

417 4. Die hier vertretene Auslegung des Ausdrucks unbewegliches Bauwerk ist weitgehend anerkannt, in Einzelpunkten bestehen jedoch abweichende Ansich-

---

[487] Werkvertrag, Nr. 1616.
[488] FICK/VON MORLOT, N 17 zu Art. 371 OR; ZINDEL/PULVER, N 21 zu Art. 371 OR; DREYER, BR 1985, S. 54.
[489] TSCHÜTSCHER, S. 271.

ten. Wenn im folgenden auf diese eingegangen wird, so vor allem auch deshalb, weil damit die vorliegend vertretene Ansicht klarer herausgearbeitet werden kann:

418 – Immer wieder wird gesagt, beim «unbeweglichen Bauwerk» i.S. von Art. 371 Abs. 2 OR handle es sich um ein Werk von einiger wirtschaftlicher Bedeutung[490]. Dieses Merkmal ist m.E. abzulehnen[491]: Nicht auf die wirtschaftliche Bedeutung, sondern auf eine gewisse technische Bedeutung (Komplexität) kommt es an. Mit diesem Merkmal wird freilich regelmässig auch eine gewisse wirtschaftliche Bedeutung verbunden sein.

419 – Z.T. wird – wie bereits erwähnt – die Meinung vertreten, der Erneuerungsanstrich eines Hauses sei ein unbewegliches Bauwerk i.S. von Art. 371 Abs. 2 OR[492]. Folgt man dieser, (wohl) auf GAUCH[493] zurückgehenden Ansicht, müssen noch viele andere Instandstellungsarbeiten (z.B. Ersetzung einzelner Ziegel[494]) als Bauwerke angesehen und unter die Bestimmung subsumiert werden. Das ist, wie bereits gesagt, nicht die Konzeption des schweizerischen Gesetzgebers. Beizufügen ist, dass die hier abgelehnte Ansicht auch nicht mit dem Zweck von Art. 371 Abs. 2 OR gerechtfertigt werden kann. Natürlich ist GAUCH[495] recht zu geben, wenn er sagt, dass die Mängel eines Farbanstriches unter Umständen erst nach längerer Dauer erkennbar sind. Das Gesetz hat jedoch nicht angeordnet, dass überall dort, wo Mängel eventuell erst spät entdeckbar sind, die fünfjährige Frist gilt. Eine solche Regelung wäre auch völlig unpraktikabel[496]. Das Gesetz hat vielmehr nur *einen* wichtigen Fall, wo *typischerweise* späte (und schwere) Erkennbarkeit gegeben ist, der verlängerten Frist unterstellt: die Erstellung eines Bauwerks. Als solches kann aber nur ein Werk angesehen werden, das nicht nur

---

[490] Z.B. OSER/SCHÖNENBERGER, N 5 zu Art. 371 OR; missverständlich BGE 93 II 246: «Der Wert der Leistung und die Höhe des Werklohnes sind dabei für sich allein nicht entscheidend.»

[491] Ebenso FICK/VON MORLOT, N 18 zu Art. 371 OR; ZINDEL/PULVER, N 20 zu Art. 371 OR.

[492] GAUCH, Werkvertrag, Nr. 1610; PEDRAZZINI, S. 529 Anm. 87.

[493] GAUCH vertrat schon in den ersten beiden Auflagen des «Werkvertrags» diese Ansicht (Der Unternehmer im Werkvertrag und seine Haftung für Mängel des Werkes, Zürich 1974, Nr. 435 ff.; Der Unternehmer im Werkvertrag, Zürich 1977, Nr. 828 ff.).

[494] Bei wesentlicher Beschädigung ist allenfalls eine sog. Hauptreparatur vorzunehmen, welche als Bauwerk anzusehen ist (Nr. 414).

[495] Werkvertrag, Nr. 1610.

[496] In Deutschland will VON CRAUSHAAR (NJW 1975, S. 993) darauf abstellen, ob eine Werkleistung typischerweise mit dem Risiko bauspezifischer Späterkennbarkeit verbunden ist. Auch das wird als «wenig praktikable Unterscheidung» angesehen (PALANDT/THOMAS, 42. A. 1983, N 2c zu § 638 BGB).

§ 13 Verjährung des Nachbesserungsanspruchs

baulicher Natur, sondern auch von einiger Komplexität ist[497]. Den Fassadenanstrich kann man nicht darunter begreifen, will man dem Ausdruck Bauwerk nicht Zwang antun (BGE 93 II 247 oben).

420 – GAUCH[498] will zur Feststellung, ob ein Werk als unbewegliches Bauwerk anzusehen ist, auch die Verkehrsauffassung heranziehen. Eine vom allgemeinen Sprachgebrauch abweichende Verkehrsauffassung dürfte aber nicht bestehen. Der Rekurs auf die Verkehrsauffassung kann also nicht dazu führen, einen Erneuerungsanstrich und dgl. als Bauwerk zu qualifizieren.

421 – Zum Teil wird der Eindruck erweckt, dass nur Werke, welche als Bauwerk angesehen werden können, dem Art. 371 Abs. 2 OR unterstehen[499]. Das trifft nicht zu. So ist beispielsweise, wie gesehen, ein Farbanstrich als solcher kein Bauwerk, trotzdem aber kommt Art. 371 Abs. 2 OR zum Tragen, sofern der Anstrich im Rahmen der Erstellung eines Bauwerks erfolgt. Entscheidend ist, dass eine Werkleistung allein oder mit andern Werkleistungen die Errichtung eines Bauwerks zum Gegenstand hat.

422 – GAUTSCHI[500] vertritt die Ansicht, der Begriff des Bauwerks i.S. von Art. 371 Abs. 2 OR entspreche dem Begriff des Werks i.S. von Art. 837 Abs. 1 Ziff. 3 ZGB. Das trifft nicht zu. Art. 837 Abs. 1 Ziff. 3 ZGB erfasst beliebige unbewegliche Werke, Art. 371 Abs. 2 OR hingegen nur unbewegliche *Bau*werke (BGE 120 II 216 E. 3a). Dies ist der engere Begriff. So erfasst er beispielsweise den Aushub nicht (Nr. 415), wogegen der Aushub sehr wohl als Werk i.S.v. Art. 837 Abs. 1 Ziff. 3 ZGB anzusehen ist.

423 – Nach einer neueren Lehrmeinung stellt nicht jedes Werk, das den oben in Nr. 413 umschriebenen Kriterien genügt, ein unbewegliches Bauwerk i.S.v. Art. 371 Abs. 2 OR dar. «Erforderlich» sei «vielmehr ein *zusätzliches Merkmal*, das sich aus dem Zweckgedanken des Art. 371 Abs. 2 OR ergibt»[501]. Von dieser Bestimmung nicht erfasst würden daher Werke, bei denen «nicht erst nach längerer Zeit festgestellt werden kann, ob sie 'den Anforderungen der Festigkeit oder den geologischen und atmosphärischen Verhältnissen' stand-

---

[497] Die ratio legis darf nicht einfach zum Tatbestandsmerkmal erhoben werden!
[498] Werkvertrag, Nr. 1605, 1609, 1616.
[499] Vgl. BGE 93 II 246 E. 2b. Danach ist eine Leistung «nur dann (unbewegliches) Bauwerk, wenn der Gegenstand des Werkvertrages, durch den sie versprochen wird, nach seiner Natur selber als Bauwerk angesprochen werden kann». Ähnlich BGE 120 II 216 E. 3a a.E. (vgl. auch die Besprechung dieses Entscheids durch R. BERNHARD in der NZZ vom 17. Juni 1994, S. 15). Aus der kantonalen Rechtsprechung vgl. SJZ 1918/19, S. 297 Nr. 198.
[500] N 12a zu Art. 371 OR.
[501] GAUCH, Werkvertrag, Nr. 1604, 1617; ZINDEL/PULVER, N 21 zu Art. 371 OR, m.w.Nw.; wohl auch TSCHÜTSCHER, S. 271 f. Ziff. 3.

halten»⁵⁰². Eine derartige teleologische Reduktion hat jedoch den Nachteil der fehlenden Praktikabilität – ein Aspekt, der gerade bei Verjährungsregelungen von besonderer Bedeutung ist. Die fragliche Lehrmeinung ist daher abzulehnen. Dasselbe gilt für die Ansicht, Art. 371 Abs. 2 OR erfasse nur *Mängel*, die typischerweise spät erkennbar sind (oben Nr. 419).

3. Kritik der «Bestandteilstheorie»

424 **1.** Wer ein Werk zu erstellen hat, das als solches kein «Bauwerk» i.S. von Art. 371 Abs. 2 OR darstellt (z.B. Anstrich einer Fassade), unterliegt nach dem in Nr. 403 Gesagten trotzdem der Verjährungsordnung von Art. 371 Abs. 2 OR, falls er sein Werk auf einem «Bauwerk» i.S. dieser Bestimmung anzubringen, es zu dessen Bestandteil zu machen hat. Trifft dies nicht zu, soll demgegenüber nach Ansicht des Bundesgerichts die einjährige Verjährungsfrist von Art. 371 Abs. 1 OR zum Zuge kommen (BGE 120 II 214 ff.). Diese Rechtsprechung kann zu sachlich unbefriedigenden Ergebnissen führen, so etwa dort, wo ein Generalunternehmer ein Werk zusammen mit Subunternehmern erstellt und ein Subunternehmer seine Werkleistung dem Bauwerk nicht zu «inkorporieren» hat. Hier haftet der Generalunternehmer für einen vom Subunternehmer verursachten Mangel fünf Jahre⁵⁰³, wogegen er auf den Subunternehmer nur während eines Jahres⁵⁰⁴ Regress nehmen kann. Dass diese Konsequenz der «Bestandteilstheorie» unbefriedigend ist, gibt auch das Bundesgericht unumwunden zu (BGE 120 II 220 E. 3d); es glaubt jedoch, sie auf dem Auslegungswege nicht beseitigen zu können⁵⁰⁵. Dem kann nicht gefolgt werden⁵⁰⁶:

425 **2.** Eine analoge Disparität bestand unter dem aOR auch im Verhältnis des Architekten zum Unternehmer: Der Architekt, der einen Werkmangel mitverschuldet hatte, haftete zehn Jahre, wogegen der (gewährleistungspflichtige) Unternehmer nur fünf Jahre haftete und sich nach Ablauf dieser Frist dem Rückgriff des Architekten entziehen konnte. Um dies zu verhindern, wurde bei der Revision des OR die Verjährung von Ansprüchen gegen Architekten und Unternehmer vereinheitlicht⁵⁰⁷. Im vorliegenden Zusammenhang geht das Bundesgericht davon aus, dass ebenfalls der Gesetzgeber tätig werden müsste, um die fragliche Ungleichbehandlung von Generalunternehmer und Subunter-

---

[502] GAUCH, Werkvertrag, Nr. 1617.
[503] Ab Abnahme des Gesamtwerks.
[504] Ab Abnahme des vom Subunternehmer erstellten Werks.
[505] Ebenso GAUCH, Werkvertrag, Nr. 1613; ZINDEL/PULVER, N 21 zu Art. 371 OR.
[506] Gleich im Ergebnis GAUTSCHI, N 12a zu Art. 371 OR.
[507] OSER/SCHÖNENBERGER, N 7 zu Art. 371 OR.

nehmer zu beseitigen. Indes lässt sich die Gleichstellung auf dem Auslegungsweg bewerkstelligen. Art. 371 Abs. 2 OR stellt – nach seinem Wortlaut – darauf ab, dass ein unbewegliches Bauwerk Mängel hat. Ansprüche, die aus einem Mangel resultieren, unterliegen gegenüber allen Unternehmern der fünfjährigen Frist. Für eine unterschiedliche Behandlung einzelner Unternehmer lässt sich dem Gesetzestext nichts entnehmen. Vom Wortlaut abzuweichen besteht aber nicht der geringste Anlass. Im Gegenteil: Wie gesagt, erfasst Art. 371 Abs. 2 OR auch Ansprüche gegenüber einem Architekten, und dies unabhängig davon, ob der Architekt seine Arbeitsleistung (die auch werkvertraglicher Natur sein kann! Nr. 530) in irgendeiner Weise dem Bauwerk einzuverleiben hat. Warum für gewisse Unternehmer anderes gelten soll, ist nicht einzusehen. Vor allem aber ist folgendes zu bedenken: Wenn man die Ansprüche gegenüber einzelnen Unternehmern vom Anwendungsbereich des Art. 371 Abs. 2 OR ausnimmt, so hat dies zur Konsequenz, dass sich ein Unternehmer dem Regress des Architekten unter Umständen entziehen kann, nur weil die gegen ihn gerichteten Ansprüche schneller verjähren als die Ansprüche gegen den Architekten. Damit wird eine Sachlage geschaffen, die der Gesetzgeber bei der Revision von Art. 371 Abs. 2 OR just vermeiden wollte. Präzisierend ist beizufügen: Ein Unternehmer, der seine Werkleistung dem Bauwerk nicht einzuverleiben hat, unterliegt nur dann dem Art. 371 Abs. 2 OR, wenn seine Leistung nach dem Werkvertrag auf das Bauwerk bezogen ist, der Unternehmer also weiss, dass sein Werk der Erstellung desselben dient. Trifft dies nicht zu, muss er sich auf die Geltung der kurzen einjährigen Verjährungsfrist von Art. 371 Abs. 1 OR verlassen können[508]. Analoges gilt, wie bereits erwähnt (Nr. 406), auch für Ansprüche aus Kaufvertrag. Zwar könnten bei wörtlicher Interpretation selbst solche Ansprüche unter Art. 371 Abs. 2 OR subsumiert werden, aus gesetzessystematischen Überlegungen wird man davon jedoch absehen müssen. Dieses Ergebnis scheint jedenfalls bei Kaufverträgen mit Montagepflicht de lege ferenda diskutierbar, de lege lata muss es jedoch hingenommen werden.

4. Zusammenfassung

426 Art. 371 Abs. 2 OR mit der fünfjährigen Verjährungsfrist findet dort Anwendung, wo ein unbewegliches Bauwerk erstellt wird. Auf *Schuldnerseite* sind der Bestimmung (neben Architekten und Ingenieuren) alle Unternehmer unterworfen, welche einen Beitrag zur Werkerstellung leisten, in diesem Sinne das Bauwerk teilweise erstellen. Das trifft in erster Linie für jene Unternehmer zu, welche ihre Werkleistung selbst auf dem Bauwerk anbringen. Aber auch Unternehmer, für welche dies nicht zutrifft, unterliegen Art. 371 Abs. 2 OR,

---

[508] Vgl. SemJud 1970, S. 557 ff., und STAUDINGER/PETERS, N 39 dd) zu § 638 BGB.

sofern sie ihre Werkleistung speziell für das Bauwerk zu erbringen haben. Auf *Gläubigerseite* kommt nicht bloss derjenige in den Genuss der fünfjährigen Frist, der das Bauwerk erstellen lässt (Bauherr), sondern auch jeder an der Herstellung des Werks beteiligte Unternehmer, der die ihm übertragene Aufgabe ganz oder teilweise an einen Subunternehmer weitervergibt. Die fünfjährige Frist *beginnt* gegenüber den einzelnen Unternehmern mit der Abnahme der jeweiligen Werkleistung. Für den Generalunternehmer ist somit die Abnahme des gesamten Werks massgeblich, für die Sub- oder Nebenunternehmer die Abnahme der Teilwerke. Bleibt die Frage, was ein *Bauwerk* ist. Das ist eine «architektonische Konstruktion»; gemeint sind also insbesondere Bauten, sowohl Hoch- als auch Tiefbauten, nicht hingegen blosse Unterhaltsarbeiten – womit auch gesagt ist, dass nicht jede auf eine Baute bezügliche Werkleistung ein Bauwerk ist.

III. Die Unterbrechung der Verjährung

1. Überblick

427   1. Für die Unterbrechung der Verjährung von Nachbesserungsansprüchen gelten – wie gesagt – die allgemeinen Regeln von **Art. 135 ff. OR**. Diese sind naturgemäss nicht auf das Gewährleistungsrecht zugeschnitten. Einzelne Unterbrechungsgründe sind denn auch für die Verjährung der Nachbesserungsforderung ohne jede Bedeutung. Das gilt insbesondere für die Unterbrechung durch Schuldbetreibung. Während diese Unterbrechungsart bei Geldforderungen die Hauptrolle spielen dürfte, kommt sie mit Bezug auf die Nachbesserungsforderung, die ja nicht auf dem Betreibungsweg geltend gemacht werden kann, überhaupt nicht zum Tragen.

428   2. **Unterbrechungsgründe.** Der Besteller hat die *Möglichkeit, selbst für die Unterbrechung der Verjährung besorgt zu sein* und damit den Ablauf der Verjährungsfrist zu verhindern. Er tut dies (insbesondere) durch Ladung zu einem Sühneversuch oder durch Klageeinleitung (Art. 135 Ziff. 2 OR). Unterbrochen wird die Verjährung auch durch *«Anerkennung der Forderung von seiten des Schuldners»* (Art. 135 Ziff. 1 OR), in unserem Kontext also durch Anerkennung des Nachbesserungsanspruchs von seiten des Unternehmers. Die Unterbrechung beruht hier auf der Überlegung, dass der Gläubiger (Besteller) angesichts der Schuldanerkennung keinen Anlass hat, selbst für die Unterbrechung zu sorgen, es jedenfalls einfühlbar ist, wenn er entsprechende Handlungen unterlässt[509]. Art. 135 OR zählt die Unterbrechungshandlungen nicht vollständig

---

[509]   KOLLER, Verjährung, S. 12.

auf[510]. So wirken beispielsweise kantonalrechtliche Vollstreckungsakte mit Bezug auf Forderungen, die nicht auf eine Geldleistung gehen und daher nicht auf dem Wege des SchKG vollstreckt werden können, ebenfalls verjährungsunterbrechend[511]. Das ist gerade für den Nachbesserungsanspruch bedeutsam. – Unten 2. und 3. werden zwei wichtige Unterbrechungsgründe, die Klageerhebung und die Schuldanerkennung, herausgegriffen und näher dargestellt. Auf die Unterbrechung durch ein Sühneverfahren wird in diesem Rahmen ebenfalls eingegangen, wenn auch nicht umfassend.

429   3. Was die **Wirkung der Unterbrechung** anbelangt, sind vorderhand drei Punkte festzuhalten:

430   – Die Unterbrechung hat zur Folge, dass die bisher verflossene Verjährungsfrist bedeutungslos wird und eine neue Verjährungsfrist beginnt. Grundsätzlich entspricht die neue Frist der ordentlichen Verjährungsfrist, in unserem Zusammenhang also der ein- bzw. fünfjährigen Frist von Art. 371 Abs. 1 und 2 OR (Art. 137 Abs. 1 OR). Ausnahmsweise gilt eine zehnjährige Verjährungsfrist, dann nämlich, wenn der Nachbesserungsanspruch vom Unternehmer «durch Ausstellung einer Urkunde» anerkannt[512] oder durch gerichtliches Urteil festgestellt wurde[513]. Die neue Frist beginnt grundsätzlich mit der Vornahme der Unterbrechungshandlung. Art. 138 Abs. 3 OR enthält eine wenig bedeutsame Ausnahme.

431   – Die Verjährungsfrist wird immer nur für jenen (Nachbesserungs-) Anspruch unterbrochen, auf den sich die Unterbrechungshandlung bezieht. Hat beispielsweise der Besteller einen Mangel des Daches gerügt und der Unternehmer Verbesserung zugesagt, so wird die Verjährung hinsichtlich des

---

[510] Vgl. KOLLER, Verjährung, S. 13 Ziff. 5.

[511] KOLLER, Verjährung, S. 13. Keine unterbrechende Wirkung hat ein Begehren um vorsorgliche Beweisaufnahme (TSCHÜTSCHER, S. 244 bei Anm. 73, mit Hinweis auf BGE 93 II 503 f., AGVE 1977, S. 41, und REBER, S. 163).

[512] Der Anspruch muss genau bestimmt, also der Mangel identifiziert sein (KOLLER, Verjährung, Anm. 76).

[513] Das Urteil muss formell rechtskräftig sein, damit die zehnjährige Frist gilt (SPIRO, § 162, S. 381 Anm. 1). Der Eintritt der Rechtskraft selbst wirkt jedoch nicht unterbrechend, vielmehr beginnt die neue (zehnjährige) Frist bereits früher, nämlich mit der letzten Unterbrechungshandlung (meist der Zusendung des Urteils), zu laufen (vgl. SPIRO, § 162, S. 381 Anm. 1; VON TUHR/ESCHER, S. 229; BUCHER, OR AT, S. 465 Anm. 107; a.A. HANS-ULRICH WALDER-BOHNER, Zivilprozessrecht, 3. A. Zürich 1983, S. 280 Anm. 4).

Anspruchs auf Behebung dieses (nicht aber eines andern) Mangels unterbrochen[514].

432 – Die absolute Rügefrist (Nr. 85) folgt nach der hier vertretenen Ansicht dem Schicksal der Verjährungsfrist. Eine Unterbrechung der Verjährung verlängert also auch die Rügefrist (Nr. 86).

433 Beispiel: U erstellt für B ein Haus. Beim ersten Regen zeigt sich, dass das Dach undicht ist. B rügt dies rechtzeitig. U anerkennt den Mangel als bestehend und verspricht Nachbesserung. Dadurch wird die Verjährung unterbrochen. Gleichzeitig beginnt eine neue absolute Rügefrist von fünf Jahren, aber nur gerade für den Mangel des Dachs, nicht auch für allfällige andere Mängel.

434 **4.** Normalerweise kann die Verjährung nur mit Bezug auf eine bereits bestehende Forderung unterbrochen werden. Dies nur schon deshalb, weil die Verjährung in der Regel nicht vor Entstehung der Forderung zu laufen beginnt. Wo indes die Verjährung ausnahmsweise schon früher zu laufen beginnt, muss im Prinzip auch eine Verjährungsunterbrechung vor Anspruchsentstehung möglich sein. Dies gilt jedenfalls im vorliegenden Kontext: Eine Unterbrechung hinsichtlich der Nachbesserungsforderung ist **möglich, bevor der Besteller das Nachbesserungsrecht ausgeübt** und damit die Nachbesserungsforderung zur Entstehung gebracht **hat**.

435 Beispiel: Ein Besteller klagt auf Feststellung, dass ein bestimmter Mangel bestehe und dieser vom Unternehmer zu vertreten sei, und zwar klagt er vor Ausübung seines Wahlrechts, also bevor er sich für Nachbesserung, Wandelung oder Minderung entschieden hat. Damit wird die Verjährung für alle Mängelrechte unterbrochen, genauer wirkt die Unterbrechung für jene Forderung(en), die mit der Ausübung des Wahlrechts entsteht (entstehen)[515]. Entscheidet sich also der Besteller für Nachbesserung, so ist die Verjährung hinsichtlich der Nachbesserungsforderung unterbrochen; entscheidet er sich für Wandelung, so wirkt die Unterbrechung für den Anspruch auf Rückgabe des Werkpreises (falls dieser überhaupt schon bezahlt ist), usw.

2. Verjährungsunterbrechung durch Klageerhebung

436 **1. Klagebegriff.** Klage i.S. von Art. 135 OR ist «Anrufung des richterlichen Rechtsschutzes»[516]. Erfolgt diese «Anrufung» schriftlich, so genügt Postauf-

---

[514] Instruktiv ZR 1991, S. 54; Weiteres bei TSCHÜTSCHER, S. 246.
[515] Eine Unterbrechung findet zumal dann statt, wenn die Feststellungsklage zulässigerweise erhoben wurde. Ist die Klage unzulässig, wird wohl nur (aber immerhin) ein Ablaufshemmung im Sinne von Art. 139 OR Platz greifen (vgl. SPIRO, § 140, S. 318 Anm. 10, auch § 141, S. 323). Eine Feststellungsklage ist nur bei entsprechendem Feststellungsinteresse zulässig. Die Möglichkeit einer Leistungsklage schliesst ein solches Interesse aus. Im vorliegenden Zusammenhang ist zu beachten, dass der Besteller gute Gründe haben kann, die Ausübung des Wahlrechts aufzuschieben, z.B. weil er vorerst den Umfang und die Ursachen eines Mangels abwarten will, bevor er sich für eines der Mängelrechte entscheidet.
[516] BECKER, N 14 zu Art. 135 OR.

gabe (BGE 49 II 40). Verjährungsunterbrechend wirkt nicht nur eine Leistungsklage, sondern auch eine Feststellungsklage, mit welcher hinsichtlich eines bestimmten Mangels das Bestehen des Nachbesserungsanspruchs festgestellt werden soll. Auch eine Klage, die mit Bezug auf einen Mangel auf Feststellung der *Gewährleistungspflicht im allgemeinen* gerichtet ist, genügt für die Unterbrechung (s. eben Nr. 435).

437 **2. Verhältnis von Klage und Sühneverfahren.** Das Prozessverfahren wird regelmässig durch ein Sühneverfahren eingeleitet. Welche Bedeutung dem Sühneverfahren für den Prozess zukommt, ist verjährungsrechtlich ohne Bedeutung. So oder anders wirkt die Ladung zu einem Sühneversuch verjährungsunterbrechend (Art. 135 Ziff. 2 OR); diese Wirkung kommt bereits der Postaufgabe des Sühnebegehrens zu (BGE 65 II 166 ff., 114 II 262 ff.). Unerheblich ist also, ob das Sühneverfahren vor der Klageanhebung obligatorisch ist oder fakultativ[517]; unerheblich ist auch, welches die Folgen eines erfolglosen Sühneverfahrens sind[518] (neuestens BGE 118 II 8). Zur Verjährungsunterbrechung ist namentlich auch nicht erforderlich, dass der Prozess um die Forderung, für welche zum Sühneversuch geladen wurde, später weitergeführt wird (vgl. BGE 25 II 637 f. E. 1, 114 II 262 f.)[519,520,521].

438 **3.** Wird die Verjährung durch Klage unterbrochen, «so beginnt im Verlaufe des Rechtsstreites mit jeder gerichtlichen Handlung der Parteien und mit jeder Verfügung oder Entscheidung des Richters die Verjährung von neuem» (Art. 138 Abs. 1 OR); alle diese Handlungen, Verfügungen und Entscheidungen sind also Unterbrechungshandlungen:

439 Als verjährungsunterbrechende Handlungen der Parteien gelten Handlungen, welche den Prozess mit Bezug auf die in Frage stehende Forderung (hier Nachbesserungsforderung) weitertreiben. Verjährungsunterbrechend wirken daher beispielsweise schriftliche Eingaben (des Klägers oder

---

[517] Rep 1978, S. 100 ff.
[518] Vgl. dazu GULDENER, S. 422.
[519] BECKER, N 16 zu Art. 135 OR; unzutreffend BERTI, Basler Kurzkommentar, N 8 zu Art. 135 OR.
[520] Die Unterbrechungswirkung tritt auch ein, wenn der Gläubiger den Schuldner irrtümlich falsch bezeichnet, sofern «die mangelhafte Bezeichnung den wirklich gemeinten Schuldner ... ohne weiteres erkennen» lässt (BGE 114 II 337; GAUCH/ SCHLUEP, Nr. 3473).
[521] Nicht in den vorliegenden Zusammenhang gehört die Frage, unter welchen Voraussetzungen die Ladung zu einem Sühneversuch zur Wahrung einer bundesrechtlichen *Verwirkungs*frist genügt (s. dazu VOGEL, S. 275; ALFRED KOLLER, Die aktienrechtliche Anfechtungsklage, recht 1988, S. 57). Die Vorschriften über die Unterbrechung der Verjährung sind hier nur analog anwendbar (BGE 110 II 389 = Pra 1985, S. 34); es bestehen Unterschiede. Das ist deshalb hervorzuheben, weil die beiden Dinge gelegentlich vermengt werden (z.B. von BERTI, Basler Kurzkommentar, N 8 zu Art. 135 OR; der dort zitierte BGE betrifft die Wahrung einer Verwirkungsfrist).

§ 13 Verjährung des Nachbesserungsanspruchs

Beklagten), mit denen das Gericht ersucht wird, das Verfahren fortzusetzen[522]. Nicht genügend, da nicht die Fortsetzung des Verfahrens betreibend, sind beispielsweise die Mitteilung eines Anwaltswechsels, der Aktenbezug bei der Gerichtskanzlei (BGE 85 II 191) oder eine mündliche Rückfrage über den Stand des Verfahrens (BGE 106 II 35).

440 Als verjährungsunterbrechende Verfügungen des Richters gelten immer nur Akte, welche auf die Beurteilung der eingeklagten Forderung abzielen. Das trifft etwa für die gerichtliche Aufforderung an eine Partei, eine Klageantwort (Replik, Duplik) einzureichen, zu, ferner etwa für eine Sistierungsverfügung[523], nicht hingegen z.B. für die Verhängung einer Ordnungsbusse (BGE 21, S. 251)[524].

441 4. Die Klageerhebung hat zur Folge, dass die ordentliche Verjährungsfrist neu zu laufen beginnt. Eine weitergehende Bedeutung hat sie nicht. Namentlich bewirkt sie keine Hemmung der Verjährung bis zum Ablauf des Prozesses. Es ist demnach möglich, dass die **Verjährung während des Prozesses** eintritt[525]. Allerdings ist zu beachten, dass während des Prozesses die Verjährung auch durch gerichtliche Verfügungen und prozessuale Handlungen der Parteien im eben umschriebenen Sinne unterbrochen wird. Werden jedoch während der Dauer der Verjährungsfrist keine solchen Handlungen und Verfügungen vorgenommen, so tritt die Verjährung ein. Das ist gerade bei kurzen Verjährungsfristen wie denjenigen des Gewährleistungsrechts nicht ohne Bedeutung.

442 5. Nachzutragen ist, dass eine Klageerhebung nur dann verjährungsunterbrechend wirkt, wenn die Klage beim zuständigen Gericht eingereicht wird (BGE 44 II 461). Eine bei einem unzuständigen Gericht eingereichte Klage ist jedoch verjährungsrechtlich nicht ohne Bedeutung. Vielmehr kommt **Art. 139 OR** zum Tragen. Hier ist vorgesehen: Wenn das unzuständige Gericht die Klage zurückweist, «so beginnt, falls die Verjährungsfrist inzwischen abgelaufen ist, eine neue Frist von sechzig Tagen zur Geltendmachung des Anspruchs». Es ist mithin so, dass die Klage zwar nicht die ordentliche Unterbrechung zur Folge hat, aber doch eine Art Unterbrechung minderer Art, in dem Sinne, als sie bewirkt, dass die Verjährungsfrist bis zum Ablauf von 60 Tagen nach dem Nichteintretensentscheid erstreckt wird (Ablaufshemmung).

---

[522] KOLLER, Verjährung, S. 17.
[523] Eine Sistierungsverfügung hat nicht nur unterbrechende, sondern auch ablaufshemmende Wirkung analog Art. 139 OR (s. KOLLER, Verjährung, S. 18 f.).
[524] Vgl. KOLLER, Verjährung, S. 17 f.
[525] GUHL/MERZ/KOLLER, S. 299 unten.

§ 13 Verjährung des Nachbesserungsanspruchs

443 Wird die Klage bei einem unzuständigen Gericht eingereicht, ist sie jedoch nach dem anwendbaren Prozessrecht an das zuständige Gericht zu überweisen (vgl. z.B. Art. 77 ZPG SG), so gilt sie verjährungsrechtlich als beim zuständigen Gericht eingereicht. Dasselbe gilt, wenn sich eine Partei auf einen Prozess vor einem unzuständigen Gericht einlässt[526], sofern eine Einlassung überhaupt möglich ist[527].

3. Verjährungsunterbrechung durch Verbesserungszusage

444 **1. Begriff der Verbesserungszusage.** Gemäss Art. 135 Ziff. 1 OR wird die Verjährung – wie gesagt – unterbrochen, wenn der Schuldner die vom Gläubiger geltend gemachte Forderung diesem gegenüber anerkennt, wenn er mit anderen Worten die behauptete Schuld zugibt und sich deshalb (nicht nur aus moralischen Gründen) bereit erklärt, sie zu erfüllen[528]. Auf die Nachbesserungsschuld bezogen, bedeutet dies: Der Unternehmer unterbricht die Verjährung, indem er dem Besteller erklärt, er sei zur Beseitigung des Mangels, da rechtlich verpflichtet, bereit. Erfolgt eine solche Verbesserungszusage bloss aus Kulanzgründen, also nicht als Ausdruck rechtlicher Verpflichtung, so liegt hierin keine Schuldanerkennung im Sinne von Art. 135 OR[529].

445 **2.** Eine solche Verbesserungszusage

– erfolgt normalerweise auf Nachbesserungsbegehren des Bestellers hin: Der Besteller verlangt die Beseitigung eines Mangels, der Unternehmer erklärt sich hierzu bereit. Möglich ist aber auch, dass der Unternehmer seine Nachbesserungsbereitschaft erklärt, bevor überhaupt der Besteller sein Wahlrecht ausgeübt hat (vgl. oben Nr. 434)[530].

446 – kann ausdrücklich erfolgen (z.B. in einem Brief), aber auch konkludent, z.B. dadurch, dass der Unternehmer die Mängelbeseitigung «wortlos» an die Hand nimmt.

---

[526] Vgl. BECKER, N 18 zu Art. 135 OR.
[527] Die sachliche Zuständigkeit ist grundsätzlich zwingender Natur (VOGEL, S. 119 Nr. 103; GULDENER, S. 121; Ausnahmen z.B. in Art. 14 Abs. 2 und 19 lit. b ZPG SG), so dass eine Einlassung insoweit im allgemeinen nicht in Betracht kommt.
[528] Anerkennt zwar der Schuldner seine Schuld, weigert er sich aber, sie zu begleichen, so dürfte hierin keine Schuldanerkennung im Sinne von Art. 135 Ziff. 1 OR liegen. Denn «der Grund der Unterbrechungswirkung liegt in der Weckung des Vertrauens beim Gläubiger durch den Schuldner, er werde die Schuld bezahlen, weshalb eine Geltendmachung oder eine Unterbrechungshandlung unnötig sei» (OSER/SCHÖNENBERGER, N 3 a.E. zu Art. 135 OR).
[529] Z.B. GAUCH, Werkvertrag, Nr. 1636.
[530] Beispiel: Der Unternehmer erfährt von einem Mangel und wendet sich hierauf «sponte sua» an den Besteller mit der Offerte, den Mangel zu beseitigen.

447 – kann selbständig erfolgen, aber auch im Rahmen einer generellen Gewährleistungszusage: Erklärt der Unternehmer ohne Einschränkung, für einen bestimmten Mangel gewährleistungspflichtig zu sein, so ist darin auch eine (konkludente) Verbesserungszusage enthalten. Die Anerkennung der Gewährleistungspflicht kann auch in der blossen Anerkennung eines Mangels liegen. Mehr noch: In der Regel erfolgt die Anerkennung eines Mangels in der Meinung, dafür gewährspflichtig zu sein. Die Anerkennung eines Mangels ist daher vermutungsweise als Anerkennung der Gewährleistungspflicht aufzufassen, wobei diese vermutungsweise auch eine Verbesserungszusage mitbeinhaltet[531].

448 – kann – rechtswirksam – auch bedingt erfolgen (vgl. BGE 89 II 29 f. E. 3)[532]. Beispiel: Der Unternehmer bestreitet das Vorliegen eines (von ihm zu vertretenden) Mangels, anerkennt aber seine Verbesserungspflicht für den Fall, dass eine vom Besteller in Auftrag gegebene Expertise den behaupteten Mangel bestätigen sollte. Diese bedingte Verbesserungszusage wirkt verjährungsunterbrechend.

449 3. Ob eine Verbesserungszusage vorliegt und welchen Inhalt eine Verbesserungszusage allenfalls hat, beurteilt sich nach dem Vertrauensprinzip, sofern nicht erwiesen ist, dass sich die Parteien richtig verstanden haben (vgl. Art. 18 OR). Im Normalfall ist somit darauf abzustellen, wie der Besteller das Verhalten des Unternehmers unter den gegebenen Umständen deuten durfte und musste. Das ist deshalb hervorzuheben, weil die Verbesserungszusage – wie nun gleich zu zeigen ist – normalerweise keine Willenserklärung darstellt, das Vertrauensprinzip aber in der Rechtsgeschäftslehre entwickelt wurde.

450 4. Die Schuldanerkennung im Sinne von Art. 135 Ziff. 1 OR braucht keine Willenserklärung zu sein (BGE 57 II 583) und ist es normalerweise auch nicht. Vielmehr ist sie in der Regel blosse **Wissenserklärung** (Vorstellungsmitteilung)[533]. Das gilt auch für die Verbesserungszusage: Wer als Unterneh-

---

[531] Nach GAUCH, Werkvertrag, Nr. 1641, wirkt sich die Unterbrechung «auf alle Mängelrechte aus, die dem Besteller aus einem bestimmten Mangel zustehen». So allgemein trifft dies indes nicht zu. Wenn beispielsweise der Unternehmer mit Bezug auf einen bestimmten Mangel die Nachbesserung zusagt, gleichzeitig aber ein Recht des Bestellers auf Minderung bestreitet, so wirkt die Verbesserungszusage zwar unterbrechend für das Nachbesserungsrecht, nicht jedoch für das – als bestehend unterstellte – Minderungsrecht.

[532] BECKER, N 10 zu Art. 135 OR; KOLLER, Verjährung, S. 21, mit Beispielen, die allerdings nicht das Bauwerkvertragsrecht betreffen.

[533] KOLLER, Verjährung, S. 20, m.w.Nw.; zur Unterscheidung Wissens- und Willenserklärung vgl. KOLLER, Gutglaubensschutz, Nr. 219 f. TSCHÜTSCHER (S. 245 Anm. 76) weist zu Recht darauf hin, dass die Abschlagszahlungen, welche Art. 135 Ziff. 1 OR beispielhaft als Anerkennungshandlungen aufführt, Erfüllungshandlungen sind, und zwar Erfüllungshandlungen rein

mer einen Mangel und die Haftung dafür anerkennt, der hat normalerweise keinen rechtsgeschäftlichen Willen. Er will keine Rechtsfolge in Geltung setzen, sondern lediglich die ohnehin bestehende Rechtslage anerkennen. So verhält es sich jedenfalls dort, wo die anerkannte Gewährleistungspflicht vor der Anerkennung nicht streitig war. Wenn hingegen über den Bestand der Nachbesserungsschuld zunächst ein ernstlicher Streit besteht und der Unternehmer diesen beendet, indem er die Gewährleistungspflicht anerkennt, so liegt ein rechtsgeschäftliches – auf Rechtswirkungen zielendes – Anerkenntnis vor; rechtsgeschäftlich deshalb, weil die Nachbesserungsschuld auch für den Fall, dass sie nicht bestanden haben sollte, als bestehend anerkannt wird (konstitutives Anerkenntnis im Gegensatz zum bloss deklaratorischen)[534].

451 Die deklaratorische Anerkennung eines Nachbesserungsanspruchs unterbricht zwar die Verjährung, begründet aber keinen neuen Anspruch. Dasselbe gilt aber auch für das konstitutive Anerkenntnis. «Ein 'neuer' Erfüllungsanspruch entsteht daraus jedenfalls insofern nicht, als die causa der anerkannten Schuld die der behaupteten bleibt»[535], also in unserem Fall Werkvertrag. Daher scheint es auch in diesem Fall nicht gerechtfertigt, den anerkannten Anspruch nach Art. 127 ff. OR (statt Art. 371 OR) verjähren zu lassen. Anders nur, wenn die Schuldanerkennung novatorische Wirkung (Art. 116 OR) haben soll, also die Parteien den Schuldgrund auswechseln wollen. Art. 127 ff. OR kommen selbstverständlich auch dann zur Geltung, wenn der Unternehmer sich zur Nachbesserung verpflichtet, obwohl nach Ansicht der Parteien keine entsprechende Schuld besteht. Hier liegt ein neuer Werkvertrag vor, beschränkt auf die Beseitigung eines Mangels. Von einer Schuldanerkennung sollte nicht gesprochen werden. S. auch schon oben Nr. 383.

452 In der Lehre wird erklärt, ein Schuldbekenntnis dürfe nie «als blosse Wissensmitteilung verstanden werden», es sei in ihm «notwendig ein Verpflichtungswillen enthalten»[536], und daraus wird gefolgert, «fortan» sei «der Schuldner nicht nur wegen des ursprünglichen Schuldgrundes verpflichtet, sondern auch deshalb, weil er die Schuld anerkannt» habe[537]. Dass diese Ansicht nicht der hier vertretenen entspricht, ist nach dem Gesagten klar. Zwar ist es richtig, dass der eine Schuld anerkennende Schuldner immer auch den Willen hat, diese Schuld zu erfüllen. Man mag das als Verpflichtungswillen bezeichnen. Dieser Wille ist aber in der Regel nicht auf die *Begründung* einer Schuld gerichtet. Angesichts dessen scheint es abwegig zu sagen, mit jeder Schuldanerkennung sei notwendig eine neue Schuld (die Anerkennungsschuld) verbunden.

---

      tatsächlicher Natur, und als solche keine Willenserklärung beinhalten.

[534] WILHELM, JBl 1975, S. 118.
[535] WILHELM, JBl 1975, S. 118.
[536] SCHMIDLIN, Berner Kommentar, N 18 zu Art. 17 OR; ebenso SCHÖNENBERGER/ JÄGGI, Zürcher Kommentar, N 6 zu Art. 17 OR.
[537] SCHÖNENBERGER/JÄGGI, Zürcher Kommentar, N 13 zu Art. 17 OR; MERZ, S. 42 Anm. 50; LGVE 1979 I, S. 533.

§ 13 Verjährung des Nachbesserungsanspruchs

453 **5.** Eine Schuldanerkennung im Sinne von Art. 135 OR richtet sich notwendig an den Gläubiger, vorliegend also den Besteller (BGE 90 II 442). Eine Anerkennung gegenüber einem Dritten wirkt nicht unterbrechend. Nicht als Dritter ist jedoch ein Vertreter des Gläubigers zu betrachten, so etwa die vom Bauherrn eingesetzte Bauleitung im Sinne von Art. 33 ff. der SIA-Norm 118[538].

454 **6.** Die Verjährung kann nur unterbrochen werden, solange die Verjährungsfrist noch läuft. Daher wirkt eine Schuldanerkennung nach Eintritt der Verjährung nicht mehr unterbrechend. Es stellt sich dann höchstens die Frage, ob die Schuldanerkennung als Verzicht auf die Erhebung der Verjährungseinrede aufgefasst werden kann[539].

IV. Vertragliche Abänderung der Verjährungsordnung

455 Die Verjährungsordnung des Art. 371 OR ist – mit gewissen, noch zu behandelnden Einschränkungen – dispositiv. Es kann davon abgewichen werden. Dasselbe gilt für jene allgemeinen Verjährungsvorschriften, welche – wie z.B. Art. 135 OR – auch auf die Verjährung der Mängelrechte zur Anwendung gelangen. Die Verjährungsordnung kann vor Verjährungsbeginn, insbesondere bei Vertragsabschluss, abgeändert werden, dann aber auch während laufender Verjährung. Schliesslich kann nach eingetretener Verjährung auf die Erhebung der Verjährungseinrede verzichtet werden. Im folgenden interessiert vorerst nur die Änderung der Verjährungsordnung bei Vertragsabschluss (1. und 2.). Auf Verjährungsabreden während laufender Verjährung und nach Verjährungseintritt wird in besonderen Abschnitten eingetreten (unten 3. und 4.).

1. Abänderung der Verjährungsordnung bei Vertragsabschluss

A. Im allgemeinen

456 **1.** Die Parteien können die gesetzliche Verjährungsordnung hinsichtlich ganz unterschiedlicher Punkte abändern. Sie sind vorab frei, den *Beginn* der Verjährungsfrist in Abweichung vom Gesetz festzulegen[540]. Sodann können sie die *Verjährungsfrist* speziell regeln, indem sie diese entweder verlängern oder aber

---

[538] Es geht um sog. passive Vertretung, d.h. um Vertretung beim Empfang, nicht der Abgabe, einer Erklärung. In aller Regel ist derjenige, der zur Aktivvertretung befugt ist, auch zur Passivvertretung befugt. Das Umgekehrte trifft nicht ohne weiteres zu. Vgl. im einzelnen ZÄCH, Berner Kommentar, Vorbemerkungen zu Art. 32-40 OR, N 3 und 25.

[539] Vgl. RGZ 78, S. 131; KOLLER, Verjährung, S. 13.

[540] Vgl. Nr. 468 betr. die SIA-Norm 118 sowie BGE 107 II 50 und Bem. 1a zu diesem Entscheid (hinten S. 246).

verkürzen. Art. 129 OR, der eine vertragliche Abänderung der Verjährungsfrist ausschliesst, gilt nur für die in Art. 127 f. OR festgesetzten Fristen und findet daher keine Anwendung auf die werkvertragliche Mängelhaftung (BGE 108 II 196, 63 II 180). Auch die Regelung der *Unterbrechungsgründe* ist nicht zwingend. Die Parteien eines Werkvertrages können daher z.b. die Unterbrechungswirkung schon für den Fall der Erhebung einer Mängelrüge vorsehen, umgekehrt aber auch einzelne der gesetzlichen Unterbrechungsgründe ausschliessen. Analoges gilt für die *Hemmung*[541].

457 **2.** Inwieweit eine vertragliche Vereinbarung von der gesetzlichen Verjährungsordnung abweicht, ist durch Auslegung zu ermitteln[542]. So kann beispielsweise mit dem Ausdruck «Garantiefrist» dreierlei gemeint sein: eine Rügefrist (wie in Art. 172 f. SIA-Norm 118[543]), eine Verjährungsfrist (BGE 63 II 180)[544] oder beides zusammen[545]. Mit der Vereinbarung einer Garantiefrist kann auch die Absicht verbunden sein, den Verjährungsbeginn hinauszuschieben, doch darf dies nicht ohne weiteres angenommen werden[546].

458 Kontrovers ist die Frage, ob die Zusicherung einer Eigenschaft ohne weiteres auch eine vertragliche Verlängerung der Verjährungsfrist auf das gesetzlich zulässige Mass beinhaltet. Das Bundesgericht hat dies früher in mehreren Entscheiden bejaht (z.B. BGE 56 II 428 ff. E. 4), diese Praxis aber zu Recht aufgegeben (BGE 102 II 99 ff.)[547]. Im Einzelfall kann sich freilich ergeben, dass mit der Zusicherung auch die Verjährungsfrist verlängert werden soll; das ist zu vermuten, wenn eine Werkeigenschaft für eine bestimmte Zeit zugesichert wird («garantiert zehn Jahre wasserdicht»[548]).

459 **3. Schranken der Abänderbarkeit.** In dieser Hinsicht gelten einzelne wenige Sonderregeln (unten Nr. 460 ff.), daneben aber die allgemeinen Schranken, wie sie vorn Nr. 202 ff. für die Abänderung der Gewährleistungsordnung im allgemeinen dargestellt wurden. Soweit die Verjährungsordnung zugunsten des *Unternehmers* abgeändert wird, handelt es sich um eine Beschränkung (teilweise Wegbedingung) der Mängelhaftung. Diesfalls sind insbesondere die in Art. 199 OR und Art. 100 OR gesetzten Schranken zu beachten.

---

[541] SPIRO, § 343, S. 848 f., § 345, S. 854 Anm. 3.
[542] GAUCH, Werkvertrag, Nr. 1820, 1823, 1828.
[543] S. vorne Nr. 266.
[544] SemJud 1979, S. 347 = BR 1979, S. 12 Nr. 15; ZR 1906, Nr. 85, S. 98 ff.
[545] GAUCH, Werkvertrag, Nr. 1828, v.a. auch Nr. 1847 f. m.w.Nw.
[546] GAUCH, Werkvertrag, Nr. 1819 f., 1828.
[547] Diese Praxisänderung wird abgelehnt von HANS MERZ, ZBJV 1978, S. 145 ff.
[548] Beispiel von GAUCH, Werkvertrag, Nr. 1824; abweichend BGH NJW 1979, S. 645.

460 Folgende Einzelheiten sind hervorzuheben:
- Eine *Verlängerung* der Verjährungsfrist ist nicht über zehn Jahre hinaus zulässig (BGE 99 II 189). Das folgt – wenn auch nicht mit letzter Klarheit – aus Art. 127 OR i.V.m. Art. 129 OR[549].

461 – Eine *Verkürzung* der Verjährungsfrist darf gemäss bundesgerichtlicher Rechtsprechung nicht zu einer unangemessenen Benachteiligung des Bestellers führen (vgl. BGE 108 II 196)[550], ist aber mit dieser Einschränkung zulässig. Aus Art. 210 Abs. 1 OR (i.V.m. Art. 371 Abs. 1 OR), der nur von einer Verlängerung spricht, darf also nicht e contrario geschlossen werden, eine Verkürzung sei generell nicht erlaubt. Dieser Rechtsprechung ist zuzustimmen, wenn auch mit gewissen Nuancen:

462 Wenn es richtig ist, dass die Wegbedingung jeglicher Gewährleistung zulässig ist (vgl. Nr. 201), so muss auch eine Verkürzung der Verjährungsfrist zulässig sein[551]. Doch kann eine solche Verkürzung ebenso wie eine völlige Wegbedingung der Gewährleistung gegen Art. 19 OR verstossen (Sittenwidrigkeit)[552]. Dabei ist zu beachten, dass «Treu und Glauben und das angemessene Verhältnis der beiderseitigen Leistungen» durch eine Fristverkürzung «ganz anders als durch eine offene Ablehnung» der Ansprüche «gefährdet» werden können[553]. Somit ist eine Fristverkürzung – so paradox dies klingen mag – unter dem Gesichtspunkt der guten Sitten problematischer als eine völlige Wegbedingung der Gewährleistung. Eine erhebliche Verkürzung der Verjährungsfrist dürfte daher vor Art. 19 OR oft nicht standhalten. Ferner ist zu beachten, dass eine Verkürzung der Verjährungsfrist hinsichtlich grob schuldhaft verursachter Mängel unbeachtlich ist (Art. 100 OR)[554].

463 Findet sich eine Verkürzung der Verjährungsfrist in *AGB*, so dürfte sie vor der Ungewöhnlichkeitsregel kaum standhalten: Mit einer Verkürzung der ohnehin schon sehr kurzen gesetzlichen Verjährungsfrist muss der Besteller im Falle einer Globalübernahme wohl kaum rechnen.

---

[549] Vgl. KARL SPIRO, Der Verzicht auf die laufende Verjährung, in Festschrift für Karl H. Neumayer, Baden-Baden 1985, S. 547 f., insbesondere Anm. 17. Abweichend GEHRER, S. 202: Die Verjährungsfrist könne auf über zehn Jahre hinaus festgesetzt werden; Grenze bilde die übermässige Bindung i.S.v. Art. 27 ZGB.
[550] Abweichend GIGER, N 45 zu Art. 210 OR, GEHRER, S. 202 f.
[551] Insoweit zutreffend GIGER, N 45 zu Art. 210 OR; LÖRTSCHER, S. 178 f.
[552] GIGER, N 44 zu Art. 210 OR i.V.m. N 52 zu Art. 199 OR.
[553] SPIRO, § 347, S. 862.
[554] GAUCH, Werkvertrag, Nr. 1827. Auch der Tatbestand der Übervorteilung kann vorliegen (Art. 21 OR; GIGER, N 52 zu Art. 199 OR).

464 – Eine Vereinbarung, welche die Verjährungsordnung zu Ungunsten des Bestellers abändert, ist mit Bezug auf Mängel, die der Unternehmer arglistig verschwiegen hat, ungültig (Art. 199 OR). An ihrer Stelle gilt die gesetzliche Verjährungsordnung, wobei hinsichtlich der Verjährungsfrist Art. 210 Abs. 3 OR (i.V.m. Art. 371 Abs. 1 OR) zum Tragen kommt. Anstelle der normalen ein- bzw. fünfjährigen Verjährungsfrist gilt somit eine zehnjährige Frist (oben Nr. 377). Zwar betrifft Art. 210 Abs. 3 OR – wie Art. 199 OR – Arglist beim Vertragsabschluss, wogegen es im vorliegenden Zusammenhang um Arglist bei der Erfüllung geht (vgl. Nr. 203). Auf diesen Fall ist jedoch Art. 210 Abs. 3 OR – gestützt auf den Verweis in Art. 371 Abs. 1 OR – analog anzuwenden. S. schon vorne Nr. 208.

B. Insbesondere die Verjährungsregelung der SIA-Norm 118

465 1. Art. 180 der SIA-Norm 118 regelt die Verjährung wie folgt:

¹Die Mängelrechte des Bauherrn verjähren fünf Jahre nach Abnahme des Werkes oder Werkteils.

466 ²Die Rechte aus Mängeln, die der Unternehmer absichtlich verschwiegen hat, verjähren dagegen in 10 Jahren.

467 *Abs. 2* gibt mit Bezug auf die absichtliche Verschweigung eines Mangels die Rechtslage nach Gesetz (Nr. 377, 464) wieder (BGE 107 II 232).

468 *Abs. 1* weicht von Art. 371 OR insofern ab, als die Verjährungsfrist unabhängig von der Art des Bauwerks fünf Jahre beträgt. Die schwierige Unterscheidung zwischen unbeweglichen und beweglichen Bauwerken wird damit vermieden. Ein zweiter Unterschied betrifft den Beginn der Verjährungsfrist: Mit der Abnahme, welche die Frist auslöst, ist die Abnahme im Sinne der Norm (Art. 157 ff.) gemeint; diese Abnahme folgt derjenigen i.S. von Art. 371 OR zeitlich nach (oben Nr. 251 ff.). Immer ist freilich zu beachten, dass die SIA-Norm 118 keine objektive, für alle Parteien zum vornherein feststehende Bedeutung hat (Nr. 234). Wenn daher beispielsweise konkrete Vertragsparteien den Ausdruck «Abnahme» im Sinne des Gesetzes verstehen, so ist diese Bedeutung massgeblich (Art. 18 OR).

469 2. Die Verjährungsregelung von Art. 180 der Norm ist nicht abschliessend. Es findet daneben auch Art. 371 OR i.V.m. Art. 210 OR Anwendung (Art. 2 Abs. 2 der Norm), ferner die allgemeine Verjährungsregelung (Art. 127 ff. OR), soweit die SIA-Norm 118 davon abweicht. Folgende Einzelpunkte seien hervorgehoben:

470 – Der Begriff der Verjährung im Sinne der Norm ist derselbe wie nach Gesetz. Das entspricht der Regel, dass gesetzliche Ausdrücke in Verträgen

vermutungsweise gesetzeskonform auszulegen sind (oben Anm. 294). Ist der Nachbesserungsanspruch im Sinne von Art. 180 SIA-Norm 118 verjährt, so ist er Naturalobligation im Sinne des in Nr. 399 Gesagten.

471 – Für die Unterbrechung und die Hemmung der Verjährung gelten Art. 135 ff. OR bzw. Art. 134 OR.

472 – Wenn Art. 180 SIA-Norm 118 sagt, dass die Mängelrechte verjähren, so trifft diese Ausdrucksweise zwar für das Nachbesserungsrecht, welches nach der Norm (anders als nach dem Gesetz) eine Forderung ist (Nr. 240), zu, nicht aber für das Wandelungs- und das Minderungsrecht. Diese Rechte können verwirken, aber nicht verjähren (oben Nr. 387).

473 – Die Verjährungsfrist beträgt immer fünf Jahre. GAUCH ist demgegenüber der Meinung, sie werde «im Ergebnis über fünf Jahre hinaus verlängert»[555]. Er argumentiert, die Mängelrechte würden bereits vor der Abnahme entstehen, nämlich mit der Einleitung der Abnahme. Die Zeit zwischen der Einleitung der Abnahme und der Abnahme selbst sei zur Verjährungsfrist hinzuzurechnen. Es mag hier dahingestellt bleiben, ob die Mängelrechte tatsächlich schon mit der Einleitung der Abnahme entstehen (s. dazu Nr. 283). Sicher ist, dass die Verjährung nicht schon mit der *Einleitung* der Abnahme, sondern erst mit der *Abnahme* zu laufen beginnt. Und ab diesem Zeitpunkt läuft sie – vorbehaltlich Hemmung und Unterbrechung – fünf Jahre. Angesichts dessen ist es kaum sinnvoll zu sagen, die Verjährungsfrist dauere «im Ergebnis» länger als fünf Jahre[556].

474 Eine andere Frage ist, ob gewisse verjährungsrelevante Handlungen bereits vor Fristbeginn vorgenommen werden können. Wenn beispielsweise vor der Abnahme der Nachbesserungsanspruch schriftlich im Sinne von Art. 137 Abs. 2 OR anerkannt wird, so wird man wohl annehmen müssen, dass die Verjährung erst zehn Jahre nach der Anerkennung eintritt.

2. Verlängerung der Verjährungsfrist während laufender Verjährung

475 **1.** Die Parteien haben – wie gesagt – die Möglichkeit, die Verjährungsordnung auch noch während laufender Verjährung abzuändern. Insbesondere können sie sich kurz vor Ablauf der Verjährungsfrist auf eine Fristverlängerung einigen, um so dem Besteller eine Unterbrechung der Verjährung (durch Klage oder Sühnebegehren) zu ersparen. Jedoch ist eine Verlängerung höchstens für zehn Jahre möglich, wie ja auch bei Vertragsabschluss eine längere Frist nicht vereinbart werden kann (Nr. 460).

---

[555] GAUCH, N 5 a) zu Art. 180 SIA-Norm 118.
[556] Sonst müsste man noch in vielen anderen Fällen sagen, die Verjährungsfrist daure länger als vertraglich oder gesetzlich vorgesehen. So insbesondere dort, wo die Verjährungsfrist nicht mit der Entstehung des Anspruchs, sondern mit dessen Kenntnis zu laufen beginnt.

476 **2. Nichts anderes als eine Fristverlängerung** beabsichtigt der Besteller regelmässig auch dann, wenn er den Unternehmer – vor Verjährungseintritt – um einen **Verzicht auf Erhebung der Verjährungseinrede** angeht. Wenn der Unternehmer diesem Begehren zustimmt, kommt somit vertraglich eine Verlängerung der Verjährungsfrist zustande. Im Einzelfall ist selbstverständlich möglich, dass der Parteiwille in eine andere Richtung geht. Wenn beispielsweise der Unternehmer erklärt, er werde die Verjährungseinrede bis zu einem bestimmten Zeitpunkt nicht erheben, gleichzeitig aber verlangt, dass der Nachbesserungsanspruch bis zu dem betreffenden Zeitpunkt eingeklagt werde, ansonst er davon ausgehe, der Besteller verzichte auf den Anspruch, so geht es dem Unternehmer letztlich um Einführung einer Verwirkungsfrist: Er will weitere Verjährungsunterbrechungen verhindern und sicherstellen, dass bis zum fraglichen Termin definitiv darüber entschieden ist, ob der Anspruch noch geltend gemacht wird oder nicht. Im allgemeinen aber ist im Verzicht auf die Erhebung der Verjährungseinrede nichts anderes als eine Verlängerung der Verjährungsfrist zu sehen (BGE 99 II 192 ff.). Geht der Wille des Unternehmers in eine andere Richtung, so muss er dies deutlich erklären, ansonst die Vermutung durchgreift, es sei eine simple Fristverlängerung beabsichtigt[557].

477 In BGE 112 II 231 ff., der allerdings nicht die Verjährung von Mängelrechten betraf, hatte der Schuldner erklärt, während eines Jahres auf die Erhebung der Verjährungseinrede zu verzichten. Das Bundesgericht hat angenommen, diese Erklärung müsse nach dem Vertrauensprinzip ausgelegt werden. Im konkreten Fall gelange man so zum Schluss, die Verzichtserklärung komme einer Unterbrechungshandlung gleich und habe eine neue absolute zehnjährige Verjährungsfrist im Sinne von Art. 60 Abs. 1 OR zur Folge. Mit diesen Ausführungen anerkennt das Bundesgericht zu Recht den Grundsatz, wonach der Schuldner die Tragweite eines Verjährungsverzichts selbst umschreiben kann[558]. Wenig überzeugend ist hingegen die Umfunktionierung der Verzichtsdauer von einem Jahr (Erklärungswortlaut) auf zehn Jahre (Deutung nach Vertrauensprinzip).

---

[557] In BGE 99 II 185 ff. ging es um einen Fall, bei dem ein Personenwagenlenker auf einem Bahnübergang mit einem Zug kollidierte. Im Laufe der Vergleichsverhandlungen erklärte die Haftpflichtige (die SBB) dreimal, sie verzichte auf die Verjährungseinrede bis zu einem bestimmten Datum. Dieser Verzicht erfolge ohne Präjudiz. Das Obergericht Zürich nahm an, die Haftpflichtige habe nur auf die Erhebung der Verjährungseinrede verzichtet, nicht aber die Verjährungsfrist verlängert. Nach dem Gesagten war diese Ansicht nicht a priori unzutreffend. Demnach ist es fragwürdig, wenn das Bundesgericht den Verzicht auf die Erhebung der Verjährungseinrede *pauschal* einer Verlängerung der Verjährungsfrist gleichsetzt (so im angeführten Entscheid auf S. 194 oben). – Vgl. auch DOMENICO ACOCELLA, Die Verjährung in der neueren Rechtsprechung des Bundesgerichts, SJZ 1990, S. 337.

[558] GAUCH/SCHLUEP, Nr. 3505, missverstehen m.E. BGE 112 II 233, wenn sie ihn dahin interpretieren, das Bundesgericht wolle die Möglichkeit eines kurzfristigen Verjährungsverzichts ausschliessen (vgl. KOLLER, Verjährung, S. 30 f. Anm. 104).

478 **3.** Nach Art. 141 OR kann «auf die Verjährung nicht zum voraus verzichtet werden». Das Bundesgericht bezieht die Wendung «zum voraus» auf den Verjährungseintritt und gelangt so zum Ergebnis, vor Eintritt der Verjährung könne nicht rechtsgültig auf die Erhebung der Verjährungseinrede verzichtet werden und eine Verlängerung der Verjährungsfrist sei nicht zulässig. Art. 141 OR soll jedoch nur für Ansprüche gelten, welche der zehnjährigen Frist von Art. 127 OR bzw. der fünfjährigen Frist von Art. 128 OR unterliegen (BGE 99 II 191 f., 112 II 233). Für die Mängelrechte des Bestellers, insbesondere den Nachbesserungsanspruch, ist demnach Art. 141 OR ohne Bedeutung. Demzufolge kann der Unternehmer zum voraus auf die Verjährung des Nachbesserungsanspruchs verzichten. Analog hat das Bundesgericht für Haftpflichtansprüche nach EHG entschieden (BGE 99 II 192, bestätigt in SVA XV, S. 514)[559].

3. Der nachträgliche Verzicht auf die Erhebung der Verjährungseinrede

479 Auf die Erhebung der Verjährungseinrede kann vor oder nach dem Verjährungseintritt verzichtet werden. Vom vorherigen Verzicht war eben die Rede. Die folgenden Bemerkungen gelten ausschliesslich dem nachträglichen Verzicht.

480 **1.** Die Verjährungseinrede ist ein subjektives Recht (vgl. z.B. die in BGE 99 II 187 a.E. referierte Ansicht des Obergerichts des Kantons Zürich[560]). Dass auf dieses Recht verzichtet werden kann, ergibt sich durch Umkehrschluss aus Art. 141 OR. Der «Vorgänger» dieser Bestimmung, Art. 158 aOR, hatte noch ausdrücklich festgehalten, dass «auf die Verjährung» «nach ihrer Vollendung Verzicht geleistet werden» kann.

481 **2.** Umstritten ist, ob der Schuldner (Unternehmer) **einseitig** (durch empfangsbedürftige Willenserklärung) auf die Erhebung der Verjährungseinrede **verzichten** kann, oder ob es einer vertraglichen Vereinbarung mit dem Gläubiger (Besteller) bedarf[561]. M.E. ist die Frage – in Übereinstimmung mit der deutschen Lehre[562] – zugunsten des einseitigen Rechtsgeschäfts zu entscheiden[563]. Sie ist im übrigen kaum von praktischer Bedeutung, weil der Schuldner in

---

[559] Im Ergebnis ist dieser Rechtsprechung zuzustimmen, nicht jedoch in der Begründung. S. KOLLER, Verjährung, S. 31 f. Die dortigen Ausführungen gelten mutatis mutandis auch für den Nachbesserungsanspruch.

[560] Weiteres bei KOLLER, Verjährung, S. 28.

[561] Nachweise bei SPIRO, § 228, S. 547 f. Anm. 21.

[562] PALANDT/HEINRICHS, N 5 zu § 222 BGB; STAUDINGER/DILCHER N 14 ff. zu § 222 BGB.

[563] So offenbar auch BGer in SVA XIV, S. 514 E. a a.E. In der Lehre wird die Möglichkeit eines einseitigen Verzichts z.B. von VON TUHR/ESCHER, S. 231, bejaht, von GAUCH/SCHLUEP, Nr. 3504, verneint.

aller Regel nur dann auf die Erhebung der Verjährungseinrede verzichtet, wenn er vom Gläubiger eine entsprechende Anfrage erhält, somit regelmässig ein vertraglicher Einredenverzicht stattfindet. Sollte ausnahmsweise der Schuldner von sich aus einen Verjährungsverzicht offerieren, so kommt nach Art. 6 OR ein Verzichtsvertrag zustande, ohne dass der Gläubiger ausdrücklich die Annahme erklären müsste.

482   3. Ein Verjährungsverzicht ist einmal dann zu bejahen, wenn der Schuldner tatsächlich verzichten will und der Gläubiger diesen Willen erkennt (Art. 18 OR), dann aber auch, wenn dem Schuldner der Verzichtswille fehlt, der Gläubiger jedoch nach Treu und Glauben auf das Vorhandensein eines solchen Willens schliessen darf (Vertrauensprinzip).

483   Auf die Einrede der Verjährung kann ausdrücklich oder stillschweigend verzichtet werden. Bei der Annahme eines konkludenten Verzichts ist Zurückhaltung geboten. Nicht schlüssig sind insoweit Anerkennungshandlungen im Sinne von Art. 135 OR[564]. Da die Verjährung bereits eingetreten ist, kann sie natürlich auch nicht mehr unterbrochen werden[565].

484   **4. Rechtslage nach dem Verzicht** auf die Erhebung der Verjährungseinrede. Der Schuldner kann die Tragweite seines Verzichts selbst umschreiben. Er kann z.B. den Verzicht zeitlich beschränken[566], oder er kann Unterbrechungshandlungen während der Verzichtsdauer ausschliessen und so verhindern, dass er über seine Leistungspflicht noch lange im Ungewissen bleibt. Wird der Verzicht vom Schuldner nicht näher umschrieben, dürfte folgendes gelten: Im Zeitpunkt des Verzichts beginnt eine neue ordentliche Verjährungsfrist zu laufen, in unserem Zusammenhang also eine ein- bzw. fünfjährige Frist. Diese Frist kann unterbrochen werden; auch Hemmung ist möglich. Der Verzicht bewirkt nicht etwa die Entstehung einer neuen Forderung, vielmehr wird lediglich die alte Forderung neu klagbar gemacht (Frage offengelassen in BGE 99 II 193). Das hat z.B. zur Folge, dass Pfandrechte, die für die Forderung begründet wurden, weiterbestehen[567] – ein Aspekt, der allerdings im Zusammenhang mit Nachbesserungsansprüchen keine Rolle spielen dürfte.

485   In BGE 99 II 192 hält das Bundesgericht fest, ein Einredeverzicht habe die gleiche Wirkung wie eine vertragliche Verlängerung der Verjährungsfrist[568]. Das gilt aber nach dem Gesagten nur mangels anderer Anordnung in der Verzichtserklärung.

---

[564] Vgl. KOLLER, Verjährung, S. 33, mit Bezug auf Abschlagszahlungen.
[565] Auch für das schweizerische Recht überzeugend RGZ 78, S. 131 ff.
[566] Vgl. SemJud 1987, S. 42 f. Vgl. auch oben Nr. 476 betr. den Verzicht auf die Erhebung der Verjährungseinrede *vor* Eintritt der Verjährung.
[567] Auf Art. 140 OR braucht nicht zurückgegriffen zu werden.
[568] Ebenso SVA XIV, S. 514.

486 5. Hat der Schuldner auf die Erhebung der Verjährungseinrede verzichtet, so kann er auf diesen Entscheid nicht mehr zurückkommen (es sei denn, er habe sich ein Rückkommen vorbehalten). Das Umgekehrte ist hingegen möglich: Der Schuldner kann nach Erhebung der Verjährungseinrede einen Verjährungsverzicht erklären, mit der Folge, dass die Verjährung vom Richter nicht zu berücksichtigen ist (s. vorne Nr. 398).

§ 14 Die Durchsetzung des Nachbesserungsanspruchs

I. Allgemeines

487 1. Für die zwangsweise Durchsetzung des Nachbesserungsanspruchs gelten die allgemeinen Regeln. Der Besteller hat somit – mit gewissen Einschränkungen[569] – zweistufig vorzugehen: Vorerst hat er auf Leistung (Nachbesserung) zu klagen; weigert sich der Unternehmer, dem (gutheissenden) Urteil Folge zu leisten, so hat der Besteller das Urteil vollstrecken zu lassen. Für die Vollstreckung gilt im Grundsatz kantonales Recht (Art. 64 BV). Vorbehalten ist immerhin Art. 98 Abs. 1 OR, wonach ein Urteil, das auf die Vornahme einer vertretbaren Leistung gerichtet ist, mittels Ersatzvornahme vollstreckbar ist, also realiter erzwungen werden kann[570]. Sodann ist Art. 292 StGB zu beachten. Danach kann dem Schuldner für den Fall, dass er das Leistungsurteil nicht erfüllt, die Überweisung an den Strafrichter zur Bestrafung wegen Ungehorsams gegen eine amtliche Verfügung angedroht werden.

488 2. Die kantonalen Zivilprozessgesetze regeln die Zwangsvollstreckung für die Durchsetzung eines Leistungsurteils nicht einheitlich. Im allgemeinen wird sie jedoch «in der Weise eröffnet, dass von der Vollstreckungsbehörde ein *Befehl* an den Beklagten erlassen wird, der ihm die Vornahme der geschuldeten Handlung innert einer kurzen Frist gebietet» (Vollstreckungsbefehl)[571]. «Dabei ist dem Beklagten in der Regel für den Fall der Missachtung des Befehls Zwangsvollzug, Busse oder Überweisung an den Strafrichter zur Bestrafung wegen Ungehorsams gegen eine amtliche Verfügung (292 StrGB) anzudrohen.»[572] Die Kantone können allerdings vorsehen, dass der Vollstreckungsbefehl mit dem Leistungsurteil verbunden wird. So hat beispielsweise nach Art. 404 ZPO BE

---

[569] GULDENER, S. 46, und unten Nr. 488.
[570] LGVE 1985, S. 24 ff., nimmt zu Unrecht an, die Ersatzvornahme nach Art. 98 OR setze subjektive Unmöglichkeit voraus (GUHL/MERZ/KOLLER, S. 38).
[571] GULDENER, S. 625.
[572] GULDENER, S. 625 f.

das Urteil, durch welches der Beklagte zu einem Tun verpflichtet wird, zugleich die Frist zu nennen, binnen welcher die Verbindlichkeit zu erfüllen ist[573]. Ein besonderer (zusätzlicher) Vollstreckungsbefehl ist dann nicht mehr nötig.

489 Wird dem Vollstreckungsbefehl keine Folge geleistet, so entscheidet der Vollstreckungsrichter über das weitere Vorgehen; an allfällige Anträge des Vollstreckungsklägers ist er grundsätzlich nicht gebunden[574]. Dieser Grundsatz erleidet jedoch die bereits erwähnte Einschränkung durch Art. 98 Abs. 1 OR: Der Gläubiger hat das Recht, Ersatzvornahme zu verlangen, womit allerdings nicht gesagt ist, dass der Vollstreckungsrichter nicht vorgängig eine andere Vollstreckungsmassnahme (z.B. Busse) anordnen kann.

490 3. Nach einer Mindermeinung[575] setzt Art. 98 Abs. 1 OR kein Leistungsurteil voraus. Vielmehr erlaube er dem Gläubiger, sich zur Ersatzvornahme auch ohne Leistungsurteil ermächtigen zu lassen. Nun gibt es zwar Fälle, in denen die Ersatzvornahme auch ohne richterliches Urteil zulässig ist. Dafür müssen jedoch immer besondere Voraussetzungen erfüllt sein, wie etwa Schuldnerverzug gemäss Art. 259b lit. b OR[576] oder Schlechterfüllung und Androhung der Ersatzvornahme gemäss Art. 366 Abs. 2 OR[577]. Da Art. 98 OR keine solchen Voraussetzungen erwähnt, liegt der Schluss nahe, er sei blosse Vollstreckungsregel[578], welche die kantonale Zivilprozesshoheit einschränkt.

---

[573] GULDENER, S. 626 Anm. 58; anders Art. 254 ZPO BS: GULDENER, a.a.O.

[574] GULDENER, S. 623.

[575] Vertreten z.B. von WALTER FELLMANN, Die Ersatzvornahme nach Art. 98 Abs. 1 OR – «Vollstreckungstheorie» oder «Erfüllungstheorie», recht 1993, S. 109 ff., mit einer Übersicht über den Stand der Meinungen.

[576] Wenn der Vermieter mit der Beseitigung eines (untergeordneten) Mangels in Verzug kommt, kann der Mieter den Mangel auf Kosten des Vermieters beseitigen lassen, ohne dass er hierfür einer richterlichen Ermächtigung bedürfte. Erst im Kostenprozess muss er die Voraussetzungen der (nicht erfüllten) Leistungspflicht des Vermieters dartun (ebenso Art. 256 Abs. 2 des bis 1. Juli 1991 geltenden Mietrechts, VON TUHR/ESCHER, S. 91).

[577] Es versteht sich von selbst, dass dem Schuldner die Möglichkeit, selbst zu erfüllen, nicht «einfach so», d.h. ohne das Vorliegen eines besonderen Grundes, entzogen werden kann.

[578] Vgl. VON TUHR/ESCHER, S. 90 f.: «Da aber Art. 98 [OR] das Einschreiten des Gläubigers weder von einer Aufforderung an den Schuldner noch von einem Verzug des Schuldners abhängig macht, muss angenommen werden, dass das Gesetz ein Urteil gegen den Schuldner voraussetzt.» – Hingegen kann gegen die Mindermeinung nicht eingewendet werden, ohne Leistungsurteil sei ein Vollstreckungsverfahren nicht denkbar. So kann auch für bloss behauptete Forderungen auf Geldzahlung Schuldbetreibung eingeleitet werden. Das Betreibungsverfahren führt allerdings nur dort zum Ziel, wo sich der Verpflichtete der Zwangsvollstreckung nicht widersetzt. Widersetzt er sich, muss der Gläubiger dann doch den Richter anrufen.

491 4. Im folgenden wird näher auf die Ersatzvornahme eingegangen. Im Vordergrund steht Art. 98 OR, doch ist auch nochmals auf Art. 366 Abs. 2 OR zurückzukommen (s. dazu bereits Nr. 143 ff., 182 ff.).

II. Insbesondere die Ersatzvornahme

492 1. Der Ersatzvornahme **nach Art. 98 Abs. 1 OR** unterliegen naturgemäss nur vertretbare Leistungen[579]. Die Leistung muss also auch von einem Dritten vorgenommen werden können. Das trifft für die Beseitigung von Werkmängeln im allgemeinen zu, jedenfalls bei Bauwerkverträgen. Der Besteller kann sich somit – nachdem er ein Leistungsurteil erstritten hat – «ermächtigen lassen, die Leistung auf Kosten des Schuldners [Unternehmers] vorzunehmen» (Art. 98 Abs. 1 OR). Das ist nicht wörtlich zu verstehen. Zwar ist denkbar, dass sich der Besteller ermächtigen lässt, die Mängel selbst zu beseitigen[580]. Praktisch im Vordergrund steht jedoch die Ersatzvornahme durch Drittpersonen. Dabei kann der Besteller ermächtigt werden, den Vertrag mit dem Dritten selbst zu schliessen. Doch steht es der Vollstreckungsbehörde offen, selbst einen Dritten zu beauftragen[581], sofern das kantonale Zivilprozessrecht diese Möglichkeit vorsieht[582].

493 Der «Nachbesserungsvertrag» mit einem Dritten ist ein Werkvertrag. Schliesst die Vollstreckungsbehörde den Vertrag selbst, so hat sie dies im Namen des Bestellers zu tun. Dieser wird unmittelbar berechtigt und verpflichtet, für den (ursprünglichen) Unternehmer trifft weder das eine noch das andere zu.

494 2. Von Bundesrechts wegen steht nichts entgegen, dass sich der Kläger (Besteller, Bauherr) die Ermächtigung zur Ersatzvornahme bereits im Leistungsurteil einräumen lässt[583]. Ob dies im Einzelfall zulässig ist, bestimmt jedoch das kantonale Recht. Überhaupt richtet sich «das einzuschlagende Verfahren ... nach dem anwendbaren Prozessrecht»[584].

---

[579] GUHL/MERZ/KOLLER, S. 38.
[580] VOGEL, S. 382 f. Nr. 34.
[581] GULDENER, S. 627 Anm. 63.
[582] In der ZPO ZH war früher nur diese Möglichkeit vorgesehen (§ 375 Abs. 2; STRÄULI/ MESSMER, N 2 zu § 307 ZPO ZH). Die Beauftragung durch den Richter ist an sich für den Unternehmer vorteilhaft, weil im allgemeinen eher die Gewähr für eine sachgerechte Auswahl des Dritten besteht. Der Besteller mag nämlich geneigt sein, eine ihn einseitig begünstigende Lösung zu treffen. Zwar kann der Unternehmer im nachhinein einwenden, der Besteller habe einen «zu teuren» Dritten beauftragt (Nr. 496). Vor dem damit verbundenen Aufwand und dem Prozessrisiko wird sich der Unternehmer jedoch oft hüten.
[583] VOGEL, S. 382 f. Nr. 34.
[584] GAUCH, Werkvertrag, Nr. 1272, unter Hinweis auf PKG 1978, S. 59 ff. Nr. 18 = BR 1982, S. 57 Nr. 51.

495 **3.** Die Kosten, die dem Besteller aus der Mängelbeseitigung durch einen Dritten entstehen, kann er vom Unternehmer selbst dann ersetzt verlangen, wenn die Verbesserung fehlschlägt. Auch für unwirtschaftliches Vorgehen des Dritten hat der Unternehmer einzustehen. Die Ersatzvornahme erfolgt mit andern Worten nicht nur auf Kosten, sondern auch auf Gefahr des Unternehmers (vgl. auch Art. 366 Abs. 2 OR). So verhält es sich jedenfalls dort, wo der *Richter* einen Dritten mit der Nachbesserung betraut hat.

496 Wurde der *Besteller* zur Beauftragung des Dritten ermächtigt, so hat er bei dessen Auswahl nach Treu und Glauben vorzugehen[585]. Entsprechendes gilt hinsichtlich der Methode der Mängelbeseitigung. Das bedeutet, dass der Besteller nicht ohne weiteres die billigste Methode zu wählen hat, anderseits aber auch nicht auf Kosten des Schuldners Luxus betreiben darf[586]. Hält sich der Besteller an diese Grundsätze, so kann er selbst dann die ganzen Kosten der Ersatzvornahme ersetzt verlangen, wenn der Unternehmer unwirtschaftlich arbeitet oder die Verbesserung fehlschlägt. Andernfalls muss er sich unter Umständen eine Reduktion des Kostenersatzes gefallen lassen (vgl. Art. 44 Abs. 1 OR)[587].

497 **4.** Umstritten ist, ob sich der Besteller die Kosten der Ersatzvornahme **vorschiessen** lassen darf[588], ob mit andern Worten den Unternehmer eine Bevorschussungspflicht trifft. Diese Frage ist im vorliegenden Aufsatz nicht allgemein, sondern nur hinsichtlich der «Ersatznachbesserung» zu entscheiden. Nach Art. 368 Abs. 2 OR hat der Unternehmer die Nachbesserung unentgeltlich (auf seine Kosten) vorzunehmen. Der Besteller braucht bis zur Ablieferung des nachgebesserten Werks «kein Geld in die Hand zu nehmen». Vielmehr darf er den Werklohn im Umfang des Deckungskapitals (Kosten einer Ersatzvornahme) zurückbehalten, bis ihm das nachgebesserte Werk abgeliefert wird (Nr. 317). Vor diesem Hintergrund drängt es sich auf, dem Besteller das Recht auf Bevorschussung der Ersatzvornahme zu gewähren[589]. Hat allerdings

---

[585] GAUCH, Werkvertrag, Nr. 1277.

[586] STAUDINGER/PETERS, N 201 zu § 633 BGB. Vgl. RJJ 1993, S. 174 ff., dazu (kritisch) TERCIER, BR 1994, S. 52.

[587] Zum Kostenersatz im Fall, da der Besteller ermächtigt wurde, selbst nachzubessern, vgl. STAUDINGER/PETERS, N 203 zu § 633 BGB, mit Hinweis auf BGHZ 59, 328 = NJW 1973, S. 46 f. = LM VOB/B Nr. 57 mit Anm. RIETSCHEL.

[588] Verneinend VOGEL, S. 383 Nr. 35, GULDENER, S. 627 Anm. 63, BUCHER, OR AT, S. 332 bei Anm. 18; bejahend VON TUHR/ESCHER, S. 91, BECKER, N 3 zu Art. 98 OR; unklar WIEGAND, Basler Kurzkommentar, N 7 zu Art. 98 OR. Die gleiche Kontroverse besteht auch hinsichtlich Art. 169 SIA-Norm 118 (Vorschusspflicht verneinend GVP SG 1992, S. 84 ff., bejahend GAUCH, BR 1993, S. 102).

[589] Im deutschen Recht wird eine Bevorschussungspflicht beim Tatbestand von § 633 Abs. 3 BGB fast durchwegs bejaht, obwohl der Gesetzeswortlaut dagegen spricht.

§ 14 Durchsetzung des Nachbesserungsanspruchs

der Besteller einen Teil des Werklohns zurückbehalten, so muss er sich diesen Betrag auf den Vorschuss anrechnen lassen.

498 Der Besteller ist in der Verwendung des Kostenvorschusses nicht frei. Vielmehr hat er damit die Nachbesserungsarbeiten zu finanzieren (anders, wenn er Schadenersatz auf der Grundlage des Deckungskapitals verlangt, Nr. 139)[590]. Nach Vollendung der Nachbesserung hat er Rechnung zu legen und einen etwaigen Überschuss zurückzuerstatten[591]. Hat er die Nachbesserung nicht (innert angemessener Frist) vornehmen lassen, so ist der gesamte Betrag zurückzuerstatten[592].

499 Hat sich der Besteller (ausnahmsweise) an den Nachbesserungskosten zu beteiligen, z.B. weil ihn ein Mitverschulden am Mangel trifft (Nr. 56), so kann der Unternehmer den Anspruch auf Kostenbeteiligung zur Verrechnung stellen. Dies freilich nur, wenn der Anspruch bereits im Erkenntnisverfahren festgestellt wurde. Im Vollstreckungsverfahren kann nicht mehr vorgebracht werden, den Besteller treffe ein Mitverschulden usw. Gegebenenfalls steht dem Besteller die Einrede der res iudicata offen.

500 **5.** Die Ersatzvornahme **setzt kein** irgendwie geartetes **Verschulden** des Unternehmers **voraus.** Denn sie ist der Sache nach nichts anderes als die Erfüllung der Nachbesserungsschuld, zur Nachbesserung aber ist der Unternehmer unabhängig von einem Verschulden verpflichtet (Erfolgshaftung)[593]. Will der Besteller jedoch neben den Kosten der Ersatzvornahme noch Schadenersatz verlangen, so kann er dies nur, wenn den Unternehmer ein Verschulden trifft.

501 **6. Schadenersatzansprüche** werden in Art. 98 OR ausdrücklich **vorbehalten.** Unter welchen Voraussetzungen der Unternehmer Schadenersatz zu leisten hat, ergibt sich aus den allgemeinen Haftungsnormen; Art. 98 OR ist insoweit nicht einschlägig.

502 Im Vordergrund steht der Ersatz «des Schadens, der bis zur Herstellung des vertragsmässigen Zustandes eingetreten ist»[594]. Für solchen Schaden haftet der Unternehmer nach Massgabe von Art. 103 OR, also dann, wenn er ihn durch schuldhaften Verzug verursacht hat. Unter Umständen weist das nachgebesserte Werk einen sog. merkantilen Minderwert auf. Dieser besteht «in einer Verminderung des Verkaufswertes, die trotz Mängelbeseitigung deshalb zurückbleibt, weil das betreffende Werk wegen seiner früheren Mangelhaftigkeit im Geschäftsverkehr geringer bewertet wird»[595]. Folgt man der Ansicht, wo-

---

[590] VON TUHR/ESCHER, S. 91, Text und Anm. 53.
[591] VON TUHR/ESCHER, S. 91 Anm. 52, S. 101 Anm. 54.
[592] STAUDINGER/PETERS, N 214 zu § 633 BGB.
[593] VON TUHR/ESCHER, S. 91 f.
[594] VON TUHR/ESCHER, S. 92.
[595] GAUCH, Werkvertrag, Nr. 1145.

nach ein derartiger Minderwert einen Mangelfolgeschaden darstellt[596], so hat der Unternehmer dafür nur einzustehen, wenn ihn am Mangel ein Verschulden trifft (Art. 368 Abs. 2 OR). Richtiger dürfte allerdings die Ansicht sein, wonach der merkantile Minderwert einen von der Minderung erfassten Minderwert darstellt und daher den Besteller zu einem Abzug am Werklohn berechtigt, auch wenn den Unternehmer kein Verschulden trifft (vorne Nr. 154)[597].

503 **7. Ersatzvornahme ohne richterliche Ermächtigung analog Art. 366 Abs. 2 OR?** Die Ersatzvornahme ist ein Erfüllungssurrogat: Der Besteller erhält auf Umwegen das, was ihm gestützt auf seinen Nachbesserungsanspruch gebührt, nämlich die Mängelbeseitigung auf Kosten des Unternehmers. Eine Ersatzvornahme in diesem Sinne setzt gemäss Art. 98 OR grundsätzlich eine richterliche Ermächtigung voraus. Art. 98 OR spielt allerdings hinsichtlich der zwangsweisen Durchsetzung des Nachbesserungsanspruchs eine geringe Rolle, wenn man der in BGE 107 II 55 f. begründeten Rechtsprechung folgt. In dem erwähnten Entscheid wurde festgehalten, dass der Besteller dem Unternehmer, wenn dieser in Nachbesserungsverzug gerät, eine Nachfrist ansetzen und nach ungenutztem Fristablauf ohne weiteres zur Ersatzvornahme schreiten kann. Zur Begründung wurde Art. 366 Abs. 2 OR analog herangezogen (Nr. 182 ff.). Folgt man dieser Rechtsprechung, so ist zu beachten:

504 – Die Ersatzvornahme nach Art. 366 Abs. 2 OR setzt voraus, dass sie dem Unternehmer angedroht wurde und den Unternehmer ein Verschulden trifft (Nr. 190 f.), beides Voraussetzungen, die nach Art. 98 OR nicht erfüllt sein müssen.

505 – Der Anspruch auf Ersatzvornahme gemäss Art. 366 Abs. 2 OR unterliegt den oben Nr. 495 ff. zu Art. 98 OR dargestellten Regeln.

506 **8.** Schliesslich sei die Rechtslage dargestellt, wenn der Besteller zur **Ersatzvornahme** schreitet, **ohne dass die Voraussetzungen von Art. 98 OR oder 366 Abs. 2 OR erfüllt sind:**

507 Wie bereits ausgeführt, darf zwar der Besteller, nachdem er das Nachbesserungsrecht ausgeübt hat, die Nachbesserung selbst vornehmen oder durch einen Dritten vornehmen lassen[598]. Kostenersatz steht ihm in solchen Fällen aber

---

[596] So GAUCH, Werkvertrag, Nr. 1146.
[597] GAUCH begründet seine gegenteilige Ansicht wie folgt: «Wollte man anders entscheiden [also den merkantilen Minderwert als Minderungsposten behandeln], so könnte der für die Herabsetzung massgebliche Minderwert im Einzelfall grösser sein als die Kosten der Verbesserung.» Warum nicht?, lässt sich fragen. Das Gesetz sieht nirgends vor, dass der Minderwert nicht grösser sein kann als die Kosten einer Ersatzvornahme. S. auch hinten S. 238 Ziff. 3c.
[598] Er ist ja nicht verpflichtet, die Nachbesserung zu dulden, vielmehr besteht nur eine entsprechende Obliegenheit (Nr. 123).

nicht zu, sondern höchstens ein Bereicherungsanspruch, der in seiner Höhe im allgemeinen hinter dem Anspruch aus Art. 98 OR bzw. 366 Abs. 2 OR zurückbleibt (Nr. 128 f.). Vorbehalten sind Sonderfälle, namentlich drei:

508 – Der Besteller hat einen Anspruch aus *echter* Geschäftsführung ohne Auftrag (Nr. 130).

509 – Der Unternehmer kommt in Nachbesserungsverzug, und der Besteller verzichtet in der Folge nach Art. 107 Abs. 2 OR auf die Nachbesserung und verlangt stattdessen Minderung (Nr. 166). Der *Minderungsbetrag* ist normalerweise (aber nicht immer: Nr. 178) identisch mit den Kosten einer Ersatzvornahme.

510 – Der Besteller verzichtet nach Art. 107 Abs. 2 OR auf die Nachbesserung und verlangt stattdessen Schadenersatz. Auch unter diesem Titel kann er im allgemeinen die Kosten einer Ersatzvornahme liquidieren (Nr. 177). Der Schadenersatzanspruch weist jedoch gegenüber dem Anspruch aus Art. 98/366 Abs. 2 OR erhebliche Unterschiede auf[599]:

511 Der Anspruch aus Art. 98 OR/366 Abs. 2 OR ist ein Anspruch auf Aufwendungsersatz. Er setzt voraus, dass der Besteller die Mängel tatsächlich beseitigen lässt. Tut er es nicht, muss er einen allfälligen Kostenvorschuss zurückerstatten (Nr. 498). Umgekehrt hat er Anspruch auf einen nachträglichen Kostenbeitrag, wenn der Kostenvorschuss die Kosten der Mängelbeseitigung nicht deckt. Demgegenüber hat der Besteller auch dann Anspruch auf Schadenersatz, wenn er gar nicht im Sinne hat, die Mängel beseitigen zu lassen. Und zwar hat er auch in diesem Fall Anspruch auf einen nach den (hypothetischen) Verbesserungskosten berechneten Schadenersatz[600]. Der zugesprochene Ersatz kann aber nachträglich nicht erhöht werden, wenn der Besteller die Mängel beseitigen lässt und sich der Schadenersatz als ungenügend erweist. Will der Besteller dieses Risiko vermeiden, kann er die Mängel beseitigen lassen, bevor er Schadenersatz verlangt. Diesfalls bilden die tatsächlich entstandenen Kosten Grundlage der Schadensberechnung. S. auch schon Nr. 139 a.E., 143.

---

[599] Vgl. VON TUHR/ESCHER, S. 101 Anm. 54.

[600] Richtlinie ist dabei wiederum, dass sich der Besteller keinen Luxus erlauben, sich andererseits aber auch nicht mit einer Billigstlösung abfinden muss (vgl. Nr. 496).

§ 15 Nachbesserungsrecht und Nachbesserungsforderung bei Mängeln, die von Dritten (Architekt, Subunternehmer, Vorunternehmer) (mit-)verursacht sind

I. Ausgangslage und Problemstellung

512 **1.** Der Unternehmer schuldet einen (Arbeits-)Erfolg. Er hat daher auch für Mängel seines Werks einzustehen, die er nicht verschuldet hat[601], mehr noch: Er haftet für einen Mangel auch dann, wenn er ihn nicht einmal verursacht hat (es sind beispielsweise atmosphärische Einflüsse dafür verantwortlich). Immerhin entfällt die Mängelhaftung dann, wenn der Besteller für einen Mangel allein verantwortlich ist (Selbstverschulden i.S. von Art. 369 OR; Nr. 40), und sie besteht nur beschränkt, wenn den Besteller eine Mitverantwortlichkeit trifft. In diesem letzteren Fall kann zwar der Besteller die Nachbesserung verlangen, jedoch nur gegen Kostenbeteiligung (Nr. 56).

513 Im folgenden interessiert die **Frage**, ob eine Aufhebung oder Einschränkung der Gewährleistungspflicht (und insbesondere der Pflicht nachzubessern) unter Umständen auch dann stattfindet, wenn nicht der Besteller selbst, sondern ein Dritter (Architekt, Ingenieur, Subunternehmer, Vorunternehmer usw.) einen Mangel verursacht oder zumindest mitverursacht hat. Ist eine derartige Drittverursachung gegeben, so stellen sich zwei weitere Fragen, welche zwar nicht das Rechtsverhältnis zwischen dem Besteller und dem Unternehmer betreffen, damit aber eng zusammenhängen: Einmal fragt sich, ob der Besteller allenfalls (auch) den Dritten belangen kann. Sodann fragt sich im Verhältnis des Unternehmers zum Dritten, wer letzten Endes den Schaden davon trägt, dass ein Mangel entstanden ist (Frage des Rückgriffs).

514 **2.** Bevor auf die aufgeworfenen drei Fragen eingegangen wird, drängt sich eine Bemerkung zu den potentiellen Verursachern eines Mangels auf. Als solche kommen ganz unterschiedliche Dritte in Betracht; so etwa der Verkäufer von Werkstoff, welcher dem Besteller oder dem Unternehmer für die Werkerstellung ungeeignetes Material liefert, oder ein Einbrecher, welcher bereits verbaute Kupferdrähte stiehlt. Im Vordergrund aber stehen Dritte, welche neben dem Unternehmer, dessen Mängelhaftung in Frage steht, an der Werkausführung beteiligt sind. Hierher zählen u.a. Subunternehmer, Vorunternehmer und Architekten. Auf diese drei möglichen Mängelverursacher werde ich mich im folgenden beschränken. Eine weitere Beschränkung besteht darin, dass immer

---

[601] Vorbehalten ist die Haftung für Mangelfolgeschaden, die verschuldensabhängig ist (Art. 368 OR).

von *Bau*werkverträgen ausgegangen wird. Das Gesagte gilt jedoch mutatis mutandis auch bei andern Werkverträgen, wo sich die aufgezeigte Problematik allerdings seltener stellt.

515 Der **Subunternehmer** ist ein Unternehmer, dem von einem andern Unternehmer (Hauptunternehmer) mittels Werkvertrags Arbeiten übertragen werden. Genauer: Wenn ein Unternehmer Arbeiten, die er dem Bauherrn schuldet, im eigenen Namen und auf eigene Rechnung weitervergibt, indem er sie durch Abschluss eines Werkvertrags bei einem Unternehmer bestellt, so wird dieser letztere Unternehmer als Subunternehmer bezeichnet[602]. Zwischen dem Subunternehmer und dem Bauherrn (Vertragspartner des Hauptunternehmers) besteht kein Vertragsverhältnis.

516 Der **Vorunternehmer** ist eine spezielle Form des Nebenunternehmers, dieser eine spezielle Form des Teilunternehmers. Der Teilunternehmer erstellt im Gegensatz zum General- oder Totalunternehmer nicht eine ganze Baute, sondern nur einen Teil davon, z.B. eine Stützmauer, das Dach oder die elektrischen Anlagen[603]. Ist der Teilunternehmer vom Bauherrn angestellt, so heisst er Nebenunternehmer (so die Ausdrucksweise der SIA-Norm 118, Art. 30 Abs. 1). Ist er von einem andern Teilunternehmer oder von einem Total- oder Generalunternehmer angestellt, so ist er Subunternehmer. Im vorliegenden Zusammenhang interessiert vor allem jener Nebenunternehmer, der ein Werk (z.B. Dachstock, Fundament) zu erstellen hat, auf dem ein anderes Werk (Dach, Mauerwerk) aufbaut. Ein solcher Nebenunternehmer heisst Vorunternehmer. Demgegenüber heisst der Nebenunternehmer, der auf seinem Werk aufzubauen hat, Nachunternehmer. Oft kommt vor, dass sich Mängel des vom Vorunternehmer erstellten Werks auf das Werk des Nachunternehmers auswirken (das Dach stürzt ein, weil der Dachstock nicht hält). Aber auch das Umgekehrte kommt vor, wenn auch seltener.

517 Die Erstellung grösserer Bauwerke setzt Pläne voraus, nach denen der (die) Unternehmer die Baute auszuführen hat (haben). Sind verschiedene Unternehmer beteiligt, so bedarf deren Arbeit der Koordination und Überwachung. Diese (und andere) Aufgaben werden meist einem **Architekten** übertragen. Im Normalfall wird der Architekt vom Bauherrn angestellt[604], und zwar in der überwiegenden Zahl der Fälle als «Gesamtarchitekt»[605], dem nicht nur die Projektierung der Baute obliegt, sondern auch die Bauleitung (vgl. Art. 2.2 der SIA-Ordnung 102). Anders verhält es sich beim Totalunternehmervertrag: Der Totalunternehmer verpflichtet sich nicht nur zur Erstellung des fertigen Bauwerks, sondern übernimmt auch die Projektierungsarbeiten. Es obliegt daher ihm, einen Architekten anzustellen. Dem Bauherrn steht es selbstverständlich frei, seinerseits einen Architekten beizuziehen, namentlich für die Bauüberwachung[606].

II. (Mit-)Verursachung eines Mangels durch den Architekten

518 Im folgenden wird nun vorerst der Frage nachgegangen, ob ein Unternehmer,

---

[602] Begriffsbestimmung nach GAUCH, Werkvertrag, Nr. 121.
[603] GAUCH, Werkvertrag, Nr. 179.
[604] GAUCH, Architekturvertrag, Nr. 10.
[605] Ausdruck von GAUCH, Architekturvertrag, Nr. 6.
[606] Vgl. GAUCH, Architekturvertrag, Nr. 7 f.

der ein mangelhaftes Werk abgeliefert hat, von seiner Mängelhaftung ganz oder teilweise befreit wird, wenn ein Architekt an der Mängelentstehung beteiligt ist.

1. Einschränkung der Gewährleistungspflicht des Unternehmers?

519 **1.** Das Verhalten eines an der Bauausführung beteiligten Architekten führt zum vornherein dann nicht zu einer Entlastung des Unternehmers, wenn dieser den Architekten angestellt hat, der Architekt «sein Mann»[607] ist (vgl. eben Nr. 517). Hat hingegen der *Bauherr* einen Architekten angestellt, so hat er sich dessen Verhalten unter Umständen wie eigenes Verhalten anrechnen zu lassen. Das kann eine Einschränkung oder gar einen völligen Wegfall der Mängelhaftung (auch der Nachbesserungspflicht) des Unternehmers zur Folge haben. Unter welchen Voraussetzungen dies zutrifft, wird im Gesetz nicht ausdrücklich gesagt. Doch ist anerkannt, dass sich die Frage nach **Art. 369 OR i.V.m. Art. 101 OR** entscheidet (vgl. BGE 95 II 53, 98 II 103 f.)[608]. Beide Bestimmungen kommen freilich nur analog zur Anwendung. Denn Art. 369 OR regelt unmittelbar nur den Fall, da der Bauherr selbst einen Mangel verursacht hat, und bei Art. 101 OR handelt es sich um eine Haftungsnorm, vorliegend aber steht nicht eine irgendwie geartete Haftung des Bauherrn zur Diskussion, sondern der Wegfall seiner Mängelrechte.

520 **2.** Der Besteller verliert seine Mängelrechte nach Art. 369 OR i.V.m. Art. 101 OR ganz oder teilweise, wenn folgende **Voraussetzungen** gegeben sind:

521 – Der Architekt muss als *Hilfsperson* des Bauherrn i.S. von Art. 101 OR gehandelt haben. Hilfsperson ist er dann, wenn er mit der Erfüllung von Pflichten (z.B. der Koordinierungspflicht[609]) oder der Ausübung von Rechten (etwa dem Recht, Weisungen zu erteilen) betraut ist. Je nachdem ist er Erfüllungs- oder Ausübungsgehilfe[610]. Art. 101 OR kommt aber – analog – auch dann zum Tragen, wenn der Architekt mit der Erfüllung von Obliegenheiten betraut wird[611].

---

[607] Oder «seine Frau».

[608] Statt vieler SCHUMACHER, Architektenhaftung, Nr. 720, m.w.Nw.

[609] Damit ist die Pflicht gemeint, die Bauleistungen der beigezogenen Nebenunternehmer aufeinander abzustimmen, «um damit einen reibungslosen Ablauf der Bauarbeiten zu ermöglichen» (SCHERRER, Nr. 132). Das ist – nach allerdings bestrittener Ansicht – eine eigentliche Pflicht (vgl. SCHERRER, Nr. 136 ff.). Vgl. auch GAUCH, Werkvertrag, Nr. 894, 896, 898 ff., 905, wonach die sog. Mitwirkungspflichten in Wirklichkeit regelmässig nichts anderes als Obliegenheiten sind, im Einzelfall jedoch durchaus auch eigentliche (Neben-) Pflichten sein können.

[610] KOLLER, Erfüllungsgehilfe, Nr. 328 ff.

[611] KOLLER, Erfüllungsgehilfe, Nr. 331.

522 – Der Architekt muss nach Art. 101 OR «*in Ausübung*» seiner «*Verrichtungen*» gehandelt haben, d.h. es muss zwischen den ihm aufgetragenen Verrichtungen und der Mängelverursachung ein gewisser zeitlicher und örtlicher Zusammenhang bestehen[612]. In der Praxis spielt das Erfordernis eine geringe Rolle, bzw. ist es regelmässig erfüllt.

523 – Der Architekt muss ein Verhalten an den Tag gelegt haben, das dem Bauherrn, hätte er selbst so gehandelt, zum Selbstverschulden i.S. von Art. 369 OR gereichen würde (*hypothetisches Selbstverschulden*). Er muss also beispielsweise mangelhaften Baugrund angewiesen, untauglichen Werkstoff zur Verfügung gestellt oder fehlerhafte, für die Bauausführung nur beschränkt taugliche Pläne zur Verfügung gestellt haben.

524 Zu beachten ist, dass der Besteller in aller Regel nicht gehalten ist, die Arbeit des Unternehmers zu überwachen, weder im Sinne einer (Neben-) Pflicht noch im Sinne einer Obliegenheit[613]. Fehlende oder mangelhafte Überwachung bedeutet daher kein Verhalten, welches nach Art. 369 OR relevant wäre (vorne Nr. 49). Demzufolge kann der Unternehmer aus fehlender oder mangelhafter Überwachung durch den Architekten keinen Wegfall seiner Mängelhaftung ableiten (vgl. BGE 93 II 324), und zwar auch dann nicht, wenn der Besteller den Architekten mit der Überwachung beauftragt hatte, der Architekt also im Verhältnis zum Bauherrn sehr wohl zur Überwachung verpflichtet war[614]. Doch ist zweierlei zu beachten: Einmal wird der Architekt dem Besteller u.U. schadenersatzpflichtig, wenn er seiner vertraglichen Überwachungspflicht nicht nachgekommen ist (Nr. 531). Sodann wirkt sich eine derartige Pflichtverletzung u.U. in einer Regresspflicht gegenüber dem Unternehmer aus (Nr. 562). Dieser kann somit aus der fehlenden oder mangelhaften Überwachung zwar keine Rechte gegenüber dem Besteller ableiten, möglicherweise aber gegenüber dem Architekten.

525 – Nicht vorausgesetzt ist ein Selbstverschulden des Architekten im engen juristisch-technischen Sinne, wie ja auch bei unmittelbarer Anwendung von Art. 369 OR ein eigentliches Selbstverschulden des Bauherrn nicht vorausgesetzt ist (Nr. 41 ff.). Ein hypothetisches Selbstverschulden i.S. von Art. 101 OR ist – konsequenterweise – ebenfalls nicht vorauszusetzen. Das bedeutet jedoch nicht, dass dem Verschuldensmoment keine Bedeutung zukommt. Es spielt jedoch nur dann eine Rolle, wenn das Verhalten des Architekten nicht zu einem vollständigen Wegfall, sondern lediglich zu

---

[612] KOLLER, Erfüllungsgehilfe, Nr. 274 ff.
[613] GAUCH, Werkvertrag, Nr. 907.
[614] GAUCH, Werkvertrag, Nr. 2025. Vgl. in verwandtem Zusammenhang TERCIER, BR 1994, S. 52 Nr. 97 Ziff. 3.

einer Beschränkung der Mängelhaftung führt. Alsdann hängt der *Umfang* der Beschränkung nicht zuletzt davon ab, ob den Architekten ein Verschulden im engen juristischen Sinne trifft, d.h. ob ihm ein subjektiver Vorwurf zu machen ist. Es ist somit zu prüfen, ob der Architekt seinen Kenntnissen und Fähigkeiten entsprechend gehandelt hat. Unerheblich ist, ob dem Bauherrn, hätte er gleich gehandelt, ein Verschulden anzulasten wäre (vgl. BGE 116 II 309)[615]. Trifft den Bauherrn jedoch ein persönliches Verschulden (er hat z.b. dem Architekten falsche Instruktionen erteilt), so ist dem ebenfalls Rechnung zu tragen.

526 Wenn beispielsweise der Architekt fehlerhafte Pläne zur Verfügung gestellt hat, der Unternehmer dies jedoch hätte erkennen müssen und pflichtwidrig nicht erkannt hat, so kommt es nicht zu einem Wegfall der Mängelrechte, wenn der Unternehmer in Ausführung der fehlerhaften Pläne ein mangelhaftes Werk erstellt. Hingegen ist die Mängelhaftung eingeschränkt. Inwieweit dies zutrifft, entscheidet sich nicht zuletzt danach, ob dem Architekten ein subjektiver Vorwurf zu machen ist und wie schwer dieser im Verhältnis zum Verschulden des Unternehmers wiegt.

527 3. Der Besteller verliert seine Mängelrechte vollständig, wenn das ihm nach Art. 101 OR i.V.m. Art. 369 OR zurechenbare Verhalten des Architekten die allein massgebliche Mängelursache ist. Ist es nur Mitursache, so findet eine Einschränkung der Gewährleistung i.S. von Nr. 56 ff. statt. So verhält es sich beispielsweise dann, wenn der Unternehmer die Fehlerhaftigkeit einer vom Architekten erlassenen Weisung pflichtwidrig nicht erkannt und daher die nötige Abmahnung unterlassen hat. Dabei ist allerdings zu beachten, dass der Unternehmer Weisungen des Architekten grundsätzlich nicht auf ihre Richtigkeit überprüfen muss. Denn er darf sich im allgemeinen darauf verlassen, dass eine sachverständig erteilte Weisung korrekt ist (oben Nr. 54 mit Hinweisen).

528 4. Soweit das Verhalten des Architekten dem Bauherrn nicht nach Art. 101 OR i.V.m. Art. 369 OR zurechenbar ist, führt es nicht zu einer Beschränkung der Mängelhaftung des Unternehmers. Das gilt auch dann, wenn den Architekten ein grobes Verschulden trifft. Der im Schadenersatzrecht geltende Grundsatz[616], dass grobes Drittverschulden einen an sich Haftpflichtigen zu entlasten vermag (Unterbrechung des Kausalzusammenhanges), darf nicht auf den vorliegenden Zusammenhang übertragen werden.

2. Die Haftung des Architekten gegenüber dem Bauherrn

529 Im folgenden interessiert die Haftung des Architekten gegenüber dem Bauherrn

---

[615] Aus der Lehre vgl. WALTER OTT, Der Architekt als Hilfsperson des Bauherrn, SJZ 1978, S. 288 ff.; SCHUMACHER, Architektenhaftung, Nr. 721.

[616] Es ist ein Grundsatz, keine strikte Regel. So sind gewisse Gefährdungshaftungen durch ein wie auch immer geartetes Drittverschulden nicht zu beseitigen (KELLER, Haftpflichtrecht I, S. 81).

nicht generell, sondern nur insoweit, als der Architekt durch sein Verhalten zu einem Mangel des vom Unternehmer gelieferten Werks beigetragen hat.

A. Haftungsgrundlage, Haftungsvoraussetzungen und Haftungsumfang

530 **1.** Die Haftungsgrundlage ist je nach dem Typ des Architekturvertrages verschieden. Nach bundesgerichtlicher Rechtsprechung (BGE 109 II 462 ff., bestätigt in BGE 114 II 56) kommt auf den reinen Projektierungsvertrag Werkvertragsrecht zur Anwendung, auf den Bauleitungsvertrag hingegen Auftragsrecht; der Gesamtvertrag soll ein gemischter Vertrag sein. In der Lehre werden z.T. abweichende Auffassungen vertreten[617]. Auf die Kontroverse(n) braucht hier jedoch nicht näher eingetreten zu werden, da die Haftung des Architekten unabhängig von der Haftungsgrundlage eine **schuldhafte Vertragsverletzung** voraussetzt.

Soweit Fehler der Bauleitung zur Diskussion stehen, kommt unbestrittenermassen Auftragsrecht zur Anwendung, dieses aber setzt ein Verschulden voraus (Art. 402 Abs. 2 OR)[618]. Soweit es um Projektierungsfehler geht, gilt dasselbe, wenn man Auftragsrecht anwendet. Ein Verschulden ist aber auch dann vorausgesetzt, wenn man die Projektierung werkvertragsrechtlichen Grundsätzen unterstellt. Denn hat ein Projektierungsfehler einen Mangel des vom Unternehmer gelieferten Werks zur Folge, so stellt dieser Mangel – bezogen auf den Projektierungsvertrag – Mangelfolgeschaden dar. Die Haftung für solchen Schaden ist aber auch beim Werkvertrag verschuldensabhängig (Art. 368 OR).

531 Zu beachten ist, dass der Architekt für einen Werkmangel auch dann haftbar sein kann, wenn sein Verhalten dem Bauherrn nicht (nach Art. 101 OR i.V.m. Art. 369 OR) zurechenbar ist und daher zum vornherein nicht zu einer Einschränkung der Mängelhaftung des Unternehmers führt. Zu denken ist insbesondere an den Fall, da der Architekt durch nachlässige Überwachung der Bauarbeiten einen Mangel nicht verhindert hat (vgl. oben Nr. 524).

532 **2.** Zu ersetzen ist – bei gegebenen Voraussetzungen – das **positive Vertragsinteresse**. Der Bauherr ist also vom Architekten so zu stellen, wie er ohne Pflichtverletzung stünde. Ist die Pflichtverletzung, wie hier vorausgesetzt, Ursache eines Werkmangels, so kann der Bauherr verlangen, so gestellt zu werden, wie wenn das Werk mängelfrei abgeliefert worden wäre. Er hat also Anspruch auf Ersatz jener Kosten, die ihm entstehen, wenn er einen Dritten

---

[617] Vgl. ZINDEL/PULVER, N 17 ff. zu Art. 363 OR.
[618] Eine Ausnahme gilt beim unentgeltlichen Auftrag (vgl. BGE 61 II 98 E. 3, 48 II 490 ff. E. 3: analoge Anwendung von Art. 422 OR).

mit der Mängelbeseitigung betraut (sog. *Mangelschaden*, Nr. 9 f.)[619]. Zusätzlich kann er den *Mangelfolgeschaden* ersetzt verlangen, also beispielsweise die Kosten, die ihm dadurch entstehen, dass er einen Teppich wegen eines rinnenden Dachs (Werkmangel) reinigen lassen muss (Nr. 7)[620].

533 Grundsätzlich hat der Architekt das *ganze* positive Vertragsinteresse zu ersetzen. Eine Haftungsreduktion findet allenfalls nach Art. 43 f. OR i.V.m. Art. 99 Abs. 3 OR statt.

534 **3.** Die umschriebene Schadenersatzpflicht des Architekten besteht – bei gegebenen Haftungsvoraussetzungen – auch dann, wenn der Unternehmer gewährleistungspflichtig ist, das Verhalten des Architekten also nicht zu einem Wegfall der Mängelrechte nach Art. 369 OR i.V.m. Art. 101 OR geführt hat. Der Architekt kann in einem solchen Fall nicht geltend machen, ein Schaden sei angesichts der Mängelrechte gar nicht entstanden, daher bestehe auch keine Haftung (BGE 93 II 311 E. 2b, dazu hinten S. 213). Andererseits ist dem Unternehmer der Einwand abgeschnitten, mit Rücksicht auf die Schadenersatzpflicht des Architekten sei seine Gewährleistung ausgeschlossen. Das bedeutet nichts anderes, als dass die Mängelrechte gegenüber dem Unternehmer mit dem Schadenersatzanspruch gegenüber dem Architekten konkurrieren. Diese **Anspruchskonkurrenz** ist freilich im Gesetz nicht ausdrücklich vorgesehen und bedarf daher der Begründung; zudem ist sie inhaltlich näher zu umschreiben (s. gleich nachstehend B.).

535 Der Ausdruck Anspruchskonkurrenz versteht sich aus der Sicht des Bestellers (Gläubigers). Aus der Sicht von Unternehmer und Architekt (Schuldner) kann man von Solidarität sprechen.

B. Solidarische Haftung des Architekten mit dem Unternehmer

a. Grundsätzliches

536 Grundlage der Anspruchskonkurrenz bildet Art. 51 OR, der allerdings nur teilweise direkt zur Anwendung kommt[621].

---

[619] Nicht erforderlich ist, dass er die Mängel tatsächlich beseitigen lässt, und er kann die Kosten auch schon ersetzt verlangen, bevor er die Mängelbeseitigung in Angriff nimmt (vgl. oben Nr. 511).

[620] Im übrigen braucht sich der Besteller bei der Schadensberechnung nicht an den Kosten der Mängelbeseitigung zu orientieren. Vielmehr kann er auch den Minderwert geltend machen, den das Bauwerk infolge der Mängel aufweist. Im allgemeinen ist freilich dieser Minderwert identisch mit den Kosten der Mängelbeseitigung.

[621] Haben Architekt und Unternehmer einen Mangel willentlich zusammen verursacht, so ist (echte) Solidarität im Sinne von Art. 50 OR gegeben. Dieser Fall spielt praktisch keine Rolle und bleibt daher ausser Betracht.

537 **1. Art. 51 OR ist in Verbindung mit Art. 50 OR zu lesen.** Nach der letztgenannten Bestimmung haften mehrere Personen, die einen Schaden gemeinsam verschuldet haben, «sei es als Anstifter, Urheber oder Gehilfen, ... dem Geschädigten solidarisch» (Abs. 1). Sie haften somit nicht anteilsmässig, sondern können grundsätzlich je auf den ganzen Schadensbetrag belangt werden; leistet jedoch einer der Haftpflichtigen Schadenersatz, so werden auch die andern befreit. Art. 51 OR betrifft nach seinem Wortlaut den Fall, da «mehrere Personen aus *verschiedenen Rechtsgründen*, sei es aus unerlaubter Handlung, aus Vertrag oder aus Gesetzesvorschrift», dem Geschädigten «für denselben Schaden» haftbar sind. Auch in diesem Fall besteht unter den mehreren Haftpflichtigen Solidarität. Das wird zwar in Art. 51 OR – anders als in Art. 50 OR – nicht ausdrücklich gesagt. Vielmehr stellt Art. 51 OR lediglich eine Rückgriffsordnung auf. «Diese aber setzt Solidarität voraus.»[622] Nicht geregelt ist in Art. 51 OR der Fall, da mehrere Personen aus *gleichartigen* Rechtsgründen (z.B. aus Vertrag) haftbar sind. Doch ist anerkannt, dass Art. 51 OR auch in diesem Fall (analog) zur Anwendung kommt, soweit nicht ausnahmsweise der Tatbestand von Art. 50 OR erfüllt ist. Es besteht somit wiederum Solidarität.

538 Die Solidarität gemäss Art. 51 OR ist nach überkommener Ansicht – anders als diejenige nach Art. 50 OR – keine echte Solidarität im Sinne der Art. 143 ff. OR[623]. Trotzdem finden diese Bestimmungen mit wenigen Einschränkungen Anwendung (BGE 115 II 49)[624]. Keine Anwendung findet insbesondere Art. 136 Abs. 1 OR (BGE 112 II 143 E. 4)[625,626].

539 **2. Art. 51 OR findet unmittelbar nur dort Anwendung, wo mehrere aus ein und demselben Schadensereignis *schadenersatzpflichtig* sind.** Denn Art. 50 f. OR regeln nach ihrer Marginalie die «Haftung mehrerer», Haftung aber bedeutet hier wie im ganzen zweiten Abschnitt des OR («Die Entstehung [der Obligationen] durch unerlaubte Handlungen») Schadenersatzpflicht. Doch ist anerkannt, dass Art. 51 OR in gewissen Fällen analoge Anwendung finden

---

[622] OFTINGER, S. 337; KOLLER, Erfüllungsgehilfe, Nr. 442.

[623] Art. 143 Abs. 2 OR sieht vor, dass Solidarität «nur in den vom Gesetze bestimmten Fällen entsteht», sofern eine Willenserklärung i.S. von Art. 143 Abs. 1 OR fehlt. Als «vom Gesetz bestimmter Fall» wird zwar der Tatbestand von Art. 50 OR, wo ausdrücklich von Solidarität die Rede ist, angesehen, nicht aber derjenige von Art. 51 OR. Ob dies angesichts des engen systematischen Zusammenhanges der beiden Bestimmungen eine zutreffende Auffassung ist, bleibe hier dahingestellt.

[624] OFTINGER, S. 340; SCHERRER, Nr. 399; BRUNNER, Nr. 441.

[625] Verdrängt wird des weitern die Regel von Art. 148 Abs. 1 OR (sie wird ersetzt durch Art. 51 Abs. 2 OR i.V.m. Art. 50 OR; OFTINGER, S. 340, und unten Nr. 554).

[626] Weiteres bei OFTINGER, S. 338 ff.

kann. So wird gestützt auf diese Bestimmung unechte Solidarität etwa dort bejaht, wo ein Arbeitnehmer verunfallt und einerseits der Arbeitgeber zur Lohnfortzahlung (Art. 324a OR) verpflichtet, andererseits ein Dritter schadenersatzpflichtig ist. In einem solchen Fall kann somit der Haftpflichtige nicht geltend machen, wegen der Lohnfortzahlungspflicht sei ein Schaden gar nicht entstanden, damit auch keine Schadenersatzpflicht. Vielmehr konkurrieren die beiden Ansprüche miteinander[627].

540 In einem neusten Bundesgerichtsentscheid (BGE 119 II 127 ff.[628], abgedruckt auf S. 262 ff.) wurde Art. 51 OR auf einen Fall angewendet, in dem das Werk des Unternehmers vor der Ablieferung unterging. Das Bundesgericht entschied, dass der Besteller einerseits vom Unternehmer den Wiederaufbau verlangen könne, anderseits vom Ingenieur, welcher fehlerhafte Pläne zur Verfügung gestellt hatte, Schadenersatz. Schadenersatzanspruch und werkvertraglicher Erfüllungsanspruch konkurrierten gestützt auf Art. 51 OR, der freilich nur analog zur Anwendung kam.

541 Wo Art. 51 OR auf andere als Schadenersatzansprüche zur Anwendung gelangt, stellen sich hinsichtlich der inhaltlichen Ausgestaltung der Solidarität Sonderprobleme[629]. Das gilt insbesondere dort, wo – wie in BGE 119 II 127 ff. – ihrer Natur nach unterschiedliche Ansprüche konkurrieren. In dem eben zitierten BGE hat das Bundesgericht diese Sonderprobleme nicht aufgegriffen, sondern eine pragmatische und im Ergebnis wohl richtige, dem konkreten Sachverhalt angepasste Lösung gesucht[630].

542 3. Was speziell den hier interessierenden Fall anbelangt, da Architekt und Unternehmer für einen Mangel gemeinsam einzustehen haben, so ergibt sich folgende Situation:

543 – Art. 51 OR kommt direkt zur Anwendung, wo Architekt und Unternehmer für denselben *Schaden* haften. Im Vordergrund steht die Haftung für Mangelfolgeschaden. Aber auch für Mangelschaden kann eine gemeinsame Haftung bestehen[631]. Insbesondere ist an Fälle zu denken, in denen sowohl der Architekt als auch der Unternehmer für die Kosten aufzukommen haben,

---

[627] Vgl. etwa GUHL/MERZ/KOLLER, S. 199. Entsprechend verhält es sich dort, wo aus einem Schadensereignis neben einem Schadenersatzanspruch ein auf Schadensausgleich gerichteter Versicherungsanspruch besteht (vgl. etwa BGE 114 II 342 ff.; für den Rückgriff ist neben Art. 51 OR Art. 72 VVG zu beachten, vgl. KELLER, Haftpflichtrecht II, S. 176 ff.; vorbehalten ist Art. 96 VVG).

[628] Dazu ALFRED KOLLER, AJP 1994, S. 791 ff.

[629] Vgl. etwa BRUNNER, Nr. 584 ff., betr. die vorstehend in Nr. 539 erwähnte Konkurrenz von Lohn- und Schadenersatzansprüchen.

[630] So ALFRED KOLLER, AJP 1994, S. 791 ff.; a.A. PETER GAUCH, BR 1994, S. 42 ff.

[631] Art. 51 OR findet auch dort direkt Anwendung, wo Architekt und Unternehmer gemeinsam für Begleitschäden (zum Begriff Nr. 7) haften (BGE 93 II 321 ff.). Die Haftung für Begleitschäden steht hier allerdings nicht zur Diskussion, da sie nicht an ein mangelhaftes (Bau-)Werk anknüpft.

welche die Mängelbeseitigung durch einen Dritten verursacht. Zur entsprechenden Haftung des Architekten s. oben Nr. 532. Was die Haftung des Unternehmers anbelangt, sei daran erinnert, dass die primären Mängelrechte kein Recht auf Ersatz des Mangelschadens beinhalten, dass aber ein solches Recht als sekundäres Mängelrecht (z.B. nach Art. 107 Abs. 2 OR) entstehen kann (Nr. 8 f.).

544 – Befürwortet man den in Nr. 540 referierten Bundesgerichtsentscheid, so ist es nur konsequent, wenn man die alternativen Mängelrechte gegenüber dem Unternehmer (insbesondere das Nachbesserungsrecht) mit einem allfälligen Schadenersatzanspruch gegenüber dem Architekten konkurrieren lässt. Als Grundlage der Anspruchskonkurrenz kann ebenfalls Art. 51 OR herangezogen werden, diesmal allerdings nur analog.

545 Was die inhaltliche Ausgestaltung der Solidarität anbelangt, so hat man von den Art. 143 ff. OR auszugehen. Doch passen diese Bestimmungen nur teilweise, da die konkurrierenden Ansprüche von unterschiedlicher Natur sind. Die einschlägigen Sonderprobleme sollen im folgenden nicht umfassend behandelt werden. Zudem werden sie nur mit Bezug auf die Konkurrenz von Nachbesserungsrecht und Schadenersatzanspruch aufgezeigt.

b. Konkurrenz von Nachbesserungsrecht und Schadenersatzanspruch

546 **1. Der Besteller kann frei wählen, ob er vom Unternehmer Nachbesserung verlangt oder vom Architekten Schadenersatz.** Beide Ansprüche gehen grundsätzlich auf das Ganze. Wo ein Reduktionsgrund (z.B. ein Mitverschulden des Bestellers) besteht, wird dessen Geltendmachung durch die Anspruchskonkurrenz nicht ausgeschlossen[632]. Denn die Haftpflichtigen sollen nicht schlechter gestellt sein, wie wenn sie alleine haften würden[633]. Sie sollen aber auch nicht besser gestellt sein. Daher kann sich der Architekt grundsätzlich nicht damit entlasten, dass auch der Unternehmer haftet, und umgekehrt. Vorbehalten ist der bereits behandelte Fall, da sich der Bauherr das Verschulden des Architekten im Verhältnis zum Unternehmer nach Art. 101 OR i.V.m. Art. 369 OR entgegenhalten lassen muss und aus diesem Grunde eine Beschränkung der Mängelrechte stattfindet[634].

---

[632] BRUNNER, S. 134 f. Anm. 605.

[633] Und andererseits soll der Berechtigte im Verhältnis zum jeweiligen Haftpflichtigen nicht besser gestellt werden, wie er stünde, wenn kein weiterer Haftpflichtiger gegeben wäre.

[634] Sodann hat das Bundesgericht hinsichtlich konkurrierender *Schadenersatzansprüche* entschieden, dass das Verschulden des einen Haftpflichtigen dasjenige des andern als gemindert erscheinen lassen könne und gegebenenfalls eine Haftungsreduktion bewirke (BGE 93 II 322, 89 II 122 f. E. 5). Diese Rechtsprechung ist – soweit ersichtlich – nie praktisch zum Tragen gekommen. Ob sie auf den vorliegenden Zusammenhang übertragen werden kann, mag daher

547 Der Besteller kann zwar frei wählen, wen er belangen will. Ausnahmsweise ist er jedoch im Sinne einer Obliegenheit verpflichtet, sich an den Nachbesserungsanspruch zu halten, und muss sich eine Haftungsreduktion gefallen lassen, wenn er statt der Nachbesserung vom Architekten Schadenersatz verlangt. Zu denken ist etwa an den Fall, da der Besteller vorerst sein Nachbesserungsrecht geltend macht und die Mängelbeseitigung gut voranschreitet, so dass objektiv kein Anlass besteht, auf den Schadenersatzanspruch zu wechseln. Hier können Treu und Glauben gebieten, die Nachbesserung zu Ende zu führen. Verlangt der Besteller trotzdem Schadenersatz, so orientiert sich die Haftung des Architekten an den Nachbesserungskosten. Entscheidend sind also die Kosten, die der Unternehmer für die restliche Mängelbeseitigung aufwenden müsste, nicht die (meist) höheren Kosten, die im Falle der Mängelbeseitigung durch einen Dritten entstehen würden. Dies entgegen dem Grundsatz (Nr. 532), dass der Architekt für die Kosten aufzukommen hat, die im Falle der Mängelbeseitigung durch einen Dritten entstehen.

548 **2. Leistet der Architekt** den geschuldeten Schadenersatz, **so fällt das Nachbesserungsrecht dahin**[635]; umgekehrt fällt der Schadenersatzanspruch dahin, wenn der Unternehmer die Mängel beseitigt (vgl. Art. 147 OR[636]). Erst die tatsächliche Befriedigung des Bestellers bewirkt den Untergang des konkurrierenden Anspruchs, nicht schon die Geltendmachung eines Anspruchs. Daher geht der Schadenersatzanspruch gegen den Architekten nicht schon dann unter, wenn der Besteller das Nachbesserungsrecht ausübt, sondern erst dann, wenn die Nachbesserungsschuld beglichen wird, die Mängel beseitigt werden[637].

549 Besondere Probleme wirft der Fall auf, da die Mängelhaftung des Unternehmers beschränkt ist, weil sich der Bauherr das Verhalten des Architekten als Mitursache des Mangels nach Art. 101 OR i.V.m. Art. 369 OR anrechnen lassen muss (oben Nr. 519 ff.). In einem solchen Fall geht zwar das Nachbesserungsrecht unter, wenn der Architekt den entstandenen Schaden ersetzt. Wenn hingegen der Bauherr Nachbesserung verlangt und diese nur gegen entsprechende Kostenbeteiligung durchsetzen kann (Nr. 345 ff.), so führt die Män-

---

offenbleiben.

[635] Der Bauherr muss dem Unternehmer von der Leistung des Schadenersatzes Mitteilung machen. So jedenfalls dann, wenn er vom Unternehmer die Nachbesserung verlangt hat. Durch die Mitteilung soll der Unternehmer abgehalten werden, unnötige Dispositionen zu treffen.

[636] Vgl. GAUCH, Werkvertrag, Nr. 2028.

[637] Analoges gilt generell. Erklärt beispielsweise der Bauherr die Minderung und hat er dannzumal den ganzen Werklohn bereits bezahlt, so fällt der Schadenersatzanspruch (gegen den Architekten) nicht schon mit der Minderungserklärung dahin. Vielmehr konkurriert der mit der Minderungserklärung entstehende Rückleistungsanspruch mit dem Schadenersatzanspruch. Dieser geht erst unter, wenn der Minderwert tatsächlich ersetzt wird.

gelbeseitigung nicht zu einer gänzlichen Entlastung des Architekten. Dessen Haftung bleibt vielmehr im Umfang der vom Bauherrn zu tragenden Nachbesserungskosten bestehen.

550 Im umgekehrten Fall, da der Unternehmer voll haftet, der Architekt hingegen nur teilweise[638], stellen sich ähnliche Probleme. Hat beispielsweise der Bauherr vom Architekten die Kosten der Mängelbeseitigung teilweise ersetzt bekommen und verlangt er nun vom Unternehmer Nachbesserung, so kann er dies wohl nur gegen Herausgabe des Schadenersatzes. Denn durch die Anspruchskonkurrenz soll der Besteller nicht bereichert werden. Mit andern Worten: Die Leistung teilweisen Schadenersatzes lässt zwar die Nachbesserungsschuld als solche unberührt, d.h. diese Schuld geht nicht unter, auch nicht teilweise. Hingegen ist dem Umstand, dass der Bauherr bereits teilweise befriedigt wurde, dadurch Rechnung zu tragen, dass der Unternehmer die Mängel nur gegen Herausgabe des erlangten Schadenersatzes beseitigen muss.

551 3. «Bezahlt ein Solidarschuldner mehr als seinen Teil, so hat er für den Mehrbetrag Rückgriff auf seine Mitschuldner» (Art. 148 Abs. 2 OR). Diese Regel der echten Solidarität gilt auch für jede Art der unechten Solidarität. Wenn daher der Architekt oder der Unternehmer den Bauherrn befriedigt, so ist damit über die definitive Schadenstragung noch nicht entschieden. Vielmehr ist nun zu prüfen, ob der Architekt bzw. der Unternehmer «mehr als seinen Teil» geleistet hat. Soweit dies zutrifft, besteht ein **Regressrecht**. Auf dieses ist nun näher einzutreten (3.). Nach einer allgemeinen Einführung in die Regressproblematik wird speziell untersucht, inwieweit der Unternehmer, der nachgebessert hat, auf den Architekten, bzw. inwieweit der Architekt, der Schadenersatz geleistet hat, auf den Unternehmer regressieren kann.

3. Die Frage des Rückgriffs

A. Allgemeines

a. Die einschlägigen Bestimmungen

552 1. Der Regress zwischen Architekt und Unternehmer, der im Gesetz nicht speziell geregelt ist, richtet sich nach Art. 51 Abs. 1 OR, der seinerseits auf Art. 50 OR verweist[639]. Der Richter hat somit über den Regress nach seinem **Ermessen** zu entscheiden.

---

[638] Z.B. wegen geringen Verschuldens (Art. 43 Abs. 1 OR).

[639] Andere Regressgrundlagen, wie etwa Art. 41 OR, fallen im Normalfall ausser Betracht (vgl. BGE 119 II 128 ff.).

553 Ohne Bedeutung ist Art. 51 Abs. 2 OR. Diese Bestimmung gibt dem Richter für die Ermessensausübung eine Richtlinie in die Hand, dies aber nur für Fälle, in denen die Solidarschuldner aus *verschiedenen* Rechtsgründen (unerlaubte Handlung, Vertrag, Gesetz) haften. Architekt und Unternehmer aber haften, soweit hier von Interesse, aus gleichem Rechtsgrund, nämlich aus Vertrag[640].

554 **2.** Art. 51 Abs. 1 OR verdrängt Art. 148 Abs. 1 OR, welcher das «Ob» und den Umfang des Regresses bei echter Solidarität regelt. Im übrigen aber finden auf die unechte Solidarität, wie sie zwischen Architekt und Unternehmer besteht, grundsätzlich die Regressbestimmungen betr. die echte Solidarität Anwendung. Nicht anwendbar ist allerdings Art. 149 Abs. 1 OR (Subrogation). Anwendbar sind hingegen Art. 148 Abs. 2 OR (s. oben Nr. 551), 148 Abs. 3 OR und 149 Abs. 2 OR (Nr. 557). Dazu kommen von Lehre und Rechtsprechung entwickelte Vorschriften, wie etwa die, dass ein Solidarschuldner durch den Rückgriff nicht schlechter gestellt werden darf, als er im Aussenverhältnis steht (Nr. 556).

555 Das Gesagte gilt jedenfalls dort, wo die konkurrierenden Ansprüche ihrer Natur nach gleichartig sind. Teilweise eigene Lösungen drängen sich hingegen dort auf, wo unterschiedliche Ansprüche konkurrieren. Besondere Probleme wirft daher gerade die hier im Vordergrund stehende Konkurrenz von Mängelrechten und Schadenersatzanspruch auf. Dies jedenfalls insoweit, als die alternativen primären Mängelrechte zur Diskussion stehen. Soweit es hingegen auf Unternehmer- wie auf Bestellerseite um Schadenersatzpflichten geht, stellen sich keine Sonderprobleme; es liegt «normale» (gesetzlich unmittelbar geregelte) unechte Solidarität vor.

b. Zwei wichtige Regressregeln

556 **1.** «Dass ein Schuldner rückgriffsweise und nicht direkt in Anspruch genommen wird, darf ihn nicht benachteiligen» (KELLER[641], unter Hinweis auf BGE 95 II 340)[642]. Andererseits gilt die Regel, dass der Gläubiger die Rückgriffsordnung nicht abändern kann. Er kann sie auch nicht dadurch unterlaufen, dass er dem belangten Solidarschuldner die Forderung gegen den (die) anderen Solidarschuldner abtritt (BGE 80 II 252 f., neustens BGE 119 II 131 f. vor E. 4c, hinten S. 265)[643,644].

---

[640] Vgl. SCHERRER, Nr. 402; BRUNNER, Nr. 439.
[641] Haftpflichtrecht II, S. 161.
[642] Diese für die «normale» Solidarität entwickelte Regel gilt auch im vorliegenden Zusammenhang. Somit kann der Architekt nicht auf den Unternehmer zurückgreifen, wenn dessen Gewährleistungspflicht gegenüber dem Besteller untergegangen ist, z.B. weil dieser nicht rechtzeitig Mängelrüge erhoben hat. Umgekehrt gilt Entsprechendes.
[643] KELLER, Haftpflichtrecht II, S. 162.

§ 15 Von Dritten mitverursachte Mängel

557 **2.** Die beiden Regeln (keine Schlechterstellung des Rückgriffsschuldners; keine Abänderung der Rückgriffsordnung durch den Gläubiger) können miteinander in Konflikt geraten, so etwa dann, wenn der Gläubiger dem einen Solidarschuldner die Schuld erlässt, dem (den) andern nicht. Nach der ersten Regel kann der von der Schuld befreite Solidarschuldner regressweise nicht in Anspruch genommen werden, auch dann nicht, wenn ihn nach der gesetzlichen Regressordnung eine Ausgleichspflicht treffen würde. Nach der zweiten Regel müsste hingegen der Regress in einem solchen Fall zulässig sein, weil der Gläubiger durch den Schulderlass nicht in die gesetzliche Regressordnung soll eingreifen können. Auf derartige Konfliktfälle bezieht sich Art. 149 Abs. 2 OR. Danach ist der Gläubiger «dafür verantwortlich, dass er die rechtliche Lage des einen Solidarschuldners nicht zum Schaden der übrigen besser stelle». Dieser Bestimmung liegt die Auffassung zugrunde, dass ein Regress ausgeschlossen ist, wenn der Gläubiger einen Solidarschuldner einseitig – eben z.B. durch einen Schulderlass – begünstigt. Es wird also strikt an der ersten der erwähnten Regressregeln festgehalten. Doch wird der Gläubiger den andern Solidarschuldnern dafür verantwortlich, dass er ihre nach Gesetz gegebenen Regressmöglichkeiten eingeschränkt hat. Die Verantwortlichkeit besteht darin, dass er im Umfang der Regressverkürzung schadenersatzpflichtig wird[645]. Die benachteiligten Solidarschuldner können die ihnen zustehenden Schadenersatzansprüche mit der Forderung des Gläubigers zur Verrechnung bringen. Im Ergebnis muss sich also der Gläubiger eine Verkürzung seines Anspruchs gegen die benachteiligten Solidarschuldner gefallen lassen[646,647].

---

[644] Auch diese Regel wurde für die «normale» Solidarität entwickelt, sie kommt aber auch im vorliegenden Zusammenhang zum Tragen.

[645] OFTINGER, S. 347. Anders BRUNNER, Nr. 347. Er gewährt dem benachteiligten Solidarschuldner keinen eigenen Anspruch (vgl. immerhin Anm. 633: evtl. Bereicherungsanspruch), sondern sieht die Lösung darin, «den Ersatzanspruch des Gläubigers gegen den (nicht privilegierten) Zweitschädiger *von Anfang an und schon im Aussenverhältnis* auf die von diesem zu tragende Haftungsquote» zu begrenzen. Diese Auffassung führt dort nicht zum Ziele, wo ein Anspruch seiner Natur nach nicht reduzierbar ist, wie dies für den Nachbesserungsanspruch zutrifft. Wenn daher der Bauherr den Architekten privilegiert hat und nun vom Unternehmer Nachbesserung verlangt, so kann dieser die Nachbesserung nicht auf die von ihm «zu tragende Haftungsquote» begrenzen. Er kann nur entweder nachbessern oder nicht nachbessern. Richtigerweise ist dem Besteller der Nachbesserungsanspruch zu gewähren, jedoch nur gegen Beteiligung an den Nachbesserungskosten. Dem Unternehmer ist ein entsprechender Anspruch zuzugestehen.

[646] Die herrschende Lehre interpretiert freilich Art. 149 Abs. 2 OR anders. Er betreffe nur die durch Subrogation nach Art. 149 Abs. 1 OR erworbene Forderung, nicht auch die «originäre» Regressforderung aus Art. 148 OR. Durch einen Schulderlass werde zwar ein Regress nach Art. 149 Abs. 1 OR ausgeschlossen, weil eine dem Gläubiger nicht mehr zustehende Forderung nicht auf den zahlenden Schuldner übergehen könne (VON TUHR/ESCHER, S. 318; OFTINGER, S. 347). Hingegen bleibe das Regressrecht nach Art. 148 OR bestehen (VON

558 Art. 149 Abs. 2 OR gibt nicht im einzelnen an, wann von einer einseitigen Besserstellung eines Solidarschuldners zu Lasten der anderen Solidarschuldner gesprochen werden kann. Neben dem Schulderlass wird man den Abschluss eines ungerechtfertigten Vergleichs hier einreihen müssen. Immer muss es sich jedoch um eine einseitige Privilegierung eines Schuldners handeln. Daher findet Art. 149 Abs. 2 OR z.b. dann keine Anwendung, wenn der Gläubiger dem einen Solidarschuldner gegenüber die Verjährung unterbricht, wogegen er gegenüber den andern Solidarschuldnern die Vornahme verjährungsunterbrechender Handlungen fahrlässig versäumt[648,649].

B. Regress des Unternehmers auf den Architekten

559 1. Im folgenden wird der Regress des Unternehmers auf den Architekten nicht generell untersucht. Vielmehr erfolgt eine Beschränkung auf den Fall, da der Unternehmer nachgebessert hat und nun vom Architekten die Nachbesserungskosten ganz oder teilweise ersetzt haben will.

560 Ob ein Regressrecht in diesem Sinne besteht, beurteilt sich – wie gesagt – nach Art. 50 OR (i.V.m. Art. 51 OR). Massgebend ist also das Ermessen des Richters. «Wo das Gesetz den Richter auf sein Ermessen ... verweist, hat er seine Entscheidung nach Recht und Billigkeit zu treffen» (Art. 4 ZGB; BGE 93 II 353 E. 6). Was Recht und Billigkeit gebieten, kann nur im Einzelfall gesagt werden. Immer ist es jedoch recht und billig, dem *Verschulden* der Beteiligten eine zentrale Bedeutung beizumessen.

561 Im vorliegenden Zusammenhang wird ein Verschulden auf seiten des Architek-

---

TUHR/ESCHER, S. 313, Text und Anm. 124, mit Hinweis auf BGE 33 II 147 und ZR 1940, S. 3, S. 310 Anm. 92, S. 318 Anm. 163, unter Berufung auf die «Historie» der Bestimmung; OSER/SCHÖNENBERGER, N 5 zu Art. 149 OR). Ähnlich wie im Text jedoch V. ROSSEL, Manuel du droit fédéral des obligations, Band I, Lausanne/Genève 1920, Nr. 305, und ZBJV 1929, S. 268 f. OFTINGER, S. 346 f., ist offenbar der Meinung, es gebe nur *einen* Regressanspruch, denjenigen aus Subrogation, der mit dem Anspruch des Gläubigers identisch ist. Konsequenterweise nimmt er an, dass mit dem Schulderlass die Regressmöglichkeit entfällt. BGE 60 II 226 bejaht ein Regressrecht in einem Fall, da der Gläubiger mit einem der Solidarschuldner einen Vergleich geschlossen hatte.

[647] Soweit die Benachteiligung dadurch geschieht, dass einem Solidarschuldner die Schuld erlassen wird, hat der Erlass zur Folge, dass die übrigen Solidarschuldner insoweit befreit werden, als sie gegen jenen Regress hätten.

[648] Unklar GAUCH, Werkvertrag, Nr. 2039.

[649] Handelt es sich um echte Solidarität, wirkt allerdings die Unterbrechung gegenüber allen Solidarschuldnern (Art. 136 Abs. 1 OR). Bei unechter Solidarität wirkt die Unterbrechung nur gegenüber dem Schuldner, dem gegenüber unterbrochen wurde; vorbehalten sind gesetzliche Sonderbestimmungen, wie z.B. Art. 83 Abs. 2 SVG.

ten vorausgesetzt, denn nur dann ist er dem Bauherrn haftbar (Nr. 530) und nur dann kann sich überhaupt die Regressfrage stellen. Demgegenüber ist die Pflicht des Unternehmers, nachzubessern, verschuldensunabhängig. Trifft den Unternehmer im Einzelfall kein Verschulden, so wird es sich im allgemeinen rechtfertigen, den Architekten den Grossteil der Nachbesserungskosten tragen zu lassen oder ihm gar die ganzen Kosten zu überbinden. Neben dem Verschulden spielen freilich noch andere Momente eine Rolle, so etwa Fremdeinflüsse (z.b. atmosphärischer Natur), die zum Mangel beigetragen haben. Solche Einflüsse gehen zu Lasten des Unternehmers und verringern seinen Regressanteil.

562 Beispiel: Ein Architekt verletzt seine Überwachungspflicht und merkt daher nicht, dass Unternehmer A das bereits fertige, jedoch noch nicht abgelieferte Werk des Unternehmers B (z.B. den Dachstock) beschädigt. Wenn Unternehmer B die Beschädigung schuldlos nicht feststellt und daher ein mangelhaftes Werk abliefert, so ist er zwar dem Besteller gegenüber voll gewährleistungspflichtig (vgl. Nr. 524) und muss auf Wunsch des Bauherrn nachbessern. Die Kosten aber kann er ganz oder teilweise auf den Architekten abwälzen.

563 2. Das Verschulden des Architekten, das für die Haftung gegenüber dem Bauherrn vorausgesetzt ist, ist diesem regelmässig nach Art. 369 OR i.V.m. Art. 101 OR zurechenbar und führt daher zu einer Beschränkung der Mängelhaftung des Unternehmers. Wo dies zutrifft, ist der Unternehmer nur gegen Kostenbeteiligung des Bauherrn zur Nachbesserung verpflichtet (Nr. 345). Soweit der Unternehmer die Nachbesserungskosten vom Besteller ersetzt bekommt, ist selbstverständlich ein Regress auf den Architekten ausgeschlossen. Soweit ein solcher Ersatz aber nicht stattfindet, ist die Regressmöglichkeit – nach Ermessen des Richters – zu bejahen. Zwei Punkte sind hervorzuheben:

564 – Der Unternehmer ist berechtigt, nicht jedoch verpflichtet, die Nachbesserung von einer Kostenbeteiligung des Bestellers abhängig zu machen. Nimmt er die Nachbesserung ohne Kostenbeteiligung vor, so bleibt es ihm unbenommen, nachträglich den Bauherrn zu belangen. Stattdessen kann er aber auch auf den Architekten regressieren (vgl. analog BGE 119 II 127 ff.[650]). Im Umfang der Regressleistung wird der Architekt von seiner Schadenersatzpflicht gegenüber dem Bauherrn befreit.

565 – Hat der Unternehmer vom Bauherrn den geschuldeten Kostenersatz erhalten, so schliesst dies einen Regress nach GAUCH[651] in jedem Fall aus. Denn der Regressanspruch könne nicht grösser sein als der Anspruch auf Kostenbeteiligung gegenüber dem Besteller. Das trifft m.E. nicht zu. Regress- und Haftungsverhältnis sind prinzipiell unabhängig voneinander und unterliegen auch je eigenen Bemessungskriterien. So können beispielsweise die finan-

---

[650] Ebenso ALFRED KOLLER, AJP 1994, S. 791 ff.; a.A. PETER GAUCH, BR 1994, S. 42 ff.
[651] Werkvertrag, Nr. 2033. Ähnlich, wenn auch weniger weit gehend, SCHUMACHER, Architektenhaftung, Nr. 727.

ziellen Verhältnisse (vgl. Art. 44 Abs. 2 OR) der Beteiligten im Haftungsverhältnis eine andere Rolle spielen als im Regressverhältnis. Immerhin dürfte es zutreffen, dass im Normalfall ein Regress nicht mehr in Frage kommt, wenn der Unternehmer vom Bauherrn den von diesem geschuldeten Kostenersatz erlangt hat.

566 **3.** Wenn der Bauherr dem Architekten seine Schuld erlässt und in der Folge vom Unternehmer Nachbesserung verlangt, so ist dieser verpflichtet, die Nachbesserung vorzunehmen, ohne dass er in der Folge auf den Architekten regressieren könnte. Denn den Architekten, der im Aussenverhältnis von seiner Schuld befreit ist, trifft keine Regresspflicht. Dies gemäss der Regel, dass der Regress nicht zu einer Verschlechterung der Rechtsstellung des Haftpflichtigen führen darf (Nr. 556). Andererseits gilt der Satz, dass der Besteller dem Unternehmer nicht die gesetzlichen Regressmöglichkeiten abschneiden darf (Nr. 556). Tut er dies, so wird er dem Unternehmer im Umfang der entzogenen Regressmöglichkeit schadenersatzpflichtig (Art. 149 Abs. 2 OR; Nr. 557[652]). Der Unternehmer kann m.E. Sicherstellung der Schadenersatzforderung verlangen (vgl. analog oben Nr. 372).

C. Regress des Architekten auf den Unternehmer

567 **1.** Wie gesagt, dürfte ein Regress des Unternehmers auf den Architekten selten sein, weil das Verschulden des Architekten regelmässig zu einer Beschränkung der Mängelhaftung des Unternehmers führt und daher für einen Regress des Unternehmers nur mehr beschränkt Raum bleibt (Nr. 563). Umgekehrt trifft dies nicht zu: Das Verhalten des Unternehmers, mag es auch schuldhaft sein, bewirkt keine Reduktion der Haftung des Architekten, weil es dem Bauherrn nicht nach Art. 101 OR zurechenbar ist. Im allgemeinen haftet daher der Architekt für den ganzen Schaden; entsprechend häufig stellt sich die Regressfrage. Diese beantwortet sich wiederum nach Art. 50 OR (i.V.m. Art. 51 OR). Das in Nr. 560 ff. Gesagte gilt hier entsprechend.

568 **2.** Eine allfällige Regressforderung des Architekten gegenüber dem Unternehmer geht immer auf finanziellen Ausgleich, und zwar auch dann, wenn der Besteller sein Nachbesserungsrecht bereits geltend gemacht hat. Der Unternehmer muss sich diesfalls gefallen lassen, dass seine Nachbesserungsschuld

---

[652] Im Ergebnis ebenso ein Teil der deutschen Lehre, zit. bei GAUCH, Werkvertrag, Nr. 2036. GAUCH selbst schliesst sich dieser Lehrauffassung an, ohne sich auf Art. 149 Abs. 2 OR zu berufen. Hingegen zieht er Art. 147 Abs. 2 OR heran (Nr. 2037), welcher allerdings in vorliegenden Zusammenhang kaum eine Rolle spielen dürfte. – Anders BGHZ 43, 227 ff. (dazu GERHARD FROTZ, Zur Ausgleichspflicht zwischen Architekt und Bauunternehmer, NJW 1965, S. 1257 ff.) und 58, 216 ff.

in eine Geldschuld umgewandelt wird[653]. Damit darf jedoch keine *finanzielle* Benachteiligung verbunden sein, getreu dem Grundsatz, dass der Regress die Position eines Solidarschuldners nicht verschlechtern darf. Das bedeutet, dass sich der Regress an den Nachbesserungskosten zu orientieren hat, d.h. an den Kosten, welche der Unternehmer für die Nachbesserung hätte aufwenden müssen, und nicht an den regelmässig höheren Kosten, welche im Falle der Mängelbeseitigung durch einen Dritten entstehen. Hat der Architekt diese höheren Kosten ersetzt, wozu er grundsätzlich verpflichtet ist (Nr. 532), so stellt sich die Frage, ob er den besagten Regressnachteil auf den Besteller überwälzen kann. Im allgemeinen wird man dies verneinen müssen, weil es dem Bauherrn bis zur Befriedigung freistehen muss, welchen Anspruch er durchsetzt. Auch unter dem Gesichtspunkt der Schadensminderung ist er im allgemeinen nicht gehalten, sich für die Nachbesserung zu entscheiden. Dem freien Wahlrecht des Bestellers setzen jedoch Treu und Glauben Schranken (oben Nr. 547).

III. (Mit-)Verursachung eines Mangels durch einen Vorunternehmer

569 Die Errichtung eines Bauwerkes, jedenfalls einer Baute, besteht fast immer aus einer Vielzahl nacheinander auszuführender und aufeinander bezogener Bauleistungen. Dabei besteht die Gefahr, dass die einzelnen Bauleistungen ungenügend aufeinander abgestimmt sind und daraus Mängel resultieren. Im folgenden interessiert der Fall, da das Werk eines Nachunternehmers (Nr. 516) einen Mangel aufweist, der durch einen Vorunternehmer (Nr. 516) (mit)verursacht ist, sei es, dass das Werk des Vorunternehmers nicht geeignet war, das Nachunternehmerwerk «aufzunehmen» (beispielsweise wird das ordnungsgemäss hergestellte Dach von den zu schwachen Grundmauern nicht getragen[654]), sei es, dass das Vorunternehmerwerk an sich durchaus geeignet war, das Nachunternehmerwerk «aufzunehmen», jedoch der Vorunternehmer die richtige Ausführung der Anschlussleistung durch Fehlinformationen verhindert hat. Bei derartigen Sachverhalten stellt sich vorab die Frage, ob der Nachunternehmer von seiner Mängelhaftung und insbesondere der Nachbesserungspflicht ganz oder teilweise entlastet wird (dazu 1.). Sodann fragt sich im Verhältnis des Bestellers zum Vorunternehmer, inwieweit dieser für den Mangel des vom Nachunternehmer erstellten Werks einzustehen hat (dazu 2.). Schliesslich stellt sich im Verhältnis zwischen Vor- und Nachunternehmer die Regressfrage, falls einer der beiden Bauherrn befriedigt hat (dazu 3.).

---

[653] Vgl. GAUCH, Werkvertrag, Nr. 2034.
[654] Beispiel von PETER MOOS, NJW 1961, S. 157; vgl. ferner ZWR 1991, S. 250 ff.

1. Wegfall oder Einschränkung der Gewährleistungspflicht des Nachunternehmers?

570 **1.** Das Gesetz regelt die im Titel aufgeworfene Frage nicht ausdrücklich. In der Lehre wird sie richtigerweise nach den Grundsätzen über den Wegfall bzw. die Einschränkung der Mängelhaftung infolge Selbst- bzw. Mitverschuldens des Bestellers beantwortet (Art. 369 OR). Diese Grundsätze (Nr. 40 ff.) seien pro memoria kurz wiederholt.

571 Die Mängelhaftung entfällt gänzlich, wenn den Besteller ein Selbstverschulden i.S. von Art. 369 OR trifft. Das Selbstverschulden ist nicht im technischen Sinne zu verstehen. Es genügt vielmehr, dass der zur Diskussion stehende Mangel seine Ursache in der Risikosphäre des Bestellers hat. Passender ist daher der Ausdruck Selbstverantwortlichkeit des Bestellers (so die Ausdrucksweise der Marginalie zu Art. 369 OR). Im einzelnen setzt ein Selbstverschulden zweierlei voraus: Einmal muss der Bauherr eine Mängelursache gesetzt haben, namentlich indem er untauglichen Baugrund oder Werkstoff zur Verfügung gestellt oder unzutreffende Weisungen erteilt hat. Zum andern ist vorausgesetzt, dass der Unternehmer seiner Abmahnungspflicht, soweit eine solche besteht, nachgekommen ist. Hat der Unternehmer pflichtwidrig nicht abgemahnt und dadurch zur Mängelentstehung beigetragen[655], so liegt ein blosses Mitverschulden des Bestellers vor. Die Mängelhaftung entfällt dann nicht gänzlich, wird aber immerhin beschränkt.

572 **2.** Ein Teil der Lehre rechnet das Werk eines Vorunternehmers zu dem vom Bauherrn angewiesenen Baugrund[656]. Andere betrachten es als vom Bauherrn zur Verfügung gestellten Werkstoff[657]. Beide Auffassungen aber führen zum gleichen Resultat: Das Werk eines Vorunternehmers ist der Risikosphäre des Bauherrn zuzurechnen[658]. Ist es für die Anschlussleistung des Nachunternehmers nicht oder nur beschränkt tauglich und resultiert daraus ein Mangel im Werk des Nachunternehmers, so ist dieser von seiner Mängelhaftung ganz

---

[655] Eine Unterlassung kann im eigentlichen Sinne nicht kausal sein. Rechtlich gesehen, gilt eine Unterlassung als Ursache, wenn eine Pflicht zu handeln bestand (vgl. vorne Nr. 49).
[656] So RAINER SCHUMACHER, Das Risiko beim Bauen, ausgewählte Risiken, 1. Teil: Untergang und Beschädigung des Werkes, in Seminar für Schweizerisches Baurecht (Hrsg.), Baurechtstagung 1983, Bd. 1, Freiburg 1983, S. 64.
[657] Vgl. KURSCHEL, S. 20, für das österreichische Recht.
[658] So neustens auch SCHERRER, Nr. 379, der das Vorunternehmerwerk weder als Baugrund noch als Werkstoff betrachtet, es aber rechtlich wie Baugrund bzw. Werkstoff behandelt. Im gleichen Sinne auch schon GAUCH, Werkvertrag, Nr. 1459, ferner KOLLER JO, S. 99.

oder teilweise befreit[659]. Ob das eine oder das andere zutrifft, entscheidet sich danach, ob der Nachunternehmer die Fehlerhaftigkeit des Vorunternehmerwerks erkennen musste oder nicht.

573 Meist werden Fehler eines Vorunternehmerwerks nur bei entsprechender Prüfung erkennbar sein. Es stellt sich daher die Frage, ob den Nachunternehmer hinsichtlich des Werks eines Vorunternehmers eine Prüfungspflicht trifft. Das ist im allgemeinen zu bejahen: «Der Unternehmer muss die bauseitigen Vorgaben prüfen, die sich je nach Umfang seiner zu erbringenden Bauleistung bestimmen. Grundsätzlich eingeschlossen sind die Arbeiten seiner Vorunternehmer»[660], dies freilich nur insoweit, als sie die «sachlich-technische Grundlage»[661] für seine Anschlussleistung bilden. So hat beispielsweise ein Maler den frisch erstellten Fassadenverputz des Vorunternehmers zu prüfen, bevor er seinerseits die Fassade zu streichen beginnt[662]. Vorbehalten sind abweichende Vereinbarungen, ferner auch der Fall, da der Unternehmer unter den gegebenen Umständen annehmen darf, der Bauherr habe die Prüfung der Vorleistung sachverständig unternommen[663]. Vgl. neustens BGE 119 II 130 f.

574 3. Soweit die Mängelhaftung des Nachunternehmers im Sinne der vorstehenden Ausführungen ganz oder teilweise entfällt, braucht hierfür einzig Art. 369 OR herangezogen zu werden. Unnötig ist es, auch auf Art. 101 OR zurückzugreifen. Diese Bestimmung ist unbeachtlich, weil in der ganzen Argumentation nicht darauf abgestellt wird, ob der Bauherr den Vorunternehmer als Hilfsperson einsetzt, sondern einfach darauf, dass das (fehlerhafte) Werk des Vorunternehmers als vom Bauherrn angewiesener Baugrund bzw. von ihm zur Verfügung gestellter Werkstoff zu betrachten ist.

575 Anders verhält es sich dort, wo das Vorunternehmerwerk an sich durchaus geeignet ist, das Nachunternehmerwerk «aufzunehmen», jedoch der Vorunternehmer unzutreffende Auskünfte oder Weisungen erteilt und diese zu einem Mangel im Nachunternehmerwerk führen (der Maurer teilt beispielsweise dem Maler mit, die Mauer sei nach x Tagen für eine Bemalung genügend ausgetrocknet; die nach x Tagen erfolgte Bemalung erweist sich als nicht haltbar,

---

[659] Analog für das österreichische Recht – neben KURSCHEL (s. Anm. 657) – JBl 1973, S. 151, SZ 52/15, v.a. auch WBl 1987, S. 219. Das gleiche Prinzip wird auch in Deutschland vertreten: vgl. die Nachweise bei SCHERRER, S. 130 Anm. 37.

[660] SCHERRER, Nr. 213.

[661] HEIERMANN/RIEDL/RUSAM, N 34 zu § 4 VOB/B.

[662] Beispiel nach SCHERRER, S. 70 Anm. 226 (weiteres Beispiel in Anm. 228).

[663] GAUCH, Werkvertrag, Nr. 1461.

weil die Mauer in Wirklichkeit erst nach x und 10 Tagen austrocknete)[664]. Hier muss sich der Bauherr eine Einschränkung oder gar einen Wegfall der Mängelrechte gegenüber dem Nachunternehmer nur dann gefallen lassen, wenn ihm das Verhalten des Vorunternehmers nach Art. 101 OR zurechenbar ist. Im allgemeinen wird man dies wohl verneinen müssen[665,666]: Das Risiko falscher Auskünfte durch einen Vorunternehmer sollte nicht dem Bauherrn angelastet werden, weil es grundsätzlich nicht ihm obliegt, den Nachunternehmer über die Eigenschaften des Vorunternehmerwerks zu informieren, sondern es vielmehr zu den Aufgaben des Nachunternehmers gehört, sich selbst die nötigen Auskünfte zu verschaffen[667].

576 Unabhängig davon, ob man eine Zurechnung nach Art. 101 OR bejaht oder nicht, haftet der Vorunternehmer dem Bauherrn gegenüber für falsche Auskünfte, die er dem Nachunternehmer erteilt. Denn der Vorunternehmer ist im Sinne einer Nebenpflicht gehalten, keine Auskünfte zu erteilen, die den vom Bauherrn angestrebten Erfolg (mängelfreies Nachunternehmerwerk) vereiteln könnten. Eine schuldhafte Verletzung dieser Pflicht zeitigt Haftungsfolgen. Zudem kann sie sich in einer Regresspflicht gegenüber dem Nachunternehmer auswirken (Art. 51 OR, unten Nr. 584 und analog oben Nr. 524, 562 betr. eine verwandte Problematik [ungenügende Überwachung durch Architekten]).

2. Die Haftung des Vorunternehmers gegenüber dem Bauherrn

577 Im folgenden interessiert die Haftung des Vorunternehmers gegenüber dem Bauherrn nicht generell, sondern nur insoweit, als der Vorunternehmer einen Mangel des vom Nachunternehmer gelieferten Werks (mit-)verursacht hat.

578 **1.** Wer ein Werk zu erstellen hat, das einem bestimmten – vom Besteller kundgegebenen – Zweck dienen soll, hat das Werk auf diesen Zweck auszurichten[668]. Wenn also das *Werk des Vorunternehmers nicht geeignet ist, das*

---

[664] Hat der Bauherr selbst falsche Auskünfte erteilt, ist ihm dies ohne weiteres als Mit- oder Selbstverschulden anrechenbar. Dasselbe gilt dann, wenn der Bauherr durch fehlerhafte Koordination der Bauleistungen bewirkt hat, dass das an sich taugliche Werk eines Vorunternehmers die Eignung, das Nachunternehmerwerk «aufzunehmen», verliert. Beispiel (nach GAUCH, ZBJV 1982, S. 69): Aufgrund ungenügender Koordination wird ein Betonüberzug zu spät auf dem Betonboden des Vorunternehmers aufgetragen, weshalb der Überzug nicht die erforderliche Haftfestigkeit erreicht.

[665] SCHERRER, Nr. 118 ff., 378 f., mit weiteren Hinweisen, auch auf den (kontroversen) Meinungsstand in Deutschland.

[666] Ganz anders SCHUMACHER (zit. in Anm. 656), S. 65, welcher die Meinung vertritt, nicht nur das Verhalten eines Vorunternehmers sei dem Bauherrn zuzurechnen, sondern das Verhalten beliebiger Nebenunternehmer. Man könne «alle Schäden, welche von Nebenunternehmern verursacht werden, also auch Schäden, welche während der Bauarbeiten des Unternehmers oder nach deren Abschluss bewirkt werden, dem Gefahrenbereich des Bauherrn» zuordnen.

[667] Die Frage bedarf allerdings genauerer Prüfung.

[668] KURSCHEL, S. 16.

Werk des Nachunternehmers «aufzunehmen», so ist es im allgemeinen mangelhaft. Der Vorunternehmer unterliegt daher der *Mängelhaftung*. Diese bezieht sich aber nur auf sein eigenes Werk, nicht auch auf dasjenige des Nachunternehmers. Das gilt insbesondere auch für das Nachbesserungsrecht. Daher ist der Vorunternehmer nicht zur Nachbesserung des Nachunternehmerwerks verpflichtet. Doch ist zweierlei zu beachten:

579 – Der Schaden, den der Besteller aus der Mangelhaftigkeit des Nachunternehmerwerks erleidet, ist – bezogen auf das Werk des Vorunternehmers – ein *Mangelfolgeschaden*[669]. Ist der Vorunternehmer zum Ersatz dieses Schadens verpflichtet, so kann der Besteller jene Kosten ersetzt verlangen, die ihm entstehen, wenn er den Mangel am Nachunternehmerwerk durch einen Dritten beseitigen lässt. Theoretisch besteht auch die Möglichkeit, dass der Richter dem Bauherrn Realersatz zuspricht, d.h. den Vorunternehmer zur Beseitigung der Mängel am Werk des Nachunternehmers verpflichtet (Art. 43 Abs. 1 OR i.V.m. Art. 99 Abs. 3 OR). In der Praxis spielt derartiger Realersatz freilich eine geringe Rolle.

580 Haftungsgrundlage sind die Art. 367 ff. OR. Es müssen somit die allgemeinen Gewährleistungsvoraussetzungen erfüllt sein (Nr. 22 ff.). Zudem muss der Vorunternehmer den Mangel seines Werks verschuldet haben (Art. 368 OR). Er haftet also nur, wenn er hätte erkennen müssen, dass sich sein Werk für die Anschlussleistung des Nachunternehmers nicht eignet[670].

581 – Die Nachbesserungsschuld des Vorunternehmers beschränkt sich nach allgemeiner Regel (Nr. 118) nicht notwendig auf die unmittelbare Mängelbeseitigung. Sie kann vielmehr auch Vorbereitungs- und Wiederinstandstellungsarbeiten umfassen. Das kann im Einzelfall dazu führen, dass der Vorunternehmer nicht nur die Mängel am eigenen Werk zu beseitigen hat, sondern auch diejenigen am Werk des Nachunternehmers. Die entsprechenden Kosten gehen als sog. Begleitkosten (Nr. 118) zu Lasten des Vorunternehmers. Dieser kann jedoch unter Umständen auf den Nachunternehmer regressieren (vgl. unten Nr. 584 f.).

582 **2.** Beruht der Mangel im Nachunternehmerwerk darauf, dass der Vorunternehmer dem Nachunternehmer *falsche Auskünfte über das von ihm erstellte Werk erteilt hat* (oben Nr. 575), so greifen die Gewährleistungsregeln nicht Platz. Das schliesst nicht aus, dass der Vorunternehmer dem Bauherrn gegenüber schadenersatzpflichtig ist. Die Art. 367 ff. OR scheiden freilich als Haftungs-

---

[669] SCHERRER, Nr. 382.
[670] SCHERRER, Nr. 383.

grundlage aus. Mögliche Anspruchsgrundlage bildet jedoch *Art. 97 OR*[671].

583 **3.** Das oben in Nr. 534 für das Verhältnis Architekt/Unternehmer Gesagte gilt entsprechend auch hier: Ist der Nachunternehmer für den Mangel seines Werks gewährleistungspflichtig, obwohl der Vorunternehmer zum Mangel beigetragen hat, und ist gleichzeitig der Vorunternehmer im vorstehend umschriebenen Sinne haftbar, so besteht *Anspruchskonkurrenz*. Vor- und Nachunternehmer haften solidarisch. Zu Inhalt und Modalitäten dieser Solidarität vgl. oben Nr. 536 ff.

3. Die Frage des Rückgriffs

584 Der Regress richtet sich nach Art. 51 Abs. 1 OR i.V.m. Art. 50 OR. Die Regressfrage stellt sich daher nur dann, wenn sowohl der Vor- als auch der Nachunternehmer dem Bauherrn haftbar sind und einer der beiden den Bauherrn befriedigt. S. im einzelnen oben Nr. 552 ff. betr. den Rückgriff zwischen Architekt und Unternehmer; die dortigen Ausführungen gelten mutatis mutandis auch hier.

585 Indem der eine Solidarschuldner seine Schuld erfüllt, erfüllt er notwendig auch die Schuld des andern. Darin einen Akt der Geschäftsführung ohne Auftrag (Art. 419 ff. OR) zu sehen, ginge nicht an. Das gilt generell, speziell auch dort, wo der Vorunternehmer im Zuge der Nachbesserung die Mängel des Nachunternehmerwerks zu beseitigen hat[672]. Die Art. 419 ff. OR finden keine Anwendung, weil es am Fremdgeschäftsführungswillen fehlt. Wollte man davon ausgehen, dass der Tatbestand der Art. 419 ff. OR an sich erfüllt ist, so müssten diese Bestimmungen vor Art. 51 i.V.m. Art. 50 OR zurücktreten (lex specialis derogat legi generali).

IV. (Mit-)Verursachung eines Mangels durch einen Subunternehmer

586 Im folgenden interessiert der Fall, da ein Subunternehmer einen Mangel im Werk des Hauptunternehmers (mit-)verursacht. Alsdann stellen sich die drei Fragen, wie sie oben in Nr. 513 formuliert wurden: 1. Ist die Gewährleistungspflicht des Hauptunternehmers beschränkt? 2. Kann der Bauherr allenfalls (auch) den Subunternehmer belangen? 3. Wer haftet letztlich für den Schaden: der Subunternehmer oder der Hauptunternehmer?

1. Einschränkung der Gewährleistungspflicht des Hauptunternehmers?

587 Subunternehmer sind – wie gesagt – Unternehmer, welche von einem anderen Unternehmer (Hauptunternehmer) zur Werkerstellung in eigenem Namen beigezogen werden. Ein Vertragsverhältnis zum Bauherrn besteht nicht. Der Bau-

---

[671] Der Vorunternehmer ist – wie gesagt – im Sinne einer Nebenpflicht gehalten, keine Auskünfte zu erteilen, die den vom Bauherrn angestrebten Erfolg (mängelfreies Werk) vereiteln könnten. Eine schuldhafte Verletzung dieser Pflicht zeitigt Haftungsfolgen.

[672] SCHERRER, Nr. 406 f.

herr muss sich ihr Verhalten unter keinem Gesichtspunkt zurechnen lassen, weder nach Art. 101 OR noch nach Art. 369 OR. Das bedeutet, dass Mängel des von einem Subunternehmer erstellten Werks zum vornherein keine Entlastung des Hauptunternehmers bewirken. Im Gegenteil: Liefert der Hauptunternehmer das Werk eines Subunternehmers ab, so macht er damit dieses zum eigenen Werk. Er hat daher für Mängel desselben einzustehen, wie wenn er es selbst erstellt hätte. Für Mangelfolgeschaden haftet er unter den Voraussetzungen von Art. 101 OR, da Subunternehmer zu seinen Hilfspersonen i.S. dieser Bestimmung zählen.

2. Haftung des Subunternehmers gegenüber dem Bauherrn

588 Den Subunternehmer trifft dem Bauherrn gegenüber keine Haftung, wenn das von ihm erstellte Werk Mängel aufweist. Jedenfalls fällt eine vertragliche Haftung ausser Betracht, da es – wie eben gesehen – an einem Vertragsverhältnis zwischen Bauherr und Subunternehmer fehlt. Nicht zur Diskussion steht hier die Haftung für Begleitschäden (Nr. 7). Insoweit ist eine Haftung des Subunternehmers ohne weiteres denkbar.

589 Beispiel: A beauftragt den X, seine Wohnung neu zu malen. X beauftragt seinerseits den Y. Unterlässt es dieser, den Boden genügend abzudecken, so dass Farbspritzer darauf fallen, so hat Y dem A für dessen Schaden (Reinigungskosten) nach Art. 41 OR aufzukommen. Hingegen kann A den Y nicht belangen, wenn dieser die Wände mangelhaft bestreicht (es zeigt sich z.B. «Schattenbildung»). Für derartige Werkmängel hat ausschliesslich X einzustehen, und zwar nach Art. 367 ff. OR.

3. Die Frage des Rückgriffs

590 1. Zwischen dem Hauptunternehmer und dem Subunternehmer besteht voraussetzungsgemäss ein Werkvertrag. Stellt der Subunternehmer ein mangelhaftes Werk her, so wird er dem Hauptunternehmer (der im Verhältnis zum Subunternehmer Besteller ist) gewährleistungspflichtig (Art. 368 OR). Verlangt nun beispielsweise der Bauherr vom Hauptunternehmer die Beseitigung eines vom Subunternehmer verursachten Mangels, so kann der Hauptunternehmer seinerseits vom Subunternehmer die Mängelbeseitigung verlangen. Stattdessen kann er aber auch die Mängel selbst beseitigen und gegenüber dem Subunternehmer die Minderung erklären (Wandelung fällt normalerweise ausser Betracht, Art. 368 Abs. 3 OR).

591 2. Ein Regress des Subunternehmers auf den Hauptunternehmer ist bei dem hier interessierenden Sachverhalt naturgemäss ausgeschlossen.

§ 16 Das Schicksal des Nachbesserungsrechts im Konkurs des Unternehmers

592 S. hierzu die Bemerkungen zu BGE 107 III 106 ff., hinten S. 250 ff.

Anhang: Kommentierte Entscheide zum Nachbesserungsrecht[*]

Im folgenden werden einzelne wichtige Entscheidungen des Bundesgerichts zum Nachbesserungsrecht wiedergegeben und kommentiert. Alle Entscheide sind amtlich publiziert (BGE). Wo allerdings das Urteil in französischer oder italienischer Sprache ergangen ist, wurde die Übersetzung der «Praxis» abgedruckt. Die Entscheide sind – von kleinsten satztechnischen Abänderungen und Druckfehlerkorrekturen abgesehen – unverändert wiedergegeben. Die Zahlen in den eckigen Klammern verweisen auf die Seitenzahl des Originaltextes (BGE oder «Praxis»). Damit soll dem (eiligen) Leser ermöglicht werden, direkt aus dem vorliegenden Buch den Originaltext zu zitieren.

Die Entscheiderwägungen sind – von drei Ausnahmen abgesehen – vollständig abgedruckt, die Regesten hingegen immer nur in der deutschen Version. Die Entscheid-Kommentare gliedern sich in eine kurze Angabe zur Thematik und in einzelne Bemerkungen. Nr.-Verweise ohne weitere Präzisierung beziehen sich auf die Randnummern des vorliegenden Buches. Wo ohne weitere Präzisierung auf eine Entscheiderwägung hingewiesen wird (z.B. E. 3a), ist eine Erwägung des referierten Entscheides gemeint.

Besprochene Entscheide

(durch Fettdruck wird angegeben, ob der BGE- oder der Praxis-Text wiedergegeben ist)

BGE 89 II 232	=	Pra 52 Nr. 152, S. 451
BGE 91 II 344	=	Pra 55 Nr. 33, S. 111
BGE 93 II 311	=	**Pra 57 Nr. 50, S. 166**
BGE 93 II 317 (Auszug)	=	Pra 57 Nr. 51, S. 170
BGE 96 II 351	=	**Pra 60 Nr. 84, S. 267**
BGE 98 II 118 (Auszug)	=	Pra 61 Nr. 144, S. 456
BGE 100 II 30	=	Pra 63 Nr. 195, S. 556
BGE 105 II 99	=	Pra 68 Nr. 174, S. 436
BGE 107 II 50	=	Pra 70 Nr. 129, S. 335

---

[*] Für Mithilfe bei der Materialsammlung danke ich Frau lic. iur. MIRJAM FISCHER-EHRBAR und Frau cand. iur. MADELEINE WIDMER.

BGE 107 III 106   =   **Pra 70 Nr. 253, S. 679**
BGE 109 II 40   =   **Pra 72 Nr. 114, S. 311**
BGE 110 II 52   =   Pra 73 Nr. 152, S. 413
BGE 111 II 173   =   Pra 74 Nr. 218, S. 657
BGE 119 II 127
(Auszug)
BGE 120 II 21   =   **Pra 84 Nr. 77**

BGE 89 II 232
Pra 52 Nr. 152, S. 451
Urteil der I. Zivilabteilung vom 25. Juni 1963 i.S.
Phyteia A.G. gegen Itel A.G.

Werkvertrag, Haftung des Bauunternehmers. Art. 368 OR, SIA-Normalien Art. 26-30.
Bedeutung der Schlussabrechnung nach SIA-Normalien Art. 25 (Erw. 2).
Einfluss der Mangelhaftigkeit des Werkes auf die Fälligkeit des Werklohnanspruchs (Erw. 4).
Haftung des vertraglichen Garantie-Rücklasses auch für andere Schäden, die von Arbeitern des Bauunternehmers angerichtet worden sind (Erw. 5).

[233] A. – Die Phyteia A.-G. in Herisau übertrug mit Verträgen vom 21. August und 16. November 1959 der Baufirma Itel A.-G. in St. Gallen die Ausführung der Erd-, Maurer-, Eisenbeton- und Kanalisationsarbeiten sowie der Gipserarbeiten für die Erstellung eines Fabrikgebäudes. In den Verträgen wurden die SIA-Normalien für die Ausführung von Bauarbeiten (SIA-Formular 118) als massgebend erklärt. Mit einem weiteren Vertrag vom 3. Februar 1960 wurde die Unternehmerfirma überdies mit dem Versetzen einer Kunststeintreppe beauftragt.

Die Kosten dieser Arbeiten beliefen sich, wie heute nicht mehr streitig ist, auf Fr. 129 081.65. Die von der Bauherrin im Laufe der Arbeit geleisteten Abschlagszahlungen betrugen, einschliesslich eines Skontos und zweier Gutschriften, Fr. 113 744.35.

Nach Abschluss der Bauarbeiten verlangte die Baufirma die Begleichung des nach Abzug der Abschlagszahlungen noch verbleibenden Werklohnguthabens. Die Bauherrin anerkannte, noch einen bestimmten Betrag zu schulden, erklärte aber, diesen erst zu bezahlen, wenn die Baufirma gewisse längst gerügte Mängel, nämlich fehlerhaft verlegte Treppenstufen und verkratzte Fensterscheiben, behoben habe. Die Baufirma anerkannte grundsätzlich das Bestehen der gerügten Mängel und ihre Haftung für diese, machte aber geltend, die Zahlungsverweigerung der Bauherrin stehe im Widerspruch zu den vertraglichen Vereinbarungen.

B. – Mit Klage vom 17. Oktober 1961 belangte die Itel A.-G. die Phyteia A.-G. auf Bezahlung eines Werklohnsaldos von Fr. 16 128.40 nebst Zinsen. Die Beklagte beantragte Abweisung der Klage. Sie machte geltend, der Klägerin stehe zwar noch ein Saldoguthaben von Fr. 15 052.— zu; dieser Anspruch sei jedoch erst fällig, wenn die Klägerin der von ihr anerkannten Pflicht zur Behebung der gerügten Mängel nachgekommen sei.

C. – Das Obergericht von Appenzell A. Rh., 2. Abteilung, verpflichtete mit Urteil vom 8. Januar 1963 die [234] Beklagte zur Bezahlung von Fr. 15 337.30 nebst 5% Zins seit 22. September 1961. Es nahm an, die von der Klägerin grundsätzlich anerkannten Mängel seien von untergeordneter Bedeutung, da ihre Behebung nach Ansicht der sachverständigen Richter höchstens Fr. 1000.— koste. Die Nichtbehebung solch untergeordneter Mängel durch den Unternehmer vermöge die Fälligkeit seines Werklohnanspruches nicht zu hindern.

D. – Mit der Berufung hält die Beklagte an ihrem Antrag auf Abweisung der Klage fest.

Die Klägerin beantragt Abweisung der Berufung und Bestätigung des angefochtenen Urteils.

Das Bundesgericht zieht in Erwägung:

1. – Im Berufungsverfahren ist nicht mehr streitig, dass die restliche Werklohnforderung der Klägerin Fr. 15 337.30 beträgt. Gegenstand des Streites ist vielmehr einzig noch die Frage, welches die rechtlichen Folgen davon sind, dass die Klägerin ihrem Versprechen, die von ihr anerkannten Mängel zu beheben, noch nicht nachgekommen ist.

2. – Der Umstand, dass der bauleitende Architekt Spinell die Beklagte zur Bezahlung eines Saldoguthabens von Fr. 15 000.— angewiesen haben soll, ist entgegen der Auffassung der Klägerin und der Vorinstanz rechtlich bedeutungslos. Denn die Schlussabrechnung, auf Grund deren der Architekt die erwähnte Zahlungsanweisung gegeben haben soll, betrifft nach Art. 25 der Normalien SIA lediglich die zahlen- und mengenmässigen Verhältnisse und ist ohne Einfluss auf die Frage der Verpflichtungen des Unternehmers aus mangelhafter Ausführung des Werkes sowie auf die Abzüge, die wegen festgestellter Mängel an der Abrechnungssumme vorgenommen werden müssen. Das erhellt aus Art. 26 der Normalien wie auch aus der gesetzlichen Regelung in Art. 368 OR, auf welche die Normalien Bezug nehmen. Die Zahlungsanweisung des Architekten kann daher nicht als Abnahme des Werks im [235] Sinne von Art. 370 OR gelten, die den Unternehmer der Haftung für allfällige Mängel und Schäden entheben würde.

3. – Im weiteren fragt sich, ob das Vorgehen der Vorinstanz, welche die Beklagte ohne Rücksicht auf die anerkannten Mängel und Schäden zur Bezahlung des vollen Abrechnungssaldos verpflichtet hat, rechtlich haltbar sei. Bei der Prüfung dieser Frage sind die Mängel der Treppe und die Schäden an den Fensterscheiben auseinanderzuhalten.

4. – *a)* Die *Treppe* bildet zweifellos einen Bestandteil des von der Klägerin erstellten Werkes, da diese mit dem Versetzen der Kunststeintreppe beauftragt war. Die festgestellte fehlerhafte Ausführung, zu deren Verbesserung die Klägerin sich verpflichtet hat, stellt somit einen Werkmangel dar. Dieser begründet einerseits die Haftung des Unternehmers gemäss Art. 367 ff. OR und bewirkt anderseits gemäss Art. 372 OR die Hinausschiebung der Fälligkeit seines Werklohnanspruches. Denn diese tritt nur ein bei Ablieferung des *mängelfreien* Werkes (OSER/SCHÖNENBERGER, N 2; BECKER, N 3 zu Art. 372 OR). Die Zurückhaltung des Werklohnes stellt somit ein zulässiges und zweckgemässes Mittel zur Durchsetzung des Verbesserungsanspruches des Bestellers dar.

Das anerkennt an sich auch die Vorinstanz, aber sie erachtet diese Lösung für den vorliegenden Fall als unbefriedigend, weil es sich um Mängel handle, die sich lediglich auf untergeordnete Punkte beziehen und die Gebrauchsfähigkeit des Werkes nicht ernstlich beeinträchtigen. Das Gesetz macht jedoch keine solche Unterscheidung je nach der Bedeutung des Mangels. Nach der in Art. 372 OR vorgesehenen Ordnung stehen die Zahlung des Werklohnes und die Ablieferung des mängelfreien Werkes miteinander im Austauschverhältnis gemäss Art. 82 OR. Ist das Werk nicht mängelfrei, so kann der Besteller mangels anderweitiger vertraglicher Abrede die Zahlung des Werklohnes gestützt auf die Einrede des nicht erfüllten Vertrages verweigern. Aus der gesetzlichen Ordnung liesse sich daher auf [236] jeden Fall keine Grundlage für die von der Vorinstanz ausgesprochene Verpflichtung der Beklagten zur Bezahlung des noch ausstehenden Werklohnsaldos vor Behebung der bestehenden Mängel gewinnen.

b) Die Parteien haben es jedoch nicht bei der gesetzlichen Regelung bewenden lassen, sondern sie haben ihr Vertragsverhältnis den SIA-Normalien unterstellt. Diese weichen in verschiedener Hinsicht von der gesetzlichen Ordnung ab.

So sieht Art. 24 Abschlagszahlungen vor, die bei Hochbauarbeiten, wie sie hier in Frage stehen, bis auf 90% des Wertes der Leistungen des Unternehmers gehen können, während der Rest als Garantierücklass stehen bleibt. Die Abschlagszahlungen sind nach Massgabe des Fortschreitens der Arbeit, also vor Ablieferung des Werkes, zu leisten. Im Umfange dieser Abschlagszahlungen wird also die Fälligkeit des Werklohnanspruches in Abweichung von Art. 372 OR vorverlegt.

Das über die Abschlagszahlungen hinaus verbleibende Restguthaben wird gemäss Art. 25 Abs. 4 einen Monat nach beidseitiger Anerkennung der Schlussabrechnung fällig. Darin liegt eine Abweichung von Art. 372 OR nach der andern Richtung, indem die Fälligkeit auf einen späteren Zeitpunkt als denjenigen der Ablieferung festgesetzt wird.

Diese Zahlungsregelung setzt aber eine ordnungsgemässe Vertragsabwicklung voraus. Wie sich eine allfällige Mangelhaftigkeit des Werkes auswirkte, wird – unter Hinweis auf die gesetzliche Ordnung (Art. 368 OR) – in den Art. 26-30 der Normalien bestimmt. Nach Art. 27 Abs. 3 ist der Unternehmer verpflichtet, allfällige Mängel innert angemessener Frist zu beheben. Kommt er dieser Pflicht nicht nach, so hat gemäss Art. 27 Abs. 4 der Bauherr die Wahl, einen dem Minderwert des Werkes entsprechenden Abzug am Werklohn zu machen oder auf seinem Verbesserungsanspruch zu beharren; bei Verschulden des Unternehmers bleiben ihm überdies weitergehende Schadenersatzansprüche vorbehalten. Für diese Ansprüche besitzt der [237] Bauherr, und zwar gleichgültig für welches Vorgehen er sich entschliesst, eine Deckung. Denn nach Art. 30 Abs. 2 haftet der Unternehmer für die Erfüllung seiner Verpflichtungen in erster Linie mit den gemäss Art. 24 abgezogenen Garantierücklässen.

Nach der in den Normalien vorgesehenen Regelung kann also der Bauherr, soweit er die Werklohnschuld im Zeitpunkt der Feststellung der Mängel noch nicht getilgt hat, den zur Behebung der Mängel erforderlichen Betrag des Garantierücklasses zurückbehalten. In diesem Umfang tritt somit die Fälligkeit der Werklohnforderung nicht ein.

c) Im vorliegenden Falle haben sich die Parteien dahin geeinigt, dass die Mängel der Treppe durch den Unternehmer, d.h. die Klägerin, zu beheben seien. Solange dies nicht geschehen ist, steht somit der Beklagten das Recht zu, einen gewissen Betrag des Garantierücklasses zurückzubehalten. Die Vorinstanz hat daher zu Unrecht die Fälligkeit des ganzen Werklohnsaldos von Fr. 15 337.30 angenommen. Anderseits geht aber auch die Beklagte fehl mit der Annahme, sie könne der Klägerin den vollen Restbetrag vorenthalten. Nach der zum Vertragsinhalt erhobenen Ordnung der Normalien ist ihr Rückbehaltungsrecht auf denjenigen Betrag beschränkt, der zur Behebung des Mangels, sowie zur Deckung eines ihr allenfalls noch zustehenden weiteren Schadenersatzanspruches notwendig ist.

5. – In bezug auf die *verkratzten Fensterscheiben* ist die rechtliche Ausgangslage anders. Die Fensterscheiben waren nicht von der Klägerin zu liefern. Sie bildeten nicht Bestandteil des von ihr zu erstellenden Werkes. Wie sich aus den Akten ergibt, wurden jedoch die Scheiben zum Teil durch Arbeiter der Klägerin beschädigt. Diese hatten es nämlich unterlassen, vor Beginn der äusseren Verputzarbeiten die Fenster abzudecken, so dass Kalkspritzer auf diese fielen, bei deren Beseitigung durch die Arbeiter der Klägerin die Scheiben verkratzt wurden.

In rechtlicher Beziehung hat man es daher hier nicht [238] mit einem Werkmangel zu tun, sondern mit einer schadenstiftenden Handlung der Arbeiter der Klägerin, die gemäss Art. 364, 328, 97 und 101 OR einen Schadenersatzanspruch der Beklagten zur Entstehung brachte. Dieser Schadenersatzanspruch stellt eine der Werklohnforderung der Klägerin gegenüberstehende Gegenforderung dar, die grundsätzlich gemäss Art. 120 OR mit jener verrechnet werden kann.

Im vorliegenden Fall haben die Parteien nun aber nicht eine Schadenersatzleistung in Geld vereinbart, sondern die Klägerin hat sich verpflichtet, auch diesen «Mangel» zu beheben. Darin liegt eine Nebenverpflichtung zum Werkvertrag, welche die Klägerin bis anhin noch nicht erfüllt hat. Zur Sicherstellung dieses Anspruchs können die Garantierücklässe gemäss Art. 30 Abs. 2 der Normalien ebenfalls herangezogen werden. Denn die genannte Vorschrift bestimmt in allgemeiner

Weise, dass der Unternehmer mit den Garantierücklässen «für die Erfüllung der eingegangenen Verpflichtungen» hafte. Es ist daher nicht einzusehen, weshalb das Versprechen, einen anlässlich der Erstellung des Werkes verursachten Schaden wieder gutzumachen, nicht ebenfalls als eine «Verpflichtung» im Sinne dieser Bestimmung anzusehen wäre.

6. – Es bleibt zu prüfen übrig, welchen Betrag im vorliegenden Fall die Beklagte zur Sicherstellung ihres Anspruches auf Behebung der bestehenden Mängel und Schäden zurückbehalten darf. Die Höhe dieses Betrages bestimmt sich, wie bereits ausgeführt wurde, nach den mutmasslichen Kosten der für die Instandstellung erforderlichen Arbeiten. Diese Kosten belaufen sich, wie die Vorinstanz gestützt auf die Ansicht der sachverständigen Gerichtsmitglieder angenommen hat, auf höchstens Fr. 1000.—. Diese Schätzung ist als Ergebnis der vorinstanzlichen Beweiswürdigung für das Bundesgericht verbindlich. Wieso der Vorinstanz bei dieser Feststellung gemäss der Behauptung der Beklagten ein offensichtliches Versehen unterlaufen sein soll, ist nicht ersichtlich. Dass [239] neben diesen Kosten ein weiterer Schaden zu ersetzen wäre, behauptet die Beklagte nicht.

Die Beklagte kann daher, solange die Klägerin ihre Verpflichtung zur Instandstellung des Werkes nicht erfüllt hat, einen Betrag von Fr. 1000.— zurückbehalten.

Demgemäss ist das angefochtene Urteil dahin abzuändern, dass der von der Beklagten zu bezahlende Betrag auf Fr. 14 337.30 herabgesetzt und für die restlichen Fr. 1000.— die Klage mangels Fälligkeit des Anspruches zur Zeit abgewiesen wird.

Demnach erkennt das Bundesgericht:

In teilweiser Gutheissung der Berufung wird das Urteil des Obergerichts von Appenzell A.Rh., 2. Abteilung, vom 8. Januar 1963 in Ziff. 1 dahin abgeändert, dass die Klage im Betrage von Fr. 14 337.30 nebst 5% Zins seit 22. September 1961 geschützt und für den Mehrbetrag von Fr. 1000.— zur Zeit abgewiesen wird. Im übrigen wird die Berufung abgewiesen und das angefochtene Urteil bestätigt.

* * *

Kommentar

Fälligkeit des Werklohns (Art. 372 OR). – Rückbehaltung des Werklohns bei Ausübung des Nachbesserungsrechts (Art. 82 OR). – Begriff des Werkmangels.

1. Das Bundesgericht nimmt an, der Werklohn werde nach Art. 372 OR mit der Ablieferung des mängelfreien Werks fällig. M.E. bewirkt hingegen die Ablieferung die Fälligkeit auch dann, wenn das Werk mängelbehaftet ist. Zu beachten ist jedoch, dass sich der Besteller der Ablieferung eines mangelhaften Werkes widersetzen und so die Fälligkeit des Werklohns hinausschieben kann. Diese Möglichkeit besteht freilich dort nicht, wo das Werk Mängel aufweist, die dem Besteller bei Werkablieferung verborgen bleiben. Weist das abgelieferte Werk Mängel auf, so kann der Besteller den (fälligen!) Werklohn nach Massgabe von Art. 82 OR zurückbehalten, falls er das Nachbesserungsrecht ausübt. Denn die Nachbesserungsschuld und die Werklohnforderung stehen im Austauschverhältnis, dies freilich nur im Umfang des Deckungskapitals, also jener Kosten, die entstehen, wenn der Besteller die Mängel durch einen Dritten beseitigen lässt. Daher kann der Werklohn auch nur in diesem Umfang zurückbehalten werden. S. zum Ganzen oben Nr. 304-328.

2. Art. 372 OR ist dispositiv. Im referierten Entscheid war die SIA-Norm 118, Ausgabe 1948, anwendbar. Die dortige, vom Bundesgericht dargestellte Regelung gilt im wesentlichen auch bei Übernahme der Ausgabe 1977/91. S. dazu oben Nr. 329 ff.

3. Die verkratzten Fensterscheiben stellten nach der zutreffenden Ansicht des Bundesgerichts keinen Werkmangel dar, sondern beruhten auf der Verletzung einer Schutzpflicht. Solche Schutzpflichten (leistungsunabhängige Nebenpflichten) schützen namentlich die absoluten Güter des Gläubigers (hier Bestellers), z.T. aber auch das blosse Vermögen (vgl. GUHL/MERZ/KOLLER, S. 226). Ihre schuldhafte Verletzung macht schadenersatzpflichtig (Art. 97 OR; kritisch ALFRED KOLLER, AJP 1992, S. 1483 ff.). Im vorliegenden Fall kamen die Parteien überein, den Schaden in natura zu beheben. Der damit verbundene Anspruch des Bestellers war durch den Garantierückbehalt gemäss Art. 30 Abs. 2 der SIA-Norm 118, Ausgabe 1948, gedeckt. Bei Anwendung der Ausgabe 1977/91 hätte es sich nicht anders verhalten (vgl. SCHUMACHER, N 5 zu Art. 149 SIA-Norm 118).

4. Zu BGE 89 II 232 ff. s. auch schon Nr. 332 f. und Anm. 362.

BGE 91 II 344
Pra 55 Nr. 33, S. 111

Urteil der I. Zivilabteilung vom 9. November 1965
i.S. Fratelli Ambrosoli gegen Laubscher.

Kaufvertrag über ein Motorfahrzeug.
  Auslegung einer *Garantieklausel*, Überprüfungsbefugnis des Bundesgerichts (Erw. 1).
  Garantiezusage, Begriff (Erw. 2a).
  Verhältnis der *Garantiezusage* zu den *Gewährleistungsansprüchen*. Anforderungen an den *Ausschluss* der letzteren (Erw. 2b-d).

Rechtslage beim *Nebeneinanderbestehen* von Gewährleistungs- und Garantieansprüchen (Erw. 2e).
Rechtslage bei *Wegbedingung* der Gewährleistung (Erw. 3).
Anwendbarkeit der allgemeinen Vorschriften über die Erfüllung auf den Nachbesserungsanspruch (Erw. 3a).
Nachfrist, Angemessenheit; Folgen zu kurz bemessener Nachfrist (Erw. 3b).
Verzug mit *Teilleistung*, Folgen (Erw. 3c).
Gattungs- oder *Spezieskauf*? (Erw. 4).
Wandelung oder *Minderung*? (Erw. 5).

[345] A. – Der Kläger Hans Laubscher kaufte mit Vertrag vom 3. April 1964 von der Beklagten, der Auto-Handelsfirma Fratelli Ambrosoli in Zürich, ein fabrikneues Auto, Marke Rambler, Modell Classic, rot, zum Preis von Fr. 19 700.—. Diesen beglich er durch Barzahlung von Fr. 10 000.— und Übergabe eines gebrauchten Autos, das die Beklagte zu Fr. 9700.— an Zahlung nahm.

Ziffer 3 der auf dem Vertragsformular wiedergegebenen «Allgemeinen Verkaufsbedingungen» lautete:

«*Garantie*. Die Verkäuferin leistet für neue Fahrzeuge volle Fabrikgarantie laut spezieller Garantiepolice; weitergehende Ansprüche sind ausgeschlossen...»

Eine Garantiepolice wurde dem Kläger jedoch nicht ausgehändigt.

Der Wagen wurde am 9. April 1964 dem Kläger übergeben, der ihn jedoch schon am folgenden Tage zurückbrachte und verschiedene Mängel rügte, so namentlich, dass der Motor im Leerlauf nicht rund drehe und auch sonst ruckartig laufe. Da es der Beklagten nicht gelang, die Störungen zu beheben, brachte der Kläger den Wagen am 14. und 27. April 1964 neuerdings zurück. Am 29. April schrieb er der Beklagten, falls das Fahrzeug bis am Abend des gleichen Tages nicht einwandfrei fahrbereit sei, werde er es ihr zur Verfügung stellen. Die Beklagte antwortete, es wäre zweckmässig, wenn der Wagen etwas gefahren würde, bis der Fabrikinspektor aus Frankfurt nach Zürich komme, um ihn zu prüfen. Diese Prüfung fand am 11. Mai 1964 statt, führte [346] aber nicht zur Aufdeckung der Störungsursache. Der Kläger teilte daher am 15. Mai der Beklagten mit, er trete vom Kaufvertrag zurück und verlange die Rückerstattung des Kaufpreises. Die Beklagte lehnte sofort nach Empfang dieses Schreibens die Rückgängigmachung des Kaufes unter Hinweis auf die im Vertrag vorgesehene Fabrikgarantie ab; sie bemerkte, sie habe für die Instandstellung des Fahrzeugs den Fabrik-Service-Ingenieur aufgeboten; die schrittweise Eliminierung der Störungsursachen werde aber einige Zeit in Anspruch nehmen. Der Kläger hielt jedoch mit Schreiben seines Anwaltes vom 20. Mai 1964 am Rücktritt vom Vertrag fest. Ebenfalls am 20. Mai teilte die Beklagte dem Kläger mit, die Mängel am Fahrzeug seien nun vollständig behoben. Es hatte sich nämlich herausgestellt, dass der Wagen statt mit einer Nockenwelle des

Modells 1964 mit einer solchen des Modells 1962 ausgestattet worden war, die andere Ventilzeiten aufwies. Der Kläger weigerte sich jedoch, den Wagen zu übernehmen.

B. – Mit Klage vom 29. Mai/3. November 1964 forderte der Kläger von der Beklagten die Bezahlung von Fr. 20 000.— nebst Verzugszins seit 21. Mai 1964; in der Replik setzte er seine Forderung auf Fr. 19 700.— nebst Zins herab.

Die Beklagte beantragte, die Klage abzuweisen. Sie machte geltend, durch Ziffer 3 des Kaufvertrags sei ihre Gewährleistungspflicht auf die Fabrikgarantie beschränkt und im übrigen ausgeschlossen worden. Aber auch ohne eine solche Aufhebung der Gewährspflicht stünde dem Kläger weder ein Wandelungs- noch ein Rücktrittsrecht zu, da der Mangel durch die Einsetzung der richtigen Nockenwelle behoben worden sei. – Im weiteren erhob die Beklagte Widerklage auf Feststellung, dass ihr der Kläger ab 1. Juli 1964 für die Unterbringung des Fahrzeugs bis zu dessen Abholung eine Entschädigung von Fr. 4.— pro Tag zu bezahlen habe.

C. – Das Bezirksgericht Zürich wies mit Urteil vom 9. März 1965 die Klage ab und schützte die Widerklage, jedoch unter Herabsetzung der geschuldeten Entschädigung auf Fr. 2.— pro Tag. Es nahm an, die Garantieklausel schliesse eine Wandelung des Kaufvertrages aus; dem Kläger stehe lediglich der Anspruch auf Nachbesserung (Reparatur oder Instandstellung) der Sache durch die Beklagte zu; diesen habe die Beklagte erfüllt.

D. – Das Obergericht des Kantons Zürich, II. Zivilkammer, schützte mit Urteil vom 25. Mai 1965 die Klage und wies die Widerklage ab. Es kam zum Schlusse, nach der streitigen Ga-[347]rantieklausel habe der Kläger nicht endgültig, sondern nur vorläufig auf das Recht zur Wandelung verzichtet, in dem Sinn, dass dem Verkäufer zunächst Gelegenheit geboten werden müsse, allfällige Mängel der Sache zu beheben. Dieser vorläufige Verzicht falle aber dahin, wenn dem Käufer ein weiteres Zuwarten nach Treu und Glauben nicht zuzumuten sei. Da der Kläger der Beklagten den Wagen bis zum 15. Mai 1964 viermal erfolglos zur Behebung der Mängel überlassen habe, sei er zur Wandelung des Vertrags berechtigt gewesen; denn infolge ihrer Mängel habe der Kaufsache die Tauglichkeit zum vorausgesetzten Gebrauch gefehlt. Die Ansetzung einer Nachfrist sei nicht nötig gewesen. Eine Ersatzlieferung komme nicht in Betracht.

E. – Gegen dieses Urteil hat die Beklagte die Berufung an das Bundesgericht erklärt. Sie beantragt, die Klage sei abzuweisen und die Widerklage in dem von der ersten Instanz geschützten Umfang gutzuheissen; eventuell sei die Sache zur Neubeurteilung der Widerklage an die Vorinstanz zurückzuweisen.

Die Beklagte wirft der Vorinstanz Verletzung der Art. 197, 199, 205 und 206 OR vor; sie habe zu Unrecht nicht berücksichtigt, dass die Bestimmungen von Art. 197 OR über die Gewährleistung gemäss Art. 199 dispositiver Natur seien und dass im vorliegenden Falle die Gewährspflicht der Verkäuferin durch die vertragliche Garantieklausel ausgeschlossen worden sei. Die Annahme der Vorinstanz eines bloss vorläufigen Verzichts auf Wandelung verletze daher Bundesrecht. Weiter wendet sich die Beklagte gegen die Auffassung der Vorinstanz, der Kläger sei nicht verpflichtet gewesen, eine Nachfrist zur Behebung der Mängel anzusetzen; eine solche wäre nicht nutzlos gewesen, da die Beklagte ihre Pflicht zur Nachbesserung ausdrücklich anerkannt und erfüllt habe. Schliesslich macht die Beklagte geltend, Gegenstand des Vertrags sei eine vertretbare Sache, so dass der Kläger die Lieferung eines andern Fahrzeugs des gleichen Modells hätte fordern müssen; das habe die Vorinstanz zu Unrecht verneint.

Der Kläger beantragt, die Berufung abzuweisen und das angefochtene Urteil zu bestätigen.

Das Bundesgericht zieht in Erwägung:

1. – Die «spezielle Garantiepolice» ist weder dem Kläger übergeben, noch von der Beklagten im Prozess vorgelegt wor-[348]den. Die Vorinstanz hat daher mit Recht die Tragweite der streitigen Garantieklausel durch blosse Auslegung ihres Wortlautes ermittelt. Diese Auslegung ist Rechtsfrage und daher vom Bundesgericht zu überprüfen (BGE 87 II 236 und dort erwähnte Entscheide).

2. – *a)* Die Garantieklausel ist eine Nebenklausel des Kaufvertrages. Mit der Garantiezusage verpflichtet sich der Verkäufer in der Regel zur Realerfüllung in dem Sinne, dass der Käufer Anspruch auf Behebung allfälliger Mängel oder Herstellung zugesicherter Eigenschaften der Kaufsache haben soll. Ein solcher Nachbesserungsanspruch stünde dem Käufer auf Grund der gesetzlichen Gewährleistungsregeln nicht zu; diese geben ihm nur Anspruch auf Wandelung und allenfalls auf Schadenersatz oder auf Minderung des Kaufpreises (Art. 205, 208 OR). Die Garantie bezweckt somit regelmässig eine Besserstellung des Käufers gegenüber der gesetzlichen Ordnung (WITSCHI, Garantieklauseln und Garantiefristen im Kauf- und Werkvertrag nach schweizerischem Recht, Diss. Bern 1948, S. 25, 27, 48). Eine Garantiezusage des Verkäufers ist daher im allgemeinen geeignet, auf jeden Fall beim nicht juristisch gebildeten Käufer, den Eindruck zu erwecken, besser gestellt zu sein, als er es ohne eine solche wäre.

Die gesetzliche Gewährleistungsordnung ist allerdings dispositiven Rechts. Sie kann (abgesehen vom Falle der Arglist des Verkäufers; Art. 199 OR) vertraglich ausgeschlossen oder eingeschränkt werden. Das muss aber als Ausnahme von der gesetzlichen Regelung im Vertrag klar zum Ausdruck kommen. Solche Vereinbarungen sind daher im Zweifel einschränkend auszulegen (BECKER, OR Art. 199 N. 1 i.f.). Das gilt in besonderem Masse, wenn die ganze oder teilweise Wegbedingung der Gewährspflicht im Zusammenhang mit einer Garantiezusage erfolgt, die nach dem oben Ausgeführten ihrer Natur nach eine Besserstellung des Käufers bedeutet.

b) Im vorliegenden Falle erweckt die Wendung, die Verkäuferin leiste «volle Fabrikgarantie», beim Durchschnittskäufer den Eindruck, nach allen Richtungen besonders gut gesichert zu sein. Die anschliessende Bemerkung, «weitergehende Ansprüche» seien ausgeschlossen, ist zu allgemein gehalten, als dass sie den Käufer auf den Gedanken bringen müsste, mit der Zustimmung zu der vom Verkäufer vorgeschlagenen Regelung begebe er sich seiner gesetzlichen Gewährleistungsansprüche, [349] insbesondere des Rechts auf Wandelung. Die im vorliegenden Vertrag gebrauchte allgemeine Wendung des Ausschlusses «weitergehender Ansprüche» ist nicht eindeutig. Der Käufer konnte sie z.b. sehr wohl dahin verstehen, dass die Garantie auf die vom Verkäufer mündlich bekanntgegebene oder im Handbuch des Herstellers genannte Zahl gefahrener Kilometer oder auf eine bestimmte Zeit beschränkt sein sollte. Dass die Hersteller von Motorfahrzeugen und ihre Vertreter bei der Abgabe von Garantieerklärungen meist darauf ausgehen, als Gegenstück zur Nachbesserungspflicht einen Ausschluss oder eine Beschränkung der gesetzlichen Sachgewährleistung herbeizuführen, ist dem Durchschnittskäufer im allgemeinen nicht bekannt. Das trifft selbst dann zu, wenn er sich darüber Rechenschaft gibt, dass die Garantieklausel auch ihm eine Pflicht auferlegt, die Pflicht nämlich, vor der Geltendmachung von Gewährleistungsansprüchen dem Verkäufer Gelegenheit zur Behebung der Mängel zu geben.

Die streitige Garantieklausel ist daher mangels der erforderlichen Klarheit nicht als Verzicht des Klägers auf die gesetzlichen Gewährleistungsansprüche aufzufassen.

c) Die Garantieklausel verweist zwar auf eine «spezielle Garantiepolice». Selbst wenn man annehmen wollte, der Kläger wäre verpflichtet gewesen, sich nach dieser zu erkundigen und ihre Aushändigung zu verlangen, wäre das Ergebnis kein anderes. Gemäss verbindlicher Feststellung der Vorinstanz hat die Beklagte nicht behauptet, die spezielle Garantiepolice schliesse die Gewährleistungsansprüche, insbesondere die Wandelung, ausdrücklich aus. Auch die Prüfung dieser Police hätte somit dem Kläger keine Klarheit darüber verschafft, dass mit dem Ausschluss «weiterer Ansprüche» die Aufhebung der gesetzlichen Gewährspflicht gemeint sei. Übrigens ist es fraglich, ob dem Kläger eine solche Erkundigungspflicht obgelegen hätte. Denn in Anbetracht des Eindruckes, den die Wendung «volle Fabrikgarantie» beim Durchschnittskäufer erweckt, ist der harmlos erscheinende und zweideutige Ausschluss «weiterer Ansprüche» geradezu irreführend, wenn damit die Wegbedingung der gesetzlichen Gewährspflicht beabsichtigt war.

d) Bedeutet aber der Ausschluss weitergehender Ansprüche keinen Verzicht des Klägers auf die Gewährleistungsansprüche, insbesondere auf das Recht der Wandelung, so wurde die Beklagte nicht in bundesrechtswidriger Weise beschwert da-[350]durch, dass das Obergericht statt des von ihr behaupteten endgültigen nur einen vorläufigen Verzicht auf die Wandelung annahm.

e) Dass im übrigen die Voraussetzungen für die Geltendmachung des Wandelungsanspruchs gegeben waren, steht ausser Zweifel. Der Käufer eines fabrikneuen Fahrzeugs darf erwarten, dass dieses störungsfrei funktioniert. Trifft dies nicht zu, so hat er zwar auf Grund der ihm aus der Garantieklausel erwachsenden Pflichten zunächst dem Verkäufer Gelegenheit zur Behebung der Störung zu geben. Der Verkäufer kann aber nach Treu und Glauben nicht verlangen, dass ihm dafür die ganze Dauer der Garantiefrist zur Verfügung stehe. Die Vereinbarung einer solchen bedeutet nur, dass der Verkäufer verpflichtet ist, innerhalb derselben auftretende Mängel zu verbessern. Gelingt es ihm nicht, eine Störung innert angemessener Frist nach ihrem Auftreten zu beseitigen, so kann der Käufer die Wandelung verlangen.

Im vorliegenden Fall hat der Kläger der Beklagten im Zeitraum von 5 Wochen mehrmals Gelegenheit zur Behebung der Störungen gegeben, ohne dass dieses Ziel erreicht worden wäre. Ein weiteres Zuwarten war ihm nach Treu und Glauben nicht zuzumuten.

Die Beklagte macht geltend, das Fahrzeug habe nicht einen Mangel, sondern einen Konstruktionsfehler aufgewiesen, der sofort behoben werden konnte, als er endlich entdeckt wurde. Dieser Einwand hilft ihr nicht. Entscheidend ist einzig, dass das Fahrzeug wegen einer von ihr bzw. vom Hersteller zu vertretenden Ursache zu dem vorausgesetzten Gebrauch untauglich war. Auch ein Konstruktionsfehler, der diese Folge hat, ist daher ein Mangel im Rechtssinne.

3. – *a)* Selbst wenn aber gemäss der Behauptung der Beklagten die Gewährleistungsansprüche des Klägers und damit das Recht auf Wandelung wegbedungen worden wären, bliebe der Berufung der Erfolg versagt. In diesem Falle hätte der Kläger lediglich Anspruch auf die in der Garantie zugesagte Nachbesserung. Für die Durchsetzung dieses Nachbesserungsanspruches gelten die allgemeinen Bestimmungen von Art. 97 ff. OR über die Erfüllung, insbesondere Art. 102 (Inverzugsetzung) sowie Art. 107/8 (Rücktritt mit und ohne Fristansetzung) (WITSCHI, op. cit., S. 50 f.).

b) Nach den verbindlichen Feststellungen der Vorinstanz hat [351] der Kläger der Beklagten das Fahrzeug viermal überlassen, um die unbestritten vorhandenen Störungen zu beheben. Das waren mehrfache Mahnungen im Sinne von Art. 102 OR, womit die Beklagte in Verzug geriet. Am 29. April 1964, d.h. zwei Tage nachdem der Kläger den Wagen zum dritten Mal zurückgegeben hatte, setzte er der Beklagten Frist bis zum selben Abend, um die Mängel zu beseitigen, «ansonst er gewungen wäre, das Fahrzeug zur Verfügung zu stellen», was die Beklagte zutreffend als Androhung des Rücktritts vom Vertrag verstand. Die angesetzte Frist mag auf den ersten Blick als sehr kurz erscheinen. In Anbetracht der Vorgeschichte, der erfolglosen Bemühungen der Beklagten während mehr als drei Wochen, und da sich der Wagen seit dem 27. April bereits wieder bei ihr befand, könnte die Frist gleichwohl als angemessen gelten. Die Frage kann jedoch offen bleiben. Denn der Kläger erklärte den Rücktritt ja nicht schon am 29. April, sondern erst am 15. Mai 1964. Der Beklagten standen somit mehr als zwei Wochen zur Verfügung, um die Sache in Ordnung zu bringen und den Wagen dem Kläger vor erfolgter Rücktrittserklärung auszuliefern. Eine zu kurze Nachfrist ist nämlich nach Lehre und Rechtsprechung nicht völlig unwirksam; sie ist in eine angemessene Frist umzudeuten, innerhalb welcher der Schuldner noch mit befreiender Wirkung erfüllen kann (BECKER, 2. A., N. 23, und OSER/SCHÖNENBERGER, N. 15 zu Art. 107 OR; BGE 29 II

251). Von praktischer Bedeutung ist das Erfordernis der Angemessenheit der Nachfrist somit bloss in jenen Fällen, in denen der Schuldner innert einer angemessenen Nachfrist noch erfüllt hat (BECKER, a.a.O.; ZBJV 41, S. 215). Das trifft hier nicht zu. Noch am 19. Mai 1964 rechnete die Beklagte gemäss ihrem Schreiben von diesem Tage damit, dass die schrittweise Eliminierung der Störungsursachen einige Zeit in Anspruch nehmen werde. Dass sie dann am 20. Mai die Ursache des Mangels feststellte und diesen beheben konnte, ist belanglos. Selbst wenn man nämlich die am 29. April gesetzte Frist als zu kurz ansehen wollte, hätte eine angemessene Nachfrist auf keinen Fall mehr als 14 Tage betragen. Der vom Kläger am 15. Mai 1964 erklärte Rücktritt war daher nach Art. 107 OR zulässig. Ob sich gemäss der Auffassung der Vorinstanz sogar eine Nachfristansetzung wegen Nutzlosigkeit im Sinne von Art. 108 Ziff. 1 OR erübrigt hätte, kann dahingestellt bleiben.

c) Die Nachbesserungspflicht macht nur einen Teil der Lei-[352]stung des Verkäufers aus. Der Verzug der Beklagten in ihrer Erfüllung berechtigte aber den Kläger gleichwohl zum Rücktritt vom ganzen Vertrag. Denn diese Teilleistung ist wesentlich und der Mangel betraf die Tauglichkeit der Kaufsache zum vorausgesetzten Gebrauch. Ohne Zusicherung dieser Teilleistung hätte der Käufer bestimmt nicht auf die gesetzliche Sachgewährleistung verzichtet. Der Vertrag ist daher nach den gegebenen Umständen als untrennbares Ganzes anzusehen, so dass der Rücktritt des Klägers zulässig war (BECKER, 2. A., N. 46, und OSER/SCHÖNENBERGER, N. 38 zu Art. 107 OR). Die gegenteilige Lösung würde zu einer unerträglichen Schlechterstellung des Käufers führen, der im Vertrauen auf die Nachbesserungsgarantie den gesetzlichen Wandelungsanspruch aufgegeben hat. Er wäre nämlich gezwungen, die Reparatur zunächst auf eigene Kosten durch einen Dritten vornehmen zu lassen, um hernach vom Verkäufer Ersatz seiner Auslagen zu fordern. Bedenkt man zudem, dass im Autogewerbe nur der Markenvertreter über die Originalersatzteile verfügt, so kann nicht zweifelhaft sein, dass der Rücktritt vom ganzen Vertrag zulässig sein muss, sobald der Verkäufer wesentliche Mängel trotz seiner Nachbesserungspflicht nicht innert angemessener Frist behebt.

4. – In der Frage, ob man es mit einem Gattungskauf oder einem Spezieskauf zu tun habe, ist der Vorinstanz beizustimmen, dass ursprünglich ein Gattungskauf vorlag, der mit der Übergabe des Fahrzeuges an den Kläger in einen Spezieskauf umgewandelt wurde. Kaufgegenstand war ein Serienfahrzeug, das ohne Identifizierung durch Motor- und Chassis-Nummer lediglich nach Marke, Modell und Farbe, d.h. der Gattung nach, näher bezeichnet wurde. Da der Vorrat des Herstellers und Verkäufers an Fahrzeugen mit diesen Eigenschaften regelmässig begrenzt ist, handelte es sich um eine begrenzte Gattungsschuld. Mit der Übergabe des Fahrzeuges und des dazugehörenden Fahrzeugausweises, in dem Motor- und Chassis-Nummer angegeben waren, erfolgte jedoch eine genaue Bezeichnung, die den Kaufgegenstand zur Speziessache werden liess.

Aber selbst wenn weiterhin eine begrenzte Gattungsschuld vorgelegen hätte, wäre der Käufer nach Art. 206 Abs. 1 OR nicht verpflichtet, sondern nur berechtigt gewesen, die Lieferung eines Ersatzwagens zu verlangen. Er verstiess daher entgegen der Meinung der Beklagten nicht gegen Treu und Glauben, wenn er kein solches Begehren stellte. Die Beklagte hätte [353] zwar gemäss Art. 206 Abs. 2 OR sich durch die Lieferung eines Ersatzwagens befreien können; sie hat jedoch nach verbindlicher Feststellung der Vorinstanz dem Kläger nie ein Angebot dieses Inhalts gemacht.

5. – Die Parteien haben die Frage nicht aufgeworfen, ob nicht an Stelle der Wandelung auf eine blosse Minderung des Kaufpreises zu erkennen sei. Auch die Vorinstanz hat dazu nicht Stellung genommen, obwohl nach Art. 205 Abs. 2 OR der Richter befugt ist, statt der verlangten Wandelung nur die Minderung anzuordnen. Nach der Sachlage kommt eine solche jedoch nicht in Betracht. Denn es liesse sich schwerlich ermitteln, ob und inwieweit die Zurücklegung von ca. 2500 km mit einer nicht passenden Nockenwelle dem Motor geschadet hat. Vor allem aber könnte dem Kläger nicht zugemutet werden, für die im Falle blosser Minderung verbleibende Garantiezeit auf allfällige weitere Nachbesserungen der Beklagten angewiesen zu sein, nachdem er genötigt war, sein Recht auf dem Prozesswege zu suchen.

6. – Da das Wandelungsbegehren des Klägers begründet ist, bleibt für den von der Beklagten mit der Widerklage geltend gemachten Entschädigungsanspruch kein Raum.

Demnach erkennt das Bundesgericht:

Die Berufung wird abgewiesen und das Urteil des Obergerichts des Kantons Zürich, II. Zivilkammer, vom 25. Mai 1966 bestätigt.

* * *

Kommentar

Vertragliche Einräumung des Nachbesserungsrechts beim Kauf. – Nachbesserungsverzug: Rechtslage nach Gesetz; vertragliche Abänderung der gesetzlichen Regelung.

Der wiedergegebene Entscheid betrifft zwar das Kaufrecht, doch behandelt er Probleme, die sich häufig auch im Werkvertragsrecht stellen. Das rechtfertigt seine Aufnahme in die vorliegende «Entscheidsammlung».

1. Die (werkvertragsrechtliche) Gewährleistungsordnung ist innerhalb der in Nr. 202 ff. umschriebenen Grenzen dispositiv. Die Gewährleistung kann nicht nur vertraglich ausgeschlossen oder eingeschränkt, sondern auch modifiziert werden, so z.B. durch Einräumung eines vom Gesetz nicht vorgesehenen Mängelrechts, wie dies ja auch in casu der Fall war (Einräumung eines im Kaufrecht nicht vorgesehenen Nachbesserungsrechts). Insbesondere besteht die Möglichkeit, den Besteller – unter Ausschluss von Minderung oder Wandelung – auf die Nachbesserung zu beschränken. Die Parteien können auch regeln, was gelten soll, wenn die Nachbesserung misslingt, der Unternehmer mit der Nachbesserung in Verzug kommt oder sich weigert nachzubessern (Einschränkung in Nr. 201 a.E.). So sieht beispielsweise die SIA-Norm 118 für solche Fälle vor, dass der Besteller wandeln oder mindern oder zur Ersatzvornahme schreiten kann (Art. 169 Abs. 1 Ziff. 1 und Abs. 2, dazu Nr. 238).

2. Ob im Einzelfall der Besteller auf das Nachbesserungsrecht beschränkt sein soll und was gelten soll, wenn der Unternehmer mit der Nachbesserung in Verzug gerät, diese sich als unmöglich erweist usw., ist durch Vertragsauslegung zu ermitteln. Dass eine Einschränkung der Gewährleistung «im Vertrag klar zum Ausdruck kommen» muss und dass dementsprechend «solche Vereinbarungen ... im Zweifel einschränkend auszulegen» sind, wie das Bundesgericht im referierten Entscheid annimmt (E. 2a zweiter Absatz), trifft nicht zu. Die Formulierung des Bundesgerichts erinnert an Unklarheitenregel und Restriktionsprinzip; diese beiden Regeln aber gelten nur unter bestimmten Voraussetzungen, namentlich bei AGB zu Lasten desjenigen, der die AGB zur Verwendung vorgeschlagen hat (Nr. 220, 233). Im übrigen aber sind die Beweislastregeln zu beachten: Wenn die Auslegung kein bestimmtes Ergebnis zeitigt, also nicht feststeht, ob die gesetzliche Gewährleistung eingeschränkt werden sollte oder nicht, so geht dies zu Lasten des Unternehmers (Art. 8 ZGB). In diesem Sinne ist dem Bundesgericht zuzustimmen.

3. Im vorliegenden Fall hat das Bundesgericht die Garantieklausel dahin interpretiert, dass die Parteien zwar einen Vorrang des Nachbesserungsrechts vereinbarten, jedoch für den Fall, dass die Nachbesserung nicht zum Ziele führt, die ordentlichen Mängelrechte zur Verfügung stehen sollten. M.E. ist diese Auslegung im ersten Teil richtig, im zweiten Teil verfehlt: Der Käuferin musste klar sein, dass sie vorerst nur Nachbesserung («Garantie») verlangen konnte, unter Ausschluss «weitergehender» (gemeint: anderer) Ansprüche. Wie es sich jedoch rechtlich verhalten sollte, falls die Garantiearbeiten nicht zum Ziele führen, war nicht geregelt. Die Garantieklausel enthält für diesen Fall keine Anordnung. Die Klausel «weitergehende Ansprüche sind ausgeschlossen» kann kaum auf den Fall der gescheiterten Nachbesserung bezogen werden. Demzufolge kam das dispositive Gesetzesrecht zum Tragen. Es stellte sich also die Frage, wie sich die Rechtslage präsentiert, wenn die geschuldete Nachbesserung nicht vorgenommen wird, bzw. Nachbesserungsversuche scheitern. Das Bundesgericht hat zu dieser Frage in einer Eventualerwägung (E. 3) Stellung genommen:

4. Es verweist zutreffend auf «die allgemeinen Bestimmungen von Art. 97 ff. OR über die Erfüllung, insbesondere Art. 102 (Inverzugsetzung) sowie Art. 107/8 OR (Rücktritt mit und ohne Fristansetzung)» (E. 3a). Die Anwendung dieser Regeln im konkreten Fall vermag jedoch nicht in allen Punkten zu überzeugen:

a) Der Käufer hatte der Verkäuferin das Fahrzeug «überlassen, um die unbestritten vorhandenen Störungen zu beheben». In dieser Überlassung sieht das Bundesgericht eine Mahnung i.S. von Art. 102 OR, «womit die Beklagte [die Verkäuferin] in Verzug geriet». M.E. trat Verzug erst in einem späteren Zeitpunkt ein (vgl. vorne Nr. 158-160; das dort Gesagte gilt mutatis mutandis auch hier).

b) Sobald die Verkäuferin in Verzug war, konnte ihr der Käufer eine angemessene Nachfrist (Art. 107 Abs. 2 OR) ansetzen. Nach ungenutztem Fristablauf konnte er weiterhin auf der Erfüllung beharren, stattdessen aber auch, sofern er es «unverzüglich» (Art. 107 Abs. 2 OR) erklärte, auf die Nachbesserung verzichten und die in Art. 107 Abs. 2 OR vorgesehenen Rechte geltend machen. In casu lief die Nachfrist am 29. April ab, der Käufer erklärte jedoch den Rücktritt erst am 15. Mai. Das war offensichtlich verspätet. Das Bundesgericht hat demgegenüber den Rücktritt akzeptiert, ohne freilich die Problematik der «Unverzüglichkeit» auch nur aufzuwerfen. Stattdessen ging es auf die Frage ein, wie eine unangemessen kurze Nachfrist zu behandeln ist, und nimmt insoweit an, die zu kurze Nachfrist wandle sich automatisch in eine angemessene Frist um. Das trifft indes nicht zu: Diese Umwandlung findet nur statt, wenn der Schuldner gegen die zu kurze Frist protestiert (so das BGer selbst in BGE 116 II 440, 105 II 34). Vorliegend tat dies die Verkäuferin nicht, weshalb es bei der bis 29. April angesetzten Frist blieb. Nach deren Ablauf hätte, wie gesagt, sofort der Rücktritt erklärt werden müssen, wenn dies beabsichtigt war (s. schon Nr. 170).

c) Verzichtet der Käufer im Falle des Nachbesserungsverzugs auf die Nachbesserung, so geht die Nachbesserungsschuld unter; an deren Stelle tritt das in Art. 107 Abs. 2 OR vorgesehene Wahlrecht. Dieses ist freilich nicht auf die Besonderheiten des Nachbesserungsverzugs zugeschnitten. Die Anwendung in diesem Fall ergibt, dass der Käufer zwischen Wandelung, Minderung und Schadenersatz wählen kann (s. analog Nr. 166). Mit Bezug auf das Wandelungsrecht, das in casu einzig zur Diskussion stand, sind folgende Präzisierungen anzubringen:

– Das Wandelungsrecht ist nur gegeben, wenn es nicht wegbedungen wurde (oben Ziff. 1); in casu war dies nicht der Fall.

– Das Wandelungsrecht besteht nur, sofern die spezifischen Wandelungsvoraussetzungen gegeben sind. Das Bundesgericht hat insoweit zutreffend auf Art. 205 Abs. 2 OR hingewiegen (E. 5). Die Ausführungen in E. 3c hätten richtigerweise in E. 5 integriert werden müssen. Was im übrigen das Bundesgericht hier (E. 5) ausführt, vermag nicht in jeder Hinsicht zu überzeugen. Vieles hat mit den Wandelungsvoraussetzungen schlicht nichts zu tun, so etwa die Erwägungen betr. den hypothetischen Vertragswillen des Käufers sowie die Feststellung, dass der Vertrag als «untrennbares Ganzes» anzusehen war. Beides diente letztlich der Schlussfolgerung, dass das Wandelungsrecht nicht wegbedungen war, und hätte daher unter E. 2 gehört.

5. Zu BGE 91 II 344 ff. s. auch schon vorne Nr. 113, 169 und Anm. 204.

Pra 57 Nr. 50, S. 166
BGE 93 II 311

Auftrag. Werkvertrag. Konkurrierende Schadenersatzklagen des Bauherrn gegen den Architekten und den Unternehmer wegen Mängeln des Bauwerks (E. 1). *Haftung des Architekten für einen Konstruktionsfehler des Daches* (E. 2). *Haftung des Dachdeckers?* (E. 3).

Das Garage-Unternehmen G. S.A. liess durch den Architekten J. ein Atelier- und Bureau-Gebäude erstellen. J. übertrug die Dachdeckerarbeiten dem R. mit der Weisung, für die Bedachung Eternitplatten zu verwenden. R. übernahm die Garantie für absolute Undurchlässigkeit der Bedachung. Nach 4 Jahren zeigte sich, dass das Dach Wasser durchliess, weil es zu wenig schräg abfiel. Die G. S.A. liess den Schaden durch einen andern Unternehmer beheben und belangte den Architekten J. und den Dachdecker R. solidarisch auf Schadenersatz. Die Gerichte des Kts. Freiburg schützten die Klage gegen den Architekten J. im Betrage von 41 000.— Fr. und wiesen sie gegenüber dem Dachdecker R. ab. Gegen das kant. Urteil ergriffen sowohl der Architekt J. als auch die G. S.A. die Berufung, jener mit dem Antrag, die Klage sei auch ihm gegenüber abzuweisen, diese mit dem Antrag, R. sei solidarisch mit J. zum Ersatz des Schadens von 41 000.— Fr. zu verpflichten. Das Bg weist beide Berufungen ab.

1. Die G. S.A. macht im gleichen Prozess zwei verschiedene Ansprüche gegen zwei Beklagte geltend, nämlich gegen den Architekten J. und den Unternehmer R., die auf Grund von OR 51 solidarisch für den gleichen Schaden haften. Aber die Haftung eines jeden von ihnen ist unabhängig von derjenigen des andern, und die Voraussetzungen einer passiven Solidarität im Sinne von OR 143 ff. sind nicht gegeben. Zwar hat jeder der beiden Beklagten ein rechtliches Interesse an der Verurteilung seines Streitgenossen. Keiner von ihnen hat jedoch beantragt, der andere sei zum Ersatz des Schadens der Klägerin zu verurteilen, noch Begehren gestellt, die darauf abzielen, ihn von den Folgen einer allfälligen Verurteilung zu befreien. Das Bg hat daher im vorliegenden Verfahren nicht über einen Rückgriffsanspruch zu befinden, der allenfalls einem der Beklagten auf Grund von OR 51 zustehen könnte. Es hat sich darauf zu [167] beschränken, einerseits die Haftung des J. und anderseits diejenige des R. gegenüber der G. S.A. zu prüfen.

2. Als Architekt, dem nicht nur die Ausarbeitung der Pläne, sondern auch die Bauleitung übertragen worden war, stand J. zu der G. S.A. in einem Auftragsverhältnis (BGE 89 II 406 = Pra 53 Nr. 33 und Zitate). Er hatte die versprochenen Leistungen mit Sorgfalt auszuführen und haftet für die getreue und sorgfältige Ausführung des ihm übertragenen Geschäftes (OR 398/328).

a) Bei den Bauplänen ist dem J. ein Fehler in der Dachkonstruktion unterlaufen. Dieser Fehler war nach den verbindlichen Feststellungen der Vi die Ursache des Schadens. Die Vi hat ferner hervorgehoben, dass J. als Architekt sich der Nachteile von Dächern mit nur geringer Schräge habe bewusst sein müssen. Ebenso habe er die Umstände nicht ausser acht lassen dürfen, unter denen das gewählte Material – Eternit – verwendet werden sollte; denn Eternit habe sich schon seit vielen Jahren auf dem Markt befunden. Soweit sich diese Würdigung der Vi auf die allgemeine Lebenserfahrung stützen und somit für das Bg nicht verbindlich sein sollte, kann ihr nur beigepflichtet werden. Der Architekt, der eine bestimmte Konstruktion vorschlägt, muss sie so ausführen, dass sie den Regeln der Baukunst entspricht und für die Erreichung des angestrebten Resultates, also im vorliegenden Falle für die Undurchlässigkeit des Daches, Gewähr bietet. Genügt er diesem Erfordernisse nicht, so trifft ihn ein haftungsbegründendes Verschulden.

Die Erstellung eines Gebäudes kann zwar technische Schwierigkeiten bieten, zu deren Überwindung Spezialkenntnisse nötig sind, über die der Architekt selber nicht verfügt. Dann ist er verpflichtet, sich bei Fachleuten Rat zu holen und diesen zu befolgen. J. hat sich aber damit begnügt, mit der Firma Eternit, deren Hauptsitz sich in Niederurnen (GL) befindet, durch einen Dritten, S., Kontakt aufzunehmen. Wenn er es als nötig erachtete, die Meinung des Fabrikanten zu kennen, musste er jedoch ihm die zu lösenden Probleme persönlich darlegen. Dass die Filiale Payerne der Firma Eternit die Bestellung vorbehaltlos entgegennahm und gegen seine Pläne keine Einwendungen erhob, ist belanglos. Der Verkäufer übernimmt für die Lieferung von Material nicht die gleiche Haftung wie der Bauunternehmer gegenüber dem Besteller. Übrigens hat nach den Feststellungen der Vi J. bei der Befragung anerkannt, dass er von der Firma Eternit keine weiteren Zusicherungen als die im Schreiben an S. enthaltenen bekommen hatte. Der in diesem Schreiben gemachten dringenden Empfehlung hinsichtlich der Dachschräge hat er jedoch in keiner Weise Rechnung getragen. Diese Unterlassung war, wie die Vi festgestellt hat, die Grundursache des Schadens.

b) J. nimmt in seiner Berufung den Standpunkt ein, die von R. unterzeichnete Garantieklausel befreie ihn von jeder Haftung. Er übersieht jedoch, dass diese Klausel sich auf das Rechtsverhältnis zwischen dem [168] Unternehmer und dem Bauherrn bezieht, aber gegenüber dem Architekten, der nicht Partei des mit dem Unternehmer abgeschlossenen Vertrages ist, keine Wirkungen zu entfalten vermag. Gewiss liegt es dem Architekten ob, die Verträge mit den Handwerkern so abzufassen, dass deren Verpflichtungen dem Bauherrn die gehörige Ausführung des Werkes garantieren und beim Fehlen einer solchen seine Interessen wirksam wahrnehmen. Aber darin erschöpfen sich die Verpflichtungen des Architekten gegenüber seinem Auftraggeber nicht. Er ist in erster Linie zur Erstellung von Plänen verpflichtet, die eine kunstgerechte Konstruktion des Werkes zur Grundlage haben. Sind diese Pläne mangelhaft, so unterliegt der Architekt einer Haftung, deren er sich nicht unter Hinweis auf eine vom Unternehmer übernommene Garantie entschlagen kann. Eine solche Garantie tritt, falls sie wirksam ist, zu derjenigen hinzu, die der Architekt auf Grund des übernommenen Auftrags zu leisten hat.

J. musste der G. S.A. eine undurchlässige Bedachung verschaffen. Diese Verpflichtung hat er nicht erfüllt. Er haftet daher für den aus dieser Nichterfüllung entstandenen Schaden und kann sich nicht dadurch entlasten, dass er sich auf eine angebliche Haftung des Unternehmers R. oder des Materiallieferanten, der Firma Eternit, beruft. Die Berufung des J. ist somit unbegründet.

3. Die G. S.A. ficht den Entscheid der Vi an, soweit er den Unternehmer R. von jeder Haftung freispricht...

a) Gemäss OR 368 hat der Unternehmer, selbst beim Fehlen eines Verschuldens, für die richtige Ausführung des Werkes einzustehen. Seine Haftung hat zur Folge, dass der Besteller befugt ist, die Annahme des mangelhaften Werkes zu verweigern, einen Abzug am Lohn zu machen oder die Verbesserung durch den Unternehmer zu verlangen. Trifft den Unternehmer ein Verschulden, so kann er zum Ersatz des vollen Schadens verpflichtet werden; gemäss der Regel von OR 97 muss er beweisen, dass ihn kein Verschulden treffe (BGE 70 II 219 = Pra 33 Nr. 179. OSER/SCHÖNENBERGER, OR 368 N. 11 ff.). Auf Schadenersatzleistung belangt, konnte sich R. dadurch befreien, dass er diesen Beweis erbrachte.

Nach den Feststellungen der Vi hat der Unternehmer R. die Arbeit mit grosser Sorgfalt ausgeführt. Er hat sich genau an die vom Architekten erstellten Pläne und an die Weisungen der Firma Eternit gehalten. Die Vi hat daraus mit Recht gefolgert, dass ihm hinsichtlich der Ausführung der Bedachung des Gebäudes kein Verschulden zur Last gelegt werden kann...

Nach OR 365 III hat der Unternehmer auf Umstände aufmerksam zu machen, welche die Ausführung des Werkes gefährden können. Man kann jedoch R. nicht vorwerfen, die G. S.A. oder ihren Beauftragten, den Architekten J., nicht darauf aufmerksam gemacht zu haben, dass das Dach nicht schräg genug sei. Nach den Feststellungen der Vi war die vom Architekten vorgeschriebene Art des Dachbelages dem Unter-[169]nehmer unbekannt, und wie beim Verlegen der Platten vorzugehen sei, wurde ihm von einem Monteur der Firma Eternit angegeben. Ein ländlicher Handwerker verstösst aber nicht gegen die von ihm zu erwartende Sorgfaltspflicht, wenn er einen Mangel nicht wahrnimmt, den, wie er vernünftigerweise annehmen durfte, der Architekt oder der Fachmann der Firma Eternit besser als er zu entdecken in der Lage waren.

b) R. hat aus freien Stücken eine Klausel unterzeichnet, wonach er ausdrücklich die Garantie «für die absolute Undurchlässigkeit der Bedachung» übernahm. Diese Klausel befindet sich in den «Besonderen Bestimmungen» des Zuschlagsformulars und konnte daher dem Unternehmer nicht entgehen. Die Tragweite einer Vertragsbestimmung, durch welche der Unternehmer die Garantie übernimmt, dass das Werk bestimmte Eigenschaften aufweise, ist der Haftung des Verkäufers für zugesicherte Eigenschaften der Kaufsache im Sinne von OR 197 ähnlich (vgl. BGE 42 II 632 = Pra 6 Nr. 13, wo das Bg bei der Prüfung einer Garantieklausel offen liess, ob der Vertrag als Kauf oder als Werkvertrag zu qualifizieren sei). Die Vorschriften über die Haftung für Mängel beim Werkvertrag weisen in der Tat grosse

Ähnlichkeit auf mit denjenigen über die Gewährspflicht beim Kauf (OSER/SCHÖNENBERGER, OR 368 N. 1).

Die Unterzeichnung einer derartigen Klausel verstärkt die Rechtsstellung des Käufers bzw. des Bestellers im Verhältnis zur gesetzlichen Regelung in dem Sinne, dass der Verkäufer zur Realerfüllung der auf die Verschaffung der zugesicherten Eigenschaft gerichteten Obligation verpflichtet ist (BGE 91 II 348 E. 2 = Pra 55 Nr. 33). Beim Kauf verleiht das Gesetz dem Käufer einen solchen Nachbesserungsanspruch nicht (vgl. OR 205, 208). Beim Werkvertrag macht OR 368 den Anspruch auf Verbesserung durch den Unternehmer davon abhängig, dass sie ohne übermässige Kosten möglich ist. Indem R. die vertragliche Garantie für die «absolute Undurchlässigkeit der Bedachung» übernahm, verpflichtete er sich, die Verbesserungsarbeiten auszuführen, die infolge Fehlens der Undurchlässigkeit notwendig werden sollten.

Die Verbesserungspflicht gilt jedoch nur unter den durch die gesetzliche Ordnung festgesetzten Voraussetzungen (OR 368 und 97). Für den Kauf setzt OR 197 die zugesicherten Eigenschaften und die gesetzliche Mängelhaftung auf die gleiche Stufe. Diese Lösung muss auch für den Werkvertrag übernommen werden. Das entspricht übrigens auch dem Sinn, den ein Laie der in Frage stehenden Klausel beilegen würde, die eine letzten Endes auf den Grundsätzen von Treu und Glauben beruhende Haftung begründet und nach eben diesen Grundsätzen ausgelegt werden muss (BGE 73 II 220 E. 1 = Pra 37 Nr. 60).

Die durch die Garantieklausel begründete Verpflichtung beschränkt sich somit auf die effektive Herstellung des die zugesicherten Eigenschaften aufweisenden Werkes. Nicht entschieden zu werden braucht die Frage, ob die im vorliegenden Fall übernommene Garantie, die sich [170] hauptsächlich auf die Eternitbedachung, also auf das die Oberfläche des Daches bedeckende Material, bezog, sich auch auf das Dach in seiner Gesamtheit erstreckte, insbesondere auch auf die Mängel, die nicht auf die Ausführung der eigentlichen Dachdeckerarbeiten zurückzuführen waren, sondern auf die ungenügende Schräge des Daches. Denn auf jeden Fall ist R. von der G. S.A. hinsichtlich der Verbesserung des mangelhaften Werkes nie in Verzug gesetzt worden. Die Reparatur des Daches wurde einem andern Unternehmer übertragen. Der Besteller kann daher von R. keinen Schadenersatz zum Ausgleich der Nichterfüllung einer derartigen Verpflichtung zu einem Tun fordern (vgl. BGE 91 II 350 E. 3 = Pra 55 Nr. 33). Er hat eine Schadenersatzklage erhoben, die sich auf die Mängel des Daches stützt, das nicht undurchlässig war. Wie jedoch oben dargelegt wurde, hat R. keinen Fehler begangen und haftet daher nicht für den Schaden infolge Fehlens der zugesicherten Eigenschaft. (I. Ziv.abt., 3. Oktober 1967, Gendre S.A. c. Jaeger und Ratzé; Orig.text franz.)

* * *

Kommentar

Anspruchskonkurrenz zwischen Schadenersatzanspruch gegen Architekten und Mängelrechten gegen Unternehmer. – Recht auf Ersatz des Mangelschadens. – Umwandlung primärer in sekundäre Mängelrechte. – Nachbesserungsanspruch trotz «übermässiger Kosten» i.S.v. Art. 368 OR.

1. Der Architekt kann sich von seiner Haftung nicht mit der Begründung entlasten, der Unternehmer sei gewährleistungspflichtig (E. 2b; Nr. 534). Vielmehr besteht gegebenenfalls Solidarität nach Art. 51 OR. Diese ist nicht als «passive Solidarität im Sinne von OR 143 ff.» aufzufassen (E. 1). Vielmehr handelt es sich um sog. unechte Solidarität. Für diese gelten zwar die Art. 143 ff. OR nicht unmittelbar, wohl aber grösstenteils analog. Nicht anwendbar ist z.B. Art. 149 Abs. 1 OR. Nur für die echte Solidariät gilt ferner Art. 136 Abs. 1 OR, wonach die Verjährungsunterbrechung gegenüber dem einen Solidarschuldner auch gegenüber dem andern wirkt (Nr. 538). Art. 51 OR findet *unmittelbar* Anwendung, wenn Architekt und Bauunternehmer je für denselben Schaden haften (Nr. 543). Steht dem Schadenersatzanspruch gegen den Architekten ein anderer Anspruch gegen den Unternehmer gegenüber, namentlich ein Nachbesserungsanspruch, so findet Art. 51 OR nur analoge Anwendung. Wegen der unterschiedlichen Natur der Ansprüche kann diesfalls nur beschränkt auf die Art. 143 ff. OR zurückgegriffen werden (Nr. 545).

2. Ein Architekt, «dem nicht nur die Ausarbeitung der Pläne, sondern auch die Bauleitung übertragen» wird, steht zum Bauherrn «in einem Auftragsverhältnis» (E. 2 vor lit. a). Diese Rechtsprechung ist überholt: Nach der neusten Rechtsprechung des Bundesgerichts (zit. in Nr. 530) sind solche Gesamtverträge gemischte Verträge, die jedoch grundsätzlich und insbesondere in der Frage des Widerrufs dem Auftragsrecht unterstehen.

3. «Gemäss OR 368 hat der Unternehmer, selbst beim Fehlen eines Verschuldens, für die richtige Ausführung des Werkes einzustehen» (E. 3a). Bei Vorliegen eines Werkmangels kann der Besteller – unter bestimmten Voraussetzungen – Wandelung, Minderung oder Nachbesserung verlangen. «Trifft den Unternehmer ein Verschulden», so kann er nach dem referierten Entscheid (E. 3a a.A.) «zum Ersatz des vollen Schadens verpflichtet werden». Dieser Schadenersatzanspruch ist nach Ansicht des Bundesgerichts offenbar ein alternatives Mängelrecht (neben Wandelung, Minderung und Nachbesserung), und mit dem Schaden meint es offenbar den Mangelschaden, also insbesondere den finanziellen Nachteil, der dem Besteller dann entsteht, wenn er einen Mangel durch einen Dritten beseitigen lässt (um solchen Schaden ging es ja in casu). Indes gewährt Art. 368 OR m.E. keinen Anspruch auf Ersatz des Mangelschadens. Vielmehr ist in Art. 368 Abs. 2 OR der *Mangelfolge*schaden gemeint, also Schaden, der trotz Wandelung, Minderung oder Nachbesserung bestehen bleibt (Nr. 7). Auch aus Art. 97 OR lässt sich ein Recht auf Ersatz des Mangelschadens nicht ableiten (Nr. 8). Das Bundesgericht ist in der neueren Rechtsprechung gleicher Meinung (BGE 100 II 32; hinten S. 231 f., Bem. 3). Hingegen nimmt es beim Kauf nach wie vor an, der Käufer könne den Mangelschaden ersetzt verlangen, dies gestützt auf Art. 97 OR und unter der Voraussetzung, dass die speziellen Gewährleistungsvoraussetzungen gegeben sind, der in Frage stehende Mangel also insbesondere rechtzeitig gerügt wurde (BGE 108 II 104). In der Lehre ist die diskutierte Frage kontrovers (Nr. 8 samt einschlägigen Anm.). S. auch Bem. 1a zu BGE 93 II 317 ff. (unten S. 222 f.).

Nach dem Gesagten sieht das OR kein primäres Mängelrecht (Nr. 12) auf Ersatz des Mangelschadens vor. Hingegen kann sich ein primäres Mängelrecht nachträglich in einen solchen Schadenersatzanspruch umwandeln, so etwa das Nachbesserungsrecht, wenn der Unternehmer mit der Nachbesserung in Verzug gerät, der Besteller nach Massgabe von Art. 107 Abs. 2 OR auf die Nachbesserung verzichtet und statt dessen «Ersatz des aus der Nichterfüllung entstandenen Schadens» verlangt (Nr. 9, 166 ff.). Dass ein Recht auf Ersatz des Mangelschadens auch als solches sekundäres Mängelrecht entstehen kann, kommt auch im angefochtenen Entscheid, wenngleich nicht mit grösster Deutlichkeit, zum Ausdruck (E. 3b letzter Absatz). Beizufügen ist, dass das Recht auf Ersatz des Mangelschadens im erwähnten Verzugsfalle kein Verschulden am Mangel, sondern am Verzug voraussetzt (Nr. 166), und weiter, dass die Anspruchsgrundlage in Art. 107 Abs. 2 OR i.V.m. Art. 368 OR zu sehen ist, nicht in Art. 97 OR und auch nicht in Art. 368 OR allein.

4. Aus E. 3b des referierten Entscheids ergibt sich, dass sich der Unternehmer verpflichten kann, einen Mangel auch dann zu beheben, wenn damit übermässige Kosten i.S.v. Art. 368 Abs. 2 OR verbunden sind. Schon die blosse Zusicherung einer bestimmten Eigenschaft lässt – folgt man dem Entscheid – auf einen entsprechenden Verpflichtungswillen schliessen.

5. Der Entscheid hat auch kaufrechtlich interessante Komponenten. Darauf sei hier nicht weiter eingetreten. Es sei lediglich bemerkt, dass nach bundesgerichtlicher Ansicht in der Zusicherung einer Eigenschaft auch das Versprechen enthalten ist, die Eigenschaft allenfalls im Wege der Nachbesserung herbeizuführen (E. 3b).

6. Nicht eingegangen wird im Entscheid auf die Frage, ob die Haftung des Unternehmers schon deshalb entfiel, weil sich der Bauherr das Verhalten des Architekten als grobes Selbstverschulden nach Art. 369 OR i.V.m. Art. 101 OR anrechnen lassen musste. S. zu dieser Problematik oben Nr. 519 ff.

BGE 93 II 317 (Auszug)
Pra 57 Nr. 51, S. 170

Urteil der I. Zivilabteilung vom 24. Oktober 1967 i.S.
Kalbermatten gegen Theler.

Werkvertrag. Unechte Solidarität. Berufung.
Zulässigkeit der Berufung. Streitwert von Klage und Widerklage (Erw. 1).
Berufungsbegründung, Anforderungen (Erw. 2 lit. d).
Unechte Solidarität zwischen Unternehmer und Architekt gegenüber dem Bauherrn. Beschränkung der Haftung des einen belangten Solidarschuldners, weil sein Verschulden durch dasjenige des andern als gemildert erscheint? (Erw. 2).
Werkvertrag über die Erstellung eines Sport-Schwimmbeckens. Verbesserungspflicht des Unternehmers wegen Nichteinhaltung der vereinbarten Länge von 25 m. Rechtsmissbräuchliches Beharren des Bestellers auf genauer Vertragserfüllung? (Erw. 4).
Fälligkeit des Werklohnes bei Mängeln des Werkes (Erw. 5).

[318] A. – Der Eigentümer des Thermalbades Brigerbad, Hans Kalbermatten, Turn- und Sportlehrer und kantonaler Turninspektor, liess eine neue Badeanlage erstellen. Er übertrug im März 1960 dem Bauunternehmer Julius Theler die Erd-, Maurer- und Betonarbeiten für das Sport- und das Kinderbecken und für die Thermal-Badegrotte, sowie die Kanalisationsarbeiten. Diese Arbeiten wurden in der Zeit vom Juni 1960 bis September 1961 ausgeführt. Der Unternehmer stellte Rechnungen im Gesamtbetrage von Fr. 220 090.10, woran der Bauherr Abschlagszahlungen von rund Fr. 170 000.— leistete. Die Bezahlung des Saldos von Fr. 48 744.05 verweigerte er wegen mangelhafter Ausführung verschiedener Arbeiten.

B. – Mit Klage vom 30. Dezember 1964 forderte Theler von Kalbermatten Bezahlung des Saldos von Fr. 48 744.05 nebst 5% Zins seit 26. April 1961. Diese Forderung setzte er in der Folge auf Grund der Ergebnisse des Beweisverfahrens auf Fr. 38 586.— nebst Zins herab.

[319] Der Beklagte anerkannte hieran Fr. 23 000.—, machte jedoch verrechnungs- und widerklageweise Gegenforderungen von Fr. 27 000.— geltend, nämlich
– Fr. 15 000.— für Verdienstausfall,
– Fr. 2 000.— für Ersatz eines Schiebers,
– Fr. 10 000.— für Mehrarbeiten des Architekten.

Demgemäss beantragte er, die Klage abzuweisen und die Widerklage im Betrage von Fr. 4000.— nebst 5% Zins ab Inkrafttreten des Urteils zu schützen. Ferner beantragte er, der Widerbeklagte sei zu verurteilen, auf seine Kosten das Sportbecken so umzugestalten, dass es die vertraglichen Ausmasse von 25 m Länge besitze. Diese Arbeiten seien während der Periode durchzuführen, während welcher die

Badeanstalt geschlossen ist. Subsidiär stellte er das Begehren, der Widerbeklagte habe ihm als Entschädigung für die Nichteinhaltung der vertraglichen Ausmasse des Sportbeckens Fr. 30 000.— nebst 5% Zins ab Rechtskraft des Urteils zu bezahlen.

Der Kläger beantragte, die Widerklage abzuweisen.

C. – Das Kantonsgericht des Kantons Wallis schützte nach Durchführung eines Beweisverfahrens (Zeugeneinvernahmen, Parteiverhör, Gutachten Sachverständiger) die Klage im aufrechterhaltenen Betrage von Fr. 38 586.— nebst 5% Zins seit 26. April 1961; die Widerklage wies es ab.

D. – Der Beklagte hat die Berufung an das Bundesgericht ergriffen. Gemäss seinen Berufungsbegehren anerkennt er nunmehr von der Hauptklage Fr. 35 886.—, erklärt aber, diesen Betrag mit den aufrechterhaltenen Gegenforderungen von Fr. 15 000.— für Verdienstausfall und Fr. 2000.— für den Ersatz eines Schiebers zu verrechnen, so dass sich der anerkannte Klageanspruch auf Fr. 18 886.— vermindert. Ferner hält er an seinem Widerklagebegehren auf Umgestaltung des Sportbeckens und subsidiär an seiner Schadenersatzforderung von Fr. 30 000.— fest; bei Gutheissung dieses subsidiären Begehrens wäre somit nach Verrechnung mit der restlichen Klageforderung von Fr. 18 886.— die Widerklage im Betrage von Fr. 11 114.— zu schützen.

Der Kläger beantragt, die Berufung abzuweisen und das angefochtene Urteil zu bestätigen.

[320] *Das Bundesgericht zieht in Erwägung*:

2. – Der Beklagte beantragt, den von der Vorinstanz dem Kläger zugesprochenen Betrag von Fr. 38 586.— um Fr. 2700.— herabzusetzen.

[321] *a)* Diesem Begehren liegt der folgende Sachverhalt zugrunde: Der Betonboden des Sportbeckens hatte sich stellenweise gesenkt. Der bauleitende Architekt ordnete daher an, es seien zur Verdichtung des Untergrundes BetonInjektionen vorzunehmen. Diese Arbeit wurde vom Kläger ausgeführt. Dabei wurde der unter dem Sportbecken verlaufende Hauptablaufstrang durch Injektionsgut (flüssigen Zementmörtel) teilweise verstopft und musste deshalb nachträglich freigelegt und ersetzt werden.

b) Die Vorinstanz hat den dem Beklagten aus der nicht fachgerechten Ausführung der Injektionsarbeiten erwachsenen Schaden auf Fr. 4000.— festgesetzt. Sie hat jedoch den Kläger nur für einen Drittel dieses Schadens ersatzpflichtig erklärt, da die Verantwortlichkeit für die andern zwei Drittel den Architekten treffe, der es unterlassen habe, die zur Verhütung von Schäden an der Ablaufleitung erforderlichen Massnahmen anzuordnen. Eine solidarische Haftung des Klägers für den vom Architekten zu verantwortenden Schadensanteil hat die Vorinstanz unter Hinweis auf die Rechtsprechung des Bundesgerichts (BGE 89 II 122 f.) mit der Begründung abgelehnt, das mitwirkende Verschulden des Architekten lasse dasjenige des Klägers als gemildert erscheinen.

c) Der Beklagte hat sich mit der Festsetzung der Schadenshöhe auf Fr. 4000.— abgefunden; er beanstandet auch die Aufteilung der Verantwortlichkeit zwischen dem Architekten und dem Unternehmer nicht. Mit der Berufung wendet er sich lediglich dagegen, dass die Vorinstanz eine solidarische Haftung des Unternehmers (d.h. des Klägers) für den zulasten des Architekten gehenden Anteil von Fr. 2700.— abgelehnt hat; er rügt, die Vorinstanz habe die von der bundesgerichtlichen Rechtsprechung aufgestellten Grundsätze unrichtig angewendet. Das mitwirkende Verschulden des Architekten könne nicht zu einer Verminderung der Haftung des Klägers führen, der sich selber anerboten habe, eine seine beruflichen Fähigkeiten übersteigende Arbeit auszuführen.

d) Der Kläger wendet ein, auf dieses Berufungsbegehren könne mangels einer rechtsgenüglichen Begründung nicht eingetreten werden. Diese Auffassung trifft nicht zu. Aus der Berufungsschrift geht unmissverständlich hervor, dass und warum nach der Ansicht des Beklagten die Vorinstanz die bundesrechtlichen Bestimmungen über die Solidarität unrichtig [322] angewendet hat. Damit ist der Vorschrift von Art. 55 Abs. 1 lit. c OG genügt. Dass die Berufungsschrift die Gesetzesartikel, welche die Solidarität betreffen, nicht ausdrücklich nennt, schadet nicht (BGE 87 II 306 Erw. 1).

e) Der streitige Schaden ist darauf zurückzuführen, dass sowohl der Kläger (Unternehmer), als auch der Architekt (Bauleiter) ihre vertraglichen Sorgfaltspflichten gegenüber dem Beklagten (Bauherrn) verletzt haben. Ein gemeinsames Verschulden, das ihre passive Solidarität im Sinne von Art. 50 bzw. Art. 143 OR begründen würde, fällt ihnen jedoch nicht zur Last. Es liegt somit ein Fall sog. unechter Solidarität oder Anspruchskonkurrenz gemäss Art. 51 OR vor (OSER/SCHÖNENBERGER, Art. 51 OR N. 4; BGE 93 II 313 Erw. 1).

Gleich wie bei echter Solidarität wird auch bei blosser Anspruchskonkurrenz die Haftung eines Schädigers gegenüber dem Geschädigten grundsätzlich nicht dadurch vermindert, dass für den gleichen Schaden auch noch ein Dritter einzustehen hat. Jeder der beiden Verantwortlichen haftet dem Geschädigten für den ganzen Schaden. Diese gesetzliche Regelung will dem Geschädigten eine möglichst vollständige Befriedigung für seinen Anspruch sichern. Solidarität bedeutet in jeder Form Stärkung der Stellung des Gläubigers. Dieser kann jeden Schuldner für die volle Forderung belangen, wobei er in der Auswahl des Prozessgegners freie Hand hat. Wie im Innenverhältnis die Zahlungspflicht auf die einzelnen Schuldner zu verteilen sei, berührt ihn nicht. Der belangte Schuldner kann ihm daher in der Regel nicht entgegenhalten, es hafte auch noch ein Dritter für den gleichen Schaden. Dieser Grundsatz erfährt ausnahmsweise dann eine Einschränkung, wenn der vom Dritten zu verantwortende Haftungsgrund den rechtserheblichen Kausalzusammenhang zwischen der Handlung des Belangten und dem Schaden unterbricht, oder wenn das mitwirkende Verschulden des Dritten dasjenige des Belangten als gemindert erscheinen lässt (BGE 89 II 122 Erw. 5 und dort erwähnte Entscheide).

aa) Eine Haftungsverminderung wegen Unterbrechung des adäquaten Kausalzusammenhanges scheidet im vorliegenden Falle von vornherein aus. Unmittelbare Schadenursache waren die vom Kläger vorgenommenen Beton-Injektionen in den Untergrund des Sportbeckens, bei denen wegen Unterlassung jeder Vorsichtsmassnahme das Abflussrohr des Beckens ver-[323]stopft wurde. Der Fehler des Architekten, diese Injektionen anzuordnen, ohne dem Kläger genaue Weisungen für ihre Durchführung zu geben, war nicht geeignet, sich derart zwischen die vom Kläger gesetzte Ursache und den eingetretenen Erfolg einzuschieben, dass jener die Rechtserheblichkeit abzusprechen wäre.

bb) Eine Haftungsbeschränkung wegen mitwirkenden Drittverschuldens darf nur mit grosser Zurückhaltung angenommen werden, da sonst der Schutz des Geschädigten, den die Solidarhaftung mehrerer Schuldner ihrem Wesen nach anstrebt, weitgehend illusorisch gemacht würde. Den schutzwürdigen Interessen des belangten Schuldners trägt die Einräumung des Rückgriffsrechtes im internen Verhältnis der mehreren Schuldner genügend Rechnung. Die Möglichkeit, dass wegen Zahlungsunfähigkeit des andern Schuldners der Rückgriff ergebnislos bleibt, darf nicht als Grund für eine Beschränkung der Haftung des belangten Schuldners in Betracht gezogen werden; denn es wäre noch ungerechter, wenn statt eines der mehreren Schadensstifter der Geschädigte einen Verlust auf sich nehmen müsste (BGE 89 II 123, 66 II 121 Erw. 5).

Das Bundesgericht hat denn auch eine Haftungsbeschränkung aus diesem Grunde nur in seltenen Fällen, beim Vorliegen ganz besonderer Umstände, eintreten lassen (BGE 59 II 43 f., 369 f.; vgl. ferner BGE 64 II 307). In allen übrigen vom Bundesgericht beurteilten Fällen wurde eine solche Haftungsbeschränkung in den Erwägungen zwar als theoretisch möglich erwähnt, aber stets abgelehnt (BGE 41 II 228, 55 II 88, 60 II 155, 66 II 118 f., 89 II 123). Ob es sich unter diesen Umständen überhaupt rechtfertige, an der Möglichkeit einer Haftungsbeschränkung festzuhalten, kann jedoch offen bleiben. Denn im vorliegenden Falle ist eine solche entgegen der Auffassung der Vorinstanz selbst auf Grund der bisherigen Rechtsprechung abzulehnen.

Der Kläger hat sich selber anerboten, die Injektionsarbeiten auszuführen; er hatte solche, ohne eigentlicher Fachmann dafür zu sein, schon andernorts ausgeführt und wusste, dass es sich um eine heikle Arbeit handle. Trotzdem begnügte er sich mit der ihm von der Bauleitung bloss mündlich erteilten allgemeinen Weisung, den Baugrund unter dem Sportbecken durch Beton-Injektionen zu verdichten. Er wusste auch, dass unter dem Sportbecken die Abflussleitung verlief, da er diese selber angelegt hatte, und ebenso war ihm bekannt, dass der Verlauf [324] dieser Leitung nicht mit den Plänen übereinstimmte, da sie wegen eines Felsens hatte verlegt werden müssen. Er führte die Injektionsarbeiten aus, ohne irgendwelche Schutzmassnahmen gegen die Gefahr zu treffen, dass das eingespritzte flüssige Betongemisch in die Abflussleitung geraten und diese verstopfen könnte; insbesondere unterliess er es, durch ständiges Durchspülen der Leitung cinc Verstopfung zu verhüten. Es trifft ihn daher am eingetretenen Schaden ein erhebliches Verschulden, weil er eine Arbeit übernahm, die seine beruflichen Fähigkeiten überstieg, und bei ihrer Ausführung in verschiedener Hinsicht fehlerhaft vorging.

Dieses Verschulden wird keineswegs dadurch gemildert, dass auch dem Architekten ein Verschulden zur Last fällt, weil er dem Kläger die Arbeit übertrug, ohne ihm genaue Anweisungen zu geben und ihre Durchführung zu überwachen. Da der Kläger sich für diese Arbeit selber anerboten hatte, durfte er davon ausgehen, dieser verfüge über die erforderlichen Kenntnisse. Es liegen somit keine besonderen Umstände vor, die es rechtfertigen würden, vom Grundsatz abzuweichen, wonach der Kläger als Solidarschuldner dem Beklagten für den eingetretenen Schaden von Fr. 4000.— im vollen Umfang haftet. Inwieweit er auf den Architekten Rückgriff nehmen kann, ist als Frage des internen Verhältnisses zwischen den Solidarschuldnern im vorliegenden Verfahren, an dem der Architekt nicht beteiligt ist, nicht zu entscheiden.

Die von der Vorinstanz vorgenommene Kürzung des Anspruchs des Beklagten um Fr. 2700.— ist daher unbegründet. Das hat zur Folge, dass sich der Anspruch des Klägers von Fr. 38 586.— auf Fr. 35 886.— vermindert.

3. – (Nichteintreten auf die Gegenforderung von Fr. 2000.— für den Ersatz eines Schiebers; Abweisung der Gegenforderung von Fr. 15 000.— für Verdienstausfall.)

4. – *a)* Der Beklagte hat mit der Widerklage weiter beantragt, der Kläger sei zu verpflichten, das Sportbecken auf seine Kosten so umzugestalten, dass es die vertraglich vereinbarte Länge von 25 m aufweise; für den Fall der Abweisung dieses Begehrens hat er subsidiär Schadenersatzansprüche von Fr. 30 000.— geltend gemacht.

Die Vorinstanz hat sowohl das Haupt- wie das Eventualbegehren abgewiesen. Nach ihren verbindlichen Feststellungen hat das Sportbecken zwar nicht die vereinbarte Länge von [325] 25 m, sondern es ist um 5,5 bis 8 cm kürzer. Die Vorinstanz ist jedoch zum Schluss gelangt, es müsse die Betriebsbestimmung und die wirtschaftliche Nutzung der Gesamtanlage mitberücksichtigt werden, und so betrachtet beeinträchtige der geringfügige Längenunterschied die Brauchbarkeit des Sportbeckens nicht. Dem Beklagten sei weder in der Vergangenheit daraus ein Schaden erwachsen, noch sei für die Zukunft mit einem solchen zu rechnen. Der Beklagte könne daher weder die unentgeltliche Verbesserung des Werkes gemäss Art. 368 Abs. 2 OR verlangen, die schätzungsweise Fr. 30 000.— kosten würde, noch habe er Anspruch auf Herabsetzung des Werklohnes wegen Minderwerts des Werkes oder auf Schadenersatz.

b) Dieser Betrachtungsweise kann nicht gefolgt werden. Für die Beurteilung des streitigen Begehrens ist nicht von Art. 368 OR auszugehen; denn die Parteien haben, wie die Vorinstanz selber feststellt, einen besonderen Vertrag auf Grund der vom Kläger eingereichten Offerte abgeschlossen. Die somit massgebende Offerteingabe des Klägers verweist zunächst in Ziff. 1 der «Allgemeinen Bestimmungen» auf die «Allgemeinen Bedingungen für die Ausführung von Hocharbeiten des SIA». Damit sind die vom SIA herausgegebenen «Normalien für die Ausführung von Bauarbeiten» (Ausgabe 1948) gemeint. Diese bestimmen in Art. 26 der «Allgemeinen Bedingungen für Bauarbeiten» unter dem Titel «Haftung für Mängel» in Abs. 1:

«Der Unternehmer haftet gemäss Bauvertrag und Gesetz für sorgfältige Ausführung des Werkes... sowie für die Erfüllung der zugesicherten Eigenschaften und für die Tauglichkeit zu dem im Vertrag vorausgesetzten Gebrauch.»

Bei Mängeln hat nach Art. 27 Abs. 3 der Bauherr dem Unternehmer eine angemessene Frist zur Behebung anzusetzen; kommt der Unternehmer seiner Verbesserungspflicht nicht nach, so ist nach Art. 27 Abs. 4 der Bauherr berechtigt, «einen dem Minderwert des Werkes entsprechenden Abzug an der Abrechnungssumme zu machen oder, sofern es dem Unternehmer nicht übermässige Kosten verursacht, auf seinem Verbesserungsanspruch zu beharren oder unter Vorbehalt von Art. 368 Abs. 3 OR die Annahme zu verweigern, alles vorbehältlich des Anspruchs auf Schadenersatz bei Verschulden».

Ziff. 12 der Allgemeinen Bestimmungen der Offerteingabe sagt dann aber:

[326] «Bei der Ausführung von Maurer- und Eisenbetonarbeiten gewährt die Bauleitung dem Unternehmer eine Toleranz von höchstens 1 cm. Abweichen von den Planangaben über dieses Mass hinaus muss auf Verlangen der Bauführung unverzüglich vom Unternehmer auf eigene Kosten abgeändert werden.»

Damit haben die Parteien für die Ansprüche des Bauherrn bei Massmängeln eine besondere Regelung vorgesehen, die sowohl von der gesetzlichen als auch von der in Art. 26/27 der SIA-Bedingungen vorgesehenen Ordnung abweicht, was nach dem Grundsatz der Vertragsfreiheit zulässig war (BGE 89 II 235 Erw. 4). Nach dieser klaren Vertragsbestimmung kann der Bauherr bei einer Überschreitung der Toleranzgrenze, wie sie hier vorliegt, vom Unternehmer vorbehaltlos die Verbesserung des Mangels auf eigene Kosten verlangen. Nach dem Grundsatz, dass Verträge zu halten sind, ist der Kläger daher verpflichtet, die erforderliche Abänderung des Sportbeckens vorzunehmen. Wie hoch die Kosten dieser Abänderung sind, ist unerheblich, und ebenso braucht der Beklagte keinen Schaden infolge der nicht vertragsgemässen Ausführung des Werkes nachzuweisen.

c) Dem Begehren auf Herstellung des vertragsgemässen Zustandes wäre der Schutz nur zu versagen, wenn es als offenbarer Rechtsmissbrauch im Sinne von Art. 2 ZGB erschiene und darum gegen das Gebot zum Handeln nach Treu und Glauben verstiesse. Das ist jedoch nicht der Fall, da der Beklagte für sein Beharren auf richtiger Vertragserfüllung stichhaltige Gründe geltend machen kann. Er hat die Beckenlänge von genau 25 m ausbedungen, um das Becken für sportliche Wettkämpfe oder wenigstens für Trainingsschwimmen für solche verwenden zu können. Das ist aber nur möglich, wenn das Schwimmbecken genau 25, 33 1/3 oder 50 m misst; auch für blosse Trainingsschwimmen sind zu kurze Becken höchst unangenehm, weil sie keine brauchbaren Zeitmessungen erlauben.

Die Vorinstanz hält es für unwahrscheinlich, dass der Beklagte überhaupt ernstlich beabsichtigt habe, sportliche Veranstaltungen dieser Art durchzuführen, weil sie den Gesamtbetrieb der Anlage in hohem Masse stören würden und darum unwirtschaftlich wären. Diese auf blossen Vermutungen beruhende Auffassung wird aber schon dadurch widerlegt, dass der Beklagte erhebliche Mehrkosten für Felssprengungen [327] usw. in Kauf nahm, um ein den reglementarischen Massvorschriften entsprechendes Becken zu erhalten. Zudem pflegen Amateur-Sportschwimmer ihr Training in die Zeit vor oder nach ihrer Berufsarbeit, also ausserhalb des gewöhnlichen Badebetriebes, zu verlegen, und durch die Zuleitung warmen Wassers aus der Thermalquelle könnten Trainingsschwimmen auch ausserhalb der Badesaison, namentlich in den Monaten Mai und Oktober, veranstaltet werden. Im übrigen muss es dem Beklagten anheimgestellt bleiben, ob er eine allfällige Störung des gewöhnlichen Badebetriebes durch sportliche Veranstaltungen in Kauf nehmen will oder nicht.

Dass der Beklagte bis jetzt auf die Durchführung solcher Veranstaltungen verzichtet hat, ist verständlich, weil eine Anerkennung des Schwimmbeckens von vornherein ausgeschlossen war. Aus dem Verzicht des Beklagten auf ihre Durchführung lässt sich daher entgegen der Meinung der Vorinstanz nichts ableiten.

d) Der Kläger ist somit in Gutheissung des Hauptbegehrens des Beklagten zu verpflichten, auf seine Kosten das Sport-Schwimmbecken so umzugestalten, dass es das vertragliche Ausmass von 25 m Länge aufweist (mit einer Toleranz von ± 1 cm für den Beton, die bei den Beendigungsarbeiten, wie Anbringung der Plättchen, leicht ausgeglichen werden kann). Inwieweit ihm für die dadurch verursachten Kosten ein Rückgriff auf die Bauleitung zusteht, bildet wiederum nicht Gegenstand des vorliegenden Prozesses.

Die für die Umgestaltung erforderlichen Arbeiten sind gemäss dem Begehren des Beklagten ausserhalb der normalen Badesaison auszuführen. Um jeder Meinungsverschiedenheit der Parteien in dieser Hinsicht vorzubeugen, ist im Urteilsdispositiv anzuordnen, dass die Umgestaltungsarbeiten bis zum 30. April 1968 ausgeführt werden müssen.

Da das Hauptbegehren auf Herstellung des vertragsgemässen Zustandes geschützt wird, ist das bloss subsidiär gestellte Begehren auf Leistung von Schadenersatz wegen Nichteinhaltung der vertraglichen Ausmasse gegenstandslos.

5. – Nach Art. 25 Abs. 4 der auf den vorliegenden Werkvertrag anwendbaren Normalien des SIA ist das nach Abzug der geleisteten Abzahlungen verbleibende Restguthaben spätestens ein Monat nach beidseitiger Anerkennung der Schlussabrechnung fällig; bestehen Differenzen über die Abrechnung, [328] so ist das Restguthaben bis auf den bestrittenen Betrag auszuzahlen und letzterer, soweit er nachträglich als berechtigt befunden wird, zu verzinsen. Nach diesen Vorschriften kann also der Bauherr, soweit er den Werklohn im Zeitpunkt der Feststellung der Mängel noch nicht bezahlt hat, den zur Behebung der Mängel erforderlichen Betrag zurückbehalten (BGE 89 II 237).

Im vorliegenden Fall hat die Vorinstanz die Kosten der notwendigen Umgestaltungsarbeiten gestützt auf eine approximative Schätzung des Sachverständigen Widmer auf Fr. 30 000.— veranschlagt, d.h. auf einen Betrag in ungefähr gleicher Grössenordnung wie das Restguthaben des Klägers von Fr. 35 886.—. Der Beklagte war somit befugt, die Bezahlung des Restguthabens zur Sicherung seines Anspruchs auf Lieferung eines vertragskonformen Werkes zu verweigern. Selbst wenn die Umgestaltungskosten in Wirklichkeit geringer ausfallen sollten, ist auf der Differenz gleichwohl kein Verzugszins geschuldet, da das Werk den getroffenen Vereinbarungen nicht entsprach und eine vertragsgemässe Lieferung noch nicht erfolgt ist. Das Restguthaben des Klägers von Fr. 35 886.— ist daher erst ein Monat nach Abschluss der Umgestaltungsarbeiten mit 5% zu verzinsen.

Demnach erkennt das Bundesgericht:

1. – In teilweiser Gutheissung der Berufung wird das Urteil des Kantonsgerichts des Kantons Wallis vom 8./9. Februar 1967 aufgehoben, und es wird erkannt:

a) Der Beklagte wird verpflichtet, an den Kläger Fr. 35 886.— zu bezahlen; dieser Betrag ist nach Ablauf von 30 Tagen seit der Abnahme der in nachfolgender lit. b aufgeführten Arbeiten mit 5% zu verzinsen.

b) Der Kläger wird verpflichtet, auf seine Kosten das Sport-Schwimmbecken des Beklagten so umzugestalten, dass es das vertragliche Ausmass von 25 m Länge (mit einer Toleranz von ± 1 cm für den Beton) aufweist; diese Arbeiten müssen bis zum 30. April 1968 ausgeführt werden.

2. – Die weitergehenden Berufungsbegehren werden abgewiesen, soweit darauf eingetreten werden kann.

* * *

Kommentar

Recht auf Ersatz des Mangelschadens. – Nachbesserungsanspruch trotz übermässiger Kosten.

1. a) Das Bundesgericht hat angenommen, der Unternehmer (Theler) und der Architekt würden für die Kosten, welche mit der Reinigung der Ablaufleitung verbunden waren, solidarisch haften, und zwar unecht solidarisch nach Art. 51 OR (zur unechten Solidarität s. oben S. 213, Bem. 1 zu Pra 57, S. 166 ff. = BGE 93 II 311). Zur Begründung wurde angeführt, «dass sowohl der Kläger (Unternehmer), als auch der Architekt (Bauleiter) ihre vertraglichen Sorgfaltspflichten gegenüber dem Beklagten (Bauherrn) verletzt haben». Die Anspruchsgrundlage wird nicht ausdrücklich genannt, doch scheint das Bundesgericht auf Art. 97 OR abzustellen. Zumindest für die Haftung des Architekten war diese Ansicht zutreffend. Hinsichtlich der Haftung des Unternehmers ist hingegen zu beachten: Wie sich aus E. 2e bb ergibt, hatte der Unternehmer die Abflussleitung «selber angelegt». Die Abflussleitung gehörte somit zu dem von ihm zu erstellenden Werk. Wenn er die Leitung mit Mörtel verstopft ablieferte, so standen dem Bauherrn die Rechte von Art. 368 OR zu. Diese aber beinhalten kein Recht auf Ersatz des Mangelschadens, damit auch kein Recht, die Kosten der Mörtelbeseitigung durch einen Dritten zu verlangen (s. oben S. 213 f., Bem. 3 zu Pra 57, S. 166 ff. = BGE 93 II 311). Vielmehr konnte der Bauherr lediglich – unter bestimmten Voraussetzungen – Wandelung oder Minderung erklären oder vom Unternehmer Nachbesserung, also Beseitigung des Mörtels, verlangen. Nur im Falle eines Nachbesserungsverzugs hätte der Bauherr den Mörtel durch einen Dritten auf Kosten des Unternehmers beseitigen lassen können, dies nach Massgabe von Art. 107 Abs. 2 OR (oben S. 214, Bem. 3 zu Pra 57, S. 166 ff. = BGE 93 II 311). Ob die Liquidierung dieser Kosten auch nach Art. 366 Abs. 2 OR möglich gewesen wäre, ist umstritten. S. zu dieser Frage Nr. 182 ff. und unten S. 247, Bem. 3 zu BGE 107 II 50. Vgl. im übrigen auch oben Anm. 45, wo BGE 93 II 317 ff. aus anderer Perspektive besprochen wird.

b) E. 2e erwähnt zwei Fälle, in denen das Verhalten des Architekten zu einem ganzen oder teilweisen Ausschluss der Haftung des Unternehmers führen kann. Ein dritter Fall ist beizufügen: der, da das Verhalten des Architekten dem Bauherrn als Selbstverschulden oder Mitverschulden anrechenbar ist (Art. 369 OR i.V.m. Art. 101 OR, dazu Nr. 529 ff.).

2. a) Aus E. 4b ergibt sich, dass der Unternehmer sich verpflichten kann, die Nachbesserung unabhängig von der Kostenhöhe vorzunehmen. Art. 368 Abs. 2 OR, wonach die Nachbesserung nur verlangt werden kann, wenn sie «dem Unternehmer nicht übermässige Kosten verursacht», gehört somit nicht zum zwingenden Recht. Hat der Unternehmer vorbehaltlos Nachbesserung versprochen, so kann der Bauherr die Nachbesserung nur dann nicht verlangen, wenn sich das Begehren im Einzelfall als rechtsmissbräuchlich erweisen sollte (E. 4c).

b) In BGE 93 II 311 = Pra 57, S. 166 ff. nahm das Bundesgericht an, die blosse Zusicherung einer Werkeigenschaft beinhalte bereits ein vorbehaltloses Nachbesserungsversprechen (s. oben S. 214, Bem. 4 zu dem besagten Entscheid). Wo eine zugesicherte Eigenschaft fehlt, kann daher nach dem eben lit. a Gesagten die Nachbesserung nur in Rechtsmissbrauchsfällen nicht verlangt werden. Warum es sich dort, wo eine Werkeigenschaft nicht zugesichert wurde, sie aber nach Treu und Glauben vorausgesetzt werden darf, anders verhalten soll, ist nicht recht einzusehen. Hier wie dort muss m.E. gelten, dass der Besteller immer ein Recht auf Nachbesserung hat, soweit sich das Begehren nicht ausnahmsweise als rechtsmissbräuchlich erweist (so – mit anderen Argumenten – auch schon Nr. 94).

Pra 60 Nr. 84, S. 267
BGE 96 II 351

Werkvertrag. *Ansprüche des Bestellers gegen den Unternehmer, der sich zur richtigen Ausführung des Werkes als unfähig erwiesen hat. OR 368 II.*

R. liess durch den Bauunternehmer D. in seiner Schreinerwerkstatt eine Bodenplatte erstellen, die zur Aufnahme von Maschinen im Gewichte von ca. 1 t bestimmt war. Da sich die erstellte Platte als zu schwach erwies, liess R. sie durch einen andern Unternehmer verstärken, was rund 12 000.— Fr. kostete. R. belangte D. auf 10 000.— Fr. Schadenersatz. Das Kantg Neuenburg sprach ihm nur 1800.— Fr. zu. Das Bg weist zu neuer Entscheidung zurück.

2. a) Nach dem in diesem Punkte unangefochten gebliebenen Urteil der Vi steht fest, dass die Bodenplatte mangelhaft war und dass der Beklagte einen Fehler begangen hat, der grundsätzlich seine Haftung begründet. In einem solchen Falle stehen nach den anwendbaren Bestimmungen über den Werkvertrag dem Besteller die Wandelungsklage, die Preisminderungsklage oder die Klage auf Verbesserung des Werkes und, [268] da den Unternehmer ein Verschulden trifft, überdies die Klage auf Schadenersatz zu Gebot (OR 368).

Wie die Vi zutreffend hervorhebt, hat der Kläger weder eine Wandelungs- noch eine Preisminderungsklage erhoben. Es kann jedoch nicht ohne weiteres der Auffassung der Vi beigepflichtet werden, dass die Kosten der von der Bauunternehmung X in Rechnung gestellten Arbeiten zum grössten Teil nur im Rahmen einer Preisminderungsklage, als eines der Rechnungselemente, in Betracht gezogen werden könnten.

b) Der Besteller war befugt, sich für die Verbesserung des Werkes zu entscheiden und den Unternehmer anzuhalten, diese unentgeltlich vorzunehmen (OR 368 II). Bei dieser Lösung liess sich eine Zerstörung und damit der gänzliche Verlust der streitigen Bodenplatte vermeiden, indem man statt dessen diese stützte und verstärkte, um ihr die zugesicherten Eigenschaften zu geben. Sie stellte somit eine zweckmässige Massnahme zur Schadensverminderung dar.

c) Der Beklagte hatte sich jedoch als völlig unfähig erwiesen, die bestellte Bodenplatte richtig auszuführen, und hatte Fehler begangen, die geeignet waren, beim Kläger jedes Vertrauen in ihn zu zerstören. Ein solches Verhalten kommt der Verweigerung der Verbesserung gleich, in welchem Falle der Besteller befugt sein muss, die Verbesserung durch einen Dritten vornehmen zu lassen und vom Unternehmer den vollen Ersatz des ihm daraus erwachsenden Schadens zu fordern (BECKER, OR 368 N. 10; GAUTSCHI, OR 368 N. 20). Der geforderte Betrag entspricht alsdann dem Schadenersatz wegen Nichterfüllung der Verpflichtung zu einem Tun (BGE 91 II 350, 93 II 327 = Pra 55 Nr. 33, 57 Nr. 51; BECKER, OR 368 N. 13; OSER/SCHÖNENBERGER, OR 368 N. 11 ff.; GAUTSCHI, OR 368 N. 24).

d) Die Forderung des Klägers, sich im Rahmen einer Schadenersatzklage vom Beklagten die Rechnung des Unternehmers X vergüten zu lassen, ist daher grundsätzlich berechtigt. Um das angefochtene Urteil abändern zu können, müsste das Bg jedoch über gewisse Feststellungen verfügen, die die Vi nicht getroffen hat. Es müsste insbesondere wissen, ob die Verbesserung der Bodenplatte nicht übermässige Kosten verursacht habe (OR 368 II), ferner auf welchen Betrag sich der Schaden bei Berücksichtigung des Mehr- oder Minderwerts belaufe, der sich für die Liegenschaft des Klägers mit der Bodenplatte in ihrem gegenwärtigen Zustand ergibt, und endlich, ob der Schadenersatz mit Rücksicht auf die gesamten Umstände (OR 43) oder wegen Mitverschuldens des Klägers (OR 44) herabgesetzt werden müsse. Die Sache ist daher gemäss OG 64 I zu neuer Entscheidung i.S. der Erwägungen an die Vi zurückzuweisen. (I. Ziv.abt., 8. Dezember 1970, Ringgenberg c. Dumanet. Orig.text franz.)

* * *

Kommentar

Unfähigkeit des Unternehmers, Mängel zu beseitigen. – Recht des Bestellers, die Mängel auf Kosten des Unternehmers durch einen Dritten beseitigen zu lassen (Art. 368 Abs. 2 i.V.m. Art. 366 Abs. 1 und 107 Abs. 2 OR).

Der Entscheid ist zutreffend, sowohl im Ergebnis als auch in der rechtlichen Begründung. Diese ist jedoch teilweise verkürzt. Der Sache nach argumentiert das Bundesgericht wie folgt: Übt der Besteller das Nachbesserungsrecht aus und weigert sich der Unternehmer nachzubessern, so kann der Besteller nach Art. 366 Abs. 1 OR (analog) i.V.m. Art. 107 Abs. 2 OR und Art. 108 OR auf die Nachbesserung verzichten und stattdessen Schadenersatz verlangen (Nr. 141 und 139). Gleich muss es sich verhalten, wenn der Unternehmer schon *vor* der Ausübung des Nachbesserungsrechts zu erkennen gibt, dass er nicht gewillt ist, die Mängel zu beseitigen. Der Nachbesserungs*verweigerung* ist der Fall gleichzustellen, da sich der Unternehmer als zur Nachbesserung *unfähig* erweist. Der Schadenersatzanspruch ist in solchen Fällen sekundäres Mängelrecht, nicht primäres (Nr. 149). Zu ersetzen ist das positive Vertragsinteresse. Unter diesem Titel kann der Besteller die Kosten ersetzt verlangen, die ihm entstehen, wenn er durch einen Dritten die Mängel beseitigen lässt. – Zu BGE 96 II 351 s. auch unten S. 247, Bem. 3 zu BGE 107 II 50 ff.

BGE 98 II 118 (Auszug)
Pra 61 Nr. 144, S. 456

Auszug aus dem Urteil der I. Zivilabteilung vom 11. April 1972
i.S. Minitherm AG gegen Quiba AG.

Wandelung eines Werkvertrages.
1. *Art. 368 Abs. 1 und 3 OR.* Einbau von zwei Brennstoffbehältern, die für den Besteller unbrauchbar waren und vom Hersteller entgegen wiederholten Versprechen nicht verbessert wurden; Voraussetzungen und Ausübung des Rechts auf Wandelung (Erw. 2 und 3).
2. *Art. 52 Abs. 3 und 98 Abs. 1 OR.* Diese Bestimmungen sind auf den Besteller, der die unbrauchbaren Behälter beseitigen lässt, nicht anwendbar (Erw. 4).

[119] A. – Die Minitherm AG lieferte der Quiba AG im Mai 1968 für einen Neubau in Zürich-Örlikon zwei Heizöltanks, deren Teile an Ort und Stelle zusammengeschweisst wurden. Die Tanks kosteten zusammen Fr. 19 545.— und sollten 70 000 bzw. 72 000 l fassen.

Am 31. Juli teilte die Quiba AG der Herstellerfirma mit, der grössere Tank sei am Vortage probeweise mit Wasser gefüllt worden und daraufhin geborsten. Am 2. August schrieb sie der Firma, sie habe die beiden Behälter inzwischen zusammen mit einem Vertreter der zuständigen Behörde besichtigt und dabei festgestellt, dass der untere Teil des grössern Tanks völlig verzogen sei und auch der kleinere seitlich grosse Blähungen aufweise; sie habe nun die Eidg. Materialprüfungsanstalt (EMPA) mit einer Expertise beauftragt. In einem weiteren Schreiben vom 7. August führte die Quiba AG aus, ein Augenschein mit Vertretern der Tankkontrolle, der EMPA sowie eines Ingenieurbüros habe ergeben, dass die gesamte Konstruktion ungenügend sei und nicht den Regeln des Stahlbaus entspreche. Sie forderte die Minitherm AG auf, die beiden Tanks sogleich auszubauen und bis Ende August durch neue zu ersetzen, deren Pläne und statischen Berechnungen ihr vorher zu unterbreiten seien.

In ihrer Antwort vom 16. August 1968 anerkannte die Minitherm AG die mangelhafte Konstruktion und versprach, beide Tanks innert kürzester Frist instandzustellen. Die Quiba AG stimmte hierauf einer Wiederherstellung der Tanks zu, beharrte aber darauf, dass ihr vorher die Pläne und Berechnungen vorzulegen seien. Die Minitherm AG war damit einverstanden. Die Quiba AG wartete bis Ende September. Dann setzte sie der Minitherm AG Frist bis 3. Oktober, die technischen Unterlagen vorzulegen, andernfalls sie die Tanks wegräumen und durch neue ersetzen lasse. Am 24. Oktober schrieb die Quiba AG der Herstellerin, dass die versprochenen Unterlagen nicht eingetroffen seien und sie nun bei einer andern Firma neue Tanks bestellt habe; die Minitherm AG möge die alten bis [120] 1. November 1968 entfernen, ansonst dies auf ihre Kosten durch Dritte besorgt würde.

Da die Minitherm AG auch dieser Aufforderung nicht nachkam, liess die Quiba AG die fehlerhaften Tanks wegschaffen und von der Firma Schneider zum Preise von Fr. 40 210.— zwei neue einbauen.

B. – Im Juli 1969 klagte die Quiba AG gegen die Minitherm AG auf Zahlung von Fr. 30 431.05 Schadenersatz nebst 5% Zins seit 4. Juni 1969.

Das Bezirksgericht Steckborn und auf Appellation hin am 18. November 1971 auch das Obergericht des Kantons Thurgau hiessen die Klage im Teilbetrage von Fr. 19 362.95 gut.

C. – Die Beklagte erklärte gegen das Urteil des Obergerichts die Berufung. Sie beantragte, es aufzuheben und die Klage abzuweisen.

Das Bundesgericht hat die Berufung abgewiesen und das angefochtene Urteil bestätigt.

Aus den Erwägungen:

2. – Die Klägerin war nicht verpflichtet, die ihr nach Art. 368 OR zustehenden Rechte sofort auszuüben und die dort vorgesehene Wahlerklärung schon mit der Mängelrüge abzugeben. Dass sie der Beklagten am 31. Juli 1968 schrieb, sämtliche Schweissnähte des geborstenen Tanks zu prüfen und das Leck zu schweissen, schadet ihr daher nicht; sie konnte damals das Ausmass der Mängel noch nicht übersehen, glaubte sie doch, wie aus ihrem Schreiben erhellt, der kleinere Tank von 70 000 l habe die Wasserdruckprobe bestanden und sei in Ordnung. Wie unfachmännisch die beiden Behälter gebaut waren, erkannte die Klägerin erst, als sie diese anfangs August mit drei Sachverständigen, nämlich einem Vertreter des Amtes für Tankkontrolle, einem Experten der EMPA und einem Ingenieur, besichtigte. Mit Schreiben vom 7. August forderte sie dann die Beklagte auf, die Tanks zu entfernen und durch neue zu ersetzen. Damit entschied die Klägerin sich für die Wandelung im Sinne des Art. 368 Abs. 1 OR. Freilich konnte sie von der Beklagten entgegen der anderslautenden Auffassung von BECKER (N. 12 zu Art. 368 OR) nicht verlangen, neue Tanks zu liefern (OSER/SCHÖNENBERGER, N. 14 und GAUTSCHI, N. 3a und 10a zu Art. 368 OR). Das ändert jedoch nichts daran, dass die Klägerin mit ihrer Aufforderung, die beiden Tanks sofort [121] auszubauen, die Annahme des mangelhaften Werkes verweigert hat.

* * *

Kommentar

Begriff der Wandelung. – Recht auf Erstellung eines neuen Werks.

1. Es trifft entgegen der Ansicht des Bundesgerichts nicht zu, dass die Klägerin im Schreiben vom 7. August 1968 die Wandelung erklärt hat. Denn Wandelung bedeutet Vertragsauflösung, die Klägerin aber hielt am Vertrag fest, indem sie – gestützt auf den bestehenden Werkvertrag – ein neues Werk verlangte.
2. Das Bundesgericht ist der Meinung, es bestehe kein Anspruch auf ein neues Werk. Das gilt zwar dem Grundsatz nach, ausnahmsweise muss jedoch ein solcher Anspruch zuerkannt werden (Nr. 120).
3. Die Erwägungen 3 und 4 von BGE 98 II 118 ff. betreffen die Wandelung und werden daher im vorliegenden Buch nicht abgedruckt.

BGE 100 II 30
Pra 63 Nr. 195, S. 556
Urteil der I. Zivilabteilung vom 21. Januar 1974
i.S. Bucher gegen Hänzi.

Werkvertrag. Der Besteller eines mangelhaften Werkes kann sich nicht alternativ auf die allgemeine Schadenersatzklage (Art. 97 f. OR) und die Gewährleistungsansprüche (Art. 367, 371 OR) berufen (Erw. 1 und 2).

[31] *A.* – Hänzi, der in Zürich ein Gipsergeschäft führt, schloss am 19. Dezember 1966 mit dem Baukonsortium Büchelring, Zürich, vertreten durch Architekt Bucher, einen Werkvertrag über die Gesamtüberbauung im «Büchelring» in Adliswil. Am 28. März 1968 übertrug ihm Bucher im *eigenen Namen* gemäss Vertrag vom 19. Dezember 1966 die Gipserarbeiten für das Haus A 3. «Die Ausführung und die Ausmasse» sollten grundsätzlich dem bereits ausgeführten Haus A 1 entsprechen.

Am 18. Januar 1969 stellte Hänzi Rechnung für Fr. 41 584.97, abzüglich Anzahlungen von Fr. 28 000.—. Bucher bestritt die Restforderung von Fr. 14 139.37, indem er geltend machte, gewisse Arbeiten seien mangelhaft ausgeführt worden, so dass er nach Berücksichtigung des Minderwertes Fr. 7809.42 zuviel bezahlt habe.

In der Folge klagte Hänzi gegen Bucher auf Zahlung von Fr. 14 139.37 nebst 5% Zins seit 18. Januar 1969. Der Beklagte machte widerklageweise Fr. 3651.42 (Fr. 7809.42 abzüglich die Versicherungsgarantie von Fr. 4158.—) geltend.

B. – Das Bezirksgericht Zürich hiess die Klage im Teilbetrag von Fr. 9086.15 nebst Zins seit 1. April 1969 gut und wies die Widerklage ab.

Auf Berufung des Klägers und Anschlussberufung des Beklagten sprach das Obergericht des Kantons Zürich dem Kläger Fr. 9119.51 zu. Im Mehrbetrag wies es die Klage ab. Es stellte zudem fest, dass der Beklagte berechtigt sei, auf Fr. 37 119.51 einen Skonto von 2% abzuziehen, wenn er die Restforderung innert einem Monat seit Rechtskraft des Urteils bezahle.

C. – Gegen dieses Urteil hat der Beklagte die Berufung erklärt. Er beantragt, die Forderung auf Fr. 5159.51 herabzusetzen und dementsprechend den skontoberechtigten Betrag auf Fr. 33 159.51 festzulegen; eventuell das vorinstanzliche Urteil aufzuheben und die Sache zur Ergänzung des Beweisverfahrens an das Obergericht zurückzuweisen.

Der Kläger beantragt, die Berufung abzuweisen.

Das Bundesgericht zieht in Erwägung:

1. – Im kantonalen Verfahren waren zwischen den Parteien verschiedene Mängel streitig, die vor Bundesgericht nicht [32] mehr zur Beurteilung stehen. Der Beklagte hält indessen an seinem Standpunkt vor Obergericht fest, der Kläger habe auf dem nackten Betonboden Lentolit statt gemäss Baubeschrieb einen Zementanspritz, Grundputz und Abrieb bzw. Zementanwurf, Grund- und Weissputz angebracht, was einen Minderwert von Fr. 3960.— (990 m^2 zu Fr. 4.—) ergebe. Es handle sich entgegen der Auffassung des Obergerichts nicht um einen Werkmangel im Sinne des Art. 371 OR, sondern um Nichterfüllung, die jederzeit geltend gemacht werden könne, also nicht den Verjährungs- und Verwirkungsfristen des Werkvertragsrechtes unterstehe.

2. – Die Haftung des Unternehmers für Mängel des Werkes wird in Art. 367-371 OR geordnet (vgl. Randtitel «Haftung für Mängel»). Sie hat ihr Gegenstück in der Haftung des Verkäufers für Sachmängel des Kaufgegenstandes nach Art. 197 OR (vgl. GUHL/MERZ/KUMMER, OR, S. 424, BGE 93 II 316). Art. 368 OR, der vom «Recht des Bestellers bei Mängeln» handelt, unterscheidet zwischen Mängeln und sonstigen Abweichungen vom Vertrag (vgl. Abs. 1: «Leidet das Werk an... Mängeln oder weicht es sonst... vom Vertrag ab...»). Beide Sachverhalte sind im Ausdruck Mangel enthalten, den die übrigen Bestimmungen der Mängelhaftung allein verwenden (vgl. Art. 367 und 369-371 OR). Die Unterscheidung in Art. 368 OR hat daher nur klassifikatorische, nicht rechtliche Bedeutung (GAUCH, Der Unternehmer im Werkvertrag und seine Haftung für Mängel des Werkes, 1974, Nr. 110, S. 39). Es kommt daher nichts darauf an, dass Lehre und Rechtsprechung (vgl. GUHL/MERZ/KUMMER, a.a.O., S. 424; OSER/SCHÖNENBERGER, N. 2 zu Art. 368 OR; REICHEL, ZSR 51/1932, S. 182; BGE 93 II 316) die Mängel und sonstigen Abweichungen des Werkes vom Vertrag nach Art. 368 OR dem Fehlen vorausgesetzter oder verabredeter Eigenschaften der Kaufsache gleichstellen (vgl. GAUCH, a.a.O., Nr. 111, S. 40).

In beiden Fällen handelt es sich schlechthin um Mängel, also um nicht richtige Erfüllung des Werkvertrages.

Zu prüfen ist, ob sich der Besteller eines mangelhaften Werkes alternativ auf die Rechtsbehelfe des Art. 368 OR und die allgemeine Schadenersatzklage des Art. 97 OR berufen kann. Das ist zu verneinen. Art. 368 OR wandelt die Sachleistungsobligation des Unternehmers in bestimmte Gewährleistungs-[33]ansprüche (Wandelung, Minderung, Nachbesserung und Ersatz des Mängelfolgeschadens), wenn der Besteller die gesetzlich vorgeschriebenen Voraussetzungen (Prüfung des Werkes und rechtzeitige Rüge des Mangels) erfüllt hat (GAUTSCHI, N. 6a und c zu Art. 368 OR und 11b zu Art. 369 OR; GAUCH, a.a.O., Nr. 526, S. 129, GUHL/MERZ/KUMMER, a.a.O., S. 340; NEUENSCHWANDER, Die Schlechterfüllung im schweizerischen Vertragsrecht, Diss. Bern 1971, S. 24, 26 und 86; A. SCHUBIGER, Verhältnis der Sachgewährleistung zu den Folgen der Nichterfüllung oder nicht gehörigen Erfüllung, Diss. Bern 1937, S. 37 ff.; R. FURRER, Beitrag zur Lehre der Gewährleistung im Vertragsrecht, Diss. Zürich 1973, S. 34/35; unzutreffend KLAUSER (Die werkvertragliche Mängelhaftung und ihr Verhältnis zu den allgemeinen Nichterfüllungsfolgen, Diss. Zürich 1973, S. 132/33), der die Art. 97 und 367 ff. OR alternativ anwenden will, wenn Mängelansprüche des Bestellers im Sinne der Art. 369 bis 371 weder untergegangen noch verjährt sind).

Das Obergericht hatte demnach die streitige Frage, ob der Kläger die ihm übertragenen Arbeiten vertragsgemäss ausgeführt hat, nur dann abzuklären, wenn der Beklagte den Mangel innert der vertraglichen Garantiefrist oder nach einer allfälligen späteren Entdeckung sofort gerügt hat (Art. 370 Abs. 3 OR). Die Vorinstanz stellt fest, dass keine der beiden Parteien eine gemeinsame Prüfung des Werkes verlangt hat. Sie schliesst daraus zu Recht, dass es zwei Monate nach Einreichung der Schlussrechnung (Form. 118 SIA Art. 26 Abs. 5), d.h. am 18. März 1969, als vorläufig abgenommen galt und dass die von da an laufende (vertragliche) zweijährige Rügefrist bei Einreichung der Berufungsbegründung vom 24. Januar 1973 abgelaufen war. Im übrigen räumt der Beklagte in der Berufungsschrift selber ein, es möge richtig sein, dass er schon einige Zeit vor jenem Datum von der angeblich vertragswidrigen Ausführung der streitigen Arbeiten Kenntnis gehabt habe.

Der Beklagte stellte sich im kantonalen Verfahren subsidiär auf den Standpunkt, der Kläger habe die angeblich mangelhafte Ausführung der Arbeiten arglistig verschwiegen, so dass die Rüge auch nach Ablauf der Garantiefrist während zehn Jahren habe erhoben werden können. Richtig ist, dass bei *arglistiger* Verschweigung eines Mangels die *Verjährungsfrist* [34] für Ansprüche des Bestellers nach Art. 371 Abs. 1 OR - analog Art. 210 Abs. 3 OR - zehn Jahre seit der Abnahme (réception) des Werkes im Sinne von Art. 371 Abs. 2 OR beträgt (vgl. BGE 89 II 409 Erw. 2b). Damit war aber der Beklagte der Pflicht nicht enthoben, den Mangel sofort nach Entdeckung zu rügen (Art. 370 Abs. 3 OR, VON BÜREN, OR II, S. 147, GAUTSCHI, N. 10 zu Art. 370 OR). Nach den Feststellungen des angefochtenen Urteils hat er keinerlei Ausführungen darüber gemacht, wann er den angeblichen

Mangel entdeckt haben will. Das Werk galt somit als genehmigt (Art. 370 Abs. 3 OR), und die Vorinstanz brauchte die Behauptung des Beklagten betreffend Arglist, Mangel und Minderwert des Werks nicht abzuklären.

Demnach erkennt das Bundesgericht:

Die Berufung wird abgewiesen und das Urteil des Obergerichts (II. Zivilkammer) des Kantons Zürich vom 3. Juli 1973 bestätigt.

* * *

Kommentar

Abgrenzung Nichtvollendung des Werks/Werkmangel. – Art. 368 OR als lex specialis zu Art. 97 OR. – Rechtslage bei arglistiger Verschweigung eines Mangels.

1. Auf die Behauptung des Beklagten, es liege kein Werkmangel, sondern «Nichterfüllung» vor (E. 1), geht das Bundesgericht nicht ein. Unter «Nichterfüllung» verstand der Beklagte wohl die Nichtvollendung des Werks. Seine Argumentation ging also dahin, der Kläger habe ein unvollendetes Werk abgeliefert, die Nichtvollendung aber stelle keinen Werkmangel dar. Dass die Nichtvollendung eines Werks keinen Werkmangel darstellt, trifft an sich zu (Nr. 33 ff.), fraglich ist jedoch, ob im konkreten Fall tatsächlich von Nichtvollendung gesprochen werden konnte. Der Beklagte hatte auf dem nackten Betonboden einen falschen Verputz aufgetragen. Er hatte also die vertraglich geschuldete Tätigkeit ausgeführt, jedoch mit falschen Materialien. Hierin ist m.E. ein Werkmangel zu sehen. Doch ist zuzugeben, dass die Abgrenzung zwischen Werkmangel und Nichtvollendung im Einzelfall Schwierigkeiten bereiten kann.

Bei Nichtvollendung hat der Besteller vorerst lediglich einen Anspruch auf Vollendung. Dieser Anspruch wandelt sich jedoch in die Mängelrechte um, wenn der Besteller nach Massgabe von Art. 107 Abs. 2 OR vorgeht, also – wo nötig (Art. 108 OR) – Nachfrist ansetzt und nach ungenutztem Fristablauf auf die Vollendung verzichtet (oben Nr. 35).

2. Dass die Unterscheidung «zwischen Mängeln und sonstigen Abweichungen vom Vertrag» (E. 2) nur klassifikatorische Bedeutung hat, ist heute weitgehend anerkannt (Nr. 22).

3. Der Entscheid hält zutreffend fest, dass Art. 368 OR Art. 97 OR verdrängt, und zwar vollständig (Nr. 8). Der Besteller kann somit wegen eines Mangels ausschliesslich die Mängelrechte geltend machen, und zwar auch dann, wenn er die Mängel rechtzeitig gerügt hat (anders – zu Unrecht – für das Kaufrecht BGE 108 II 104). «Art. 368 OR wandelt die Sachleistungsobligation des Unternehmers» – unter gewissen Voraussetzungen – «in bestimmte Gewährleistungsansprüche (Wandelung,

Minderung, Nachbesserung und Ersatz des Mangelfolgeschadens)» um (E. 2 auf S. 32 unten/33 oben). Ein Recht auf Ersatz des Mangelschadens besteht nicht (Nr. 8; oben S. 213 f., Bem. 3 zu Pra 57, S. 166 ff. = BGE 93 II 311). Aus dem Gesagten folgt, dass der Besteller einen Mangel nicht durch einen Dritten beseitigen lassen und die Kosten als Schadenersatz vom Unternehmer ersetzt verlangen kann: Art. 97 OR wird durch Art. 368 OR verdrängt und fällt deshalb als Anspruchsgrundlage ausser Betracht; Art. 368 OR aber gewährt nur Anspruch auf Ersatz des Mangel*fol*ge*schadens, die besagten Kosten aber stellen Mangelschaden dar. Und weiters: Erklärt der Besteller die Minderung, so kann er den Minderungsbetrag übersteigende Verbesserungskosten ebenfalls nicht unter dem Titel Schadenersatz liquidieren (BGE 117 II 553, 116 II 314 unten/315). Art. 97 OR kann aus den bekannten Gründen nicht angerufen werden, und am Charakter der Verbesserungskosten als Mangelschaden ändert sich durch die Minderung nichts, weshalb sie auch nach Art. 368 OR nicht liquidierbar sind. – Zu beachten ist allerdings, dass sich ein Anspruch auf Ersatz des Mangelschadens nachträglich ergeben kann, z.B. gestützt auf Art. 107 Abs. 2 OR i.V.m. Art. 368 OR (vorne Nr. 9 und S. 225). Sodann ist zu wiederholen, dass der Minderungsbetrag vermutungsweise identisch ist mit den Kosten einer Ersatzvornahme (Nr. 177; unten S. 237, Bem. 2 zu BGE 105 II 99 ff.)

4. Das Bundesgericht ist davon ausgegangen, geheime Mängel seien auch bei arglistiger Verschweigung sofort nach Entdeckung zu rügen. Art. 203 OR sieht für den Kauf ausdrücklich eine andere Regelung vor: «Bei absichtlicher Täuschung des Käufers durch den Verkäufer findet eine Beschränkung der Gewährleistung wegen versäumter Anzeige nicht statt.» Nichts anderes – wenn auch weniger deutlich – besagt Art. 370 Abs. 1 OR a.E. (Nr. 203).

5. Bei absichtlicher Täuschung beträgt die Verjährungsfrist zehn Jahre, und zwar ab Abnahme des Werks i.S. von Art. 371 Abs. 2 OR (Nr. 377). Das gilt selbst dort, wo die Abnahme – wie in casu – vertraglich auf einen späteren Zeitpunkt festgesetzt wurde.

BGE 105 II 99
Pra 68 Nr. 174, S. 436

Auszug aus dem Urteil der I. Zivilabteilung vom 27. März 1979
i.S. Rinderknecht gegen Ernst Göhner AG (Berufung).

Art. 368 Abs. 2 OR.

Relative Berechnungsweise des Abzuges am Werklohn bei Vorliegen eines Minderwertes. Berücksichtigung der Verbesserungskosten bei dieser Berechnung (E. 4a).

Zumutbarkeit der Berücksichtigung der Verbesserungskosten im vorliegenden Falle (E. 4b)?

[100] Die Treuhandstelle der Schweizerischen Lebensmittelimporteure (TSL) bzw. deren Lagerhaus-Genossenschaft beauftragte im Frühsommer 1967 die Ernst Göhner AG, als Generalunternehmerin zwei Lagerhäuser zum Preise von je Fr. 1 890 000.— zu erstellen. Als Standorte für diese Lagerhäuser wurden Saland und Ecublens bestimmt.

Die Generalunternehmerin schloss in der Folge mit dem Ingenieur Hans Heinrich Rinderknecht einen Vertrag. Danach verpflichtete sich dieser, die Ingenieurarbeiten für die beiden Lagerhäuser zu einem Pauschalhonorar von je Fr. 54 000.— «unter Beachtung der einschlägigen Normen des SIA» zu übernehmen. Nach dem Ingenieurvertrag und den dazugehörigen Plänen hätten die tragenden Konstruktionsteile für den Boden im Untergeschoss sowie für die Decken über dem Untergeschoss, dem Erdgeschoss und dem ersten Obergeschoss für Nutzlasten von 2500 kg je m^2 bestimmt sein sollen, während die Decke über dem zweiten Obergeschoss eine Nutzlast von 250 kg je m^2 hätte aushalten müssen. Nach Erstellung der Lagerhäuser erhob die Lagerbau-Genossenschaft der TSL Mängelrüge bezüglich der Tragfähigkeit der Decken. Ein von den Vertragsparteien beauftragter Sachverständiger kam in der Folge zum Schluss, dass «eine grosszügige, jedoch vernünftige Interpretation der SIA-Norm» eine zulässige Nutzlast von 1250 kg/m^2 ergebe.

Die Ernst Göhner AG verpflichtete sich gegenüber der Lagerhaus-Genossenschaft der TSL in einer aussergerichtlichen Vereinbarung, für allen Schaden einzustehen und zwei neue [101] Lagerhäuser zu erstellen. Im Januar 1974 erhob sie gegen Rinderknecht Klage auf Erstattung von Fr. 1 889 395.45 nebst Zins als Minderwert und Schadenersatz. Mit Urteil vom 21. September 1978 sprach das Obergericht (I. Zivilkammer) des Kantons Zürich der Klägerin Fr. 1 426 141.45 nebst Zins zu. Gegen dieses Erkenntnis hat der Beklagte die Berufung an das Bundesgericht erklärt, mit der er die Abweisung der Klage in dem Fr. 282 474.45 übersteigenden Betrage verlangt.

Aus den Erwägungen:

4. – Der Beklagte macht vor allem geltend, die vorhandenen Mängel der Lagerhäuser könnten nach dem von ihm eingereichten Privatgutachten durch Verstärkung der Deckenkonstruktionen behoben werden, was je nach Sicherheitsfaktor Kosten zwischen Fr. 160 000.— und Fr. 310 000.— zur Folge hätte. Zur Leistung eines höheren Betrages könne er auch über Art. 368 Abs. 2 OR nicht verpflichtet werden. Dem hält die Vorinstanz entgegen, zwischen den Parteien bestehe ein Auftragsverhältnis. Die Bestellerin der Lagerhäuser habe indes gegenüber der Klägerin das Wahlrecht von Art. 368 Abs. 2 OR in dem Sinne ausgeübt, dass sie den entstandenen Minderwert geltend gemacht und ausdrücklich auf Nachbesserung verzichtet habe. Das müsse reflexartig seine Auswirkungen auf den Ingenieurvertrag zwischen

Generalunternehmer und Ingenieur haben. Im Prozess zwischen diesen könne die Nachbesserung deshalb auch nicht in der Form eines blossen Bemessungskriteriums eine Rolle spielen.

a) Der dem Minderwert eines Werkes entsprechende Abzug am Werklohn ist wie der geminderte Preis einer Kaufsache nach der relativen Berechnungsweise zu ermitteln. Danach hat sich der vereinbarte zum geminderten Werklohn gleich zu verhalten wie der Wert des mangelfreien zum Wert des mangelhaften Werkes (BGE 88 II 414 E. 3, 81 II 209 E. 3a mit Hinweisen; GAUTSCHI, N. 16a und b zu Art. 368 OR). Der Minderwert eines Werkes bemisst sich nach dem Unterschied zwischen seinen objektiven Werten im mangelfreien Zustand einerseits und im mangelhaften Zustand anderseits. Auf den subjektiven Wert für den Besteller kommt nichts an. In der Regel bestimmt sich der objektive Wert eines Werkes nach dem Verkehrs- oder Veräusserungswert (GAUTSCHI, N. 16b und c zu Art. 368 OR; [102] GAUCH, Der Unternehmer im Werkvertrag, 2. A., Zürich 1977, Ziff. 471, 484 ff.). Ausschlaggebend ist dabei eine ausschliesslich wirtschaftliche Betrachtungsweise. Von da ausgegangen, ergibt sich ohne weiteres, dass der Minderwert nicht mehr als die Kosten für die Verbesserung des Werkes ausmachen kann, jedenfalls wenn die Verbesserung dem Besteller nach Treu und Glauben im Geschäftsverkehr zuzumuten ist und wenn durch sie das Werk vom minderwertigen in den mangelfreien, d.h. vertragsgemässen Zustand überführt werden kann, ist es doch diesfalls nicht um mehr als um die Verbesserungskosten entwertet. Könnte der Besteller unter solchen Umständen am Werklohn einen Abzug machen, der höher ist, als es dem dergestalt berechneten Minderwert entspricht, so wäre er um diesen Mehrbetrag bereichert, was sich mit Treu und Glauben nicht vereinbaren liesse (vgl. GAUTSCHI, N. 16g zu Art. 368 OR). Die Kosten der Verbesserung des Werkes durch einen Dritten sind somit bei der Berechnung des geminderten Werklohnes im aufgezeigten Sinne zu berücksichtigen.

Was die Klägerin hiegegen vorbringt, dringt nicht durch. Inwiefern das Recht des Bestellers, gemäss Art. 368 Abs. 2 OR bei Mängeln des Werkes zwischen Lohnabzug und *unentgeltlicher Verbesserung* des Werkes *durch den Unternehmer* wählen zu können, gegenstandslos wird, wenn man für die Berechnung des geminderten Werklohnes auf die Kosten der Verbesserung durch einen Dritten abstellt, ist nicht einzusehen, wird doch dadurch das Wahlrecht nicht betroffen. Ebensowenig verliert bei diesem Vorgehen die relative Berechnungsweise ihre Bedeutung; nicht der Minderwert des Werkes, sondern der ihm entsprechende Abzug am Lohne ist nach dieser zu ermitteln (vgl. Art. 368 Abs. 2 OR; BGE 88 II 414 E. 3, 81 II 209 E. 3a). Keine Rolle spielen kann im vorliegenden Fall ferner, auf welche Weise das Vertragsverhältnis zwischen der Klägerin und der Bestellerin der Werke bereinigt worden ist und ob die Klägerin infolge des mit der Bestellerin eingegangenen Vergleichs einen Vermögensnachteil erleidet, wenn von einem Minderwert ausgegangen wird, der die Verbesserungskosten nicht übersteigt. Nach unwidersprochener Annahme der Vorinstanz haftet der Beklagte im Rahmen des in Frage stehenden Auftragsverhältnisses höchstens für den Betrag, den diese der Bestellerin der Lagerhäuser zu leisten *verpflichtet* war. Nicht haftbar gemacht werden kann der

[103] Beklagte aber für jene Beträge, die die Klägerin über ihre vertraglichen und gesetzlichen Verpflichtungen hinaus der Bestellerin geleistet hat. Unter diesem Gesichtspunkt ist die Berechnung des Minderwertes im Sinne von Art. 368 Abs. 2 OR durchaus Prozessthema. In diesem Rahmen sind deshalb auch allfällige Verbesserungskosten von Bedeutung, so dass keine Rede davon sein kann, bei deren Berücksichtigung werde der Nachbesserungsanspruch des Unternehmers «quasi durch die Hintertüre» wieder in den Prozess eingeführt, wie die Vorinstanz meint.

b) Die Klägerin macht geltend, die vom Beklagten vorgeschlagene Verbesserung bewirke nicht den vertragsgemässen, sondern einen vom Vertrag abweichenden Zustand des Werkes. Sie bringe eine Verringerung der Lager- sowie der Fensterflächen mit sich und laufe somit den ursprünglichen Plänen zuwider, die gemäss Werkvertrag und der zugehörigen Offerte Vertragsbestandteil bildeten. Die Kosten der Verbesserung fielen als Minderwert auch deshalb ausser Betracht.

Ob dies zutrifft, hängt von tatsächlichen Feststellungen ab, die im angefochtenen Urteil fehlen. Die Frage ist dennoch für den Fall zu prüfen, dass die im Vertrag vereinbarte Tragkraft der Decken durch die im vom Beklagten eingereichten Privatgutachten vorgeschlagene Verstärkung der Deckenkonstruktion herbeigeführt werden kann. Die nach diesem Gutachten an den Pfeilerköpfen der Rand- und Innenpfeiler des Erd- und ersten Obergeschosses anzubringenden bis auf 60 cm unter die Decke reichenden Stahlbetonvorlagen haben entgegen der klägerischen Behauptung keinen Flächen-, wohl aber einen geringfügigen Lagerraumverlust zur Folge, indem in ihrem Bereich nicht mehr bis unmittelbar unter die Decke gestapelt werden kann; ferner verringern die in Fensterbandmitte auf die bestehende Aussenmauer aufzubauenden Zwischenpfeiler die Fensterfläche ungefähr um ein Fünftel. Auch wenn damit gegenüber dem in dieser Hinsicht bisher vertragsgemässen Zustand ein vom Vertrag abweichender Zustand geschaffen wird, erscheint das für den Besteller bei Würdigung der gesamten Umstände dennoch als nach Treu und Glauben zumutbar. Der Verlust von Lagerraum und Fensterflächen im erwähnten Umfang fällt angesichts der Grösse, Art und Zweckbestimmung der in Frage stehenden Lagerhäuser nicht entscheidend ins Gewicht, zumal diese anderseits voll belastbar werden und die durch die [104] geminderte Belastbarkeit hervorgerufenen betrieblichen Erschwernisse weitestgehend wegfallen. Die wegen des geringeren Lagerraums und der verminderten Fensterfläche sich ergebende Entwertung ist zudem in einem solchen Falle – neben den eigentlichen Verbesserungskosten – im Sinne von Art. 368 Abs. 2 OR besonders abzugelten.

* * *

Kommentar

Verhältnis von Minderung und Verbesserungskosten (Kosten der Verbesserung durch einen Dritten). – Relative und absolute Methode zur Berechnung des Minderungsbetrages. – Erfüllung der Nachbesserungsschuld. – Qualifikation des Ingenieurvertrages.

1. Zwischen der Unternehmerin und dem Ingenieur bestand ein «Auftragsverhältnis» (E. 4 vor lit. a). Werkvertragsrecht kam daher nicht unmittelbar zur Anwendung, wohl aber mittelbar, da der zwischen Bestellerin und Unternehmerin bestehende Werkvertrag Reflexwirkungen hatte auf die auftragsrechtliche Haftung des Ingenieurs. Dieser haftete nämlich «höchstens für den Betrag, den diese [die Unternehmerin] der Bestellerin der Lagerhäuser zu leisten *verpflichtet* war» (S. 102 unten), gemeint ist: gemäss Werkvertrag und Gesetz (S. 103 oben). Die Unternehmerin machte geltend, die Bestellerin habe die Minderung erklärt, der Ingenieur schulde ihr daher den Minderungsbetrag. Das Bundesgericht hat auf dieser Grundlage Schadenersatz zugesprochen. Ob dies der richtige Ansatzpunkt war oder nicht, bleibe hier dahingestellt, da es insoweit um ein auftragsrechtliches bzw. schadenersatzrechtliches Problem geht. Hingewiesen sei immerhin auf folgendes:

In Wirklichkeit wurde nicht die Minderung erklärt, vielmehr kamen die Parteien vergleichsweise überein, «zwei neue Lagerhäuser zu erstellen» (S. 100 unten/101 oben). Sie einigten sich also auf Nachbesserung, genauer Neuerstellung des Werks. Der Schaden der Unternehmerin bestand denn auch nicht darin, dass sie – zufolge Minderung – einen Teil des Werklohns nicht erhielt, sondern darin, dass sie für den Werklohn die Hallen zweimal erstellen musste und daher zusätzliche, durch den Werklohn nicht abgedeckte Ausgaben hatte. Wenn die Bestellerin berechtigt war, die Neuerstellung der Lagerhäuser zu verlangen (s. dazu vorne Nr. 120 f.), so musste m.E. der Unternehmerin das Recht zugestanden werden, sich für die Kosten der Neuerstellung beim Ingenieur schadlos zu halten. Wie dem auch sei, das Bundesgericht ist anders verfahren und hat den Minderungsbetrag zur Grundlage der Schadensberechnung gemacht. «En passant» hat es auch zum Nachbesserungsrecht Ausführungen gemacht (E. 4b, S. 103). Auf diese wird unten Ziff. 5 eingegangen. Vorerst werden die Erwägungen betr. die Minderung kommentiert. Die Minderung ist zwar im Rahmen eines Buchs zum Nachbesserungsrecht nicht unmittelbar von Interesse, sie ist es aber immerhin insofern, als der Besteller beim Entscheid, ob er die Nachbesserung verlangen soll, auch über die anderen Wahlmöglichkeiten (Minderung, Wandelung) im Bild sein muss. Interessant ist für ihn vor allem zu wissen, ob er auf dem Wege der Minderung die Kosten ersetzt verlangen kann, die ihm entstehen, wenn er die Mängel durch einen Dritten beseitigen lässt. Trifft dies zu, so kann der Besteller auf die Nachbesserung durch den Unternehmer, zu dem er vielleicht das Vertrauen verloren hat, ohne Nachteil verzichten.

2. Die **Minderung** ist «nach der relativen Berechnungsweise zu ermitteln» (E. 4a; BGE 116 II 313, 111 II 162 betr. Kaufrecht). Dies entspricht auch der herrschenden Lehre (Nachweise bei ZINDEL/PULVER, N 43 zu Art. 368 OR). Nach der **relativen Methode** hat sich der vereinbarte Werklohn (V) zum geminderten Werklohn (v) gleich zu verhalten wie der Wert des mängelfreien Werks (W) zum Wert des mangelhaften (w). Der Minderungsbetrag (V–v) ist identisch mit dem Minderwert des Werks (W–w), sofern die volle Vergütung dem objektiven Wert des mängelfrei gedachten Werks entspricht, sofern also die Parteien ein «ausgewogenes Geschäft» abgeschlossen haben (vgl. FRANZ SCHENKER, Gedanken zur «relativen» Minderungsmethode, FS Gauch, Freiburg 1989, S. 95). Das ist zu vermuten. Im Regelfall sind somit Minderungsbetrag und Minderwert des Werks identisch. Entscheidende Bedeutung kommt somit der Frage zu, wie der Minderwert zu bestimmen ist. Massgebend ist ein objektives Kriterium: Es kommt darauf an, inwieweit der Verkehrs- oder Veräusserungswert durch einen Mangel vermindert ist (E. 4a). Mangelhafte Werke werden regelmässig verbessert. Daher ist der Minderwert vermutungsweise (BGE 116 II 313; GUHL/MERZ/KOLLER, S. 486) identisch mit den Kosten, welche entstehen, wenn der Besteller die Mängel durch einen Dritten beseitigen lässt. Die entsprechenden Kosten (im folgenden einfach Verbesserungskosten genannt) sind nicht identisch mit den Kosten, die dem Unternehmer verursacht werden, wenn er selbst das Werk verbessert; diese Kosten (Nachbesserungskosten) sind regelmässig geringer, da sie keinen Gewinnanteil beinhalten. *Zusammenfassend* lässt sich sagen: Es gilt die doppelte (tatsächliche) Vermutung, dass die Parteien ein «ausgewogenes Geschäft» abgeschlossen haben und dass der Minderwert den Verbesserungskosten entspricht. Demzufolge ist der Minderwert normalerweise identisch mit den Verbesserungskosten (zu Ausnahmen s. vorne Nr. 178 und BGE 116 II 314). Die relative Methode führt somit praktisch zum gleichen Ergebnis wie die **absolute Methode**, die besagt, dass der Besteller berechtigt ist, den Werkpreis um den objektiven Minderwert zu reduzieren, unabhängig davon, ob der verabredete Preis dem Wert des mängelfrei gedachten Werks entspricht oder nicht (SCHENKER, a.a.O., S. 92 unten; HONSELL, N 8 zu Art. 205 OR). Vor diesem Hintergrund verliert die Kontroverse «Relative oder absolute Methode?» wesentlich an Bedeutung. Sie sei daher nicht umfassend abgehandelt. Es seien lediglich zwei Argumente angeführt, die Zweifel an der Richtigkeit der relativen Methode wecken (s. im einzelnen den erwähnten Aufsatz von SCHENKER):

– Die relative Methode ist unpraktikabel (EGLI, S. 91). Sie setzt voraus, dass jeweilen der objektive Wert eines Werks bestimmt wird, was mit erheblichem Aufwand verbunden sein kann. Demgegenüber ist bei der absoluten Methode im Normalfall einfach die Höhe der Verbesserungskosten zu bestimmen.

– Der Besteller kann gute Gründe haben, um auf die Nachbesserung durch den Unternehmer zu verzichten (z.B. weil er zu diesem kein Vertrauen mehr hat und haben kann). In einem solchen Fall sollte ihm die Möglichkeit offenstehen, trotzdem zu einem mängelfreien Werk zu kommen, ohne deshalb – zusätzlich zum Werklohn – Geld in die Hand nehmen zu müssen. Dies kann er, wenn man der absoluten Methode folgt. Folgt man hingegen der relativen Methode, so muss er unter Umständen die Verbesserung teilweise selbst finanzieren, wie folgendes Beispiel zeigt: B lässt sich durch U ein Haus bauen; Werkpreis Fr. 300 000.—. Objektiv ist der Wert des Hauses im mängelfreien Zustand Fr. 400 000.—. Hat das Haus Mängel, deren Beseitigung durch einen Dritten auf Fr. 40 000.— zu stehen kommt, ist also das Haus objektiv nur Fr. 360 000.— wert, so beträgt die herabgesetzte Vergütung (nach der relativen Methode) Fr. 270 000.—, der Minderungsbetrag Fr. 30 000.—. B muss also, will er die Mängel durch einen Dritten beseitigen lassen, die Verbesserungskosten im Umfange von Fr. 10 000.— selbst tragen. Das scheint unbillig. Das «Zusammenspiel» von Minderung und Nachbesserung zeigt somit, dass die relative Methode kaum die gesetzlich gewollte sein kann.

3. Der Minderwert kann nach dem referierten Entscheid «nicht mehr als die Kosten für die Verbesserung des Werkes [durch einen Dritten] ausmachen», so jedenfalls, «wenn die Verbesserung dem Besteller nach Treu und Glauben im Geschäftsverkehr zuzumuten ist und wenn durch sie das Werk vom minderwertigen in den mangelfreien, d.h. vertragsgemässen Zustand überführt werden kann». Dieser Ansicht ist beizupflichten, wenn auch mit gewissen Nuancen; sechs Bemerkungen sind zum **Verhältnis von Minderwert und Verbesserungskosten** anzubringen:

a) Wie gesagt, ist der Minderwert normalerweise identisch mit den Verbesserungskosten. Wo dies zutrifft, ist es missverständlich zu sagen, der Minderwert könne «nicht mehr» als diese Kosten ausmachen. Beides ist eben gerade identisch.

b) In Fällen, wo sich ein *Mangel nicht beseitigen lässt*, also das Werk nicht «vom minderwertigen in den mangelfreien, d.h. vertragsgemässen Zustand überführt werden kann», fallen die Verbesserungskosten für die Berechnung der Minderung ausser Betracht. Der Minderwert ist in solchen Fällen anders zu bestimmen, so etwa nach dem Mietzinsverlust, der infolge des Mangels zu befürchten ist.

Beispiel: A lässt sich ein Mehrfamilienhaus erstellen in der Absicht, dieses zu vermieten. Nach Bauvollendung zeigt sich, dass bei einer Wohnung der dazugehörige Keller vergessen ging, was nicht mehr reparabel ist. Der fehlende Keller hat zur Folge, dass für die Wohnung nicht der gleich hohe Mietzins verlangt werden kann wie für die andern (gleichartigen) Wohnungen. Der Minderwert kann hier nach dem kapitalisierten Mietzinsausfall berechnet werden.

c) Es sind Fälle denkbar, wo die Verbesserung zwar möglich, *dem Besteller* jedoch *nach Treu und Glauben nicht zumutbar* ist. Alsdann wird man dem Besteller gestatten müssen, den Minderungsbetrag nicht an den Verbesserungskosten zu orientieren, sondern einen andern Massstab zu wählen.

Angenommen, im obigen Beispiel lässt sich zwar der Keller nachträglich erstellen, jedoch nur mit erheblichem Aufwand und mit lästigen Einwirkungen auf das ganze Wohnhaus. Hier mag es dem Besteller nicht zumutbar sein, die Mängelbeseitigung vorzunehmen. Er darf in einem solchen Fall den Minderwert ebenfalls nach dem kapitalisierten Mietzinsausfall berechnen, muss sich also nicht mit den allenfalls tieferen Verbesserungskosten begnügen.

d) Treu und Glauben können sich nicht nur zugunsten des Bestellers, sondern auch des Unternehmers auswirken. Es sind nämlich Fälle denkbar, in denen die Verbesserung möglich und für den Besteller vorteilhaft ist, sie jedoch gegen die berechtigten Interessen des Unternehmers verstösst, in der Weise, dass es sich nach Treu und Glauben nicht rechtfertigt, die Verbesserungskosten (gänzlich) dem Unternehmer aufzubürden. Wo in diesem Sinne die *Verbesserung dem Unternehmer nach Treu und Glauben nicht zumutbar* ist, fallen die Verbesserungskosten als Grundlage der Minderung wiederum ausser Betracht, und der Besteller muss sich mit einem anderweitig berechneten, allenfalls tieferen Minderungsbetrag begnügen. Dies in Analogie zur Regel von Art. 368 Abs. 2 OR, wonach die Nachbesserung ausgeschlossen ist, wo diese dem Unternehmer «übermässige [= unverhältnismässige, Nr. 91] Kosten» verursachen würde.

e) Es gibt auch Zwischentatbestände in dem Sinne, dass sich ein *Mangel zwar beseitigen lässt, jedoch nur unvollkommen*. Wie ist diesfalls der Minderwert zu berechnen? Das vorstehend Gesagte gilt analog:

– *Grundsätzlich* bilden die Verbesserungskosten Grundlage der Minderung. Der verbleibende Minderwert ist allerdings «besonders abzugelten» (E. 4b a.E.), wobei insoweit – selbstverständlich – nicht die Verbesserungskosten (Kosten der nicht möglichen Verbesserung!) – den Massstab abgeben können.

– Nicht auf die Verbesserungskosten ist *ausnahmsweise* dort abzustellen, wo dem Besteller die Verbesserung nicht zumutbar ist oder wo er umgekehrt die Verbesserung im Interesse des Unternehmers nicht bzw. nicht zu dessen Lasten vornehmen darf. Zu beachten ist, dass auch ein nach der Mängelbeseitigung verbleibender sog. merkantiler Minderwert über die Minderung abzugelten ist, nicht etwa über den Ersatz des Mangelfolgeschadens (vorne Nr. 154, 502).

f) Der Minderungsbetrag kann nicht mehr als den Werkpreis ausmachen, die Verbesserungskosten können hingegen höher sein. Zu diesem Tatbestand s. gleich jetzt Ziff. 4.

4. Die Minderung bewirkt – wie schon der Name sagt – eine Reduktion der Werkpreisforderung. Naturgemäss ist höchstens eine **Minderung auf Null** möglich, also eine völlige Beseitigung der Werkpreisforderung. Wurde der Werkpreis bereits bezahlt, so entsteht mit Ausübung des Minderungsrechts ein Rückforderungsanspruch. Dieser kann nicht mehr als den Werkpreis ausmachen. Aus dem Gesagten folgt: Sind die Verbesserungskosten – z.B. wegen beträchtlicher Begleitkosten (Nr. 118) – höher als der Werkpreis, so kann der Besteller über die Minderung nicht alle Verbesserungskosten liquidieren. Den überschiessenden Teil kann er auch nicht als Mangelfolgeschaden ersetzt verlangen, «ist der zum Ersatz beanspruchte Aufwand doch im Mangel selbst begründet und nicht dessen Folge» (BGE 116 II 314 unten/315).

Ist eine Minderung auf Null zulässig? Beim Kaufvertrag ist die Frage negativ zu beantworten: «Erreicht der geforderte Minderwert den Betrag des Kaufpreises, so kann der Käufer nur die Wandelung verlangen» (Art. 205 Abs. 3 OR), also die Vertragsauflösung. Diese Lösung befriedigt nicht (vgl. JULIUS GEORG LAUTNER, Grundsätze des Gewährleistungsrechts, Zürich 1937, S. 85, der Art. 205 Abs. 3 OR als «verderbtes oder missverstandenes römisches Recht» bezeichnet). Unter sachlichen Gesichtspunkten sollte es dem Käufer möglich sein, unter Festhalten am Vertrag die mangelhafte Sache zu behalten, ohne den Kaufpreis auch nur teilweise bezahlen zu müssen. Die verfehlte Regelung des Art. 205 Abs. 3 OR auch im Werkvertragsrecht (analog) anzuwenden, drängt sich m.E. nicht auf (a.A. GAUCH, Werkvertrag, Nr. 1148; GAUTSCHI, N 13b zu Art. 368 OR).

Beispiel: A lässt die Wände seines Hauses durch B neu bemalen. Der Farbanstrich ist unbrauchbar, so dass sich eine nochmalige Bemalung aufdrängt. Hier muss es m.E. dem A möglich sein, den Werkpreis auf Null zu mindern. Würde man nur die Wandelung zulassen, so müsste A dem B die Möglichkeit einräumen, den Anstrich zu entfernen. Das ist ihm nicht zuzumuten.

5. Das Bundesgericht äussert sich in E. 4b auch zu einer Frage des Nachbesserungsrechts, wenn auch gleichsam versteckt: Es hält der Sache nach fest, dass grundsätzlich der Unternehmer entscheidet, wie er nachbessern will. Die Nachbesserung muss jedoch geeignet sein, den vertragsgemässen Zustand zu bewirken (so neustens auch BGE 116 II 312). Eine Abweichung vom Vertrag muss sich der Besteller immerhin dann gefallen lassen, wenn ihm diese «bei Würdigung der gesamten Umstände ... nach Treu und Glauben zumutbar» ist. Die Literatur hat sich unter dem Titel **«Behelfslösung»** in gleichem Sinne ausgesprochen (ZINDEL/PULVER, N 55 zu Art. 368 OR; GAUCH, Werkvertrag, Nr. 1218, 1245/47). Muss sich der Besteller ausnahmsweise mit einer Behelfslösung abfinden, steht ihm für den verbleibenden Minderwert eine Werkpreisreduktion zu (E. 4b a.E.). S. auch schon vorne Nr. 96, 117.

Im Einzelfall zeigt sich unter Umständen erst nach eingehenden Untersuchungen, dass ein Mangel nur durch eine Behelfslösung (teilweise) zu beseitigen ist. Alsdann fragt sich, ob der Besteller, der die Nachbesserung verlangt hat, auf seinen Entscheid zurückkommen, die Behelfslösung ablehnen und statt dessen die Minderung erklären kann. Die Frage entscheidet sich nach Treu und Glauben, wobei der Rechtssicherheit (vgl. Nr. 108) und dem vom Unternehmer bereits betriebenen Aufwand gebührend Rechnung zu tragen ist.

6. BGE 105 II 99 ff. ist zu einem Zeitpunkt ergangen, als der Ingenieurvertrag generell dem Auftragsrecht unterstellt wurde, ausgehend von der Annahme, ein Werkvertrag könne sich nicht auf unkörperliche Werke beziehen (BGE 98 II 311 f.). Diese Rechtsprechung wurde mit BGE 109 II 34 ff. geändert, und die Änderung seither mehrfach bestätigt. Ein Ingenieurvertrag kann nun wie schon früher auch werkvertraglichen Charakter haben.

BGE 107 II 50

Pra 70 Nr. 129, S. 335

Urteil der I. Zivilabteilung vom 27. Januar 1981 i.S.
Nandrò Bergbahnen AG gegen Gerhard Müller Maschinenbau AG (Berufung).

Art. 368 Abs. 2 OR.

Der Besteller hat in analoger Anwendung von Art. 366 Abs. 2 OR das Recht, die Verbesserung des Werkes allenfalls durch einen Dritten ausführen zu lassen und vom Unternehmer dafür Ersatz zu verlangen. Eine richterliche Ermächtigung zur Ersatzvornahme ist nicht erforderlich (E. 3).

A. – Die Nandrò Bergbahnen AG beauftragte die Gerhard Müller Maschinenbau AG, die Gondelbahn von Savognin nach Radons zu projektieren, zu liefern und zu erstellen, und zwar einschliesslich der Hoch- und Tiefbauten. Für die beiden Sektionen, getrennt durch die Mittelstation Malmigiucr, wurden im Werkvertrag vom 31. Mai 1969 Pauschalpreise von Fr. 1 798 400.— und Fr. 1 538 400.— vereinbart. Die Bauten sollten mindestens den technischen Anforderungen des SIA entsprechen, und es wurden die Bestimmungen des Obligationenrechts als anwendbar erklärt. Im Abschnitt «Liefertermine» bestimmte der Vertrag, die beiden Sektionen seien ab 8. Dezember 1969 bzw. ab 20. Januar 1970 für das Eidg. Amt für Verkehr abnahmebereit zu halten und am 12. Dezember [51] 1969 bzw. am 27. Januar 1970 von diesem abgenommen der Nandrò Bergbahnen AG zu übergeben.

Die Sektion I, zu der auch die Mittelstation gehört, wurde anfangs Dezember fertiggestellt und vom Eidg. Amt für Verkehr (EAV) mit Inspektionsbericht vom 7. Januar 1970 abgenommen, jedoch mit einem Vorbehalt wegen der baulichen Ausführung der Mittelstation. Der Vorbehalt wurde zwar am 27. Mai 1971 zurückgezogen, doch wies die Mittelstation zahlreiche weitere Mängel auf, was zu einer Auseinandersetzung zwischen der Gerhard Müller Maschinenbau AG und der von dieser beigezogenen Baufirma Stefan Barandun führte. Die Nandrò Bergbahnen AG lehnte die Genehmigung der Mittelstation ab und liess durch das Ingenieurbüro Menn resp. Rigendinger ein Gutachten erstatten, welches am 18. November 1971 die Baumeisterarbeiten der Mittelstation generell als schlecht bezeichnete. Der Experte empfahl eine Sanierung, um die Gebäudestabilität zu gewährleisten und die Einsturzgefahr abzuwenden. Gestützt auf eine Schätzung der Sanierungskosten durch den Experten teilte die Nandrò Bergbahnen AG der Gerhard Müller Maschinenbau AG am 2. März 1972 mit, sie werde vom vertraglichen Werklohn Fr. 90 000.— zurückbehalten, nämlich Fr. 45 000.— für die behebbaren Mängel, je Fr. 10 000.— pro Station wegen Wertverminderung und Fr. 25 000.— für weitere Mängel.

In der Folge wurde der Ausgang des Prozesses zwischen der Gerhard Müller Maschinenbau AG und der Firma Barandun abgewartet, in welchem ein Gutachten Canova die frühere Expertise weitgehend bestätigte. Am 1. März 1974 forderte die Nandrò Bergbahnen AG, die vom EAV zur Sanierung gedrängt wurde, die Gerhard Müller Maschinenbau AG zur unverzüglichen Vornahme der Arbeiten auf. Diese Aufforderung sowie eine Fristansetzung blieben erfolglos, vielmehr verlangte die Gerhard Müller Maschinenbau AG die Restzahlung von Fr. 90 000.—. Darauf liess die Nandrò Bergbahnen AG die Sanierungsarbeiten im Winter 1975/76 selbst ausführen. Die betreffenden Kosten von Fr. 135 271.40 machte sie im September 1976 unter Abzug der Fr. 90 000.— Restschuld mit Fr. 45 271.40 gegen die Gerhard Müller Maschinenbau AG geltend.

B. – Die Gerhard Müller Maschinenbau AG hatte die Streitsache bereits am 3. Oktober 1975 beim Vermittleramt [52] Oberhalbstein angemeldet, doch fand die Sühneverhandlung erst am 3. März 1977 statt. Nach bezogenem Leitschein prosequierte sie die Klage mit Prozesseingabe vom 16. Mai 1977, und zwar für ihre Forderung von Fr. 90 000.— nebst 6½% Zins seit 1. Januar 1975. Die Nandrò Bergbahnen AG widersetzte sich der Klage und verlangte widerklageweise die Zahlung von Fr. 45 271.40 nebst 5% Zins seit Klageanhebung. Das Bezirksgericht Albula und auf Appellation des Beklagten am 5. März 1980 auch das Kantonsgericht von Graubünden hiessen die Klage gut und wiesen die Widerklage ab.

C. – Die Beklagte hat gegen das obergerichtliche Urteil Berufung eingelegt mit dem Antrag, es aufzuheben, die Klage abzuweisen und die Widerklage gutzuheissen, eventuell sowohl Klage als auch Widerklage abzuweisen.

Die Klägerin schliesst auf Abweisung der Berufung.

Das Bundesgericht zieht in Erwägung:

1. – Das Kantonsgericht weist die Widerklage mit der Begründung ab, dass zur Zeit der gerichtlichen Geltendmachung die fünfjährige Verjährungsfrist nach Art. 371 Abs. 2 OR bereits abgelaufen war. Als für den Beginn der Frist massgebende Abnahme sei in Ziffer 3.1 des Vertrages die Betriebsbewilligung (Kollaudation) durch das EAV vereinbart worden, die am 7. Januar 1970 erteilt worden sei. Damals sei die Anlage auch in Betrieb genommen worden. Der vom Amt angebrachte Vorbehalt, der sich nicht auf die im Prozess streitigen Mängel bezogen habe, ändere nichts und sei zudem am 27. Mai 1971 zurückgezogen worden.

a) Die Beklagte wendet ein, dem Werkvertrag hätte nur eine vorbehaltlose Abnahme durch das EAV entsprochen. Ausserdem sei der Vorbehalt nicht schon am 27. Mai 1971, sondern erst mit Verfügung vom 15. April 1976 zurückgezogen worden. Letzteres widerspricht der eindeutigen tatsächlichen Feststellung der Vorinstanz und ist gemäss Art. 55 Abs. 1 lit. c OG unbeachtlich. Ob als massgebender Abnahmetermin der 7. Januar 1970 oder der 27. Mai 1971 zu betrachten ist, kann hinsichtlich der Widerklage offen bleiben. Nach den Grundsätzen von Treu und Glauben, die bei der Auslegung des Werkvertrages anzuwenden sind, ist entscheidend, dass das EAV die Betriebsbewilligung erteilte und der Betrieb auch aufgenommen wurde. Eine weitergehende Bedeutung in dem Sinn, dass die [53] Abnahme erst nach vollkommener baulicher Mängelfreiheit als erfolgt anzusehen wäre, kann der Vertragsbestimmung vernünftigerweise nicht beigemessen werden.

b) Das Kantonsgericht stellt fest, die Beklagte habe die ab 7. Januar 1970 gerechnete Fünfjahresfrist versäumt, da sie ihre Widerklage erst in der Sühneverhandlung vom 3. März 1977 erhoben habe. Demgegenüber will die Beklagte die Frist, gerechnet ab 27. Mai 1971, rechtzeitig unterbrochen haben. Gemäss Leitschein sei nämlich die Litispendenz für Klage und Widerklage am 3. Oktober 1975 eingetreten.

Soweit die Beklagte eine Missachtung kantonaler Verfahrensvorschriften geltend macht, ist dies im Berufungsverfahren unzulässig (Art. 55 Abs. 1 lit. c OG). Ob aufgrund der tatsächlichen Feststellungen der Vorinstanz eine Unterbrechungshandlung anzunehmen sei, ist dagegen eine Frage des Bundesrechts, namentlich von Art. 135 Ziff. 2 OR. Nach dem angefochtenen Entscheid wurde der Prozess zwar am 3. Oktober 1975 eingeleitet, die Widerklage jedoch erst in der Vermittlungsverhandlung vom 3. März 1977 erhoben. Als Unterbrechungshandlung behauptet die Beklagte daher nicht die Erhebung ihrer Widerklage, sondern die Ladung zum amtlichen Sühneversuch. Gemäss Leitschein und vorinstanzlichem Urteil war es indes die Klägerin, die am 3. Oktober 1975 das Vermittlungsbegehren stellte. Nichts lässt darauf schliessen, dass die Beklagte ihrerseits damals die Vermittlung verlangt oder eine Widerklage angemeldet habe. Die Ladung zum Sühneversuch, deren Datum übrigens weder festgestellt noch behauptet ist, vermag aber von Bundesrechts wegen und selbstverständlich die Verjährung nur zugunsten des jeweiligen Klägers zu unterbrechen, nicht auch zugunsten des Beklagten für allfällige Gegenforderungen, die erst später geltend gemacht werden.

Die Widerklage ist daher von der Vorinstanz zu Recht wegen Verjährung abgewiesen worden.

2. – Das Kantonsgericht hält fest, die behaupteten Werkmängel seien einwandfrei nachgewiesen. Es habe sich um geheime Mängel gehandelt, die erst durch das Gutachten Rigendinger vom 18. November 1971 entdeckt und von der Beklagten durch Zustellung einer Kopie an die Klägerin am 16. Dezember 1971 rechtzeitig gerügt worden seien. Trotz Verjährung ihrer Gewährleistungsansprüche könne die Beklagte daher der Hauptklage die entsprechenden Einreden entgegenhalten (Art. 371 Abs. 1 in Verbindung mit Art. 210 Abs. 2 OR).

[54] *a)* Dass die Übermittlung der Expertise Rigendinger an die Klägerin als Mängelrüge genügte, ist nicht mehr streitig. Es steht auch ausser Frage, dass diese Zustellung innerhalb der fünfjährigen Garantiefrist von Art. 219 Abs. 3 OR geschah. In der Berufungsantwort wird dagegen bestritten, dass die Anzeige sofort nach Entdeckung der Mängel erfolgte, sei doch zwischen der Ablieferung des Gutachtens an die Beklagte und der Weiterleitung an die Klägerin beinahe ein Monat verstrichen.

Dieses Vorbringen der Klägerin ist neu und deshalb vor Bundesgericht unzulässig (Art. 55 Abs. 1 lit. c OG). Das Bezirksgericht hielt fest, unbestrittenermassen sei der Klägerin die Expertise unmittelbar nach Vorliegen zugestellt worden. Vor Kantonsgericht machte die Klägerin ausschliesslich geltend, in der Zustellung des Gutachtens liege keine Mängelrüge. Nachdem dieser Einwand zurückgewiesen wurde, folgt nun – nach den Akten erstmals – die Behauptung der Verspätung. Zwar hat der Besteller wie der Käufer die Rechtzeitigkeit der Mängelrüge zu beweisen, doch ändert das nichts daran, dass es dem Unternehmer obliegt, die mit verzögerter Mängelrüge eintretende Genehmigung des Werkes vorzubringen, wobei dies im Rahmen des prozessualen Novenrechts zu geschehen hat (GIGER, N. 99 und 106 zu Art. 201 OR). Dass der Richter die Rechtzeitigkeit von Amtes wegen ermitteln müsste (GAUCH, Der Unternehmer im Werkvertrag, 2. A., Ziff. 782), kann um so weniger zutreffen, als es dabei stark auf die Umstände des Einzelfalles, auf Handelsübungen und dergleichen ankommt.

b) Somit ist davon auszugehen, dass der Beklagten infolge gehöriger Rüge die Einreden wegen vorhandener Mängel erhalten blieben. Das anerkennt auch die Vorinstanz, doch verneint sie sinngemäss aufgrund von Art. 120 Abs. 3 OR eine Verrechnungsmöglichkeit. Nach dieser Bestimmung kann eine verjährte Forderung zur Verrechnung gebracht werden, wenn sie zur Zeit, wo sie mit der andern Forderung verrechnet werden konnte, noch nicht verjährt war. Das Kantonsgericht stellt fest, die Beklagte habe bis zum Eintritt der Verjährung am 7. Januar 1975 nicht Minderwert geltend gemacht, sondern allein unentgeltliche Nachbesserung verlangt, was eine Verrechnung mit dem Werklohn ausschliesse. Erst am 2. September 1975 habe sie auf Nachbesserung verzichtet und in der Folge die Mängel durch einen Dritten beheben lassen.

[55] Die Beklagte beanstandet, dass sich die Vorinstanz auf die Prüfung der Verrechnungsmöglichkeit beschränke. Aus Art. 210 Abs. 2 OR ergebe sich eine Einrede, welche immerfort ein Zahlungsverweigerungsrecht begründe. Der Beklagten bleiben indes lediglich die Einreden erhalten, die ihren verjährten Gewährleistungsansprüchen entsprechen, mithin dem Recht auf Minderung, auf kostenlose Verbesserung und bei Verschulden auf Schadenersatz (Art. 368 Abs. 2 OR; GAUTSCHI, N. 8b zu Art. 371 OR; GAUCH, a.a.O., Ziff. 851). Im Prozess behauptet die Beklagte eine Schadenersatzforderung von Fr. 135 271.40, wovon sie Fr. 90 000.— zur Verrechnung mit der Klageforderung stellt. Das Kantonsgericht wendet daher zutreffend Verrechnungsrecht und damit sinngemäss auch Art. 120 Abs. 3 OR an (BGE 91 II 214; GIGER, N. 68 zu Art. 210 OR).

Nun legt aber die Vorinstanz zu Recht nicht dar, dass die Gegenforderung der Beklagten schon verjährt gewesen wäre, als die klägerische Forderung auf Werklohn entstand. Sie argumentiert gegenteils, die Ersatzforderung sei erstmals geltend gemacht worden nach Verjährung der Mängelrechte und sei ebenfalls verjährt. Darauf kommt jedoch nichts an, weil im vorliegenden Zusammenhang nur noch eine Einrede zu beurteilen ist. Es genügt, dass eine rechtzeitige Mängelrüge erfolgte. Die

Verrechnungsmöglichkeit ist um so eher gegeben, als die Ersatzforderung ohnehin erst nach der Klageforderung entstanden ist (BGE 48 II 334).

Auf die Verrechnungseinrede der Beklagten ist deshalb einzutreten.

3. – Für diesen Fall bestreitet die Klägerin der Beklagten das Recht, anstelle unentgeltlicher Verbesserung Geldersatz zu beanspruchen. Das Bezirksgericht wies denn auch die Verrechnungseinrede der Beklagten mit der Begründung ab, sie habe die nach Art. 98 Abs. 1 OR erforderliche richterliche Ermächtigung zur Auftragserteilung an einen Dritten nicht eingeholt. Das Kantonsgericht lässt die Frage offen.

Zu prüfen ist, ob das Recht des Bestellers zur Beseitigung des Mangels auf Kosten des Unternehmers eine richterliche Ermächtigung voraussetzt. BGE 96 II 353 E. 2c gesteht dem Besteller, der die Möglichkeit der Verbesserung des Werkes wählt, gegenüber dem dazu nicht gewillten oder nicht fähigen Unternehmer das Recht zu, die Nachbesserung durch einen Dritten ausführen zu lassen und vom Unternehmer dafür Er-[56]satz zu verlangen. Ein solches Recht wird dem Besteller in Art. 368 Abs. 2 OR im Gegensatz zu Art. 366 Abs. 2 OR zwar nicht ausdrücklich gewährt. Weshalb das Gesetz die Mängelbehebung durch Dritte ohne richterliche Bewilligung zulassen soll, wenn Mängel vor der Erstellung des Werkes zu erwarten sind, nicht aber, wenn sie erst nach der Ablieferung auftreten, leuchtet indes nicht ein. Die von GAUCH (a.a.O., Ziff. 567) angebotene Erklärung vermag nicht zu überzeugen. Am Bedürfnis des Bestellers, seinen Verbesserungsanspruch allenfalls mittels Ersatzvornahme durchzusetzen, ändert sich mit der Ablieferung des Werkes nichts, so dass ihm in analoger Anwendung von Art. 366 Abs. 2 OR ein entsprechendes Recht einzuräumen ist. Da die Klägerin mit der geschuldeten Verbesserung des Werkes in Verzug war, konnte die Beklagte nach erfolgloser Ansetzung einer Nachfrist die Mängelbehebung ohne richterliche Ermächtigung einem Dritten übertragen und der Klägerin gegenüber Kostenersatz geltend machen. Es kann deshalb offen bleiben, ob die allgemeine Bestimmung des Art. 107 OR zum nämlichen Resultat führen würde (VON TUHR/ESCHER, Allgemeiner Teil des Schweizerischen Obligationenrechts, Band II, S. 92).

Die Vorinstanzen haben daher zu Unrecht die Verrechnungseinrede gegenüber dem Klagebetrag von Fr. 90 000.— nicht zugelassen. Da tatsächliche Feststellungen über die Begründetheit und Höhe der Gegenforderung der Beklagten fehlen, ist dem Bundesgericht diesbezüglich eine Beurteilung nicht möglich. Das muss hinsichtlich der Hauptklage zur teilweisen Gutheissung der Berufung und Rückweisung der Sache an das Kantonsgericht zur neuen Entscheidung führen (Art. 64 Abs. 1 OG).

Demnach erkennt das Bundesgericht:

Hinsichtlich der Hauptklage wird die Berufung teilweise gutgeheissen, das Urteil des Kantonsgerichts von Graubünden vom 5. März 1980 aufgehoben und die Sache zu neuer Entscheidung im Sinne der Erwägungen an die Vorinstanz zurückgewiesen.

Bezüglich der Widerklage wird die Berufung abgewiesen und das angefochtene Urteil bestätigt.

* * *

Kommentar

Verjährung der Mängelrechte. – Rechtzeitigkeit der Mängelrüge: Beweislastverteilung. – Analoge Anwendung von Art. 366 Abs. 2 OR auf den Nachbesserungsverzug.

1. Der Entscheid ist in verschiedener Hinsicht von Bedeutung, vorab mit Bezug auf die Verjährung der Mängelrechte.

a) Die Verjährungsfrist beginnt bei unbeweglichen Bauwerken nach Gesetz (Art. 371 Abs. 2 OR) mit der Abnahme (Nr. 59 ff.) des Werks. Diese Regelung ist dispositiv. Im vorliegenden Fall wurde nicht auf die Abnahme (i.S.v. Art. 371 Abs. 2 OR) abgestellt, sondern auf die Erteilung der «Betriebsbewilligung (Kollaudation) durch das EAV» (E. 1 vor lit. a).

b) Nur am Rande befasst sich das Bundesgericht mit der Unterbrechung der Verjährung. Es hält als «selbstverständlich» fest, dass eine Unterbrechungshandlung des Unternehmers hinsichtlich der Werklohnforderung für eine allfällige Gegenforderung des Bestellers (in casu Anspruch auf Kosten einer Ersatzvornahme) keine unterbrechende Wirkung zeitigt. Zur Unterbrechung im allgemeinen s. oben Nr. 427 ff.

c) Sind die Mängelrechte verjährt, so können sie immerhin noch einredeweise geltend gemacht werden (Art. 210 Abs. 2 OR). Der Begriff der Einrede ist in einem weiten Sinne aufzufassen, er umfasst auch das Verrechnungsrecht, das keine Einrede im technischen Sinne darstellt (BGE 91 II 216 f.). Neben Art. 210 Abs. 2 OR ist freilich – hinsichtlich der Verrechnung – auch Art. 120 Abs. 3 OR zu beachten (BGE 91 II 216 f.). Wie sich die beiden Bestimmungen zueinander verhalten, ist noch nicht im einzelnen geklärt (s. Nr. 393). Der hier referierte Entscheid stellt in meinem Verständnis immerhin folgendes klar: Der Besteller kann eine Geldforderung, die – als sekundäres Mängelrecht (Nr. 12) – an die Stelle des Nachbesserungsrechts tritt, mit der Werklohnforderung ohne weiteres zur Verrechnung bringen, sofern die allgemeinen Verrechnungsvoraussetzungen, insb. jene von Art. 120 Abs. 1 OR, erfüllt sind. Die Verrechnung ist auch dann zulässig, wenn eine solche Ersatzforderung im Zeitpunkt ihrer Entstehung bereits verjährt war. So jedenfalls dann, wenn das Nachbesserungsrecht vor Verjährungseintritt ausgeübt wurde, also die Nachbesserungsforderung der Werklohnforderung einmal unverjährt gegenüberstand. Aber auch dann, wenn das Nachbesserungsrecht erst nach Verjährungseintritt ausgeübt wurde und somit bereits die Nachbesserungsforderung als verjährte entstanden ist, ist die Verrechnung zuzulassen. «Es genügt, dass eine rechtzeitige Mängelrüge erfolgte» (E. 2b a.E. des referierten Entscheids).

2. Was die Rechtzeitigkeit der Mängelrüge anbelangt, so trifft gemäss E. 2a den Unternehmer die Behauptungslast, den Besteller die Beweislast: Zwar obliegt es dem Unternehmer zu behaupten, dass ein Mangel zu spät gerügt wurde (keine Prüfung dieser Frage von Amtes wegen), doch hat der Besteller die Rechtzeitigkeit zu beweisen, so dass im Zweifelsfall die Rüge als verspätet anzusehen ist. An dieser Rechtsprechung hat das Bundesgericht in BGE 118 II 147 trotz der daran geäusserten Kritik (vgl. die Nachweise bei BÜHLER, S. 330 Anm. 195) festgehalten. Gegen diesen Entscheid wurde erneut Kritik laut: Im Anschluss an GAUCH macht BÜHLER (S. 330) geltend, die Beweislast müsse teilweise dem Unternehmer überbunden werden. Der Besteller habe nur zu beweisen, *wann* er einen Mangel gerügt hat. Für die Verspätung der Mängelrüge in dem vom Besteller nachgewiesenen Zeitpunkt trage hingegen der Unternehmer die Beweislast. «Dazu gehört namentlich der Beweis einer früheren Erkennbarkeit des Mangels oder des Vorliegens eines offenen statt des vom Bauherrn behaupteten versteckten Mangels» (BÜHLER, a.a.O., S. 330). Dieser Kritik ist m.E. zuzustimmen (vorne Anm. 98).

3. Kommt der Unternehmer mit der Nachbesserung in Verzug, so kann der Besteller nach Art. 107 Abs. 2 OR vorgehen (Nr. 151, 164 ff.), stattdessen aber auch zur Ersatzvornahme analog Art. 366 Abs. 2 OR schreiten. Diese Bestimmung setzt im Unterschied zu Art. 98 OR keine richterliche Ermächtigung voraus. Vorausgesetzt ist jedoch – wie bei einem Vorgehen nach Art. 107 Abs. 2 OR –, dass der Besteller dem Unternehmer erfolglos eine Nachfrist angesetzt hatte (so ausdrücklich E. 3 mittlerer Absatz des referierten Entscheids; Nr. 188 f.). Auf die Nachfrist kann nur in den Fällen von Art. 108 OR verzichtet werden, also namentlich dann, wenn der Unternehmer zur Nachbesserung unfähig ist oder sich weigert nachzubessern (vgl. E. 3, 2. Absatz; in BGE 96 II 353, auf den sich das Bundesgericht beruft, ging es allerdings um Schadenersatz, nicht um die Kosten einer Ersatzvornahme, vgl. oben S. 225, Bem. zu Pra 60, S. 267 f. = BGE 96 II 351). BGE 107 II 50 ff. ist auf Kritik gestossen (v.a. GAUCH, Werkvertrag, Nr. 1286 ff.), m.E. zu Unrecht (Nr. 183 ff.).

Pra 70 Nr. 253, S. 679
BGE 107 III 106

Nachlaßvertrag mit Vermögensabtretung. *Ähnlichkeit mit dem Konkurs (E. 3a).* **Anwendbarkeit von SchKG 211,** *Umwandlung von anderen als Geldforderungen (E. 3c).* **Der Nachbesserungsanspruch** *des Bestellers, OR 368 II, ist keine Masseverbindlichkeit, wenn die Liquidatoren die Erfüllung des Anspruchs durch die Masse weder ausdrücklich noch durch schlüssige Handlung übernommen haben (E. 3d).*

Von Ende 1975 bis März 1976 führte die X AG im Grundstück B.s Arbeiten aus, für welche sie Rechnung im Gesamtbetrag von Fr. 81 725.50 stellte. Im September 1976 einigten sich die Vertragsparteien auf eine Vergütung von 77 500.— Fr., und B. verpflichtete sich mit Schreiben vom 17. September 1976, «den Restbetrag von 7500.— Fr.» zu Beginn des Jahres 1977 zu zahlen. Am 7. Dezember 1976 teilte die Bank Y B. mit, die Forderung von 7500.— Fr. sei ihr von der X AG abgetreten worden. Mit Brief vom 11. Februar 1977 antwortete B., die Isolation der Zimmer im obersten Stockwerk seines Hauses sei nicht in Ordnung, und schlug vor, den Bericht eines neutralen Architekten beizuziehen. Schon am 31. Januar 1977 war der X AG eine Nachlassstundung von 4 Monaten ab 1. Februar 1977 bewilligt worden. Die Gläubiger wurden ordnungsgemäss aufgefordert, innert der gesetzlichen Frist von 20 Tagen ihre Forderungen einzugeben. B. reichte keine Forderung ein. In der Gläubigerversammlung vom 3. Mai 1977 wurde eine dreiköpfige Liquidationskommission gewählt. Am 4. Juli 1977 bestätigte das Kantg Neuenburg den von der X AG vorgeschlagenen Nachlassvertrag mit Vermögensabtretung.

Am 30. August 1977 forderte die Liquidationskommission B. auf, den unbezahlt gebliebenen Betrag von 7500.— Fr. zu begleichen. B. antwortete am 30. September 1977, die Isolation der Zimmer im obersten Stock befriedige nicht, der geschuldete Betrag werde bezahlt, sobald das gelieferte Werk in Ordnung sei. Die Liquidationskommission beauftragte eines ihrer Mitglieder, den Architekten V., die Sache zu untersuchen und wenn möglich gütlich zu regeln. V. stellte fest, dass tatsächlich Mängel vorhanden waren und schlug vor, dass B. auf die Verbesserung und die Masse auf die 7500.— Fr. verzichten solle. Das wurde von der Kommission abgelehnt, weil B. seine Rüge nicht innert nützlicher Frist erhoben habe. B. wurde am 14. März 1978 und wieder am 5. April 1979 für den Betrag von 7500.— Fr. gemahnt und in der Folge gegen ihn Betreibung eingeleitet. Die Forderung wurde am 10. Oktober 1979 von der Bank Y an die X AG in Nachlassliquidation zurückzediert.

Gegen diese hatte B. am 17. Juli 1979 beim Kantg Neuenburg Klage erhoben auf Vornahme näher bezeichneter Reparaturarbeiten in seinem Hause, ev. auf Zahlung von 21 725.— Fr. bzw. nach Verrechnung mit den 7500.— Fr. von 14 225.— Fr. nebst Zins als Schadenersatz. Auf diese Klage wurde durch Urteil des Kantg vom 6. Oktober 1980 nicht eingetreten. Die Berufung B.s wird vom Bg abgewiesen.

3. a) Mit Recht geht die Vi davon aus, dass der Nachlassvertrag mit Vermögensabtretung eine Form der Zwangsvollstreckung und ein öffentlich-rechtliches Verfahren ähnlich dem Konkurs ist, auch wenn mit der Zustimmung der Gläubiger zum Vorschlag des Schuldners ein vertragliches Element hinzukommt (BGE 103 III 60 = Pra 66 Nr. 253 mit Hinweisen). Es handelt sich um eine mildere Form des [680] Konkurses (BGE 85 I 190, 85 III 207/208 E. 4 = Pra 48 Nr. 165, 49 Nr. 131), und die Liquidation des Schuldnervermögens erfolgt nach denselben Grundsätzen wie im Konkurs.

b)...

c) Wie die Vi gestützt auf die Lehre ausführt, ist SchKG 211 auf den Nachlassvertrag mit Vermögensabtretung anwendbar (LUDWIG, Der Nachlassvertrag mit Vermögensabtretung, Diss. Bern 1970, S. 91; BÖNI, Die Masseverbindlichkeiten im Nachlassvertrag mit Vermögensabtretung, BlSchK 1962, S. 67; PICCARD, Die analoge Anwendung der Konkursnormen auf den Nachlassvertrag mit Vermögensabtretung, ZSR 1916, S. 29; DOKA, Der Nachlassvertrag mit Vermögensabtretung, ZSR 1926, S. 164; PAPA, Die analoge Anwendung der Konkursnormen auf den Nachlassvertrag mit Vermögensabtretung, Diss. Bern 1941, S. 104; SCHODER, Der Nachlassvertrag mit Vermögensabtretung, ZBJV 1952, S. 442). Danach wandelt sich eine Forderung, die nicht eine Geldzahlung zum Gegenstand hat, in eine Geldforderung von entsprechendem Wert um, jedoch hat die Konkursverwaltung das Recht, die Verpflichtung in natura zu erfüllen, evtl. auf Verlangen des Gläubigers gegen Sicherheitsleistung. Der Entscheid der Konkursverwaltung oder der Liquidatoren der Nachlassmasse für die Naturalerfüllung der nicht auf Geldzahlung gehenden Verpflichtung kann ein ausdrücklicher sein oder aus schlüssiger Handlung hervorgehen (JAEGER/PETITMERMET-BOVAY, N. 4 zu SchKG 211). Entgegen der Meinung B.s ist die Vi der Auffassung, dass weder der Sachwalter noch die Liquidatoren es jemals ausdrücklich oder durch schlüssige Handlung übernommen haben, die Mängel zu beheben, die dem von der X AG im Hause B.s ausgeführten Werk anhaften. Sie stellt zwar fest, dass B. von den Liquidatoren zur Zahlung des restlichen Werklohns aufgefordert wurde, aber sie hält mit Recht dafür, dass die Liquidatoren sich damit nicht für die Naturalerfüllung der Verbesserungspflicht des Unternehmers gemäss OR 368 II ausgesprochen haben und nicht «in den Vertrag eingetreten» sind, sondern dass sie einfach versucht haben, i.S. von SchKG 316 h ein Aktivum der Masse zu verwerten, und dass sie die Beanstandungen B.s im Rahmen dieser Verwertung geprüft haben. In der Tat mussten sie ja den Wert der Werklohnforderung gegen B. und die Erfolgsaussichten einer Zwangsvollstreckung gegen ihn abschätzen. Mit den Betreibungen gegen B. haben die Liquidatoren keineswegs implicite die Behebung der Mängel, die er geltend machte, angeboten. Ebensowenig ist eine Willensäusserung durch schlüssige Handlung, lautend auf Naturalerfüllung der Verbesserungspflicht durch die Nachlassmasse, darin zu erblicken, dass die Liquidatoren mit der Begründung, B. habe seine Beanstandung nicht innert nützlicher Frist vorgebracht, den Vorschlag des Mitliquidators V. ablehnten, dass B. auf die Nachbesserung und die Masse auf den restlichen Werklohn verzichten solle.

d) Mit Recht ist die Vi zum Schluss gekommen, die Pflicht zur Behebung der von B. gerügten Mängel sei keine Schuld der Nachlassmasse. Diese Pflicht hat ihren Grund in Arbeiten, die vor der Nachlassstundung ausgeführt wurden, und die Liquidatoren haben ihre Erfüllung durch die Nachlassmasse weder ausdrücklich noch durch schlüssige Handlung übernommen. Der Hauptantrag B.s ist demnach unbegründet, weil die Masse nicht Schuldnerin aus der geltend gemachten Forderung ist und ihr die Passivlegitimation fehlt. Es handelt sich um eine Frage des ma-

Kommentar zu Pra 70, S. 679 = BGE 107 III 106

teriellen Rechtes, und die Vi hätte daher statt auf Nichteintreten auf Ab-[681]weisung der Klage erkennen sollen. Das ändert indessen nichts daran, dass die Berufung unbegründet ist. Entgegen der Behauptung B.s wurde SchKG 211 durch die Vi nicht verletzt.

4. (Der Masse fehlt die Passivlegitimation ebenso gegenüber der eventuellen Schadenersatzforderung B.s wegen Nichterfüllung der Besserungspflicht.)

5. (B. hätte die gemäss SchKG 211 umgewandelte Forderung im Nachlassverfahren geltend machen sollen.)

6. (Ob die restliche Werklohnforderung von 7500.— Fr. von B. geschuldet sei, war nicht in diesem Verfahren zu prüfen.) II. Ziv. abt., 23. April 1981, B. c. X AG in Nachlassliquidation; Orig.text franz.

* * *

Kommentar[*]

Schicksal des Nachbesserungsrechts im Konkurs des Unternehmers und im Nachlassverfahren.

1. Gemäss Art. 211 Abs. 1 SchKG werden «Forderungen, welche nicht eine Geldzahlung zum Gegenstande haben», mit der Konkurseröffnung «in Geldforderungen von entsprechendem Werte umgewandelt». Gemäss Abs. 2 «hat indessen» die Konkursverwaltung «das Recht, die Verpflichtung des Gemeinschuldners zu erfüllen». Gibt sie eine entsprechende Erklärung ab, so wird die Verpflichtung zur Masseschuld. Art. 211 SchKG gilt unbestrittenermassen auch für den Nachlassvertrag mit Vermögensabtretung (Liquidationsvergleich). Im konkreten Fall hatte die Liquidationskommission B. von ihrem Recht, die Verpflichtung des B. zu erfüllen, keinen Gebrauch gemacht, wie das Bundesgericht zutreffend festhält. Eine Masseschuld zur Behebung der von B. gerügten Mängel bestand somit nicht (ebenso AMONN, ZBJV 1983, S. 352 f.).

2. In E. 5 führt das Bundesgericht aus, dass B. seine Nachbesserungsforderung im Nachlassverfahren hätte geltend machen müssen. Es fragt sich jedoch angesichts von Art. 316c SchKG, ob er dies überhaupt hätte tun können. Jene Bestimmung befasst sich mit der zeitlichen Wirkung eines Liquidationsvergleichs. Es erübrigt sich hier, im einzelnen anzugeben, welche Forderungen von einem solchen Vergleich erfasst werden. Sicher ist, dass dies nicht zutrifft für Forderungen, die nach rechtskräftiger

---

[*] Ich danke Herrn Fürsprech DOMINIK GASSER, Bern, für die Durchsicht der nachstehenden Entscheidbesprechung.

Bestätigung des Nachlassvertrags entstehen (PETER LUDWIG, Der Nachlassvertrag mit Vermögensabtretung [Liquidationsvergleich], Diss. Bern 1970, S. 36 ff.). Derartige Neuforderungen können im Nachlassverfahren nicht geltend gemacht werden (zu ihrem Schicksal vgl. LUDWIG, a.a.O., S. 37). Im vorliegenden Fall wurde der Nachlassvertrag der X AG am 4. Juli 1977 bestätigt. Mit Schreiben vom 30. September 1977 übte B. das Nachbesserungsrecht aus, indem er die Zahlung der Fr. 7500.— von der vorgängigen Beseitigung der Isolationsmängel abhängig machte. Die Nachbesserungsforderung enstand somit erst knappe drei Monate nach der Bestätigung des Liquidationsvergleichs. Bei formaler Betrachtungsweise scheint daher die Forderung vom Nachlassvertrag nicht mehr erfasst. Indes ist zu beachten, dass das Nachbesserungs*recht* in dem nach Art. 316c SchKG massgeblichen Zeitpunkt längst Bestand hatte. Das muss genügen. Denn entscheidend i.S. von Art. 316c SchKG ist der Moment, in dem der Rechtsgrund einer Forderung entsteht, nicht die Forderung als solche. Für suspensiv-bedingte Forderungen ergibt sich dies aus Art. 210 SchKG, der auch im Nachlassverfahren zu beachten ist (GILDO PAPA, Die analoge Anwendung der Konkursnormen auf den Nachlassvertrag mit Vermögensabtretung, Diss. Bern 1941, S. 104). M.E. steht nichts entgegen, die Nachbesserungsforderung als eine durch die Ausübung des Nachbesserungsrechts suspensiv-bedingte Forderung i.S. von Art. 210 SchKG anzusehen oder einer solchen Forderung zumindest gleichzustellen. Wer gegenteilig entscheidet, ist (wohl) gezwungen, die Nachbesserungsschuld des Unternehmers (in casu B.) als dessen persönliche Schuld bestehen zu lassen, sie also wie eine vom Unternehmer ohne Zustimmung der Nachlassverwaltung eingegangene Verpflichtung zu behandeln; das aber widerspricht dem Zweck des Nachlassvertrags, der für den Schuldner «reinen Tisch» schaffen soll.

Bei den vorstehenden Ausführungen wurde unterstellt, dass das Nachbesserungsrecht ein Gestaltungsrecht ist. Betrachtet man es als Forderung, so ist klar, dass im konkreten Fall die Nachbesserungsforderung in dem nach Art. 316c SchKG massgeblichen Zeitpunkt längst Bestand hatte und daher im Nachlassverfahren hätte geltend gemacht werden können und müssen.

Im Ergebnis ist also der Ansicht des Bundesgerichts, wonach die Nachbesserungsforderung im Nachlassverfahren hätte geltend gemacht werden müssen, zuzustimmen, unabhängig davon, ob man das Nachbesserungsrecht als Gestaltungsrecht oder als Forderung betrachtet. Zur Rechtsnatur des Nachbesserungsrechts s. Nr. 1 mit Anm. 1.

3. Hätte B. die Nachbesserungsforderung im Nachlassverfahren der X AG eingegeben, so hätte er sie nach Umwandlung gemäss Art. 211 Abs. 1 SchKG mit seiner Restschuld von Fr. 7500.— verrechnen können, und zwar zum vollen Betrag (Art. 213 SchKG, der auch für das Nachlassverfahren gilt, PAPA, a.a.O., S. 106 ff., v.a. 114 ff.; s. auch unten Ziff. 4). Die Verrechnungserklärung hätte selbstverständlich nur zum Ziele geführt, wenn die Nachbesserungsforderung tatsächlich Bestand hatte, was von der Liquidationskommission bestritten wurde (sie machte verspätete Mängelrüge geltend).

4. Im folgenden sei exkursweise auf das **Schicksal der Nachbesserungsforderung im Konkurs des Unternehmers** eingegangen (zum Schicksal des Nachbesserungsrechts, verstanden als Gestaltungsrecht, s. unten Ziff. 5).

a) Verhältnismässig einfach ist die Rechtslage, wenn der Besteller im Zeitpunkt der Konkurseröffnung **den ganzen Werkpreis bereits bezahlt hat.** Die Nachbesserungsforderung wird diesfalls in eine Geldforderung «von entsprechendem Werte» umgewandelt (Art. 211 Abs. 1 SchKG). Gemeint ist damit «das *Interesse* an der Leistung, d.h. der aus der Nichtleistung entstehende bezw. entstandene *Schaden*, mit andern Worten das *Erfüllungsinteresse*» (JAEGER, Kommentar zum SchKG, Band II, Zürich 1911, N 2 vor lit. a zu Art. 211 SchKG, S. 85; PHILIPP WEYDMANN, Zweiseitige Verträge im Konkurs einer Vertragspartei, Diss. Zürich 1958, S. 61; FRITZSCHE/WALDER, Schuldbetreibung und Konkurs nach schweizerischem Recht, Band II, 3. A., Zürich 1993, S. 159 N 17). Im vorliegenden Zusammenhang kann der Besteller die Kosten geltend machen, die im Falle einer Ersatzvornahme entstehen (vgl. Nr. 177). Dieser Anspruch ist eine blosse Konkursforderung; eine Umwandlung in eine Masseschuld gemäss Art. 211 Abs. 2 SchKG fällt bei dem hier vorausgesetzten Sachverhalt, da der Werkpreis bereits bezahlt ist, ausser Betracht (vgl. JAEGER, a.a.O., N 5 zu Art. 211 SchKG, S. 87; WEYDMANN, a.a.O., S. 29; DIETER ZOBL, Das Eintrittsrecht der Konkursmasse in synallagmatische Verträge und die Vertragsfreiheit, in Recht und Rechtsdurchsetzung, FS Walder, Zürich 1994, S. 533, 537 unten/538 oben). Hervorzuheben ist, dass der Besteller aus dem Umstand, dass es wegen des Konkurses nicht zur Realerfüllung der Nachbesserungsschuld kommt, kein auf Art. 107/109 OR abgestütztes Rücktrittsrecht geltend machen kann (JAEGER, a.a.O., N 2f zu Art. 211 SchKG, S. 86; WEYDMANN, a.a.O., S. 62 unten). Hingegen entspricht der Anspruch aus Art. 211 Abs. 1 SchKG demjenigen nach Art. 107 Abs. 2 OR.

Nach BGE 32 II 528 ff. (v.a. E. 7) handelt es sich beim Anspruch aus Art. 211 Abs. 1 SchKG um nichts anderes als den Schadenersatzanspruch aus Art. 107 Abs. 2 OR: Indem die Konkursverwaltung den Eintritt in den Vertrag gemäss Art. 211 Abs. 2 SchKG ablehne, begründe sie eine Haftung aus Art. 107 Abs. 2 OR. JOLANTA KREN (Konkurseröffnung und schuldrechtliche Verträge, Bern 1989, S. 104 ff.) lehnt diese Ansicht ab und macht geltend, beim Anspruch auf Art. 211 Abs. 1 SchKG handle es sich um einen genuin konkursrechtlichen (nicht privatrechtlichen) Anspruch. Im Ergebnis stimmt sie jedoch der herrschenden Auffassung, wonach die Forderung aus Art. 211 Abs. 1 SchKG auf Ersatz des positiven Vertragsinteresses gerichtet ist, zu. Zu Recht. Denn steht einmal fest, dass es nicht zur Realerfüllung kommt, so «soll durch Entschädigung in Geld derjenige Zustand hergestellt werden, der dem Werte nach der Realerfüllung möglichst gleichkommen soll» (FRITZSCHE, Schuldbetreibung und Konkurs nach schweizerischem Recht, Band II, 2. A. Zürich 1975, S. 66). Zur oben erwähnten Kontroverse s. auch DALLÈVES, SJK Ersatzkarte 1003a, S. 6, m.w.Nw., und v.a. WEYDMANN, a.a.O., S. 49 ff.

b) Günstiger ist die Rechtslage des Bestellers, wenn er bei Konkurseröffnung **noch nicht den ganzen Werkpreis bezahlt hat.**

Diesfalls findet zwar ebenfalls eine Umwandlung der Nachbesserungsforderung in eine Geldforderung statt (Art. 211 Abs. 1 SchKG). *Tritt jedoch die Konkursverwaltung gemäss Art. 211 Abs. 2 SchKG in den (Werk-) Vertrag ein, so lebt die*

Nachbesserungsschuld wieder auf, und zwar nun als Masseschuld (vgl. FITTING, Das Reichskonkursrecht und Konkursverfahren, 3. A. Berlin 1904, S. 52, zit. nach WEYDMANN, a.a.O., S. 46 Anm. 21). Für die Erfüllung und Nichterfüllung dieser Schuld gelten die allgemeinen schuldrechtlichen Regeln, insbesondere auch Art. 107-109 OR. Sodann ist Art. 211 Abs. 2, zweiter Satz, SchKG zu beachten. Danach kann der Besteller verlangen, «dass ihm die Erfüllung [der Nachbesserungsschuld] sichergestellt werde». Ein klagbares Recht auf Sicherstellung besteht allerdings – entgegen dem Wortlaut – nicht (WEYDMANN, a.a.O., S. 39; DALLÈVES, a.a.O., S. 5). Jedoch kann der Besteller «vom Vertrage zurücktreten», wenn er «innerhalb einer angemessenen Frist auf sein Begehren nicht sichergestellt» wird (Art. 83 Abs. 2 OR). Der Rücktritt ist freilich im vorliegenden Kontext nur zulässig, wo die Wandelungsvoraussetzungen gegeben sind (vgl. analog zu Art. 107 OR oben Nr. 166). Trifft dies nicht zu, hat der Besteller lediglich das Recht, eine Geldforderung im Umfange von Art. 211 Abs. 1 SchKG geltend zu machen oder aber die Minderung zu erklären und den Minderwert einzufordern (vgl. Nr. 166), was im allgemeinen auf dasselbe hinauslaufen dürfte (vgl. Nr. 177). Diese Forderungen können mit dem noch ausstehenden Werklohn zur Verrechnung gebracht werden (es finden insoweit die Art. 120 ff. OR Anwendung, unter Ausschluss von Art. 213 SchKG, der bloss die Verrechnung von *Konkursforderungen* betrifft). Einen Schadenersatzanspruch gewährt Art. 83 OR nicht (BGE 64 II 264 ff.), was damit begründet wird, dass die Konkursverwaltung – wie erwähnt – keine Pflicht zur Sicherstellung trifft, sondern lediglich eine Obliegenheit, deren Verletzung das Recht, die Erfüllung (hier: Nachbesserung) in forma specifica vorzunehmen, untergehen lässt (vgl. WEBER, Berner Kommentar, N 77 zu Art. 83 OR).

Verzichtet die Konkursverwaltung auf den Eintritt in den Vertrag (was auch konkludent geschehen kann, z.B. indem sie «die vom Gläubiger [hier: Besteller] eingegebene Konkursforderung als solche in den Kollokationsplan aufnimmt» [JAEGER, a.a.O., N 4 zu Art. 211 SchKG, S. 87]), so bleibt es bei der nach Art. 211 Abs. 1 SchKG umgewandelten Nachbesserungsforderung. Diese kann gemäss Art. 213 SchKG zur Verrechnung gestellt werden, und zwar in vollem Umfang, also nicht nur in Höhe der auf sie entfallenden Konkursdividende. Somit kann sich der Besteller vollständig schadlos halten, falls der noch ausstehende Werklohn grösser ist als der nach Art. 211 Abs. 1 SchKG berechnete Wert der Nachbesserungsforderung. Ist das Umgekehrte der Fall (die Forderung nach Art. 211 Abs. 1 SchKG ist grösser als die Werklohnrestanz), so wird der Besteller im Falle der Verrechnung nur teilweise befriedigt. Für seine Restforderung erhält er lediglich die Konkursdividende. Art. 83 OR kommt hier nicht zum Tragen (missverständlich FRITZSCHE, a.a.O., S. 67 Anm. 3c), denn die Bestimmung will den Besteller nur davor schützen, seine eigene Leistung erbringen zu müssen, ohne die Gegenleistung zu erhalten. Dieses Schutzbedürfnis aber entfällt, sobald Verrechnung erklärt wird und damit die Werklohnschuld des Bestellers untergeht (vgl. WEYDMANN, a.a.O., S. 18). Zu beachten ist, dass nicht nur der Besteller, sondern auch die Konkursverwaltung die Verrechnung erklären kann. Macht sie von diesem Recht Gebrauch, so ist eine Berufung auf Art.

83 OR wiederum ausgeschlossen. Solange hingegen keine der beiden Parteien die Verrechnung erklärt hat, kann der Besteller seine Leistung nach Art. 83 Abs. 1 OR zurückbehalten. Dies ist deshalb zu betonen, weil aus Art. 211 Abs. 2, zweiter Satz, SchKG, e contrario geschlossen werden könnte, dass dann, wenn die Konkursverwaltung nicht in den Vertrag eintritt, kein Anspruch auf Sicherstellung besteht, damit auch kein Rückbehaltungsrecht.

c) Verschiedene Punkte betr. Art. 83 OR und 211 SchKG sind kontrovers. Hier sei nur auf dreierlei hingewiesen:

– Nach Art. 83 OR darf der Besteller den Werklohn nur insoweit zurückbehalten, als dies zur Sicherung des Nachbesserungsanspruchs nötig erscheint. Praktisch bedeutet dies, dass er im Umfang des Deckungskapitals (Nr. 317) retentionsberechtigt ist (vgl. analog Nr. 317 betr. Retention nach Art. 82 OR). Den überschiessenden Teil des Werklohnes muss er in die Konkursmasse einwerfen. Zur Begründung sei auf den oben erwähnten Zweckgedanken von Art. 83 OR verwiesen. Beigefügt sei: Wenn der Besteller im Umfang des Deckungskapitals sichergestellt wird, so ist sein (Nachbesserungs-) Anspruch nicht mehr «gefährdet» i.S. von Art. 83 OR. Es fehlt damit an einer zentralen Retentionsvoraussetzung.

– Tritt die Konkursverwaltung nicht in den Vertrag ein, so geht der Nachbesserungsanspruch des Bestellers – wie gesagt – unter; an dessen Stelle tritt eine Geldforderung gemäss Art. 211 Abs. 1 SchKG. Dies hindert den Unternehmer aber nicht, die Nachbesserung trotzdem vorzunehmen, soweit er dies ohne Beanspruchung des zur Konkursmasse gehörenden Vermögens tun kann (JAEGER, a.a.O., S. 86 oben; KREN, a.a.O., S. 105) und sofern der Besteller hiermit einverstanden ist. Eine Pflicht des Bestellers, dem Unternehmer die Nachbesserung doch noch zu ermöglichen, besteht nicht (JAEGER, a.a.O., S. 86; abweichend WEYDMANN, a.a.O., S. 64 unten). Daher kann der Besteller sein Verrechnungsrecht nach Art. 213 SchKG wahrnehmen, ohne vorher dem Kridar die Möglichkeit der Nachbesserung eröffnen zu müssen.

– Art. 212 SchKG schliesst den Rücktritt für einen Sonderfall aus. Nach JAEGER (a.a.O., N 1 zu Art. 212 SchKG, S. 95) ist die Bestimmung analogiefähig. Sicher ist jedoch, dass sie im vorliegenden Kontext dem Rücktritt des Bestellers gestützt auf Art. 83 Abs. 2 OR nicht entgegensteht.

5. Hat der Besteller im Zeitpunkt der Konkurseröffnung sein Nachbesserungsrecht noch nicht ausgeübt, so besteht vorerst keine Nachbesserungsforderung, die in eine Geldforderung umgewandelt werden könnte. Die Umwandlung findet jedoch statt, sobald der Besteller die Nachbesserung verlangt. Das oben in Ziff. 4 Gesagte gilt nun mutatis mutandis ebenfalls. Hervorzuheben ist, dass die Nachbesserungsforderung auch in diesem Fall in den Konkurs einzubeziehen und in diesem geltend zu machen ist (vgl. Art. 210 SchKG, dazu oben Ziff. 2; anders GILBERT KOLLY, Die Forderungen des Bestellers aus Wandelung und auf Nachbesserung bei Konkurs des Unternehmers, FS Gauch, Freiburg 1989, S. 88). Bringt der Besteller die Forderung nicht in den Konkurs ein, so partizipiert er nicht am Konkurserlös und seine Forderung unterliegt den gleichen Beschränkungen wie die im Konkurs nicht vollständig befriedigten Forderungen (Art. 265, 267 SchKG; DALLÈVES, a.a.O., S. 7). Hervorzuheben ist weiter, dass der Besteller auch dann, wenn er das Nachbesserungsrecht erst im Konkurs ausübt, die nach Art. 211 Abs. 1 SchKG umgewandelte Nachbesserungsforderung gemäss Art. 213 Abs. 1 SchKG zur Verrechnung stellen kann (anders wiederum KOLLY, a.a.O., S. 88). Der Verrechnungsausschluss von Art. 213 Abs. 2 Ziff. 1 SchKG kommt nicht zum Tragen; entscheidend ist die Überlegung, dass die Nachbesserungsforderung bei Konkurseröffnung als suspensiv bedingte Forderung ihrem Rechtsgrund nach bereits Bestand hatte (vgl. analog oben Ziff. 2).

Wollte man im Fall, da das Nachbesserungsrecht erst nach der Konkurseröffnung ausgeübt wird, die Nachbesserungsforderung vom Konkursverfahren ausnehmen, so hätte dies sachlich unbefriedigende Konsequenzen. Der Besteller wäre dann «zum ausschliesslichen Vorteil der übrigen Gläubiger» vom Konkursverfahren ausgeschlossen; er könnte «sich nur an den konkursiten Unternehmer halten» (KOLLY, a.a.O., S. 88), wenn auch ohne die Beschränkungen von Art. 267 SchKG. KOLLY glaubt, diese unbefriedigende Konsequenz nur dadurch vermeiden zu können, dass er das Nachbesserungsrecht zur Forderung erklärt. Interpretiert man jedoch Art. 210 und 213 SchKG in dem oben umschriebenen Sinne (Ziff. 2 bzw. 5), so erübrigt es sich, das Nachbesserungsrecht als Forderung aufzufassen. Die Frage nach der Rechtsnatur des Nachbesserungsrechts ist dann – im vorliegenden Kontext – ohne praktische Relevanz.

Pra 72 Nr. 114, S. 311
BGE 109 II 40

Werkvertrag. Wahlrecht des Bestellers bei Mängeln des Werkes. *OR 368. Hat der Besteller die Verbesserung gewählt, so steht ihm das freie Wahlrecht i.S. von OR 368 abermals zu, wenn der Unternehmer die Mängel nicht beheben konnte.*

In dem von der Pensionskasse X errichteten Verwaltungs- und Geschäftsgebäude ist eine Tiefgarage eingebaut. 1972/73 wurde die Kollektivgesellschaft P. von der Pensionskasse mit der Herstellung und Installation einer «Anlage für automatischen Parkier-Betrieb» beauftragt. Die 1974 eingebaute Anlage litt ununterbrochen an Störungen und befriedigte nicht. 1976 wurde sie ausser Betrieb [312] gesetzt. Am 29. April 1977 erhob die Pensionskasse eine Klage gegen die P. auf Rückerstattung des für die Anlage bezahlten Preises und auf Schadenersatz. Durch Urteil des Kantg der Waadt vom 26. März 1982 wurde die P. verurteilt, der Pensionskasse Fr. 764 202.50 nebst Zins zu zahlen. Das Bg bestätigt und führt zum Einwand der Beklagten, die Klägerin habe das Recht auf Wandelung verwirkt, aus:

6. Die Beklagte wendet ein, der Besteller, der zwischen der Verbesserungs-, der Wandelungs- und der Minderungsklage seine Wahl treffe (OR 368 II), übe damit ein Gestaltungsrecht aus, was ihm verunmögliche, eine der beiden andern vom Gesetz vorgesehenen Klagen anzuheben. Da die Klägerin die Verbesserung gewählt habe, sei sie des Rechtes verlustig gegangen, auf Wandelung zu klagen; die Vi hätte daher diese Klage abweisen sollen.

a) Der Besteller ist grundsätzlich frei, die Verbesserung des Werkes, die Auflösung des Vertrages oder die Minderung des Preises zu fordern; dieses Wahlrecht steht ihm auch dann zu, wenn er das Werk selber oder durch einen Dritten verbessern will (BGE 107 II 439 = Pra 71 Nr. 63). Der Besteller ist an die von ihm getroffene Wahl gebunden, da er damit ein Gestaltungsrecht ausübt. Verlangt er die Verbesserung des Werkes und fällt diese zu seiner Zufriedenheit aus, steht ihm die Wandelungs- oder Minderungsklage nicht mehr offen.

Verlangt er die Verbesserung, verbessert der Unternehmer aber mangelhaft, so kommt die Lage des Bestellers derjenigen gleich, in der er sich befand, als der Unternehmer seine Vertragspflicht ein erstes Mal verletzte, indem er ein mangelhaftes Werk ablieferte. Es besteht kein Grund, den durch eine neue Schlechtlieferung geschädigten Besteller rechtlich schlechter zu stellen als nach der 1. Lieferung, und ihn dafür büssen zu lassen, dass er dem Unternehmer die Möglichkeit einräumte, verspätet noch zu erfüllen. Es ist daher allgemein anerkannt, dass der Besteller diesfalls abermals über das in OR 368 vorgesehene Wahlrecht verfügt (PEDRAZZINI, in Schweiz. Privatrecht VII/1, S. 520; GAUTSCHI, N. 4e und N. 20b zu OR 368; GAUCH, Der Unternehmer im Werkvertrag, 2. A., S. 142 ff., N. 546 ff.).

Diese Lösung entspricht derjenigen, die im Rahmen der allgemeinen Regel von OR 107 gilt und nach welcher der Gläubiger das dort vorgesehene Wahlrecht auch dann ausüben kann, wenn er dem Schuldner mehr als *eine* Frist zur Erfüllung angesetzt hat (BGE 86 II 235 = Pra 49 Nr. 181, BGE 76 II 304 = Pra 40 Nr. 17 E. 1 mit Hinweisen). Kann der Besteller nötigenfalls durch einen Dritten verbessern lassen und zwar auf Kosten des Unternehmers (BGE 107 II 55, 96 II 353 = Pr 70 Nr. 129, 60 Nr. 84), so hat er ebenso auch die Möglichkeit, statt dessen eine Wandelungs- oder Minderungsklage anzuheben. Der vorliegende Fall zeigt übrigens, dass der Besteller ein schützenswertes Interesse an der nachträglichen Auflösung des Vertrages haben kann, wenn sich herausstellt, dass die Mängel sehr viel ernsthafter sind, als er bei der ursprünglichen Forderung der Verbesserung annahm. Es darf ihm dieses Recht um so weniger abgesprochen werden, als die Verbesserungsklage nur erhoben werden kann, wenn die Verbesserung «ohne übermässige Kosten» möglich ist, anderseits aber die Übermässigkeit der Kosten erst nachträglich an den Tag kommen kann, wenn die Tragweite der Mängel bekannt ist.

Es ist unbestreitbar, dass die Beklagte sich als unfähig erwiesen hat, das streitige Werk innert angemessener Frist zu verbessern, und dass die von ihr ausgeführ-[313]ten Reparaturen an den Strukturmängeln des Werkes nichts geändert haben. Die Klägerin konnte daher in Anwendung von OR 368 I auf Wandelung klagen. (I. Ziv.abt., 10. Januar 1983, Kollektivgesellschaft P. c. Pensionskasse X; Orig.text franz.)

* * *

Kommentar

Nachbesserungserklärung als Gestaltungserklärung. – Schlechterfüllung der Nachbesserungsschuld.

1. Übt der Besteller das Nachbesserungsrecht aus, so gehen das Wandelungs- und das Minderungsrecht unter, und zwar grundsätzlich für immer. Das ist eine Folge davon, dass das Nachbesserungsrecht ein Gestaltungsrecht ist, Gestaltungserklärungen aber grundsätzlich – im Interesse der Rechtssicherheit (Nr. 108) – definitiv sind. Es sind jedoch verschiedene Ausnahmen anzuerkennen, einmal in dem Sinne, dass das Wandelungs- und das Minderungsrecht *von Gesetzes wegen* wieder aufleben, sodann in dem Sinne, dass der Inhaber des Gestaltungsrechts die Gestaltungserklärung *widerrufen* kann, was ebenfalls das Wiederaufleben des Wandelungs- und des Minderungsrechts zur Folge hat. Von Gesetzes wegen leben die fraglichen Rechte dann wieder auf, wenn der Unternehmer die von ihm verlangte Nachbesserung ungenügend vornimmt (so unser Fall, unten Ziff. 2/a). Kommt der Unternehmer mit der Nachbesserung in Verzug, so kann der Besteller nach Massgabe von Art. 107 f. OR auf die Nachbesserung verzichten, also die Nachbesserungserklärung widerrufen, in welchem Fall er erneut wandeln oder mindern kann (Nr. 166).

2. «Verlangt er [der Besteller] die Verbesserung, verbessert der Unternehmer aber mangelhaft, so kommt die Lage des Bestellers derjenigen gleich, in der er sich befand, als der Unternehmer seine Vertragspflicht ein erstes Mal verletzte, indem er ein mangelhaftes Werk ablieferte» (E. 6a, 2. Absatz). Das ist in einem umfassenden Sinne zu verstehen und bedeutet im einzelnen zweierlei: a) Mit der Ablieferung des ungenügend nachgebesserten Werks geht die Nachbesserungsschuld unter (oben Anm. 133). An ihre Stelle tritt das ursprüngliche Wahlrecht (Nr. 154). Der Besteller kann also auf der Nachbesserung beharren, statt dessen aber auch – bei gegebenen Voraussetzungen – die Minderung oder die Wandelung erklären. Zu beachten ist, dass der Besteller, will er auf der Nachbesserung beharren, erneut eine entsprechende Erklärung abgeben muss. – b) Der Besteller muss das (nach wie vor mangelhafte) Werk nach der Ablieferung erneut prüfen und die verbliebenen Mängel sofort rügen. Kommt er dieser Obliegenheit nicht nach, geht er seiner Mängelrechte verlustig (LENZLINGER GADIENT, S. 110 f.).

BGE 110 II 52
Pra 73 Nr. 152, S. 413

Auszug aus dem Urteil der I. Zivilabteilung vom 9. März 1984
i.S. Henid-Finanz AG gegen Seiler Hoch- und Tiefbau AG (Berufung)

Art. 368 Abs. 2 OR und Art. 169 Abs. 1 der SIA-Norm 118.

Nach diesen Bestimmungen verliert der Bauherr seinen Minderungsanspruch, wenn er für die Nachbesserung einen Dritten beizieht, statt dem Unternehmer zuerst Gelegenheit zu geben, die Mängel innerhalb angemessener Frist selber zu beseitigen.

A. – Die Seiler Hoch- und Tiefbau AG hat 1977/78 die Baumeisterarbeiten für zwei Mehrfamilienhäuser in Oberengstringen ausgeführt. Im Oktober 1979 traten im Mauerwerk Wasserschäden auf, die nach Auffassung des Bauherrn, der Henid–Finanz AG, unfachgemäss erstellten Dilatationsfugen in den Fassaden zuzuschreiben waren.

Im März 1982 klagte die Henid-Finanz AG gegen die Baufirma auf Ersatz von Fr. 17 229.05 nebst Zins, die sie für die Sanierung der Fassaden durch Dritte bezahlt habe; sie behielt sich zudem ein Nachklagerecht für weiteren Schaden vor.

Die Beklagte bestritt eine Ersatzpflicht und beantragte, die Klage abzuweisen. Sie machte geltend, dass die Klägerin ihr entgegen Art. 169 der von den Parteien übernommenen SIA-Norm 118 keine Gelegenheit zur Nachbesserung gegeben habe.

Das Handelsgericht des Kantons Zürich wies die Klage am 8. Juli 1983 ab, weil die Klägerin der Beklagten, welche die Nachbesserung nicht verweigert habe, dazu nie eine Frist angesetzt habe; sie habe mit dieser Arbeit vielmehr eigenmächtig Dritte beauftragt und dadurch ihren Minderungsanspruch verwirkt; von missbräuchlichem Verhalten der Beklagten könne keine Rede sein.

B. – Die Klägerin hat gegen dieses Urteil Berufung eingereicht, die vom Bundesgericht abgewiesen wird.

[53] *Aus den Erwägungen:*

4. Die Klägerin macht geltend, eine Verwirkung des Minderungsanspruches sei entgegen der Meinung des Handelsgerichts ausgeschlossen, wenn der Bauherr dem Unternehmer keine Gelegenheit zur Verbesserung des Werkes gegeben habe. Diesfalls werde der Bauherr vielmehr ersatzpflichtig, müsse sich folglich den Schaden, den er dem Unternehmer durch seine Unterlassung zugefügt habe, auf seinen Minderungsanspruch anrechnen lassen.

Die Auffassung des Handelsgerichts stützt sich auf Art. 169 Abs. 1 SIA-Norm 118, der bestimmt, dass der Bauherr bei jedem Mangel zunächst einzig das Recht hat, vom Unternehmer die Beseitigung des Mangels innerhalb angemessener Frist zu verlangen. Mängelrechte gemäss Abs. 1 Ziff. 1 bis 3 kann er grundsätzlich erst ausüben, wenn der Unternehmer die Mängel innerhalb der gesetzten Frist nicht behebt; vor Ablauf der Verbesserungsfrist stehen ihm diese Rechte nur zu, wenn der Unternehmer sich ausdrücklich geweigert hat, die Verbesserung vorzunehmen, oder wenn er hiezu offensichtlich nicht imstande ist (Abs. 2). Der Wortlaut dieser Regelung ist klar und lässt keinen Raum zum Streit darüber, ob sie nach dem, was über das Verhalten der Beklagten in tatsächlicher Hinsicht feststeht, auch für den vorliegenden Fall gelte. Die Regelung wird in der Lehre ebenfalls in diesem Sinne verstanden; sie versetzt den Unternehmer in die Lage, den Bauherrn an der Ausübung des Minderungs- und Wandelungsrechts zu hindern, wenn er bereit und imstande ist, die Mängel frist- und sachgerecht zu beheben (GAUCH, Der Unternehmer im Werkvertrag, N. 959 und 1046; REBER, Rechtshandbuch für Bauunternehmer, Bauherr, Architekt und Bauingenieur, S. 152; GAUTSCHI, N. 19 zu Art. 368 OR). Bei fehlender Aufforderung zur Nachbesserung innert einer bestimmten Frist kann daher dem Bauherrn kein Minderungsanspruch entstehen, auch nicht in dem von der Klägerin umschriebenen Umfang; wenn der Bauherr grundlos einen Dritten für die Nachbesserung beizieht, tut er das auf eigene Kosten und Gefahr.

An diesem Ergebnis würde sich im vorliegenden Fall übrigens selbst dann nichts ändern, wenn gemäss dem Hinweis der Klägerin auf GAUTSCHI (N. 5b zu Art. 368 OR) anzunehmen wäre, die Unterlassung einer Fristansetzung zur Nachbesserung heisse nicht, dass der Bauherr jeden Minderungsanspruch gegen den Unternehmer verliere. Die Klägerin meint, der Bauherr könne vom Unter-[54]nehmer selbst diesfalls das fordern, was der Unternehmer dadurch erspart, dass er die Nachbesserung nicht selber vornehmen muss. Sie behauptet aber nicht, im kantonalen Verfahren entsprechende Angaben zur Ermittlung und Berechnung ihres Anspruches und des Schadens, der darauf anzurechnen sei, gemacht zu haben; auch dem angefochtenen Urteil ist darüber nichts zu entnehmen. In der Klage hat sie sich vielmehr ausdrücklich darauf beschränkt, die ihr von der Spezialfirma Hotz in Rechnung gestellten Instandstellungskosten geltend zu machen und sich weitere Ansprüche vorzubehalten.

* * *

Kommentar

Nachbesserungsrecht gemäss der SIA-Norm 118. – Vom Besteller verschuldete Nachbesserungsunmöglichkeit.

1. Liefert der Unternehmer ein mangelhaftes Werk ab, so kann der Besteller von Gesetzes wegen Wandelung oder Minderung erklären oder die Nachbesserung verlangen. Der Unternehmer muss sich allenfalls auch dann Wandelung oder Minderung gefallen lassen, wenn er lieber nachbessern würde (Nr. 5). Bessergestellt ist der Unternehmer, wenn die SIA-Norm 118 zur Anwendung gelangt. Diese sieht in Art. 169 einen *Vorrang des Nachbesserungsrechts* vor: «Bei jedem Mangel hat der Bauherr (abgesehen vom Schadenersatzrecht nach Art. 171) zunächst einzig das Recht, vom Unternehmer die Beseitigung des Mangels innerhalb angemessener Frist zu verlangen.»

2. Das Nachbesserungsrecht i.S. der SIA-Norm 118 ist eine Forderung (Nachbesserungsforderung, Nr. 240). Diese ist mit einer Obliegenheit zu Lasten des Bauherrn verbunden: Der Bauherr muss die Nachbesserung dulden, gleich wie im Fall, da das gesetzliche Nachbesserungsrecht (Gestaltungsrecht) ausgeübt und dadurch eine Nachbesserungsforderung zur Entstehung gebracht wird (Nr. 112). Verletzt der Bauherr diese Obliegenheit, indem er die Mängel selbst beseitigt oder durch einen Dritten beseitigen lässt, so kann er weder wandeln noch mindern. Er kann also weder den Vertrag auflösen noch einen dem Minderwert des Werkes entsprechenden Abzug am Werklohne machen. Damit ist aber nicht gesagt, dass *jedwelche* Abzüge am Werklohn ausgeschlossen sind, der Bauherr also notwendig den ganzen Werklohn bezahlen muss. Das Bundesgericht hat diese Frage im referierten Entscheid offen gelassen, die Lehre verneint sie, soweit sie überhaupt darauf eingeht (Nachweise in Anm. 319). M.E. vermag diese Lehrmeinung nicht zu überzeugen. Zur Begründung sei auf die Ausführungen oben in Nr. 126 ff. und 284 f. verwiesen. Das dort Gesagte sei hier nur kurz zusammengefasst: Verunmöglicht der Bauherr dem Unternehmer die Nachbesserung, so bestimmt sich das Schicksal der Werklohnforderung nach dem analog anwendbaren Art. 378 OR. Der Bauherr kann somit vom Werklohn in Abzug bringen, was der Unternehmer infolge der unterbliebenen Nachbesserung erspart oder infolge anderweitiger Verwendung seiner Arbeitskraft erworben oder zu erwerben absichtlich unterlassen hat. Hat der Bauherr bereits den ganzen Werklohn bezahlt, so entsteht ein entsprechender Rückforderungsanspruch (Art. 378 OR i.V.m. Art. 62 OR; Genaueres in Nr. 128 ff.). Die Parteien können freilich anderes vereinbaren. Die SIA-Norm 118 sieht jedoch nichts anderes vor, insbesondere auch nicht in Art. 169 Abs. 1. Dieser Bestimmung lässt sich nach dem für die Auslegung massgeblichen Vertrauensprinzip (Nr. 230) keine Regelung der vom Bauherrn verschuldeten Nachbesserungsunmöglichkeit entnehmen.

BGE 111 II 173
Pra 74 Nr. 218, S. 657

Auszug aus dem Urteil der I. Zivilabteilung vom 9. Juli 1985 i.S. X. und Konsorten gegen Firma Y. (Berufung)

Werkvertrag; Nachbesserungsanspruch des Bestellers. Begriff der übermässigen Kosten im Sinne von Art. 368 Abs. 2 OR.

Die Nachbesserungskosten sind dann übermässig, wenn sie in einem Missverhältnis zum Nutzen stehen, den die Mängelbeseitigung dem Besteller bringt. Bei der Abwägung von Kosten und Nutzen können auf seiten des Bestellers nicht nur wirtschaftliche, sondern auch nichtwirtschaftliche Interessen berücksichtigt werden.

Aus den Erwägungen:

5. – Gemäss Art. 368 Abs. 2 OR kann der Besteller die unentgeltliche Verbesserung des Werkes nur verlangen, sofern dies dem Unternehmer nicht übermässige Kosten verursacht. Die Kläger werfen dem Appellationshof vor, diese Bestimmung falsch ausgelegt und angewendet zu haben.

Der Appellationshof hat gestützt auf die neuere schweizerische Literatur, welche der deutschen Lehre zum inhaltsgleichen § 633 Abs. 2 BGB entspricht, den Begriff der übermässigen Kosten grundsätzlich richtig ausgelegt. Nach diesen Lehrmeinungen muss ein Missverhältnis zwischen den voraussichtlichen Nachbesse-[174]rungskosten und dem Nutzen bestehen, den die Mängelbeseitigung dem Besteller bringt; Kosten und Nutzen sind gegeneinander abzuwägen (GAUCH, Der Werkvertrag, 3. A., Nr. 1236 ff.; REBER, Rechtshandbuch für Bauunternehmer, Bauherr, Architekt und Bauingenieur, 4. A., S. 149; CORBOZ, SJK Nr. 460 S. 15, Fussnote 125; STAUDINGER/RIEDEL, Recht der Schuldverhältnisse, 11. A., N. 24 zu § 633 BGB; Münch Komm/SOERGEL, N. 100 zu § 633 BGB; INGENSTAU/ KORBION, Kommentar zur VOB, 10. A., N. 193 zu § 13 VBO/B). Entgegen der Auffassung der Beklagten und der Beurteilung, wie sie der Appellationshof im Ergebnis vorgenommen hat, ist das Verhältnis der Nachbesserungskosten zu den Baukosten oder zum vereinbarten Werklohn nicht massgebend (GAUCH, a.a.O., Nr. 1237; REBER, a.a.O., S. 150; Münch Komm/SOERGEL, N. 100 zu § 633 BGB; INGENSTAU/KORBION, N. 193 zu § 13 VBO/B; anderer Ansicht: GAUTSCHI, N. 13b zu Art. 368 OR; ähnlich PEDRAZZINI, SPR Bd. VII/1, S. 517). Bei der Abwägung von Kosten und Nutzen können auf seiten des Bestellers nicht nur wirtschaftliche, sondern auch nichtwirtschaftliche Interessen berücksichtigt werden (GAUCH, a.a.O., Nr. 1241). Die Nachbesserungskosten umfassen neben dem Aufwand für die eigentliche Mängelbeseitigung auch die damit verbundenen Begleitkosten für Vorbereitungs- und Wiederherstellungsarbeiten sowie die Mängelbehebungsfolgekosten, zu denen zum Beispiel solche für Ausquartierung und anderweitige Unterbringung von Hausbewohnern zählen (GAUCH, a.a.O., Nr.

1239). Da der Ausschluss des Nachbesserungsanspruchs bei übermässigen Kosten als Anwendungsfall der Untunlichkeit einer Realerfüllung den Unternehmer vor nach Treu und Glauben unzumutbaren Forderungen schützen soll, genügt es für den Wegfall des Nachbesserungsrechts, dass der Nutzen des Bestellers die mit der Verbesserung verbundenen Kosten vernünftigerweise nicht mehr zu rechtfertigen vermag (KLAUSER, Die werkvertragliche Mängelhaftung und ihr Verhältnis zu den allgemeinen Nichterfüllungsfolgen, Diss. ZH 1973, S. 113; GAUCH, a.a.O., Nr. 1236). Es besteht im vorliegenden Fall kein Anlass, von diesen in der neueren Lehre überwiegend für massgebend erklärten Grundsätzen, denen die Rechtsprechung kantonaler Gerichte gefolgt ist (vgl. den Entscheid des Zürcher Obergerichts in SJZ 78, 1982, S. 9), abzugehen.

* * *

Kommentar

«Übermässige Kosten» i.S.v. Art. 368 Abs. 2 OR.

1. Ich habe diesen Entscheid in BR 1986, S. 10 ff., kritisch besprochen. Die dortigen Ausführungen scheinen mir nach wie vor zutreffend. S. im übrigen Nr. 91 ff.

2. Das Bundesgericht vertritt obiter die Meinung, dass zu den Nachbesserungskosten (oben Nr. 336 ff.) auch «solche für Ausquartierung und anderweitige Unterbringung von Hausbewohnern zählen». Es beruft sich hierfür auf GAUCH, Nr. 1239, der jedoch weder an der angegebenen Stelle noch sonstwo eine die bundesgerichtliche Ansicht stützende Bemerkung macht. Nach der hier vertretenen Auffassung zählen Ausquartierungs- und Unterbringungskosten nicht zu den Nachbesserungskosten (Nr. 343).

BGE 119 II 127 (Auszug)

Auszug aus dem Urteil der I. Zivilabteilung vom 18. März 1993
i.S. G. gegen W. AG (Berufung)

Regress der Bauunternehmerin gegen die mit ihr nicht vertraglich verbundene Ingenieurfirma.

Fehlende Widerrechtlichkeit nach Art. 41 OR bei reiner Vermögensschädigung ohne Verletzung einer Verhaltensnorm, die nach ihrem Zweck vor solchen Schädigungen schützen soll (E. 3). Sinngemässe Anwendung von Art. 51 OR zugunsten der Bauunternehmerin, die für den aus dem Werkuntergang entstandenen Vermögensschaden bisher allein aufgekommen war, obgleich dafür auch die Bauingenieurfirma (infolge Schlechterfüllung des Ingenieurvertrags) und die Bauherrin (aufgrund von Art. 101 OR) einzustehen hatten (E. 4).

[128] *A.* – Für den Einbau eines Zwischengeschosses in einem bestehenden Gebäude ihres Verteilbetriebs in Neuendorf schloss die M. einerseits mit der W. AG einen Werkvertrag nach SIA-Norm 118 und anderseits mit der Bauingenieurfirma G. einen Ingenieurvertrag nach SIA-Norm 103. Während die W. AG (Unternehmerin) die Betonelemente herzustellen und zu montieren hatte, oblagen der G. Projektierung und Bauleitung.

Anlässlich der Montage der Betonelemente stürzte am 17. März 1988 das zu erstellende Zwischengeschoss ein. Dabei kamen weder Personen noch Eigentum der Unternehmerin zu Schaden. Hingegen war für sie die Neuerstellung des vor der Abnahme untergegangenen Werkes mit beträchtlichen, nicht durch eine zusätzliche Vergütung abgegoltenen Mehrkosten verbunden, für welche die Unternehmerin die Ingenieurfirma verantwortlich machte.

Die M. (Bauherrin) weigerte sich, ihre allfälligen Ansprüche aus mangelhafter Erfüllung des Ingenieurvertrags an die Unternehmerin abzutreten.

B. – Am 10. Juli 1989 klagte die Unternehmerin beim Handelsgericht des Kantons Bern gegen die Ingenieurfirma auf Ersatz des auf Fr. 225 647.50 bezifferten Mehraufwandes. Aufgrund einer Expertise kam das Handelsgericht zum Schluss, dass beide Parteien zum Teil elementare Regeln der Baukunde verletzt und dadurch den Einsturz mitverursacht hätten. Den auf Fr. 210 496.65 festgesetzten Schaden lastete es zu 70% der Beklagten an und sprach der Klägerin, die mit der Beklagten nicht in Vertragsbeziehungen stand, gestützt auf Art. 41 ff. OR i.V.m. Art. 229 StGB Fr. 147 347.65 nebst Zins zu. Gegen das handelsgerichtliche Urteil vom 19. August 1992 führt die Beklagte erfolglos Berufung beim Bundesgericht.

[130] *Aus den Erwägungen*:

4. – Geht ein Werk infolge der vom Besteller vorgeschriebenen Art der Ausführung vor der Abnahme unter, so kann der Unternehmer, der den Besteller auf die Gefahr rechtzeitig aufmerksam gemacht hat, nach Art. 376 Abs. 3 OR trotzdem Vergütung für die bereits geleistete Arbeit und bei Verschulden des Bestellers ausserdem Schadenersatz verlangen. Eine entsprechende Ordnung enthält Art. 188 der SIA-Norm 118, welche die Bauherrin und die Klägerin zum Bestandteil ihres Werkvertrags erhoben haben. Abs. 5 von Art. 188 regelt ausserdem den Fall des Unternehmers, der durch eine Sorgfaltspflichtverletzung den Untergang des Werkes mitverursacht hat und seinen Vergütungsanspruch gegenüber dem ebenfalls verant-

wortlichen Besteller zwar nicht verliert, jedoch eine seinem Verschulden entsprechende Reduktion hinnehmen muss.

a) Nach den vorinstanzlichen Feststellungen traf sowohl die als Unternehmerin tätige Klägerin wie auch die von der Bauherrin mit den Ingenieurarbeiten beauftragte Beklagte eine erhebliche Verantwortung am Einsturz des zu erstellenden Zwischengeschosses. In Übereinstimmung mit der Vorinstanz ist davon auszugehen, dass die Klägerin gegenüber der Bauherrin aufgrund des Werkvertrags und die Beklagte aus dem Ingenieurvertrag haftete. Im Verhältnis zur Unternehmerin war indessen die Ingenieurfirma Hilfsperson der Bauherrin, die für das Verhalten dieser Hilfsperson einzustehen hatte (Art. 101 OR; GAUCH, Der Werkvertrag, 3. A., S. 363 Rz 1361, S. 520 Rz 2025 und S. 522 Rz 2033). Aufgrund von Art. 188 Abs. 5 SIA-Norm 118 hätte daher die Klägerin für das untergegangene Bauwerk insoweit Vergütung beanspruchen können, als der Untergang nicht auf die Schlechterfüllung des Werkvertrags, sondern auf die Mangelhaftigkeit der von der Bauherrin zu vertretenden Ingenieurarbeiten der Beklagten zurückzuführen war (GAUCH, Kommentar zur SIA-Norm 118, Art. 157-190, N 33 zu Art. 188 SIA-Norm 118; JO KOLLER, Der «Untergang des Werkes» nach Art. 376 OR, Diss. Freiburg 1983, S. 126 f.; zur Rechtslage bei Anwendung von Art. 376 Abs. 3 OR vgl. GAUCH, Der Werkvertrag, S. 238 Rz 837 a. E.). Dabei wäre die Bauherrin vom Einwand der fehlenden Abmahnung durch die Unternehmerin ausgeschlossen gewesen, da sie sich auch die Fach-[131]kunde der Beklagten hätte zurechnen lassen müssen (BGE 116 II 309 E. 2cc).

Statt sich auf die von der Bauherrin zu vertretende Schlechterfüllung des Ingenieurvertrags zu berufen und eine Vergütung für das untergegangene Werk zu fordern, erstellte die Klägerin das Werk neu und trug die gesamten Mehrkosten selbst. Bisher vollumfänglich für den Schaden aufgekommen ist die Klägerin jedoch auch gegenüber der Beklagten. Zu prüfen bleibt, ob die Klägerin daraus Ansprüche ableiten kann.

b) Für den durch die Schlechterfüllung des Werk- bzw. Ingenieurvertrags verursachten Schaden hafteten die Parteien der Bauherrin gegenüber zwar nicht als echte, jedoch als unechte Solidarschuldner (BGE 115 II 45 E. 1b; 93 II 322 E. 2e). Die Regeln der Solidarität werden in diesem Fall sinngemäss angewandt (GAUCH, Der Werkvertrag, S. 520 Rz 2027). Dazu gehört die Bestimmung, dass derjenige Solidarschuldner, der gegenüber dem Gläubiger mehr geleistet hat, als er im internen Verhältnis unter den Solidarschuldnern hätte leisten müssen, nach richterlichem Ermessen zum Regress gegen die Mitverpflichteten zugelassen wird (Art. 51 Abs. 1 i.V.m. Art. 50 Abs. 2 OR; GAUCH, Der Werkvertrag, S. 521 ff. Rz 2030 ff.). Dadurch wird vermieden, dass der Solidarschuldner, der den Gläubiger befriedigt hat, endgültig mit einem höheren Schaden belastet wird, als seinem Haftungsanteil entspricht (BREHM, N 45 zu Art. 51 OR).

Vorliegend hat die Klägerin die durch den Einsturz verursachten Mehrkosten bisher allein getragen und ist damit für einen höheren Schadensanteil aufgekommen, als sie im Verhältnis zur Beklagten hätte übernehmen müssen. In entsprechender Anwendung von Art. 51 OR steht ihr für den Mehrbetrag ein Regressanspruch gegen die Beklagte zu. Da dieser zwingende Anspruch dem Einfluss des Gläubigers entzogen ist (BGE 115 II 25 E. 2a), besteht er unabhängig davon, dass sich die Bauherrin geweigert hat, ihre Forderungen gegen die Beklagte an die Klägerin abzutreten.

c) Kann sich die Klägerin für ihre Mehrleistung bei der Beklagten schadlos halten, erwächst ihr kein Nachteil daraus, dass sie es unterlassen hat, von der Bauherrin eine Vergütung für das untergegangene Bauwerk zu fordern. Sie hatte vielmehr die Wahl, entweder diese Vergütung bei der Bauherrin, die nach Art. 101 OR für das Verhalten der Beklagten einzustehen hatte, geltend zu machen oder aber analog Art. 51 OR gegen die Beklagte vorzugehen. Die Beklagte wird dadurch nicht schlechtergestellt. Denn wäre die Bauherrin in [132] Anspruch genommen worden, hätte diese Regress gegen die ihr aus dem Ingenieurvertrag haftende Beklagte nehmen können.

* * *

Kommentar

Anspruchskonkurrenz zwischen Schadenersatzanspruch gegen den Architekten und Anspruch auf Wiederaufbau des Werks gegen den Unternehmer.

BGE 119 II 127 betrifft zwar nicht das Nachbesserungsrecht, ist aber für dieses mittelbar von Bedeutung (Nr. 540 und 544). Das gilt jedenfalls für die hier abgedruckte E. 4. (E. 3 befasst sich mit der Frage, ob der Unternehmer gegen den Architekten gestützt auf Art. 41 OR Regress nehmen konnte, und verneint dies.) M.E. ist der Entscheid zutreffend (AJP 1994, S. 791 ff.), a.A. ist GAUCH (BR 1994, S. 42 ff.), dessen Ausführungen mit seinen Bemerkungen im «Werkvertrag» (Nr. 2017 ff., v.a. 2027 f.) kaum vereinbar sein dürften.

Pra 83 Nr. 77
BGE 120 II 214

Die in **OR 371 II** vorgesehene fünfjährige Verjährungsfrist findet nur Anwendung, wenn der Gegenstand des Werkvertrags **ein unbewegliches Bauwerk** ist (Bestätigung der Rechtsprechung). Sie findet folglich keine Anwendung bei Gewährleistungsansprüchen des Unternehmers gegenüber einem Subunternehmer, der sein Werk nicht selbst eingebaut hat.

Im Jahre 1988 erhielt die B. S.A. den Auftrag, die Fassade eines Gebäudes zu renovieren. Sie beauftragte die L. S.A., einen Teil der Arbeit auszuführen, d.h. Platten herzustellen und zu liefern. Im November 1988 begann die B. S.A. mit dem Setzen der Platten. Im Frühling 1991 beschwerte sich der Eigentümer des Gebäudes über Mängel an der Fassade. Ein Gutachten ergab, dass die Risse ausschliesslich auf die fehlerhafte Herstellung der Platten zurückzuführen waren, die in der Folge ausgewechselt werden mussten. Die B. S.A. übernahm die Haftung gegenüber dem Eigentümer des Gebäudes, jedoch in der Meinung, auf die L. S.A. zurückzugreifen. Diese behauptete, die Forderung der B. S.A. sei verjährt. Die Parteien streiten sich einzig über die Frage der Verjährung. Diese wurde dem Bg vorgelegt, das als einzige Instanz entschied. Die B. S.A. als Klägerin – und widerklageweise – die L. S.A. verlangten beide die Rückerstattung der Kosten, denen sie gemeinsam für die Behebung des Mangels zugestimmt hatten, d.h. Fr. 69 235.— (erstere) und Fr. 33 400.— (letztere), zuzüglich Zinsen. Das Bg weist die Hauptklage ab und heisst die Widerklage gut.

3. Die Ansprüche des Bestellers wegen Mängel des Werkes verjähren gleich den entsprechenden Ansprüchen des Käufers (OR 371 I). Der Anspruch des Bestellers eines unbeweglichen Bauwerkes wegen allfälliger Mängel des Werkes verjährt jedoch gegen den Unternehmer sowie gegen den Architekten oder Ingenieur, die zum Zwecke der Erstellung Dienste geleistet haben, mit Ablauf von fünf Jahren seit der Abnahme (OR 371 II). Die Klägerin behauptet, dass für die Klage des Unternehmers gegen seinen Subunternehmer wegen Mängel des Werkes die längere Verjährungsfrist des zweiten Absatzes der genannten Bestimmung zur Anwendung komme, selbst wenn dieser Subunternehmer sein Werk nicht selber eingebaut habe.

a) Wenn es sich um die Klage handelt, die gegen den Unternehmer gerichtet ist, entschied das Bg, sei OR 371 II auf die Verträge anwendbar, deren Gegenstand selber ein unbewegliches Bauwerk ist, folglich jene nicht betreffe, die nur in Beziehung zu einem solchen Bauwerk stehen, ohne jedoch ein solches selber zum Gegenstand zu haben. Darin unterscheidet sich diese Regelung von derjenigen von ZGB 837 I 3, die allen Handwerkern und Unternehmern – auch als Subunternehmerin –, die zu Bauten oder anderen Werken Material und Arbeit oder Arbeit allein geliefert haben, den Anspruch auf Errichtung eines gesetzlichen Grundpfandes einräumt. Während ZGB 837 I 3 die Sicherstellung der Forderung des Unternehmers bezweckt, will OR 371 I vermeiden, dass Ansprüche des Bestellers früher verjähren, als es die besondere Natur des Werkes und die Mängel, die es aufweisen kann, rechtfertigen, mit anderen Worten soll verhindert werden, dass sie verjährt sind, bevor man feststellen konnte, ob das Werk mit der notwendigen Festigkeit erstellt wurde oder den geologischen und atmosphärischen Verhältnissen standhält. Die OR 371 II zugrundeliegende Idee verbietet es, jede Arbeit, die an einem «unbeweglichen Bauwerk» ausgeführt wurde, einem solchen Bauwerk gleichzustellen: das vom Unternehmer erstellte Werk selber muss nach seiner Natur als Bauwerk angesprochen werden können, was je nach den Umständen zu beurteilen ist (BGE 93 II 242 E. 2 = Pra 57 Nr. 37).

Diese Auslegung der genannten Bestimmung wurde später ohne neue Überprüfung bestätigt (BGE 117 II 425 E. 3, BGE 113 II 264 E. 2c, 109 II 34 E. 4b = Pra 76 Nr. 175, 72 Nr. 147). Entgegen der Auffassung der Klägerin lässt sich aus diesen Entscheiden keine immer stärkere Tendenz ableiten, nach der das Bg im Bereich der unbeweglichen Bauwerke das Interesse des Unternehmers an einer kurzen Verjährungsfrist im Vergleich zum Risiko, dass diese eintrifft, bevor der Besteller Mängel am Werk feststellen konnte, immer weniger gewichtet. Diese Überlegung ist nicht neu, denn sie findet sich bereits in BGE 93 II 245 in fine E. 2a = Pra 57 Nr. 37, auf den sich die Klägerin gestützt hat, und aus der Lektüre der diesem Grundsatzurteil folgenden Entscheide geht nicht hervor, dass ihr die Rechtsprechung erhöhte Bedeutung zukommen liess.

b) Glaubt man der Klägerin, würde die kantonale Rechtsprechung in die Richtung der von ihr vertretenen Auffassung gehen. Dies erscheint mehr als zweifelhaft. Tatsächlich entschied das Kantg VD in einem Entscheid vom 10.4.1940, dass die im Innern angebrachten Schreinereiarbeiten beim Bau eines Spitals (namentlich die Lieferung von 37 Türen nach Mass) angesichts ihres Wertes, ihres Umfangs und ihrer Natur als umfangreiche Werke (gros ouvrages) betrachtet werden können und der Verjährung von fünf Jahren gemäss OR 371 II unterstehen, und dass dies auch der Fall sei für die Klage des Generalunternehmers gegen den Subunternehmer, der sein Werk nicht selber eingebaut hat (SJZ 1940/41 (37), S. 282, N. 183). Es handelt sich dabei allerdings um einen bereits älteren Entscheid, in dem ausserdem der Begriff «gros ouvrage» verwendet wird, was OR 371 II fremd ist.

Etwas jünger, aber ebenfalls vor der Publikation von BGE 93 II 242 = Pra 57 Nr. 37 ergangen, ist der Entscheid des Kantg VS, der als Unterscheidungskriterium die Schwierigkeit nimmt, das Werk zu überprüfen, das in jenem Fall in der Lieferung und der Installation einer Beleuchtungseinrichtung bestand. Wegen der Umstände hat es im konkreten Fall dennoch die Anwendung von OR 371 II ausgeschlossen (RVJ 1968, 179). Auch hier hat sich das kant. Gericht eines zumindest fraglichen Kriteriums bedient. Wie dem auch sei, da der Unternehmer sein Werk selber eingebaut hat, hilft der betreffende Entscheid nicht weiter.

Die Klägerin zitiert auch das Kantg GE, das – zwar im Zusammenhang mit dem Verfahren auf Eintragung eines Pfandrechtes – über die Verjährungsfrist der Forderung eines Schreiners für die Lieferung von Türen und Türchen für Schränke und Wandschränke eines Gebäudes, die er jedoch weder geliefert noch montiert hat, entscheiden musste. Es hat sie behandelt wie vorfabriziertes Material, das verkauft wurde, um eingebaut zu werden, und hat sie der Verjährungsfrist von einem Jahr unterstellt (SJ 1970, S. 557 ff.). Der Entscheid zeigt nicht auf, ob die Türen und Türchen Einheitselemente waren oder speziell für das Gebäude angefertigt wurden, für das sie bestimmt waren. Es ist daher schlecht erkennbar, was die Klägerin daraus zugunsten ihrer Auffassung ziehen könnte.

Schliesslich bezieht sich auch der von der Klägerin genannte jurassische Entscheid vom 14.6.1984 auf Arbeiten, die von einem Unternehmer an einem Bauwerk ausgeführt worden sind (Fichier de jurisprudence jurassienne, 9/1) und behandelt die im vorliegenden Fall streitige Frage überhaupt nicht.

c) Bezüglich der Lehre beruft sich die Klägerin auf GAUTSCHI (N. 12a zu OR 371). Dieser Autor macht folgende Unterscheidung: Handelt es sich bloss um den Verkauf von Material, das für den Bau bestimmt ist, kommt nach seiner Auffassung die einjährige Verjährungsfrist gemäss OR 210 zur Anwendung; die fünfjährige hingegen, wenn der Handwerker oder der Unternehmer ein Werk liefert, das er oder nicht er selber einbaut. Folglich könnten alle Unternehmer, die die Eintragung eines Bauhandwerkerpfandrechtes verlangen können, von der fünfjährigen Verjährungsfrist profitieren. Diese Auffassung stützt sich auf den Zusammenhang, den der Autor zwischen OR 371 II und ZGB 837 I 3 sieht. Es handelt sich hier nicht um eine neue Rechtsauffassung. Dem Bg war sie schon beim Erlass von BGE 93 II 242 = Pra 57 Nr. 37 bekannt, wo es sie geprüft und widerlegt hat. DÜRR (Werkvertrag und Auftrag, 1983, 81) hebt hervor, dass der Unterschied zwischen der einjährigen und der fünfjährigen Verjährungsfrist nicht verständlich sei, wenn der Unternehmer, der aufgrund der fünfjährigen Frist haftet, nicht mehr auf denjenigen zurückgreifen kann, der ein Werk geliefert hat.

REBER (Rechtshandbuch für Bauunternehmer, Bauherr, Architekt und Bauingenieur, 4. Aufl., S. 168 f.) schildert den Stand der Rechtsprechung, ohne jedoch selber dazu Stellung zu nehmen. PEDRAZZINI (Le contrat d'entreprise, in TDPS, Bd. VII, Teil I/3, S. 34, N. 87) zeigt ebenfalls die Rechtsprechung in diesem Gebiet auf und präzisiert, dass der Begriff unbewegliches Bauwerk enger gefasst ist als jener des unbeweglichen Werkes schlechthin, und dass ein unbewegliches Bauwerk nur dann vorliegt, wenn der Gegenstand des Vertrags nach seiner Natur selber als ein solches Bauwerk betrachtet werden kann.

Andere Autoren verweisen auf die Rechtsprechung, zwar ohne auf die Auseinandersetzung einzugehen, aber auch ohne die vom Bg festgehaltene Lösung zu kritisieren oder auch nur in Frage zu stellen. So verhält es sich mit ENGEL (Contrats de droit suisse, S. 424) und mit ZINDEL/PULVER (OR I, N. 21 zu Art. 371, wo die abweichende Meinung von GAUTSCHI erwähnt wird). TERCIER (La partie spéciale du CO) erinnert an die Definition der unbeweglichen Bauwerke (N. 2586) und an den Begriff des unbeweglichen Werks, das den Anspruch auf Eintragung eines Bauhandwerkerpfandrechts i.S. von ZGB 837 I 3 gibt, ein Begriff, der in einem weiten Sinn zu verstehen ist und nicht übereinstimmt mit jenem des unbeweglichen Bauwerks i.S. von OR 371 II (N. 2274). GAUCH (Der Werkvertrag, 3. Aufl.) vertritt vorbehaltslos die in der Rechtsprechung gegebene Lösung. Er definiert das unbewegliche Bauwerk i.S. von OR 371 II (N. 1601 1605), hebt hervor, dass zwischen ZGB 837 I 3 und OR 371 II kein Zusammenhang bestehe (N. 1612) und präzisiert unter Hinweis auf BGE 109 II 39 f = Pra 72 Nr. 147, dass ein Werk, das nicht vom Unternehmer selber eingebaut wurde, kein «unbewegliches Bauwerk» sei und der einjährigen Verjährungsfrist unterstehe, obwohl diese Lösung nicht immer befriedigend sei, namentlich, wenn der Hauptunternehmer nicht mehr auf den Subunternehmer greifen könne (N. 1613). Auch CORBOZ, der auf diesen Autor hinweist, glaubt, dass man Teile, die sogar für das betreffende Werk hergestellt wurden, nicht als «unbewegliche Bauwerke» betrachten dürfe, wenn sie nicht vom Unternehmer oder von seinen Hilfspersonen eingebaut worden sind (FJS Nr. 460, S. 22, Fussn. 183).

Die Klägerin erwähnt auch den Aufsatz von STEINAUER (Les risques liés aux materiaux: les relations entre le maître, l'entrepreneur et les fournisseurs, in Journées du droit de la construction 1983/1, S. 68 ff.). Dieser Autor stellt fest, dass die Art und Weise der Auslegung von OR 371 II Gegenstand von Meinungsverschiedenheiten ist. Nach seiner Auffassung sollte die Frist fünf Jahre betragen, wenn der Lieferant das Material (z.B. Türen oder Fenster), das integrierender Bestandteil des Gebäudes geworden ist, selber befestigt und angepasst hat. Wenn er sich hingegen darauf beschränkt, das Material (Türen, Eisenbeton, auf Mass vorfabriziertes Material) zu liefern, ohne es selber einzubauen, sollte die Frist ein Jahr betragen (S. 79). Entgegen der Auffassung der Klägerin weicht dieser Autor nicht von der bundesgerichtlichen Rechtsprechung und von der von GAUCH vertretenen Meinung ab. Die Bemerkung, wonach der Unternehmer bezüglich der Verjährungsfrist bessergestellt ist, wenn er mit dem Lieferanten einen Werkvertrag statt einen Kaufvertrag abgeschlossen hat (S. 87), ändert nichts am hier dargestellten System, weil der Autor die Begründung seiner Bemerkung der Bedingung unterstellt, dass der Lieferant zur Verwirklichung eines unbeweglichen Bauwerks beigetragen hat, und er verweist zu diesem Punkt auf seine früheren Erklärungen bezüglich der Auslegung von OR 371 II (S. 79, Ziff. 2 lit. b, und nicht Ziff. 3 lit. b, wie auf S. 87 fälschlicherweise angegeben ist).

DREYER (Le délai de prescription dans la garantie pour les travaux de ravalement d'une façade, in DC 1985, S. 52 ff.), dessen Meinung die Klägerin ebenfalls zur Unterstützung ihrer Auffassung heranzieht, kommentiert den oben genannten jurassischen Entscheid (E. 2b in fine). Der Autor prüft - nicht mehr als der von ihm untersuchte Entscheid - nur die dort streitige Frage, nämlich die Notwendigkeit, dass der mit dem Unternehmer durch einen Werkvertrag verbundene Subunternehmer sein Werk selber eingebaut hat. Gleich verhält es sich hinsichtlich des von diesem Autor genannten, sehr alten Genfer Entscheides (SJ 1919, 85).

d) Man muss der Klägerin zugestehen, dass die Folgen der in BGE 93 II 242 = Pra 57 Nr. 37 gegebenen Auslegung von OR 371 II dann unbefriedigend sein können, wenn der Unternehmer, der während fünf Jahren gegenüber dem Besteller wegen Mängel an einem unbeweglichen Bauwerk haften muss, nicht mehr auf den verantwortlichen Subunternehmer greifen kann, weil sich dieser wegen dem Umstand, dass er sein Werk nicht selber eingebaut hat, auf die einjährige Verjährungsfrist berufen kann. Es trifft auch zu, dass die dem Grundsatzentscheid entgegengesetzte Auffassung bisweilen in der Lehre und in einigen kantonalen Entscheiden vorkommt. Indessen bleibt die bundesgerichtliche Rechtsprechung konstant und wird überdies in der Lehre mehrheitlich unterstützt. Sie findet namentlich die Zustimmung von GAUCH, der im Bereiche des Baurechts massgebend ist, auch wenn dieser Autor sie in einem anderen Punkt kritisiert, nämlich, weil sie den Fassadenverputz nicht für ein unbewegliches Bauwerk hält (N. 1610).

Somit ist eine Änderung der Rechtsprechung in dem von der Klägerin vorgeschlagenen Sinn nicht gerechtfertigt. BGE 93 II 242 = Pra 57 Nr. 37 erging nach einer gründlichen Überprüfung der Frage und unter Berücksichtigung der zwei entgegengesetzten Auffassungen, von denen eine gewählt werden musste. Die zu entscheidende Frage zeigt sich nicht in einem neuen Licht. Weder aus der diesem Entscheid folgenden Rechtsprechung noch aus der neueren Lehre geht etwas Konkretes oder Entscheidendes hervor, was die Übernahme einer anderen Sichtweise gebieten würde. Man kann auch keine Entwicklung der wirtschaftlichen oder technischen Grundvorstellungen oder Umständen feststellen, die ein Urteil in eine andere Richtung erlauben würde. Die von der Klägerin befürwortete Lösung widerspricht dem vom Gesetzgeber gewollten System. Es steht dem Richter nicht zu, dieses System zu überprüfen. Eine Änderung der Rechtsprechung in der Sache drängt sich um so weniger auf, als die Fristen von OR 371 dispositives Recht sind und daher vertraglich abgeändert werden können (BGE 118 II 142 E. 4., BGE 108 II 194 E. 4b mit Hinw. = Pra 71 Nr. 296). Wenn es dem Unternehmer als zweckmässig erscheint, kann er mit seinem Subunternehmer eine Verlängerung der gesetzlichen Verjährungsfrist vereinbaren, damit er sein Rückgriffsrecht gegen ihn nicht verliert für den Fall, in dem er vom Bauherrn für Mängel am Werk haftbar gemacht würde. Im übrigen beträgt die Verjährungsfrist der Gewährleistungsklage wegen Mängel fünf Jahre, wenn der Unternehmer und der Subunternehmer ihre vertraglichen Beziehungen der SIA-Norm 118 unterstellen und das betreffende Bauwerk kein unbewegliches Bauwerk im Sinne von OR 371 II ist (Art. 180 I der genannten Norm; GAUCH, Komm. zur SIA-Norm 118, Art. 157-190, N. 4a zu 180).

e) Das von der Klägerin gelieferte Werk, nämlich auf Mass angefertigte und gewissen Erfordernissen genügende Platten, wurde zwar im Rahmen eines Werkvertrags geliefert, entspricht jedoch nicht dem Begriff des unbeweglichen Bauwerks, so wie er hier definiert worden ist. Gewiss war es für ein solches vorgesehen, doch dieser Umstand ist nicht ausschlaggebend, weil die Klägerin es nicht einbauen musste und es auch nicht getan hat. Daraus folgt, dass die Klage der Klägerin verjährt ist und abgewiesen werden muss, was die Gutheissung der Widerklage zur Folge hat. Diese Konsequenz ist übrigens nicht streitig, hat doch die Klägerin die Höhe der Forderung der Beklagten, den anwendbaren Zinsfuss sowie den Beginn des Zinsenlaufs anerkannt. (I. Ziv.abt., 22.2.1994, B. S.A. c. L. S.A.; Orig.text franz.)

* * *

Kommentar

Verjährung des Nachbesserungsrechts bei unbeweglichen Bauwerken (Art. 371 Abs. 2 OR).

1. Die nachstehenden Bemerkungen entsprechen weitgehend der Entscheidanmerkung in AJP 1994, S. 1469 f. Weiteres zur Verjährung der Mängelrechte bei unbeweglichen Bauwerken s. vorne Nr. 400 ff.

2. Für die Mängelrechte des Gebäudeeigentümers (Bestellers der Renovation) gegenüber der B. S.A. kam unzweifelhaft die fünfjährige Verjährungsfrist von Art. 371 Abs. 2 OR zum Tragen. Demgegenüber verjährte der Anspruch der B. S.A. gegenüber der L. S.A. in einem Jahr (Art. 371 Abs. 1 OR). In casu hatte dies zur Folge, dass die B. S.A. zur Verantwortung gezogen werden konnte, ohne dass sie gegenüber der für die Mängel letztendlich verantwortlichen L. S.A. ein Rückgriffsrecht hatte. Diese Konsequenz der bundesgerichtlichen Rechtsprechung vermag sachlich nicht zu befriedigen. Das gibt auch das Bundesgericht unumwunden zu (E. 3d), es glaubt jedoch, die verjährungsrechtliche Ungleichbehandlung von Haupt- und Subunternehmer auf dem Auslegungsweg nicht beseitigen zu können. Diese Ansicht ist m.E. unzutreffend:

3. Im Gesetzestext findet die bundesgerichtliche Rechtsprechung keine Stütze. Im Gegenteil fallen bei wörtlicher Interpretation Ansprüche gegenüber beliebigen Unternehmern unter die Bestimmung. Vorausgesetzt ist lediglich, dass die Unternehmer ihre Werkleistung zum Zwecke der Erstellung des (mangelhaften) Bauwerks erbracht haben. Ob sie ihr Werk dem Bauwerk einverleibt haben oder nicht, ist nach dem Gesetzeswortlaut nicht massgeblich. Es verhält sich gleich wie im Verhältnis des Bestellers zum Architekten, der einen Mangel (mit-)verursacht hat: Für die aus dem Mangel fliessenden Ansprüche des Bestellers gilt ebenfalls die fünfjährige Verjährungsfrist; dass der Architekt seine Arbeitsleistung dem Bauwerk einverleibt hat, ist nicht erforderlich; es genügt vielmehr, dass er, wie Art. 371 Abs. 2 OR sagt, «zum Zwecke der Erstellung [des Bauwerks] Dienste geleistet» hat. Folgt man der bundesgerichtlichen Ansicht, so hat dies die weitere Konsequenz, dass sich ein Unternehmer dem Regress des Architekten unter Umständen entziehen kann, nur weil die gegen ihn gerichteten Ansprüche schneller verjähren als die Ansprüche gegen den Architekten. Damit wird eine Sachlage geschaffen, die der Gesetzgeber durch die 1912 erfolgte Revision von Art. 371 Abs. 2 OR just vermeiden wollte (vgl. oben Nr. 425 und OSER/SCHÖNENBERGER, N 7 zu Art. 371 OR).

4. Nach bundesgerichtlicher Ansicht muss sich nur jener Unternehmer, dessen Werk ein Bauwerk darstellt, die fünfjährige Frist von Art. 371 Abs. 2 OR entgegenhalten lassen. Nach der hier vertretenen Ansicht genügt es demgegenüber, wenn der Unternehmer an der Erstellung eines Bauwerks mitwirkt, in diesem Sinne *einen Teil* des Bauwerks erstellt. Der Maler beispielsweise, der im Rahmen der Errichtung eines Gebäudes die Fassaden zu streichen hat, errichtet zwar kein Bauwerk, er leistet jedoch einen Beitrag zur Errichtung eines solchen. Das genügt, um ihm gegenüber die Anwendbarkeit von Art. 371 Abs. 2 OR zu begründen (so *im Ergebnis* auch die Rechtsprechung, z.B. BGE 117 II 425 ff.). Art. 371 Abs. 2 OR findet demgegenüber keine Anwendung auf den Neuanstrich eines bereits bestehenden Bauwerks. Eine solche Instandstellungsarbeit stellt kein Bauwerk dar, will man diesem Begriff keinen Zwang antun. Sie dient aber auch nicht der Erstellung eines Bauwerks, weshalb eben Art. 371 Abs. 2 OR nicht zum Zuge kommt (so im Ergebnis auch die Rechtsprechung, z.B. BGE 93 II 242 ff.). Dass Malerarbeiten einmal so, einmal anders behandelt werden, lässt sich mit sachlichen Argumenten begründen (vgl. zum deutschen Recht STAUDINGER/PETERS, N 38bb/39dd zu § 638 BGB), und jedenfalls spricht für die Unterscheidung der Gesetzeswortlaut, der nicht einfach übergangen werden darf.

5. Dass Art. 371 Abs. 2 OR dispositiv ist, trifft unbestrittenermassen zu. Immerhin sind der Abänderbarkeit Grenzen gesetzt, sowohl «nach oben» als auch «nach unten»: Eine Verlängerung der Verjährungsfrist ist nicht über zehn Jahre hinaus zulässig (BGE 99 II 189; Nr. 460). Eine Verkürzung der Verjährungsfrist darf nicht zu einer unangemessenen Benachteiligung des Bestellers führen (BGE 108 II 196; Nr. 461, mit weiteren Hinweisen, auch auf abweichende Meinungen).

GESETZESREGISTER

(erstellt von lic. iur. SIMONE ANLIKER)

I. Schweizerische Gesetze (OR, aOR, ZGB, VVG, UWG, SchKG, SVG, StGB, ZPO/ZPG)

1. OR (Schweizerisches Obligationenrecht vom 30. März 1911/18. Dezember 1936, mit bisherigen Änderungen)

Art.	Nr. / Anm. / S.	Art.	Nr. / Anm. / S.
1	195, 217	72	116
6	195, 196, 481	75	156, 160, 287, **Anm.** 195,
18	24, 230, 449, 468, 482		197, 198, 300
19	202, 203, 204, 221, 462, **Anm.** 278	82	162, 163, 245, 308, 310, 313, 315, 316, 317, 318,
20	201, 202, 203, 204, 221, **Anm.** 278, 280		322, 324, 326, 329, 333, 334, 371, 392, 399, **Anm.** 93, 332, 356, 358, 359,
20 Abs. 2	207, 212		413, 444, **S.** 199, 254
21	**Anm.** 280	83	**S.** 253, 254
24 Abs. 2	356	93	72, 75, **Anm.** 93
31	389	95	134, 135, 284
41	589, **Anm.** 639, **S.** 265	97	7, 8, 9, 11, 113, 292, 301, 344, 582, **Anm.** 18,
43	533, **Anm.** 638		20, 185, 253, **S.** 199,
43 Abs. 1	579		207, 213, 214, 223, 231,
44	533		232
44 Abs. 1	56, 58, 496, **Anm.** 73	98	145, 184, 190, 192, 295, 317, 490, 501, 503, 504,
50	537, 538, 539, 552, 560, 567, 584, 585, **Anm.** 621, 623, 625		505, 506, 507, 510, 511, **Anm.** 179, 355, 578, **S.** 247
51	536, 537, 538, 539, 540, 541, 543, 560, 567, 585, **Anm.** 623, 627, 631, **S.** 213	98 Abs. 1	487, 489, 490, 492
		99 Abs. 3	56, 533, 579
51 Abs. 1	552, 554, 584	100	210, 213, 214, 459, 462
51 Abs. 2	553, **Anm.** 625	100 Abs. 1	210, 211, 212
62	129, **S.** 260	101	519, 520, 521, 522, 525, 527, 528, 531, 534, 546,
63 Abs. 2	326, 387, 399, **Anm.** 452		549, 563, 567, 574, 575,
67	129, **Anm.** 159		
68	113		
71 Abs. 2	24, 30		

273

Gesetzesregister

Art.	Nr. / Anm. / S.	Art.	Nr. / Anm. / S.
	576, 587, **S.** 214, 223	129	456, 460
101 Abs. 2	213	130	328, 390
101 Abs. 3	213	132	379
102	159, 287, **S.** 207	134	86, 379, 471
102 Abs. 1	158	134 Abs. 1 Ziff. 6	380
102 Abs. 2	158, 159	135	86, 427, 428, 436, 444, 453, 455, 471, 483
103	151, 152, 164, 288, 292, 301, 320, 502, **Anm.** 170, 224, 364	135 Ziff. 1	428, 444, 450, **Anm.** 528, 533
104	151, 165	135 Ziff. 2	428, 437
105	151	136 Abs. 1	**Anm.** 649, **S.** 213
106	151	137 Abs. 1	430
107	151, 164, 168, 175, 182, 288, **S.** 207, 252, 253, 257	138 Abs. 1	438
		138 Abs. 3	430
		139	380, 442, **Anm.** 515, 523
107 Abs. 1	166	140	326, 399
107 Abs. 2	9, 35, 109, 113, 124, 134, 135, 139, 166, 168, 172, 175, 176, 181, 182, 184, 187, 193, 201, 245, 289, 290, 291, 292, 390, 393, 509, 510, 543, **Anm.** 224, 402, **S.** 208, 214, 223, 225, 231, 232, 247, 252	141	379, 478, 480
		142	379, 397
		143	538, 545, **Anm.** 623, **S.** 213
		147 Abs. 2	**Anm.** 652
		148	**Anm.** 646
		148 Abs. 1	554, **Anm.** 625
		148 Abs. 2	551, 554
108	151, 164, 171, 189, **S.** 225, 247	148 Abs. 3	554
		149 Abs. 1	554, **Anm.** 646, **S.** 213
108 Ziff. 1	189	149 Abs. 2	554, 557, 558, 566, **Anm.** 646, 652
109	151, 164, **S.** 252, 253	151 Abs. 1	106, **Anm.** 138
109 Abs. 2	136	164 Abs. 1	20
116	383, 451	190 Abs. 2	**Anm.** 217
119 Abs. 1	125	192	103
119 Abs. 2	**Anm.** 158	197	25, 100, **Anm.** 18
120	393, **S.** 253	199	202, 203, 204, 205, 206, 207, 221, 459, 464, **Anm.** 253
120 Abs. 1	393, **S.** 246		
120 Abs. 3	326, 393, 394, 399, **S.** 246	202	**Anm.** 102
127	181, 328, 378, 379, 383, 390, 451, 456, 460, 469, 478, **Anm.** 442	203	87, 203
		205 Abs. 2	**S.** 208
		205 Abs. 3	**S.** 239, 240
128	328, 456, 478	206 Abs. 2	119

Art.	Nr. / Anm. / S.	Art.	Nr. / Anm. / S.
208 Abs. 2	**Anm.** 19		78, 266, 306, 312, 376, 580, 582, 589
208 Abs. 3	**Anm.** 19		
210	381, 382, 406, 409, **Anm.** 439	367 Abs. 1	59, 81, 327, 389
		368	7, 8, 11, 15, 22, 56, 92, 185, 238, 245, 250, 310, 313, 341, 530, 580, 590, **Anm.** 41, 224, 601, **S.** 213, 214, 223, 231, 232
210 Abs. 1	73, 86, 376, 461, **Anm.** 108, 424, 430		
210 Abs. 2	79, 86, 268, 327, 389, 391, 393, **Anm.** 108, 311, 444, **S.** 246	368 Abs. 1	7, 35, 76, 139, 166, 244, 289, 296, **Anm.** 7, 94, 112, 174
210 Abs. 3	87, 203, 208, 264, 378, 382, 390, 464, **Anm.** 311, 424, 427	368 Abs. 2	1, 7, 90, 94, 115, 120, 121, 154, 243, 335, 336, 340, 343, 497, 502, **Anm.** 7, **S.** 213, 214, 223, 239
214 Abs. 1	135		
256 Abs. 2	221, **Anm.** 576		
259b	160		
259b lit. b	184, 490	368 Abs. 3	4, 35, 139, 140, 166, 244, 289, 296, 590, **Anm.** 323
264 Abs. 3	126		
267	**Anm.** 158	369	40, 41, 42, 44, 46, 48, 52, 53, 54, 56, 89, 250, 358, 512, 519, 520, 523, 524, 525, 527, 528, 531, 534, 546, 549, 563, 570, 571, 574, 587, **Anm.** 54, 68, **S.** 214, 223
312	**Anm.** 158		
324 Abs. 2	126, **Anm.** 320		
324a	539		
337c Abs. 2	126, **Anm.** 320		
365	**Anm.** 430		
365 Abs. 1	97, 100, 101, 102, 381		
365 Abs. 3	2, 41, 42, 46, 48	370	79, 266, 269, 327
366	138, **S.** 223	370 Abs. 1	203, 208, 264, **Anm.** 294, **S.** 232
366 Abs. 1	78, 113, 135, 139, 141, 144, 145, 146, 147, 183, 302, 385, **Anm.** 172, 178, **S.** 225	370 Abs. 3	81, 389
		371	14, 79, 113, 181, 186, 208, 264, 268, 378, 379, 381, 382, 384, 385, 390, 451, 455, 468, 469, **Anm.** 159
366 Abs. 2	37, 77, 139, 142, 143, 144, 145, 146, 150, 153, 164, 167, 180, 182, 183, 187, 188, 190, 191, 192, 193, 288, 291, 302, 317, 390, 490, 495, 503, 504, 505, 506, 507, 510, 511, **Anm.** 45, 94, 95, 174, 178, 179, 226, 355, **S.** 247	371 Abs. 1	73, 86, 87, 203, 376, 378, 381, 389, 390, 391, 400, 404, 416, 424, 425, 430, 461, 464, **Anm.** 439, 444, **S.** 271
		371 Abs. 2	2, 73, 74, 86, 376, 377,
367	2, 15, 34, 67, 68, 72, 73,		

Art.	Nr. / Anm. / S.	Art.	Nr. / Anm. / S.
	378, 400, 403, 405, 406,	376	73, 74
	407, 409, 410, 411, 413,	376 Abs. 3	41, 42, 43, 44, 45, 48,
	414, 415, 416, 418, 419,		**Anm.** 54
	421, 422, 423, 424, 425,	377	124, 127, 172, 175, **Anm.**
	426, 430, **Anm.** 430, **S.**		150
	232, 246, 271, 272	378	126, 127, 128, 135, **Anm.**
372	16, 17, 67, 162, 163, 306,		158, **S.** 260
	307, 312, 313, 320, 321,	378 Abs. 2	133, **Anm.** 151
	322, 328, 329, 331, 374,	398	405
	Anm. 151, 352, **S.** 198,	402 Abs. 1	338
	199	402 Abs. 2	530
372 Abs. 1	73	419	585
372 Abs. 2	308	422	**Anm.** 618
373	356	423 Abs. 2	129
373 Abs. 1	356, 357, 358		
373 Abs. 2	356, 358, **Anm.** 396		
374	354, 355		

2. aOR (Schweizerisches Obligationenrecht vom 14. Juni 1881)

Art.	Nr. / Anm. / S.	Art.	Nr. / Anm. / S.
158	480	352 Abs. 1	102

3. ZGB (Schweizerisches Zivilgesetzbuch vom 10. Dezember 1907, mit bisherigen Änderungen)

Art.	Nr. / Anm. / S.	Art.	Nr. / Anm. / S.
1	**Anm.** 410	677	416
2	94, 141, 146, 147, 203	683	111
2 Abs. 2	61	714 Abs. 2	103
4	119, 560	837 Abs. 1 Ziff. 3	374, 422
8	**S.** 207	939 Abs. 2	128
643	103		

4. VVG (Bundesgesetz über den Versicherungsvertrag vom 2. April 1908, mit bisherigen Änderungen)

Art.	Nr. / Anm. / S.	Art.	Nr. / Anm. / S.
3	221	72	**Anm.** 627
33	220	96	**Anm.** 627
40	**Anm.** 440		

5. UWG (Bundesgesetz gegen den lauteren Wettbewerb vom 19. Dezember 1986)

Art.	Nr. / Anm. / S.	Art.	Nr. / Anm. / S.
8	202, 215, 221, 222, 223, **Anm.** 279, 280	9	222

6. SchKG (Bundesgesetz über Schuldbetreibung und Konkurs vom 11. April 1889, mit bisherigen Änderungen)

Art.	Nr. / Anm. / S.	Art.	Nr. / Anm. / S.
210	**S.** 251, 255	213 Abs. 1	**S.** 255
211 Abs. 1	**S.** 250, 251, 252, 253, 254, 255	213 Abs. 2	**S.** 255
		265	**S.** 255
211 Abs. 2	**S.** 250, 252, 253, 254	267	**S.** 255
212	**S.** 254	316c	**S.** 250, 251
213	**S.** 251, 253, 254, 255		

7. SVG (Bundesgesetz über den Strassenverkehr vom 19. Dezember 1958, mit bisherigen Änderungen)

Art.	Nr. / Anm. / S.
83 Abs. 2	**Anm.** 649

8. StGB (Schweizerisches Strafgesetzbuch vom 21. Dezember 1937, mit bisherigen Änderungen)

Art.	Nr. / Anm. / S.
292	487, 488

9. Kantonales Zivilprozessrecht

Art. / §	Nr. / Anm. / S.	Art. / §	Nr. / Anm. / S.
BE 404	488	SG 19 lit. b	**Anm.** 527
BS 254	**Anm.** 573	SG 77	443
SG 14 Abs. 2	**Anm.** 527	ZH 375 Abs. 2	**Anm.** 582

II. SIA-Norm 118 (Allgemeine Bedingungen für Bauarbeiten, Ausgabe 1977/91)

Art.	Nr. / Anm. / S.	Art.	Nr. / Anm. / S.
1	**Anm.** 323	166 Abs. 4	250
2 Abs. 2	234, 286, 287, 295, 302, 469	169	238, 244, 245, 247, 257, 279, 281, 284, 285, 286, 287, 288, 290, 292, 293, 296, **Anm.** 9, 192, 194, 233, 301, 320, 321, **S.** 260
30 Abs. 1	516		
33 Abs. 2	453, **Anm.** 295		
144	331		
149	332, 334		
149 Abs. 1	332	169 Abs. 1 Ziff. 1	184, 243, 244, 263, 274, 289, 291, 292, 302, 390, **Anm.** 249, 301, **S.** 207
150	331, 333		
152	331, 334		
157	198, 234, 235, 236, 271, 283, **Anm.** 294	169 Abs. 1 Ziff. 2	244, 263, 274, 289, 291, 292, 302, **Anm.** 301
157 Abs. 1	**Anm.** 305	169 Abs. 1 Ziff. 3	238, 244, 263, 274, 289, 291, 292, 300, 302, **Anm.** 301, 323
157 Abs. 2	276		
158	282		
158 Abs. 1	236, **Anm.** 296	169 Abs. 2	238, 302, **S.** 207
158 Abs. 2	278, 281, 332	170 Abs. 1	337, 338
159	272	170 Abs. 2	346, 359
160	240, 272, 278	170 Abs. 3	57, 294
161	278, 281	171	238, 260, 281
161 Abs. 2	256, 257, 261, 281, **Anm.** 317	171 Abs. 1	289, 292
		172	198, 266, 457
161 Abs. 3	256, 257, 259	173	266, 457
162	254, 256, 258, 259, 261, 280	174 Abs. 3	**Anm.** 295
		176	273
162 Abs. 1	281	176 Abs. 1	271
162 Abs. 2	**Anm.** 317	176 Abs. 2	271
163	253	179 Abs. 2	267
164	234, 282, **Anm.** 316, **S.** 255, 262, 278	180	268, 465, 469, 470, 472, **Anm.** 294
164 Abs. 1	255	180 Abs. 1	465, 468
164 Abs. 2	255	180 Abs. 2	269, 466, 467
166 Abs. 1	234, 250	181	334, **Anm.** 379
166 Abs. 2	250	181 Abs. 1	334
166 Abs. 3	250		

III. Ausländisches Recht (ABGB, AGBG, BGB, CCit)

1. ABGB (Allgemeines Bürgerliches Gesetzbuch vom 1. Juni 1811, mit bisherigen Änderungen) / Österreich

§	Nr. / Anm. / S.	§	Nr. / Anm. / S.
933	414	1167	92

2. AGBG (Gesetz zur Regelung des Rechts der Allgmeinen Geschäftsbedingungen vom 9. Dezember 1976) / Deutschland

§	Nr. / Anm. / S.	§	Nr. / Anm. / S.
3	224, 227	5	220
4	219	24 Abs. 1 Ziff. 1	227

3. BGB (Bürgerliches Gesetzbuch vom 18. August 1896, mit bisherigen Änderungen) / Deutschland

§	Nr. / Anm. / S.	§	Nr. / Anm. / S.
633	**Anm.** 6, 9	634	**Anm.** 146
633 Abs. 2	92, **Anm.** 146	635	**Anm.** 22, 171, 205
633 Abs. 3	184, **Anm.** 589		

4. CCit (Codice civile italiano vom 16. März 1942, mit bisherigen Änderungen) / Italien

Art.	Nr. / Anm. / S.
1162	**Anm.** 182

SACHREGISTER

(erstellt von lic. iur. KLAUS TSCHÜTSCHER)
Zahlen ohne weitere Präzisierung verweisen auf die Randnummern des Buches; Hinweise auf die SIA-Norm sind *kursiv* gedruckt.

A

Abänderung der gesetzlichen Gewährleistungsordnung; s. unter Gewährleistung (Abänderung)

Ablaufshemmung 380, 442

Ablieferung des Werks; s. auch Abnahme des Werks
– im allgemeinen 59 ff.
– bei Bauwerkverträgen 68 ff.
– eines mangelhaften Werkes 8, 15 f. (Annahmeverweigerung des Bestellers), 280, 306 ff., 315
– eines unvollendeten Werkes 33 ff., 61 ff.
– und Abnahme als korrelative Begriffe 74
– und Fälligkeit des Werklohnes 73, 75, 308 ff. (im einzelnen s. unter Fälligkeit)
– und Prüfungs- und Rügeobliegenheit 70, 73
– und Verjährung der Mängelrechte 376 ff., **S.** 246, 271 f.
– Verzug mit der – des nachgebesserten Werkes 137, 155 ff.
– Voraussetzung für Mängelhaftung 59
– s. ferner 43, 44, 306, 376, **Anm.** 54, 78
– *nach SIA-Norm 118 251 ff.*

Abmahnung des Bestellers durch den Unternehmer (Art. 369 OR)
– Festhalten an einer Weisung trotz – als Selbstverschulden (Art. 369 OR) 48
– Abmahnungspflicht des Unternehmers 54, 89, 527, 571

Abnahme des Werks durch den Besteller; s. auch Ablieferung des Werks
– des mangelhaften Werkes 15 ff.
– des unvollendeten Werkes 33 ff., 61 ff.
– Verzug des Bestellers mit der Abnahme des Werks; s. Annahmeverzug
– Wirkungen der – 73 ff.
– *nach SIA-Norm 118 251 ff., 271 ff. (Abnahme des nachgebesserten Werks)*

Absichtliche Verschweigung; s. arglistige Verschweigung

Abtretung der Mängelrechte 19 ff.

Abzugsmethode 126, **Anm.** 150

Adäquanz 41, 56

Additionsmethode Anm. 150

AGB; s. Allgemeine Geschäftsbedingungen

Akzessionsprinzip beim Werklieferungsvertrag 103

Allgemeine Geschäftsbedingungen (AGB)
– Begriff 216
– Auslegung 230 ff., 226, 233, **S.** 207 (Restriktionsprinzip)
– Geltung 217 ff.
  – Globalübernahme 218, 224, 225, **Anm.** 272
  – Vollübernahme 218, 217 ff., 225, **Anm.** 272

- keine Geltung trotz vertraglicher Übernahme 215, 221 ff. (Art. 8 UWG)
- und Ungewöhnlichkeitsregel 224 ff., 463, **Anm.** 279 (Beispiel), 295
- und Unklarheitenregel 217, 220, **S.** 207; s. auch 230 ff.
- Vorrang der Individualabrede 219

Annahmeverweigerung des Bestellers 15, 69 f., 71 f., 76

Annahmeverzug des Bestellers
- mit der Abnahme des Werks 64, 71 ff., 161
- hinsichtlich der vom Unternehmer angebotenen Nachbesserungsarbeiten 123, 134 ff.; *240 (SIA-Norm 118)*

Anspruchskonkurrenz
- Mängelhaftung des Unternehmers und Haftung des Architekten 534, 536 ff., **S.** 213, 265
- Mängelhaftung des Vorunternehmers und Mängelhaftung des Nachunternehmers 583
- Konkurrenz Art. 97 ff. OR/Art. 197 ff. OR **Anm.** 18 f.
- Konkurrenz Art. 97 ff. OR/Art. 368 OR 8 f.

Anzeigepflicht des Unternehmers
- nach Art. 365 Abs. 3 OR 46 f.
- nach Art. 369 OR; s. unter Abmahnung (Abmahnungspflicht)
- nach Art. 376 Abs. 3 OR 44

Architekt
- als Hilfsperson des Bestellers 519 ff.
- Haftung gegenüber Besteller 529 ff.
- Regress auf Unternehmer 567 f.
- Regress des Unternehmers auf den – 559 ff.
- s. auch unter Anspruchskonkurrenz

Architektenvertrag 530 (Qualifikation)

Arglistige Verschweigung eines Werkmangels
- Geltung der gesetzlichen Gewährleistungsordnung 208, 209
- Ungültigkeit einer Enthaftungsklausel für arglistig verschwiegene Mängel 203 ff., 382, 464
- und Rügeobliegenheit 203, 208, 209, **S.** 231
- und Verjährung der Mängelrechte
  - analoge Anwendung von Art. 210 Abs. 3 OR 87, 378, 382, 464
  - Beginn der Verjährung (Ablieferung) 377 f., **Anm.** 424
  - Verjährungsfrist 87, 203, 208, 264, 377 f., 390, **Anm.** 427, **S.** 231
- *bei Übernahme der SIA-Norm 118 269*

Aushub 415

Auslegung
- von AGB; siehe unter Allgemeine Geschäftsbedingungen
- *der SIA-Norm 118 234*
- s. ferner 25, 197, 201, **Anm.** 294 (Auslegung i.S. des Gesetzes)

B

Bauhandwerkerpfandrecht 374

Bauwerk
- Begriff 1
- unbewegliches –
  - Begriff und Arten 413 ff.
  - Verjährung bei unbeweglichen Bauwerken 400 ff., **S.** 271 f.
- s. ferner 2, 376, 377, 378

Bedingung
- bedingte Ausübung des Nachbesserungsrechts 106 f.

– bedingte Nachbesserungsforderung **Anm.** 138
– bedingte Verzichtserklärung i.S.v. Art. 107 Abs. 2 OR 174

«Begleitkosten»; s. unter Nachbesserungskosten

Begleitschaden 7, 588

Behelfslösung 96, 117, 154, **Anm.** 122, **S.** 236 ff., 240

Bereicherung
– Bereicherungsanspruch 128 f., **Anm.** 158, 159 (sekundäres Mängelrecht), 399 (kein – bei Bezahlung einer verjährten Forderung)
– aufgedrängte – 368
– Ersparnisbereicherung 126

Bestandteilstheorie 403, 412, 424 ff., **S.** 271 f.

Beweislast
– betr. rechtzeitige Rüge **Anm.** 98, **S.** 247
– für das Vorliegen eines Werkmangels 32
– s. ferner **S.** 207

D

Deckungskapital 177 ff., 317, 374 (Sicherstellung des – ?), **S.** 254

Drittverursachung eines Werkmangels 512 ff.

E

Einrede
– des nicht erfüllten Vertrages bei Ablieferung eines mangelhaften Werkes 308 ff., 315 ff., 326, 392; s. auch Rückbehaltungsrecht des Bestellers nach Ablieferung des Werks
– Verrechnungseinrede 324, 326, 393 f., **S.** 246, 251, 253, 255
– Verjährungseinrede 396 f., 398, 399
– Einrede wegen Mängel: Fortbestand trotz Verjährungseintritt 326, 391 f., **Anm.** 442, 443, **S.** 246

Einwendung Anm. 447

Enthaftungsklausel; s. unter Gewährleistung (Wegbedingung)

Erfüllungsanspruch des Bestellers
– Anspruch auf Vollendung des Werks 33 f., 59, 63, 70
– Anspruch auf Nachbesserung als modifizierter – 120, 122

Erfüllungsinteresse; s. positives Vertragsinteresse

Erfüllungsverweigerung
– Weigerung nachzubessern; s. unter Nachbesserungsforderung
– vorzeitige; s. dort

Erneuerungsarbeiten; s. Reparaturarbeiten

Ersatzvornahme (hinsichtlich Nachbesserungsschuld)
– nach Art. 98 Abs. 1 OR 487 ff.
– nach Art. 366 Abs. 2 OR 143 ff., 490, 503 ff.
– nach § 633 BGB 184

Sachregister

- Rechtslage, falls – getätigt wird, ohne dass Voraussetzungen von Art. 98 Abs. 1 oder Art. 366 Abs. 2 OR gegeben sind 506 ff.
- Kosten einer – : Aufwendungs-, nicht Schadenersatz 511
- Bevorschussung der Kosten einer – durch Unternehmer? 497 f.
- und Schadenersatzrecht 501 f.
- und Konkurs **S.** 252
- Verhältnis zum Herabsetzungsbetrag bei Minderung 177, **S.** 232
- *nach SIA-Norm 118 198, 238, 244*

F

Fahrnisbauten 416

Fälligkeit
- der Nachbesserungsforderung (Fälligkeit der Ablieferungsobligation) 156 ff.; *Anm. 300 (SIA-Norm 118)*
- der Pflicht nachzubessern (Fälligkeit der Arbeitsobligation) 156; *Anm. 299 (SIA-Norm 118)*
- des Werklohnes; s. unter Werklohnanspruch

Freizeichnungsklausel; s. unter Gewährleistung (Wegbedingung)

G

Garantiefrist
- als Rüge- und/oder Verjährungsfrist 84, 457
- *nach SIA-Norm 118 266, 271 ff., 457*

Gattungskauf Anm. 253

Gefahrübergang 73; *236 (SIA-Norm 118)*

Genehmigung des Werks
- durch Unterlassen rechtzeitiger Rüge 79 ff.
- *nach SIA-Norm 118 264 ff., 280 (durch Ausübung des Minderungsrechts)*

Generalunternehmer 403, 516

Geschäftsführung ohne Auftrag 128 ff., 585 (Erfüllung einer Solidarschuld: keine –)

Gestaltungsrecht
- Bedingungsfeindlichkeit der Gestaltungserklärung 106 f.
- Unwiderruflichkeit der Gestaltungserklärung 6, 108 f., **S.** 257
- Nachbesserungsrecht als – 1, 109, **Anm.** 1, 140, **S.** 257
- Recht, nach Art. 107 Abs. 2 OR auf Nachbesserung zu verzichten, als – 172
- keine Verjährung der – 386, 388
- kein –: Nachbesserungsrecht gemäss SIA-Norm 118

Gewährleistung; s. auch Mängelhaftung des Unternehmers, Mängelrechte des Bestellers
- Abänderung der gesetzlichen Gewährleistungsordnung
  - durch Vertrag (nicht einseitig) 195 ff.
  - Beispiele möglicher Abänderungen 198 ff.
  - Grenzen der Abänderung 201, 202 ff.
  - in AGB 221 ff.
- Eigenschaftszusicherung als vorbehaltloses Nachbesserungsversprechen? **S.** 223
- Aufteilung der – 48, 50, 56 ff., 519 ff., 527, 549, 570 ff.
- System der – 4 ff.
- und allgemeines vertragliches Schadenersatzrecht 7 f., **Anm.** 18, **S.** 199 f., 213 f., 223, 231 f.
- Voraussetzungen der Gewährleistung 22 ff., 90 ff.

– Wegbedingung der – 197, 200 f., 202 ff.
– Ungültigkeit einer Enthaftungsklausel für arglistig verschwiegene Mängel 203 ff., 382, 464
– Ungültigkeit einer Enthaftungsklausel für absichtlich oder grobfahlässig verursachte Mängel 210 ff.
– *nach SIA-Norm 118 236 ff.*

Gläubigerverzug des Bestellers; s. Annahmeverzug des Bestellers

Globalübernahme von AGB; s. unter Allgemeine Geschäftsbedingungen

H

Haftung
– des Unternehmers für Mängel seines Werkes, s. Mängelhaftung
– des Unternehmers für mangelhaften Werkstoff 30, 97 ff.
– des Unternehmers für Subunternehmer 587
– des Unternehmers für Begleitschäden 7
– des Unternehmers bei Nicht- oder Schlechterfüllung der Nachbesserungsschuld 137 ff.
– des Architekten 529 ff., **S.** 265
– des Subunternehmers 588 f.
– des Vorunternehmers 577 ff.
– des Bestellers 126 f.
– des Unternehmers bei Untergang des nichtvollendeten Werks **S.** 265

Hemmung der Verjährung 86, 379 f., 471

Hilfsperson
– des Bestellers 57, 521 ff., 527 (Architekt), 575 f. (Vorunternehmer)
– Subunternehmer als – des Unternehmers 587

Hinterlegung des Werks 72, 75

I

Ingenieurvertrag S. 240

Instandstellungsarbeiten; s. Reparaturarbeiten

Internationales Privatrecht 3

K

Kauf mit Montagepflicht 425

Konkurs des Unternehmers (Schicksal des Nachbesserungsrechts im –) 592, **S.** 250 ff.

Kosten der Nachbesserung; s. Nachbesserungskosten

L

Leistungsverweigerungsrecht des Unternehmers; s. Rückbehaltungsrecht des Unternehmers

Lücke (Gesetzeslücke) 121, **Anm.** 410

M

Mahnung des Bestellers 158, 159

Malerarbeiten 403, 414, 419 ff., **S.** 272

Mangel (Werkmangel)
– Mangel als Pflichtverletzung 31
– Begriff 22 ff., **S.** 198 f.; *250 (SIA-Norm 118)*
– und sonstige Vertragsabweichung 22, **S.** 231

285

- Arten von Mängeln 25
  - Fehlen von zugesicherten Eigenschaften 25
  - Fehlen von vorausgesetzten Eigenschaften 25
  - Fehlen der Gebrauchstauglichkeit als – 26 f.
  - kein – :
    - unvollendetes Werk 33 ff., **S.** 231
    - übermässiger Aufwand 38
    - Rechtsmangel 39
    - Verletzung von Schutzpflichten **S.** 199
  - nicht erkennbarer Mangel 310 (kein Rückbehaltungsrecht)
  - Mängel vor der Ablieferung 37, 77 f.
  - Mangel ohne objektiven Minderwert 178
  - weniger erhebliche **Anm.** 7
  - Beweislast für das Vorliegen eines Werkmangels, s. unter Beweislast

Mängelanzeige; s. Mängelrüge

Mängelbeseitigung; s. Nachbesserung

Mängelhaftung des Unternehmers, s. auch Gewährleistung
- im allgemeinen 4 ff.
- bei von Dritten (mit-)verursachten Mängeln 512 ff.
- nach SIA-Norm 118 236 ff.

Mangelschaden
- Begriff 8 f., 532, **Anm.** 224
- kein primäres Recht auf Ersatz des – 8, **S.** 213 f., 223, 232
- Recht auf Ersatz des – als sekundäres Mängelrecht 9, **S.** 213 f., 232
- *kein Recht auf Ersatz des – nach der SIA-Norm 118 289*

Mangelfolgeschaden
- Begriff 7

- und Begleitschäden 7
- und Mangelschaden 8
- kein – : merkantiler Minderwert; s. dort
- ferner 56, 336, 532, 579
- *nach SIA-Norm 118 238*

Mängelrechte; s. auch Wandelungsrecht, Minderungsrecht, Nachbesserungsrecht, Mangelfolgeschaden, Mangelschaden
- allgemeine Voraussetzungen der – 22 ff.
- Abtretung der – 19 ff.
- alternative – 5 f., 51
- Recht auf Ersatz des Mangelfolgeschadens als kumulatives – 7
- den – verwandte Rechte 15 ff.
- bei Nichterfüllung der Nachbesserungsschuld 139 ff.
- bei mangelhafter Nachbesserung 154
- bei vorzeitiger Vertragsauflösung 78
- bei Mitverschulden des Bestellers 56 ff., 519 ff.
- primäre und sekundäre – 9 f., 12 ff., 21, 129, 181, 185 f., 198, 238, 381, **S.** 214
- vor der Ablieferung 78, vgl. auch 77
- System der – 4 ff.
- Verjährung der – 376 ff.; s. auch Verjährung
- Wiederaufleben der –
  - von Gesetzes wegen **Anm.** 133, **S.** 257
  - durch Widerruf der Ausübungserklärung, z.B. 109, 166 ff.
- Zweck der – **Anm.** 3
- *nach SIA-Norm 118 238 ff., **Anm.** 233, 236, 248 ff., 278 ff. («Mängelrechte vor Abnahme»)*

Mängelrüge
- Inhalt 88
- Pflicht des Bestellers zur – 72, 79 ff., **S.** 257 (nach ungenügender Nachbesserung), 34 (bei unvollendetem Werk)
- Rügefrist 80 ff.
  - relative 81 ff.

- absolute 85 ff., 268, **Anm.** 108, (Hemmung und Unterbrechung der absoluten Rügefrist)
- vereinbarte Garantiefrist als – 457
- Abänderung der gesetzlichen Rügefrist, z.B. 196
- Verjährungsfrist als absolute Rügefrist 85 ff.
- s. ferner 196, 198
- und Verwirkung der Mängelrechte 79 f., 327, **S.** 246
- Beweislast betr. Rechtzeitigkeit der –; s. unter Beweislast
- *nach SIA-Norm 118 264 ff.*

Material; s. Werkstoff

Merkantiler Minderwert 117, 154, 502

Minderung
- Minderungsrecht 4 ff.
  - bei Mitverschulden des Bestellers 56
  - Wiederaufleben des – nach Art. 107 Abs. 2 OR) 166
  - vertraglicher Ausschluss des – 198, 201
  - *nach SIA-Norm 118 238*
- Relative und absolute Methode der – (Minderungsbetrag) 177, **S.** 237 ff.
- Verhältnis von – und Verbesserungskosten 11, **S.** 232, 238 f.
- Minderung auf Null **S.** 239
- Kumulation mit Nachbesserungsrecht; s. unter Nachbesserungsrecht

Mitverschulden des Bestellers
- Beschränkung der Mängelhaftung (Aufteilung der Gewährleistung); s. unter Gewährleistung
- Verhalten Dritter (insb. Architekt) als – (Art. 369 OR i.V.m. Art. 101 OR) 512 ff.
- im engen juristischen Sinne 58, 525

N

Nachbesserung; s. auch Nachbesserungsrecht, Nachbesserungsforderung
- Begriff 111 f.
- Verzicht auf – 124, 147 ff., 151, 154, 166, 172 ff., **S.** 223, 225; *238, 289 f. (SIA-Norm 118)*
- Unmöglichkeit der –, vom Besteller verschuldet 95, 120, 125 ff.; *284 ff. (SIA-Norm 118)*
- durch den Bauherrn 123 ff.
- Obliegenheit des Bestellers, – zu dulden 112, 123; *242 (SIA-Norm 118)*
- *nach SIA-Norm 118 238 ff.*

Nachbesserungsforderung (=Nachbesserungsschuld); s. auch Nachbesserungsrecht
- als modifizierter Erfüllungsanspruch 120, 122, **Anm.** 119
- Entstehung 111, 123
- Erfüllbarkeit 240
- Fälligkeit 156 f.
- Untergang der –
  - bei vom Bauherrn verschuldeter Nachbesserungsunmöglichkeit 125
  - bei Verzicht des Bestellers auf Nachbesserung 124 (Art. 377 OR), 166 (Art. 107 Abs. 2 OR)
  - bei Rücktritt des Unternehmers nach Art. 95 OR i.V.m. Art. 107 Abs. 2 OR 134
- Nicht- u. Schlechterfüllung der Nachbesserungsschuld durch den Unternehmer 137 ff., **S.** 257 f.
- Verzug mit der Vornahme der Nachbesserungsarbeiten 139 ff.
- Unfähigkeit des Unternehmers zur Mängelbeseitigung 148, 171, **S.** 225
- ungenügende Nachbesserung des Unternehmers (Schlechterfüllung der Ablieferungsobligation) 96, 154
- Verzug mit der Ablieferung des nachge-

besserten Werkes; s. Nachbesserungsverzug
- Weigerung des Unternehmers nachzubessern 147, **S.** 225
- Durchsetzung der Nachbesserungsforderung 487 ff.
- Inhalt der Nachbesserungsforderung 115 ff.
  - Grundsatz: Anspruch auf unentgeltliche Verbesserung des bestehenden Werks 116
  - Ausnahme: Anspruch auf ein neues Werk 120
- Umwandlung in Anspruch auf Ersatz des Mangelschadens 9, **S.** 232
- *nach SIA-Norm 118 240 ff.*

Nachbesserungsfrist 156, 157, 159, 168 (– und Nachfristansetzung i.S.v. Art. 107 OR); *198, 245, 287 (SIA-Norm 118)*

Nachbesserungskosten; s. auch Verbesserungskosten
- Begriff 336 ff.
- Abgrenzung zu anderen Kosten 336 ff., 341 ff.
- Begleitkosten 118, 337, 581
- bei Mitwirkung des Bestellers an Nachbesserung 338 f.
- und Kosten einer Drittverbesserung (Deckungskapital) 177 ff., 317, **Anm.** 8
- Kostenbeteiligung des Bestellers
  - wegen Mitverschuldens 56 f., 345; *57 (SIA-Norm 118)*
  - zur Beseitigung der Übermässigkeit der Nachbesserungskosten 94, 345
  - bei Sowieso-Kosten 346 ff.
  - infolge Vorteilsanrechnung 360 ff.
  - Art und Durchsetzung der Kostenbeteiligung 370 ff.
- übermässige – 90 ff., **S.** 214, 223, 262; *243 (SIA-Norm 118)*

Nachbesserungsrecht des Bestellers; s. auch Nachbesserung, Nachbesserungsforderung, Mängelrechte
- Voraussetzungen des – 22 ff. 90 ff.
- als Gestaltungsrecht 1, 6, 104, 111 f., **Anm.** 140
- *als Forderung (Nachbesserungsrecht i.S. der SIA-Norm 118) 240*
- Rechtsnatur 1, 6, 104, 111 f., **Anm.** 140
- Anspruchskonkurrenz des – mit Schadenersatzanspruch gegen Architekten 546 ff., **S.** 213
- Ausübung des Nachbesserungsrechts 104 ff., 111 f.
- bei von Dritten mitverursachten Werkmängeln 512 ff.
- Sicherung des – durch Lohnrückbehalt 305 ff.
- trotz übermässiger Kosten **S.** 214, 223
- Umfang des – beim Werklieferungsvertrag 97 ff.
- Vorrang des – ; s. dort
- und Behelfslösung; s. dort
- Kumulation mit Minderungsrecht 96, 117, 154, **S.** 240
- *nach SIA-Norm 118 234 ff., 238 ff., **S.** 260*

Nachbesserungsschuld des Unternehmers; s. Nachbesserungsforderung

Nachbesserungsunmöglichkeit
- vom Besteller verschuldete – 125 ff., **S.** 260; *284 f. (SIA-Norm 118)*
- und Anspruch des Bestellers auf Neuherstellung 95, 120 f.
- teilweise – : Kumulation von Nachbesserungs- und Minderungsrecht 96, 117, **S.** 239 f.
- vertragliche Regelung 201, **S.** 207
- und Berechnung des Minderwerts **S.** 238

Nachbesserungsverzug (Verzug mit der Ablieferung des nachgebesserten Werks) 151 ff., 156 ff.

- Begriff 156
- Voraussetzungen des – 156 ff., 161 ff., **S. 207 f.**
- Rechtsstellung des Bestellers im Falle des Nachbesserungsverzugs
  - Art. 107 Abs. 2 OR 166 ff., **S. 208, 247, 257**
  - Art. 366 Abs. 2 OR 167, 180, 182 ff., **S. 247**
  - vertragliche Regelung 201, **S. 207**
- *nach SIA-Norm 118 244 ff., 286 ff., 302 (Verzugsrechte vor Verzugseintritt)*

Nachfrist
- i.S. von Art. 107 Abs. 2 OR 35, 166, 168 ff., 503, **S. 247**
- kein Nachfristerfordernis 171, 188 f. (und Art. 366 Abs. 2 OR), **S. 247**
- und Verbesserungsfrist 168
- zu kurze 170, **S. 208**
- *Nachfristerfordernis beim Nachbesserungsverzug gemäss SIA-Norm 118 289, 290*

Nachlassverfahren; s. Konkurs des Unternehmers

Nachunternehmer
- Begriff 516
- Mängelhaftung des – bei Mitverursachung eines Werkmangels durch einen Vorunternehmer 569 ff.
- Regress des Vorunternehmers auf – 584 f.

Nebenpflicht 337, 524 (Überwachungspflicht?), 573, **Anm.** 253

Nebenunternehmer 403, 516 (Begriff), **Anm.** 666

Negatives Vertragsinteresse 136

Neuherstellung des mangelhaften Werks
- grundsätzlich kein Anspruch des Bestellers auf – 119 f., **S.** 228; *241 (SIA-Norm 118)*
- grundsätzlich kein Recht des Unternehmers auf – 116, 119
- s. ferner 95, 96

Novation 383, 451

O

Obliegenheit
- Rügeobliegenheit 34 (bei unvollendeten Werken), 36, 80 ff., 154 (bei ungenügend nachgebessertem Werk); *264 ff. (SIA-Norm 118)*
- Prüfungsobliegenheit 34 (bei unvollendeten Werken) 73, 84; *252 ff., 255 (SIA-Norm 118)*
- zur Duldung der Nachbesserung; s. unter Nachbesserung
- des Bestellers, bei der Nachbesserung mitzuwirken 339
- des Bestellers, den Unternehmer zu überwachen 524
- des Bestellers, den Unternehmer statt den Architekten zu belangen 547

P

Positives Vertragsinteresse (Erfüllungsinteresse) 9, 126, 134 135, 139, 147, 166, 177 ff., 292, 532, 533, **S.** 225

Prüfung des Werks
- Prüfungsobliegenheit, s. unter Obliegenheit
- Pflicht des Nachunternehmers, das Vorunternehmerwerk zu prüfen 573
- Recht zu prüfen 67, 306
- s. ferner 73, 81, 84; *251 ff., 278, 281 f. (SIA-Norm 118)*

289

R

Rechtsgewährleistung des Unternehmers 39, 101 ff.

Rechtsmangel 39, 101

Rechtsmissbrauch/Treu und Glauben
- und arglistige Verschweigung eines Werkmangels 203
- und übermässige Kosten 94
- und Schlechterfüllung der Nachbesserungsforderung (Art. 366 Abs. 2 OR) 146
- und Weigerung des Unternehmers nachzubessern 147
- und Enthaftungsklauseln für arglistig verschwiegene Mängel 203
- und AGB 231
- und Mängelbeseitigung 337
- und Vorteilsanrechnung 363
- und Ersatzvornahme 496
- und Verzug mit der Vornahme der Nachbesserungsarbeiten (Art. 366 Abs. 1 OR) 141
- dem Besteller nach Treu und Glauben nicht zumutbare Nachbesserung **S.** 238
- dem Unternehmer nach Treu und Glauben nicht zumutbare Nachbesserung **S.** 239
- s. ferner 24

Redaktionelles Versehen 107, **Anm.** 127

Reduktion auf das zulässige Mass 212

Regress/Rückgriff
- allgemeine Regressregeln 552 ff.
- des Architekten auf den Unternehmer 552 ff., 567 ff., **S.** 265, 271
- des Hauptunternehmers auf den Subunternehmer 590 f.
- des Unternehmers auf den Subunternehmer **Anm.** 8, **S.** 271 f.
- des Unternehmers auf den Architekten 552 ff., 559 ff.
- des Vorunternehmers auf den Nachunternehmer und umgekehrt 584 f.

Reparaturarbeiten 403, 414, 419 ff.

Restriktionsprinzip 232 f.

Retentionsrecht; s. Rückbehaltungsrecht

Rückabwicklung des Vertrages 128 ff., 284 f., 297 ff., **Anm.** 158

Rückbehaltungsrecht des Bestellers (Rückbehaltung des Werklohns)
- vor Ablieferung des mangelhaften Werks (Art. 372 OR) 306 f., 311 ff.
- nach Ablieferung des mangelhaften Werks (Art. 82 OR) 308, 315 ff.
- und Fälligkeit des Werklohnes 308, 322
- und Verzug mit der Werklohnzahlung 323
- trotz verjährtem Nachbesserungsrecht 326 f.
- nach Abtretung des Nachbesserungsrechts 325
- im Konkurs des Unternehmers **S.** 253 f.
- Umfang des – 317 (Art. 82 OR), **S.** 254 (Art. 83 OR)
- s. ferner 161, 162
- *nach SIA-Norm 118 330 ff.*

Rückbehaltungsrecht des Unternehmers (Art. 82 OR) 162 f., 371, **Anm.** 356

Rückforderungsanspruch des Bestellers 128 ff., 284 f., 297 ff., **Anm.** 158

Rücktritt; s. auch Wandelung, Rückabwicklung
- des Bestellers
  - nach Art. 107 Abs. 2 OR 151, 166
  - nach Art. 366 Abs. 1 OR 139, 147
  - nach Art. 366 Abs. 2 OR 144
  - nach Art. 377 OR 124, 127, 175 (Umdeutung einer Verzichtserklärung nach Art. 107 Abs. 2 OR)
  - Herbeiführung der Nachbesserungsunmöglichkeit als – ? 127
- des Unternehmers 134 ff.

Rüge; s. Mängelrüge

Rügefrist; s. unter Mängelrüge

S

Sachgewährleistung; s. Gewährleistung

Schadenersatz, Pflicht zur Leistung von –; s. auch Haftung
- und Obliegenheitsverletzung 133

Schlechterfüllung der Nachbesserungsschuld 137 ff., 154

Selbstverschulden des Bestellers (selbstverschuldeter Werkmangel)
- Begriff, Merkmale, Arten des – 41 ff., 49 (Unterlassen als –)
- Festhalten an untauglichen Weisungen trotz Abmahnung des Unternehmers als – 48, 53 ff.
- und mangelhafter Werkstoff oder Baugrund 48, 572
- und vorgeschriebener Werkstoff 48
- Beschränktes Selbstverschulden des Bestellers; s. Mitverschulden des Bestellers
- Verhalten Dritter (v.a. eines Architekten) als – 512 ff.

- kein – : ungenügende Überwachung des Unternehmers 49, 524
- hypothetisches – 523

SIA-Norm 118; s. unter jeweiligem Stichwort

Sicherheitsleistung
- des Bestellers 372
- *des Unternehmers 334 (SIA-Norm 118)*

Sicherung des Nachbesserungsrechts durch Rückbehaltung des Werklohnes; siehe Rückbehaltungsrecht des Bestellers

Solidarische Haftung
- des Architekten mit dem Unternehmer 536 ff., **S.** 213, 265
- von Vorunternehmer und Nachunternehmer 583
- unechte Solidarität 538, **Anm.** 649, **S.** 213

Sowieso-Kosten 346 ff.

Subrogation Anm. 646

Subunternehmer
- Begriff 515
- keine Haftung gegenüber Besteller 588 f.
- Haftung des Unternehmers für – 587

T

Täuschung, absichtliche: s. absichtliche Verschweigung

Teleologische Reduktion 145, 423

Totalunternehmer 516, 517

Treu und Glauben; s. Rechtsmissbrauch

Sachregister

U

Übergabe des Werkes; s. Ablieferung

Übermässig
- übermässiger Aufwand 38
- übermässige Kosten, s. bei Nachbesserungskosten

Überwachung des Unternehmers durch den Besteller 49, 524, 562

Unbewegliches Bauwerk, Verjährung bei – 400 ff., **S.** 271 f.; s. auch Bauwerk

Unfähigkeit des Unternehmers nachzubessern; s. unter Nachbesserungsforderung

Unklarheitenregel; s. Allgemeine Geschäftsbedingungen (Stichwort Geltung)

Unmöglichkeit der Nachbesserung; s. Nachbesserungsunmöglichkeit

Unterbrechung der Verjährung 86, 427 ff., 434 (Unterbrechung vor Entstehung der Forderung) 436 ff., 444 ff., 456, 471, 483, 558, **Anm.** 649, **S.** 256

Untergang des Werkes
- vor Ablieferung 43
- nach Ablieferung 44

Unterlassung
- als Ursache eines Mangels 49

V

Verbesserung des Werkes; s. Nachbesserung

Verbesserungskosten
- Nachbesserungskosten (Kosten der Mängelbeseitigung durch den Unternehmer), s. dort
- bei Beseitigung der Mängel durch einen Dritten 177 ff., 317, **Anm.** 8, 45

Verbesserungszusage des Unternehmers 444 ff.

Verfalltag 158 f.

Verjährung der Ansprüche gegen den Architekten 405, 425, **S.** 271 f.

Verjährung der Nachbesserungsforderung
- Unterschied zur Verwirkung 387 f.
- Gegenstand der Verjährung 386 ff. (Nachbesserungsforderung und Surrogate, keine Verjährung des Nachbesserungsrechts)
- Anwendungsbereich von Art. 371 OR 381 ff.
  - Anwendung auf primäre und sekundäre Mängelrechte 381
  - Anwendung beim Werklieferungsvertrag 381
- Abänderung der Verjährungsordnung von Art. 371 OR
  - bei Vertragsschluss 198, 456 ff., **S.** 246
  - während laufender Verjährung 475 ff.
  - nachträglicher Verzicht auf Verjährungseinrede 479 ff.
- Einrede der Verjährung
  - keine Berücksichtigung von Amtes wegen (Art. 142 OR) 397
  - Verzicht auf die Erhebung der Verjährungseinrede 479 ff.
- Hemmung der Verjährung 84, 379 f., 471

292

– Unterbrechung der Verjährung 427 ff., **S.** 246
– Verjährungsfristen 343 ff.
    – fünfjährige Verjährungsfrist bei unbeweglichen Bauwerken 376, 401, **S.** 271 f.
    – einjährige Verjährungsfrist bei anderen Werken 376
    – zehnjährige Frist bei arglistiger Verschweigung eines Mangels 377
– Wirkungen der Verjährung 395 ff.
– Verjährung gegenüber Subunternehmern 407, 424
– Verlängerung der Verjährungsfrist durch Zusicherung einer Eigenschaft? 458
– *nach SIA-Norm 118 236, 465 ff.*

Vermutung 177, **S.** 237

Verschulden
– des Bestellers i.S.v. Art. 369 OR; s. Selbstverschulden des Bestellers
– des Unternehmers
    – am Verzug 166
    – an einem Mangel 89
    – als Voraussetzung für Mängelrechte? 51
    – keine Voraussetzung des Anspruchs auf Ersatzvornahme (Art. 98 OR) 500
– Bedeutung beim Rückgriff nach Art. 51 OR 560 f.

Vertragsauslegung; s. Auslegung

Vertragsergänzung 24, 25

Verwirkung; s. auch Rügefrist, Verjährung
– Unterschied zur Verjährung 387 f.
– der Mängelrechte 79 ff., 387
– der Mängeleinreden 391
– von Forderungen **Anm.** 440
– infolge blossen Zeitablaufs **Anm.** 440
– Wahrung einer bundesrechtlichen Verwirkungsfrist **Anm.** 521

– vertragliche Begründung einer Verwirkungsfrist 476

Verzug; s. Annahmeverzug, Nachbesserungsverzug

Vollendung des Werkes
– Anspruch auf – 33 f., 59, 63, 70, **Anm.** 85
– Minderung statt Durchsetzung des Anspruchs auf – 35, **Anm.** 41
– keine Voraussetzung der Ablieferung 61

Vollendungsanzeige
– und Ablieferung des Werkes 67, 69, 306, **Anm.** 90; *251 ff., 278, 283 (SIA-Norm 118)*
– *Recht auf Mängelbeseitigung ab – 278 (SIA-Norm 118)*

Vollübernahme von AGB; s. unter Allgemeine Geschäftsbedingungen

Vorrang des Nachbesserungsrechts
– kein – nach Gesetz 5
– Rechtsstellung des Bestellers bei Nichtbeachtung eines vereinbarten – 238 f., 284 f., **S.** 266
– im Kaufrecht **S.** 207
– Obliegenheit des Bestellers, bei vereinbartem – Nachbesserung zu dulden 242, **S.** 260

Vorteilsanrechnung 360 ff.

Vorunternehmer
– Begriff 516
– Haftung des – gegenüber Besteller 577 ff.
– als Hilfsperson des Bestellers? 575
– Regress des – auf Nachunternehmer 584 f.

Vorzeitige Erfüllungsverweigerung 141, 146, 302

293

W

Wahlgestaltungsrecht 20

Wandelungsrecht; s. auch Mängelrechte, Rücktritt, Rückabwicklung
- im System des Gewährleistungsrechts 4 ff.
- Voraussetzungen des – 22 ff.
- bei Mitverschulden des Bestellers 56
- bei Bauwerkverträgen 4
- Rückabwicklungsansprüche bei Ausübung des – 296 ff.
- Wiederaufleben des – nach Art. 107 Abs. 2 OR 166
- vertraglicher Ausschluss des – 198, 201
- ferner 76, **S.** 208, 228

Wegbedingung der Mängelhaftung (Enthaftungsklausel); s. unter Gewährleistung

Weigerung des Unternehmers nachzubessern; s. unter Nachbesserungsforderung

Weisungen des Bestellers über die Ausführung des Werkes 48, 53 ff.

Werk; s. auch Bauwerk
- mangelhaftes 22 ff.
- unvollendetes 33 ff., 61 ff.
- i.S. von Art. 837 Abs. 1 Ziff. 3 ZGB; s. im Gesetzesregister

Werklieferungsvertrag 97 ff., 381, 409

Werklohnanspruch
- Fälligkeit (Art. 372 OR)
  - mit Ablieferung des Werkes 16 ff., 67, 306 ff., **Anm.** 151, **S.** 198 f.
  - trotz Mangelhaftigkeit des Werks 308, 315

- und Rückbehaltung des Werklohnes (Rückbehaltungsrecht des Bestellers) 308 ff., **S.** 198 f.
- Schicksal des – bei vom Besteller verschuldeter Nachbesserungsunmöglichkeit 126 ff.
- Schicksal des – , wenn der Besteller den Unternehmer an der Nachbesserung hindert 134 f.
- bei Untergang des Werks 43
- zusätzlicher Werklohn bei Kostenbeteiligung des Bestellers 370
- s. ferner 73, 75, 324, 328
- *nach SIA-Norm 118 330 ff.*

Werkmangel; s. Mangel

Werkstoff 30, 48, 97, 340

Werkuntergang 43

Widerruf von Gestaltungserklärungen 6, 108 f.

Wiener Kaufrecht 3

Willenserklärung 110

Wissenserklärung 450

Z

Zufallshaftung 151, 152